新注釈民法

(2) II

総 則 (2)

§§93〜98の2

山 本 敬 三
編 集

大村敦志・道垣内弘人・山本敬三
編集代表

有斐閣コンメンタール

本書のコピー，スキャン，デジタル化等の無断複製は著作権法上での例外を
除き禁じられています。本書を代行業者等の第三者に依頼してスキャンや
デジタル化することは，たとえ個人や家庭内での利用でも著作権法違反です。

『新注釈民法』の刊行にあたって

　『新注釈民法』の編集委員会が発足したのは，2010 年秋のことであった。『注釈民法』（全 26 巻），『新版注釈民法』（全 28 巻）は，民法学界の総力を結集して企画され，前者は 1964 年に，後者は 1988 年に刊行が始まった。その後の立法・判例・学説の変遷を考えるならば，第三の注釈書が登場してよい時期が到来していると言えるだろう。

　編集にあたっては次の 3 点に留意した。

　第一に，『新版注釈民法』が『注釈民法』の改訂版であったのに対して，『新注釈民法』はこれらとは独立の新しい書物として企画した。形式的に見れば，この点は編集代表の交代に表れているが（『注釈民法』の編集代表は，中川善之助，柚木馨，谷口知平，於保不二雄，川島武宜，加藤一郎の 6 名，これを引き継いだ『新版注釈民法』の編集代表は，谷口知平，於保不二雄，川島武宜，林良平，加藤一郎，幾代通の 6 名であった），各巻の編集委員も新たにお願いし，各執筆者には『新版注釈民法』の再度の改訂ではなく新たな原稿の執筆をお願いした。もっとも，『注釈民法』『新版注釈民法』が存在することを踏まえて，これらを参照すれば足りる点については，重複を避けてこれらに委ねることとした。

　第二に，『新注釈民法』もまた，「判例に重きをおき，学説についてもその客観的状況を示して，現行の民法の姿を明らかにする」という基本方針を踏襲している。もっとも，判例に関しては，最高裁判例を中心としつつ必要に応じて下級審裁判例にも言及するが，必ずしも網羅的であることを求めないこととした。また，『注釈民法』『新版注釈民法』においては詳細な比較法的説明も散見されたが，『新注釈民法』では，現行の日本民法の注釈を行うという観点に立ち，外国法への言及は必要な限度に限ることとした。法情報が飛躍的に増加するとともに，かつてに比べると調査そのものは容易になったことに鑑み，情報の選別に意を用いることにした次第である。

　第三に，『新注釈民法』は，民法（債権関係）改正と法科大学院の発足を

強く意識している。一方で，民法（債権関係）改正との関係では，全20巻を三つのグループに分け，民法（債権関係）改正と関係の少ないグループから刊行を始めることとした。また，改正の対象となっていない部分についても，変動しつつある日本民法の注釈という観点から，立法論の現況や可能性を客観的に示すことに意を用いた。他方，実務との連携という観点から，要件事実への言及が不可欠な条文を選び出し，各所に項目を設けて実務家に執筆してもらうこととした。

　刊行にあたっては，多くの研究者のご協力をいただいているが，この十数年，大学をめぐる環境は厳しさを増しているのに加えて，民法（債権関係）改正法案の成立時期がはっきりしなかったこともあり，執筆者の方々はスケジュール調整に苦心されたことであろう。この場を借りて厚く御礼を申し上げる。

　冒頭に述べたように，注釈民法の刊行は1964年に始まったが，実は，これに先立ち，有斐閣からは註釈民法全書として，1950年に中川善之助編集代表『註釈親族法（上下）』，1954年に同『註釈相続法（上下）』が刊行されていた。有斐閣は2017年に創業140周年を迎えるが，民法のコンメンタールはその後半70年を通じて，歩みをともにしてきたことになる。熱意を持ってこの企画に取り組んで来られた歴代の関係各位に改めて敬意と謝意を表する次第である。

　　2016年10月

『新注釈民法』編集代表

大　村　敦　志

道　垣　内　弘　人

山　本　敬　三

本巻はしがき

　本巻は，民法第1編「総則」第5章「法律行為」第2節「意思表示」を扱うものであり，条文としては，民法93条から98条の2までを対象とする。本巻の対象には，当初の予定では，これに加えて，第5章「法律行為」の前注と第1節「総則」（90条から92条まで）も含まれていたが，制作の都合上，2分冊とし，上記の範囲を『新注釈民法(2)Ⅱ』として刊行することとしたものである。

　本巻で扱う上記の部分については，「債権法改正」（平成29年法律44号〔2020年4月1日施行〕）により，多くの箇所で規定の修正及び追加が行われている。条文の文言は維持されていても，改正の過程において検討がされた結果，規定の意味と射程について理解が深められたところも少なくない。さらに，民法の他の部分及び他の法制に関する改正等により，直接・間接に影響を受けているところもある。従前の規定に対し，何が変わらず，また，何がどのように変わったか，あるいは，何が変わるべきではなく，何がどのように変わるべきか。さらに，どのような問題が残され，それにどのように答えるべきか。これらの一連の問いに答えることが，「現行の民法の姿を明らかにする」ことを目指す注釈民法に求められることというべきだろう。

　本巻では，これらの問いに答えるべく，従前の規定のもとでの学説・判例の展開と改正の過程における議論を踏まえて，改正後の規定の解釈について現時点で考えられる方向性を示すこととしている。また，実務との連携という観点から，主要な規定について，要件事実に関する分析をあわせて行うこととしている。

　『新注釈民法(2)』の執筆にあたっては，2015年9月以来，何度も打合せの会議を開催し，執筆の構想及び内容について検討を重ねてきたが，諸事情により，完成には時日を要することとなってしまった。早くから原稿をお寄せいただいた方々には，出版が遅延しただけでなく，その後の議論や法改正

iii

の展開を踏まえて，加筆・修正をお願いすることになるなど，多大のご迷惑をおかけした。この場を借りて心よりお詫びを申し上げておきたい。

　『注釈民法』の刊行が開始されたのは，1964年である。60周年の節目に当たるこの年に，本巻を刊行することができたのは，執筆者の方々のご尽力とともに，有斐閣法律編集局注釈書・判例百選編集部，とりわけ信国幸彦氏，藤木雄氏，山下訓正氏のたゆまぬご助力のおかげである。記してここに謝意を表するとともに，残された『新注釈民法(2)Ⅰ』の刊行に向けてさらに全力を尽くすことをお誓い申し上げておきたい。

　　2024年9月

山　本　敬　三

目　　次

第1編　総　　則

第5章　法　律　行　為

第2節　意　思　表　示

第93条（心裡留保）……………………………………（滝沢昌彦）…　1

心裡留保の要件事実 ……………………………………（吉岡茂之）…　22

第94条（虚偽表示）……………………………………（中舎寛樹）…　32

虚偽表示の要件事実 ……………………………………（齋藤　聡）　95

第95条（錯誤）…………………………………………（山下純司）…106

錯誤の要件事実 ………………………………………（中園浩一郎）…189

第96条（詐欺又は強迫）………………………………（田中教雄）…200

詐欺・強迫の要件事実 ………………………………（中園浩一郎）…268

第97条（意思表示の効力発生時期等）………（角田美穂子）…279

第98条（公示による意思表示）…………………（　同　）…317

第98条の2（意思表示の受領能力）……………（　同　）…323

事項索引　………………………………………………………329

判例索引　………………………………………………………333

凡　　例

1　関係法令

関係法令は，2024 年 8 月 1 日現在によった。

2　条　　文

条文は原文どおりとした。ただし，数字はアラビア数字に改めた。なお，各注釈冒頭の条文において，「民法の一部を改正する法律」（平成 29 年法律 44 号）による改正前の規定を枠内に併記した。

3　比較条文

各条文のつぎに，〔対照〕欄をもうけ，必要に応じて，フランス民法，ドイツ民法など当該条文の理解に資する外国法・条約等の条項を掲げた。

4　改正履歴

各条文のつぎに，〔改正〕欄をもうけ，当該条文の改正・追加・削除があった場合の改正法令の公布年と法令番号を掲げた。ただし，表記の現代語化のための平成 16 年法律 147 号による改正は，実質的改正がある場合を除き省略した。

5　法令の表記

民法は，原則として単に条数のみをもって示した。その他の法令名の略記については，特別なものを除いて，原則として有斐閣版六法全書巻末の「法令名略語」によった。主なものは，以下のとおり。

また，旧民法（明治 23 年法律 28 号・98 号）および外国法・国際文書については，以下の略記例に従う。

なお，平成 29 年法律 44 号による改正前の条文を示す場合は「平 29 改正前○条」とした。

一般法人	一般社団法人及び一般財団法人に関する法律		法律
		刑	刑法
会社	会社法	小	小切手法
割賦	割賦販売法	国籍	国籍法
仮登記担保	仮登記担保契約に関する法律	自治	地方自治法
		消費契約	消費者契約法
行手	行政手続法	情報通信活用行政	情報通信技術を活用した行政の推進等に関する法律
金融サービス	金融サービスの提供及び利用環境の整備等に関する		
		信託	信託法

凡　　例

森林	森林法	民訴規	民事訴訟規則
税通	国税通則法	旅券	旅券法
手	手形法		
特定商取引	特定商取引に関する法律	旧財	旧民法財産編
特許	特許法	旧財取	旧民法財産取得編
独禁	私的独占の禁止及び公正取	旧担	旧民法債権担保編
	引の確保に関する法律	旧証	旧民法証拠編
農地	農地法	旧人	旧民法人事編
不登	不動産登記法		
不当寄附勧	法人等による寄附の不当な	ス債	スイス債務法
誘	勧誘の防止等に関する法	ド民	ドイツ民法
	律	フ民	フランス民法
文化財	文化財保護法	DCFR	ヨーロッパ私法共通参照枠
保険	保険法		草案
民訴	民事訴訟法		

6　判例の表記

①　判例の引用にあたっては，つぎの略記法を用いた。なお，判決文の引用は原文通り
としたが，濁点・句読点の付加，平仮名化は執筆者の判断で適宜行った。

最判平 12・9・22 民集 54 巻 7 号 2574 頁＝最高裁判所平成 12 年 9 月 22 日判決，
最高裁判所民事判例集 54 巻 7 号 2574 頁

②　判例略語

最	最高裁判所	大	大審院
最大	最高裁判所大法廷	大連	大審院連合部
高	高等裁判所	控	控訴院
支（○○高	○○高等裁判所△△支部	区	区裁判所
△△支）		判	判決
地	地方裁判所	中間判	中間判決
支（○○地	○○地方裁判所△△支部	決	決定
△△支）		命	命令
家	家庭裁判所	審	家事審判
簡	簡易裁判所		

③　判例出典略語

家 月	家庭裁判月報	金 法	金融法務事情
下民集	下級裁判所民事裁判例集	刑 集	〔大審院または最高裁判所〕
行 集	行政事件裁判例集		刑事判例集
金 判	金融・商事判例	刑 録	大審院刑事判決録

vii

凡　　例

交　民	交通事故民事裁判例集	評　論	法律〔学説・判例〕評論全集
高民集	高等裁判所民事判例集		
裁判集民	最高裁判所裁判集民事	法　学	法学（東北帝国大学法学会）
裁判例	大審院裁判例（法律新聞別冊）	民　集	〔大審院または最高裁判所〕民事判例集
ジュリ	ジュリスト		
訟　月	訟務月報	民　録	大審院民事判決録
新　聞	法律新聞	無体集	無体財産権関係民事・行政裁判例集
新　報	法律新報		
税　資	税務訴訟資料	労　判	労働判例
東高民時報	東京高等裁判所民事判決時報	労民集	労働関係民事裁判例集
		LEX/DB	TKC ローライブラリーに収録されている LEX/DB インターネットの文献番号
判決全集	大審院判決全集		
判　時	判例時報		
判　タ	判例タイムズ		

7　文献の表記

① 文献を引用する際には，後掲④の文献の略記に掲げるものを除き，著者（執筆者）・書名（「論文名」掲載誌とその巻・号数）〔刊行年〕参照頁を掲記した。

② 判例評釈・解説は，研究者等による評釈を〔判批〕，最高裁調査官による解説を〔判解〕として，表題は省略した。

③ 法務省法制審議会民法（債権関係）部会における部会資料等は，法務省のウェブサイト上の PDF 文書の頁数で示した。

④ 文献の略記

ⓐ 体系書・論文集

幾代	幾代通・民法総則〔第 2 版〕（現代法律学全集）〔1984〕（青林書院新社）
石田（喜）編	石田喜久夫編・民法総則（現代民法講義 1）〔1985〕（法律文化社）
石田（文）	石田文次郎・現行民法総論〔1930〕（弘文堂書房）
石田（穣）	石田穣・民法総則（民法大系(1)）〔2014〕（信山社）
一問一答	筒井健夫＝村松秀樹編著・一問一答 民法（債権関係）改正〔2018〕（商事法務）
宇賀・行政 I	宇賀克也・行政法概説 I 行政法総論〔第 8 版〕〔2023〕（有斐閣）
内田	内田貴・民法 I〔第 4 版〕総則・物権総論〔2008〕（東京大学出版会）

凡　例

梅	梅謙次郎・民法要義 巻之一 総則編〔訂正増補第 33 版〕〔1911〕（有斐閣）
近江	近江幸治・民法講義 I 民法総則〔第 7 版〕〔2018〕（成文堂）
大江	大江忠・要件事実民法(1) 総則〔第 4 版補訂版〕〔2019〕（第一法規）
岡松	岡松参太郎著＝富井政章校閲・註釈民法理由　総則編〔訂正 12 版〕〔1899〕（有斐閣）
於保	於保不二雄・民法総則講義〔1951〕（有信堂）
加藤	加藤雅信・新民法大系 I　民法総則〔第 2 版〕〔2005〕（有斐閣）
川井	川井健・民法概論 1 民法総則〔第 4 版〕〔2008〕（有斐閣）
河上	河上正二・民法総則講義〔2007〕（日本評論社）
川島	川島武宜・民法総則（法律学全集）〔1965〕（有斐閣）
川名	川名兼四郎・日本民法総論〔1912〕（金刺芳流堂）
小林・意思表示	小林一俊・意思表示了知・到達の研究〔2002〕（日本評論社）
佐久間	佐久間毅・民法の基礎 1 総則〔第 5 版〕〔2020〕（有斐閣）
佐久間〔4 版〕	佐久間毅・民法の基礎 1 総則〔第 4 版〕〔2018〕（有斐閣）
潮見	潮見佳男・民法総則講義〔2005〕（有斐閣）
潮見・概要	潮見佳男・民法（債権関係）改正法の概要　〔2017〕（金融財政事情研究会）
司研編・事実摘示記載例集	司法研修所編・事実摘示記載例集 —— 民法（債権関係）改正に伴う補訂版 ——〔同編・民事判決起案の手引〔10 訂補訂版〕〔2020〕（法曹会）別冊〕
司研編・要件事実(1)(2)	司法研修所編・民事訴訟における要件事実第 1 巻〔増補〕・第 2 巻〔1986・1992〕（法曹会）
司研編・要件事実について	司法研修所民事教官室編・民事訴訟における要件事実について
司研編・類型別	司法研修所編・紛争類型別の要件事実〔4 訂版〕〔2023〕（法曹会）
四宮	四宮和夫・民法総則〔第 4 版〕（法律学講座双書）〔1986〕（弘文堂）
四宮＝能見	四宮和夫＝能見善久・民法総則（法律学講座双書）〔第

凡　例

	9版〕〔2018〕（弘文堂）
須永	須永醇・新訂民法総則要論〔第2版〕〔2005〕（勁草書房）
田山	田山輝明・民法総則〔第4版追補版〕〔2023〕（成文堂）
富井	富井政章・民法原論第一巻　総論〔合冊〕〔1922〕（〔復刻版，1985〕）（有斐閣）
中島	中島玉吉・民法釈義 巻之一 総則篇〔改版増補18版〕〔1925〕（金刺芳流堂）
中田・契約法	中田裕康・契約法〔新版〕〔2021〕（有斐閣）
中舎	中舎寛樹・民法総則〔第2版〕〔2018〕（日本評論社）
中舎・表見法理	中舎寛樹・表見法理の帰責構造〔2014〕（日本評論社）
鳩山	鳩山秀夫・増訂改版日本民法総論〔1930〕（岩波書店）
鳩山・法律行為	鳩山秀夫・法律行為乃至時効（註釈民法全書第2巻）〔1915〕（厳松堂書店）
平野	平野裕之・民法総則〔2017〕（日本評論社）
星野	星野英一・民法概論Ⅰ（序論・総則）〔改訂第16刷〕〔1993〕（良書普及会）
穂積・改訂	穂積重遠・改訂民法総論〔1930〕（有斐閣）
松尾・詐欺・強迫	松尾弘・詐欺・強迫（叢書 民法総合判例研究）〔2000〕（一粒社）
村田＝山野目編	村田渉＝山野目章夫編著・要件事実論30講〔第4版〕〔2018〕（弘文堂）
山野目	山野目章夫・民法概論1民法総則〔第2版〕〔2022〕（有斐閣）
山本	山本敬三・民法講義Ⅰ 総則〔第3版〕〔2011〕（有斐閣）
柚木・判総上，下	柚木馨・判例民法総論上，下〔1951・1952〕（有斐閣）
ライポルト・ドイツ民法総論	ディーター・ライポルト（円谷峻訳）・ドイツ民法総論〔第2版〕〔2015〕（成文堂）
ランドーほか・ヨーロッパ契約法原則Ⅰ・Ⅱ	オーレ・ランドー＝ヒュー・ビール編（潮見佳男＝中田邦博＝松岡久和監訳）・ヨーロッパ契約法原則Ⅰ・Ⅱ〔2006〕（法律文化社）
我妻	我妻栄・新訂民法総則（民法講義Ⅰ）〔1965〕（岩波書店）

ⓑ　注釈書・講座

注民	注釈民法〔1964～1987〕（有斐閣）
新版注民	新版注釈民法〔1988～2015〕（有斐閣）
基本法コメ	遠藤浩＝良永和隆編・基本法コンメンタール 民法総則

	〔第 6 版〕〔2012〕（日本評論社）
注解財産(1)	遠藤浩 = 水本浩 = 北川善太郎 = 伊藤滋夫監修・民法注解財産法第 1 巻 民法総則〔1989〕（青林書院）
注解判例	林良平編・注解判例民法 1a　民法総則〔1994〕（青林書院）
我妻・判コメ	我妻栄 = 有泉亨 = 遠藤浩・判例コンメンタールⅠ　民法総則〔1963〕（コンメンタール刊行会）
我妻 = 有泉・コメ	我妻榮 = 有泉亨 = 清水誠 = 田山輝明・我妻・有泉コンメンタール民法 総則・物権・債権〔第 8 版〕〔2022〕（日本評論社）
逐条解説消費者契約法	消費者庁消費者制度課編・逐条解説消費者契約法〔第 5 版〕〔2023〕（商事法務）
逐条解説 Web 版	消費者庁（担当：消費者制度課）・消費者契約法 逐条解説〔令和 5 年 9 月〕https://www.caa.go.jp/policies/policy/consumer_system/consumer_contract_act/annotations/
不当寄附勧誘防止法逐条解説	消費者庁・法人等による寄附の不当な勧誘の防止等に関する法律・逐条解説〔令和 5 年 2 月 1 日〕〔2023〕
民法講座(1)～(7)，（別巻 1），（別巻 2）	星野英一編集代表・民法講座 1～7〔1984～1985〕，別巻 1・2〔1990〕（有斐閣）
現代契約法大系Ⅰ～Ⅸ	遠藤浩 = 林良平 = 水本浩監修・現代契約法大系Ⅰ～Ⅸ〔1983～1985〕（有斐閣）
判例民法Ⅰ～ⅩⅠ	能見善久 = 加藤新太郎編・論点体系判例民法 1～11〔第 3 版〕〔2018～2019〕（第一法規）
百年Ⅰ～Ⅳ	広中俊雄 = 星野英一編・民法典の百年Ⅰ～Ⅳ〔1998〕（有斐閣）
争点Ⅰ，Ⅱ	加藤一郎 = 米倉明・民法の争点Ⅰ，Ⅱ（法律学の争点）〔1985〕（有斐閣）
新争点	内田貴 = 大村敦志編・民法の争点（新・法律学の争点）〔2007〕（有斐閣）
改正と民法学Ⅰ～Ⅲ	安永正昭 = 鎌田薫 = 能見善久監修・債権法改正と民法学Ⅰ～Ⅲ〔2018〕（商事法務）

ⓒ　判例評釈・判例解説その他

判民	東京大学判例研究会・判例民事法（大正 10 年度・大正 11 年度は「判例民法」）（有斐閣）
民百選Ⅰ○版	民法判例百選Ⅰ 総則・物権〔1974〕，第 2 版〔1982〕，第 3 版〔1989〕，第 4 版〔1996〕，第 5 版〔2001〕，第

凡　例

<table>
<tr><td></td><td>5 版新法対応補正版〔2005〕，第 6 版〔2009〕，第 7 版
〔2015〕，第 8 版〔2018〕，第 9 版〔2023〕（有斐閣）</td></tr>
<tr><td>民百選 II ○版</td><td>民法判例百選 II 債権〔1975〕，第 2 版〔1982〕，第 3 版
〔1989〕，第 4 版〔1996〕，第 5 版〔2001〕，第 5 版新法
対応補正版〔2005〕，第 6 版〔2009〕，第 7 版〔2015〕，
第 8 版〔2018〕，第 9 版〔2023〕（有斐閣）</td></tr>
<tr><td>民百選 III ○版</td><td>民法判例百選 III 親族・相続〔2015〕，第 2 版〔2018〕，
第 3 版〔2023〕（有斐閣）</td></tr>
<tr><td>令（平・昭）○重判解</td><td>令和（平成・昭和）○年度重要判例解説（ジュリスト臨
時増刊）（有斐閣）</td></tr>
<tr><td>平（昭）○主判解</td><td>平成（昭和）○年主要民事判例解説（判例タイムズ臨時
増刊，別冊判例タイムズ）（判例タイムズ社）</td></tr>
<tr><td>最判解令（平・昭）○年</td><td>最高裁判所判例解説 民事篇 令和（平成・昭和）○年度
（法曹会）</td></tr>
<tr><td>リマークス</td><td>私法判例リマークス（法律時報別冊）（日本評論社）</td></tr>
</table>

ⓓ　立法・改正資料

<table>
<tr><td>法典調査会主査会議事</td><td>法典調査会民法主査会議事速記録（日本学術振興会）</td></tr>
<tr><td>法典調査会主査会議事
〔近代立法資料 13〕</td><td>法務大臣官房司法法制調査部監修・日本近代立法資料叢
書・法典調査会民法主査会議事速記録（商事法務）</td></tr>
<tr><td>法典調査会民法議事</td><td>法典調査会民法議事速記録（日本学術振興会）</td></tr>
<tr><td>法典調査会民法議事
〔近代立法資料 1〜7〕</td><td>法務大臣官房司法法制調査部監修・日本近代立法資料叢
書一〜七・法典調査会民法議事速記録（商事法務）</td></tr>
<tr><td>理由書</td><td>民法修正案理由書（広中俊雄編著・民法修正案（前三
編）の理由書〔1987〕（有斐閣）所収）</td></tr>
<tr><td>基本方針</td><td>民法（債権法）改正検討委員会編・債権法改正の基本方
針（別冊 NBL126 号）〔2009〕（商事法務）</td></tr>
<tr><td>詳解 I〜V</td><td>民法（債権法）改正検討委員会編・詳解・債権法改正の
基本方針 I〜V〔2009〜2010〕（商事法務）</td></tr>
<tr><td>部会資料</td><td>法務省法制審議会民法（債権関係）部会 部会資料</td></tr>
<tr><td>部会第○回議事録</td><td>法務省法制審議会民法（債権関係）部会 議事録</td></tr>
<tr><td>部会第○分科会第○回議
事録</td><td>法務省法制審議会民法（債権関係）部会 分科会 議事録</td></tr>
<tr><td>中間論点整理</td><td>民法（債権関係）の改正に関する中間的な論点整理
〔2011〕</td></tr>
<tr><td>中間論点整理補足説明</td><td>法務省民事局参事官室・民法（債権関係）の改正に関す
る中間的な論点整理の補足説明〔2011〕</td></tr>
<tr><td>中間試案</td><td>民法（債権関係）の改正に関する中間試案〔2013〕</td></tr>
</table>

凡　　例

中間試案（概要付き）　　法務省民事局参事官室・民法（債権関係）の改正に関する中間試案（概要付き）〔2013〕

中間試案補足説明　　　　法務省民事局参事官室・民法（債権関係）の改正に関する中間試案の補足説明〔2013〕

要綱仮案　　　　　　　　民法（債権関係）の改正に関する要綱仮案〔2014〕

要綱　　　　　　　　　　民法（債権関係）の改正に関する要綱〔2015〕

⑤　雑誌略記

岡法	岡山大学法学会雑誌	法学	法学（東北大学）
関法	法学論集（関西大学）	法協	法学協会雑誌（東京大学）
京法	京都法学会雑誌	法教	法学教室
金判	金融・商事判例	法研	法学研究（慶應義塾大学）
金法	金融法務事情	法雑	法学雑誌（大阪市立大学,
銀法	銀行法務21		大阪公立大学）
神戸	神戸法学雑誌	法時	法律時報
国家	国家学会雑誌	法セ	法学セミナー
ジュリ	ジュリスト	法政	法政研究（九州大学）
志林	法学志林（法政大学）	法政論究	法学政治学論究（慶應義塾
新報	法学新報（中央大学）		大学）
曹時	法曹時報	法論	法律論叢（明治大学）
早法	早稲田法学	北法	北大法学論集
同法	同志社法学	民研	民事研修（みんけん）
判時	判例時報	民商	民商法雑誌
判タ	判例タイムズ	名法	名古屋大学法政論集
判評	判例評論（判例時報に添	立命	立命館法学
	付）	論ジュリ	論究ジュリスト
阪法	阪大法学	論叢	法学論叢（京都大学）
一橋	一橋論叢		

8　他の注釈の参照指示

　　他の注釈箇所を参照するよう指示する場合には，→印を用いて，参照先の見出し番号で示した。すなわち，

　　　　　　同一箇条内の場合　　　　　例：→ I　1 (1)(ア)

　　　　　　他の条文注釈の場合　　　　例：→§601 IV 2 (1)

　　　　　　他巻の条文注釈の場合　　　例：→第 15 巻§703 III 4 (3)(イ)(a)

編者紹介

山 本 敬 三（やまもと・けいぞう）　京都大学大学院法学研究科教授

_____

執筆者紹介（執筆順）

滝 沢 昌 彦（たきざわ・まさひこ）　法政大学法学部教授

吉 岡 茂 之（よしおか・しげゆき）　広島地方裁判所判事

中 舎 寛 樹（なかや・ひろき）　名古屋大学名誉教授・明治大学名誉教授

齋 藤　聡（さいとう・あきら）　京都地方裁判所判事

山 下 純 司（やました・よしかず）　学習院大学法学部教授

中 園 浩一郎（なかぞの・こういちろう）　東京高等裁判所判事

田 中 教 雄（たなか・のりお）　九州大学大学院法学研究院教授

角 田 美穂子（すみだ・みほこ）　一橋大学社会科学高等研究院教授

xiv

第 2 節　意思表示　　　　　　　　　　　　　　　　　　　　§ 93

第 5 章　法 律 行 為

第 2 節　意 思 表 示

（心裡留保）

第 93 条①　意思表示は，表意者がその真意ではないことを知ってした
ときであっても，そのためにその効力を妨げられない。ただし，相
手方がその意思表示が表意者の真意ではないことを知り，又は知る
ことができたときは，その意思表示は，無効とする。

②　前項ただし書の規定による意思表示の無効は，善意の第三者に対
抗することができない。

〔対照〕　ド民 116

〔改正〕　①＝平 29 法 44 改正　②＝平 29 法 44 新設

> （心裡留保）
> **第 93 条**　意思表示は，表意者がその真意ではないことを知ってしたと
> きであっても，そのためにその効力を妨げられない。ただし，相手方
> が表意者の真意を知り，又は知ることができたときは，その意思表示
> は，無効とする。

細 目 次

Ⅰ　総　説 ……………………………2	3　民法 94 条との関係 ……………………6
1　立法の趣旨……………………………2	4　代理権の濫用…………………………7
2　立法の経緯……………………………4	5　適用範囲（適用例）…………………7
（1）93 条の起草過程 ………………4	（1）家族法上の法律行為 ………………8
（2）平成 29 年改正……………………6	（2）団体的行為（合同行為など）………8

〔滝沢〕　1

§93 I

第1編　第5章　法律行為

(3)　行政処分・行政行為 ……………9	(4)　相手方がその意思表示が表意者の
(4)　準法律行為 ……………………9	真意ではないことを知り，または，
(5)　相手方のない行為…………………10	知ることができたこと………………16
(6)　経済的目的と法律効果とが一致し	3　93条2項の要件 ………………………17
ない行為………………………………10	(1)　第三者 …………………………18
Ⅱ　心裡留保の要件…………………………10	(2)　善　意 …………………………18
1　93条の要件論の概略 …………………10	Ⅲ　心裡留保の効果…………………………18
(1)　93条1項 …………………………10	1　心裡留保による意思表示の効力（93
(2)　93条2項 …………………………11	条1項本文）——原則として有効 ………18
2　93条1項の要件 …………………………11	2　例外的に（93条1項ただし書が適用
(1)　（前提としての）意思表示の存在	される場合は）無効 …………………18
（成立）………………………………11	(1)　無効の主張権者………………………19
(2)　表示上の効果意思と真意（内心的	(2)　期間制限………………………………20
効果意思）とが一致しないこと	(3)　追　認………………………………20
………………………………………14	(4)　第三者保護（93条2項）………………20
(3)　表意者が不一致を知っていること	3　損害賠償 ………………………………21
………………………………………15	

I 総　説

1　立法の趣旨

　心裡留保とは，真意ではない意思表示を，意図的に（表示が真意ではないことを表意者自身も知りつつ）することであり，例えば，買うつもりがないのに「買う」という意思表示をするような場合である。意図的に真意とは異なる表示をした点で錯誤（95条）とは区別されるが，通謀虚偽表示（94条）とは似ている面もある（→3）。旧民法には本条に相当する条文はなく，これは，ドイツ民法第2草案95条（現在の116条）に由来するものである。

　真意とは異なってはいるが，他方で，意図的に真意とは異なる表示をした者を保護する必要はないので，93条1項本文によれば意思表示は有効とされ，前述の例でいえば「買う」という意思表示として通用する（もっとも，なぜ真意とは異なる表示に法的拘束力が生じるのかについてドイツでは議論がないわけではない。J. von Staudingers Kommentar zum Bürgerlichen Gesetzbuch mit Einführungsgesetz und Nebengesetzen, Buch 1, Allgemeiner Teil（Bearbeitung 2004）§116 Rn. 1.　日本では心裡留保の法理論上の意義についての議論は少ないが，自然債務との類似性の指摘〔内田49頁〕は注目に値する）。しかし，その意思表示の相手方が，その表示が表意者の真意ではない（買うつもりがない）ことを知っていたか，または知る

第2節　意思表示　　　　　　　　　　　　　　　　　　　　§93　I

ことができた場合には，相手方を保護する必要もないので，その表示は無効となる（1項ただし書）。なお，平成29年の改正以前には，ただし書は「相手方が表意者の真意を知り，又は知ることができたときは」と規定されていたが，改正により「相手方がその意思表示が表意者の真意ではないことを知り，又は知ることができたときは」と改められた。実質的な変更ではないが，この表現の方が誤解の余地は少ないであろう。表示が（表意者の）真意ではないことが相手方に分かっていたか，または，分かるはずであったことで足り，それ以上に，（表示とは異なる）表意者の内心の真の意思までを知る必要はないからである。

　また，本条2項によれば，1項ただし書が適用されるべき場合（意思表示が無効とされるべき場合）でも，相手方以外の第三者との関係では，その第三者が善意であるとき（表意者の真意とは異なることを知らなかったとき）には，その表示が無効であることを対抗することができない（その第三者との関係では意思表示は有効なものとして通用する）。なお，例えば95条4項などとは異なり，善意であれば過失があっても第三者は保護される。意図的に真意とは異なる表示をした場合なので，（第三者に過失があっても）第三者保護の方を優先したのである。

　なお，一見当然のようにも思える1項ただし書の価値判断（真意ではないことを相手方が知り，または知ることができたときは意思表示を無効とする）には，立法論的な批判もありうることを指摘しておく（ラーレンツ，これについては滝沢昌彦「見抜かれた心裡留保」川井健傘寿・取引法の変容と新たな展開〔2007〕40頁参照）。「買う」旨の意思表示をしたのであるなら，真意ではないことが相手方に分かる状況であったとしても，「買う」という約束を守らせるべきではないかという趣旨である。特にラーレンツは表示をすること自体が約束であると理解する（通用理論）のでこのような結論（意思表示は有効）になるのであろうし，また，意図的に真意とは異なる表示をした者を保護する必要はないのであるから，これも傾聴すべき見解ではある。もっとも，（前述したように）真意でないことが分かるなら相手方を保護する必要もないし，また，そのような状況なら（真意ではないことが分かる状況なら）その意思表示を「買う」旨の約束と解釈できるか疑問もある。ただし，その意思表示を「買う」と解釈できないなら「買う」という意思表示としては成立していないことになり，そもそ

〔滝沢〕　3

§93 I　　　　　　　　　　　　　　　　　　　　第1編　第5章　法律行為

も93条の適用場面ではないとの再反論もありうる（ラーレンツは，真意ではないことが，表示そのものから分かるのではなく，表示以外の諸般の事情から分かる場合を念頭にしているものと思われる）。これは，特に，真意ではないことが（表示以外の諸般の事情からではなく）表示そのものから分かる場合でも意思表示として成立しているのかという問題と関係するが，この問題については後（一II2(1)）に検討する。

2　立法の経緯

(1)　93条の起草過程

意思主義・表示主義の語は多義的であるが，起草者によれば，極端な意思主義とは「表示ナキ意思ト雖モ苟モ其証明ヲ得レハ以テ足レリト」する考え方であり（表示されていない内心の意思でも法的に通用することになる），他方，極端な表示主義とは「意思ナキコト明確ナルモ偏ニ表示スル所ニ拠リ以テ其効力ヲ定メント」するものである。その上で，起草者は，「本案ニ於テハ此両極端主義ノ一ニ偏セスシテ意思ト表示トノ両者相須チテ始メテ法律上ノ効力ヲ生スヘキヲ原則トセリ唯実際ノ必要ニ因リ一二ノ例外ヲ設クルニ過キス本条〔93条一筆者注〕ハ則チ此原則ト例外トヲ包含セルモノナリ」という（理由書142頁）。意思と表示の両方があって法的効力が生じるというのであるから，表示だけ存在しても意思が伴っていないなら無効となる。これは，意思表示の効力に関する今日の一般的な理解（意思を伴わない表示は無効とするのが意思主義であり，意思を伴わない表示でも有効とするのが表示主義である）からすれば，つまりは意思主義であろう。要するに，起草者は意思主義を原則とし，例外的に表示主義をも採用したのである。

そして，前述のように，起草者によれば93条（現93条1項）には原則と例外との両方が含まれている。すなわち，93条に相当する規定は旧民法には存在しなかったところ，この原則（「意思ト表示トノ両者相須チテ始メテ法律上ノ効力ヲ生ス」）によれば心裡留保による意思表示は無効となるはずであるが，これは，相手方が表意者の真意を知っている場合には妥当であるものの，相手方が表意者に騙されたときには，表示を有効としなければ取引の安全を害するという。つまり，93条本文（相手方が表意者に騙された場合）では例外としての表示主義が採用され，同条ただし書（相手方が表意者の真意を知っていた場合）では原則に戻って意思主義がとられたのである。なお，このように，当

第2節　意思表示　　　　　　　　　　　　　　　　　　　　§93　I

初の 93 条ただし書は，相手方が表意者の真意を知っていた場合のみを想定
していたのであり，知ることができた場合は含まれていなかった。これは
―― 起草者はドイツ民法第 2 草案 95 条を参照しているが ―― 現在のドイツ
民法 116 条に従ったものと解される。

　ところが，ドイツ民法においては，116 条（心裡留保）とは別に，118 条
（以前は「諧謔表示」と称されていたが現在では「真摯性の欠如」と題されている）が規
定されている。ドイツ民法 118 条は「真意でない意思表示は，真意の欠欲が
知られることを予期されたときは，無効とする」（翻訳は法務資料 445 号による）
という条文であり，真意ではない（冗談である）ことが相手方にも分かると期
待していたような表示は無効とするものである。通常の心裡留保と比べ，騙
す意図がない分「罪は軽い」と言えるからである。日本の民法にはこれに相
当する規定はないので，冗談であることが相手方にも分かるとの期待による
意思表示にも 93 条が適用されることになるところ，これでは，常識的に冗
談と分かる表示についても，真意ではないことが相手方に分からなかった場
合（冗談が通じなかった場合）には有効となることになる。しかし，客観的にも
真意ではないことが分かる意思表示まで有効とするのは不適当であるので，
真意ではないことが分かったはずである場合をも 93 条ただし書（現 93 条 1 項
ただし書）に含め，この場合には意思表示は無効となるとしたのである（この
経緯については村田彰「心裡留保無効」椿寿夫編・法律行為無効の研究〔2001〕336 頁）。

　これを手がかりにして，日本においても，真意ではないことが相手方にも
分かると期待していた場合（以下では「非真意表示」という）を，（真意ではないこ
とが相手方に分かるとは期待していなかった）通常の心裡留保（以下では「狭義の心
裡留保」という）とは区別して扱うべきことを強調する学説もある（後述）。な
お，非真意表示では真意ではないことが相手方にも分かると期待されている
のであるが，この期待は正当なものであることが当然の前提とされているの
であろう。その期待が正当ではない場合，すなわち，表意者が冗談であると
分かってもらえると主観的には期待していたとしても客観的にはそのように
理解できない場合（客観的には冗談とは分からない場合）には，（93 条本文にしたが
って）有効とされるべきだからである（無効とした上で表意者に損害賠償を負わせ
ればよいという解決もあり得る）。もっとも，真意ではないことが相手方にも分
かるという期待が正当なものであるなら，前述したように，そもそも意思表

〔滝沢〕　　5

§93 Ⅰ　　　　　　　　　　　　　　　　　第1編　第5章　法律行為

示として成立していないのではないかという問題がある（→Ⅱ2(1)）。

　(2)　平成29年改正

　平成29年の改正の際も，上記のように，狭義の心裡留保と非真意表示を区別するべきことが議論され，狭義の心裡留保の場合には相手方が悪意の場合に限り意思表示を無効とし，非真意表示の場合には相手方が悪意または（善意でも）過失がある場合に無効とする案が提案されていた（例えば基本方針26頁【1.5.11】）。しかし，これを明確に区別するのが可能であるのかという疑問も出され（中間論点整理補足説明221頁），最終的には採用されなかったのである。

　さらに，93条2項も，平成29年の改正により追加された規定である。なぜ従来の93条に第三者保護規定がなかったのか必ずしも明らかではないが（93条は基本的には表示を有効とするものであるので第三者保護の必要性が余り感じられなかったのかもしれない），後述するように，以前から判例は94条2項を類推適用して善意の第三者を保護していたので，それを明文化したものである。

　3　民法94条との関係

　前述したように，意図的に真意とは異なる意思表示をしたという点で，心裡留保は，94条が規定する通謀虚偽表示と似ている面もある。しかし，94条は相手方と通じて虚偽の意思表示をした場合を想定しているので，この点で心裡留保とは区別され，これをとらえて，心裡留保のことを「単独虚偽表示」ということもある（我妻287頁）。したがって，心裡留保と通謀虚偽表示とが重なり合うことは基本的には考えられない（通謀の有無で区別される）。

　しかし，例外的に，代理人と相手方とが通謀虚偽表示をした場合について，93条と94条のいずれが適用されるのかが問題となることがある。例えば，Aの代理人Bが，Aの金銭を使い込んでしまったのを隠蔽するために，Cと通謀して，CがAから融資を受けたかのような借用書を（Aに）差し入れさせたところ，AがCに支払を請求した事件において，大審院は，Cが債務を負担する意思がないのに借用書を差し入れたことは93条に該当するので，Aが（Cの）真意を知っていたかまたは知ることができたことが主張立証されない限り，その意思表示は無効ではないと判示した（大判昭14・9・22新聞4481号7頁）。しかし，平成29年改正前101条1項によるなら意思の有無は代理人Bを基準にして判断すべきことになるところ，それなら，94条

6　〔滝沢〕

第2節　意思表示　　　　　　　　　　　　　　　　　　§93　I

1項が適用されて，意思表示は無効となるようにも思える（幾代317頁，田山165頁，我妻349頁）。この点について，判例は，類似の事案において，Bには（Cと）通謀する権限はないのだから，Bは代理人ではなく伝達機関（使者）にすぎないので（101条ではなく）93条が適用されると説明しているが（大判昭14・12・6民集18巻1490頁），学説は，101条は相手方保護の規定なので，相手方Cが代理人Bと通謀して本人Aを害する場合には（101条は）適用されず，したがって93条の問題となると理解する（磯田進〔判批〕判民昭和14年度352頁，新版注民(3)299頁〔稲本洋之助〕，川島269頁。ただし，石田(穣)604頁は94条の問題とする）。もっとも，平成29年の改正により，代理人の権限濫用は無権代理として扱われることとなったので（107条），判例のような説明も可能であるかもしれない。

4　代理権の濫用

　Aの代理人Bが，（権限の範囲内ではあるが）権限を濫用して（Aを代理して）Cと取引をした場合に，Aの権限濫用の意図をCが知っていたかまたは知ることができたときには，判例は，93条ただし書（現93条1項ただし書）を類推適用して，Aは取引が無効である旨を主張することができるとした（最判昭42・4・20民集21巻3号697頁等多数）。代理人Bが（代理権の範囲内ではあるが）本人Aの意思に反した行動をしたという点で，前述（3）の大審院判決の事件と類似している。ただし，大審院判決の事件においては，相手方Cが（94条1項等による）無効を主張するのに対してAが有効である旨反論しているのであるが，上記の最判昭和42年の事件においては，Aが（93条ただし書による）無効を主張している点に違いがある。しかし，前述したように，平成29年の改正により，代理権の濫用については107条が新設されたので，詳細は107条の解説に譲る（→第3巻§107）。

5　適用範囲（適用例）

　以下では，若干の93条適用例を紹介しつつ，本条の適用範囲について検討する。なお，真意に反するので無効である旨の主張を封じるために（禁反言的に）93条1項本文が使われることも多い。以下でも，93条1項本文が適用されて意思表示が有効とされたのか，同項ただし書が適用されて無効とされたのかにも注目したい。

〔滝沢〕　　7

§93 Ⅰ　　　　　　　　　　　　　　　　　　第1編　第5章　法律行為

(1)　家族法上の法律行為

　家族法上の法律行為については（財産取引に比べて）より当事者の真意を尊重するべきであるので，総則のうち表示主義の規定は適用を制限されなければならないとされる（我妻286頁）。例えば，法定推定家督相続人である娘を婚姻させるために，（婚姻後）直ちに離縁する約束で形だけ親戚を養子とした事案について，最高裁昭和23年12月23日判決（民集2巻14号493頁）は，養子縁組は（93条ただし書の適用をまたずとも）絶対的に無効であるとした（802条1号）。

　他方，自分の子ではないことを知りつつ認知したケースについて，93条を適用した判決もある（大阪控判明42・7・8新聞592号13頁）。もっとも，ただし書（現1項ただし書）ではなく本文（現1項本文）を適用して有効とした例であり，届出をした者の（未成熟子に対する）社会的責任の問題と理解する見解もある（河上325頁）。しかし，このケースについて言えば，真実に反している認知なので無効とされるべきものではなかろうか（石田（穣）603頁，石田（喜）編129頁〔磯村保〕）。93条は本人の真意に反しているという理由で無効となるか否かという問題のみを扱っているのであるから，93条が適用されるとしても，その他の考慮（認知が真実に反する等）により無効とされることを妨げないというべきである。たしかに子の福祉の観点も重要ではあるが，それは信義則等で対応すべき問題ではなかろうか。

(2)　団体的行為（合同行為など）

　団体的行為については，画一的に処理するべきであるので93条は適用されないと解されており（我妻289頁，ただし，川島271頁は公益法人に加入する意思表示については93条を適用してよいという），例えば，株式の申込みについて，会社法51条1項および211条1項は93条1項ただし書の適用を排除する。

　もっとも，合資会社の設立行為について93条を適用した判決もあるが（大判昭7・4・19民集11巻837頁），本文（現1項本文）を適用して有効とした例であり，画一的処理が必要という観点からも結論は妥当であろう。ただし，この事件では93条と94条のいずれが適用されるかが問題となったところ，判決が，合同行為においては各自の意思表示が併行しており相手方がないので94条ではなく93条が適用されると判示した点については批判もある（田中耕太郎〔判批〕判民昭和7年度219頁）。設立行為は合同行為なのか契約なのか，

第2節　意思表示　　　　　　　　　　　　　　　　　　　　§*93* I

また，合同行為であるとしても93条が適用される余地はないのか，より深い議論が望まれるところである。

(3) 行政処分・行政行為

耕地整理組合のする換地処分について，耕地整理組合の当局者には，甲土地に対する換地として乙土地を交付する意思はなかったが，登記の便宜上，甲土地の登記用紙を借りて換地処分をした場合には，「行政処分については民法心裡留保に関する規定は適用し得ず，外部に表示された行為が仮令行為者の内心的意思と異る場合においても，これがため処分の内容自体に違法を来すのでない以上，行政処分は内心的意思に拘りなく，外部に表示されたところに従って効力を生ずるものと解すべき」とした判決がある（東京高判昭35・3・18東高民時報11巻3号101頁）。

(4) 準法律行為

準法律行為については，とりあえず90条以下が適用されることを前提としつつも「何等かの制限を必要としないかどうかを一応吟味する必要がある」とされる（我妻235頁）。例えば，債権譲渡をしなかったのに債権譲渡の通知をした後に通知をした者（債権譲渡通知上の譲渡人）が債務者に対して請求をしたところ，債務者が，93条により債権譲渡は有効である（債権譲渡通知をした以上は譲渡人は債権を有する旨の主張をすることが許されない）旨の主張をしたのに対して，93条の準用を否定した例がある（大判昭16・3・11民集20巻176頁）。93条が適用されて債権譲渡が有効となるわけではないという結論は正当ではあるが，そもそも債権譲渡をしていないのに対抗要件のみを備えても無効であるというだけのことであり，93条の適用を否定する理由にはならないのではなかろうか。93条を適用したとしても，債権譲渡が存在しない以上は対抗要件（譲渡通知）も無効となるはずである。このように，いわゆる観念の通知において事実がないのに通知のみをした場合は，事実がなかったという理由から無効になることが多いと思われる。

もっとも，債権譲渡通知については，幾代245頁は善意の債務者や第三者を保護するために心裡留保や虚偽表示の規定の類推適用の可能性を認めるし，石田（穣）603頁も，債務者が（譲渡通知を信じて）譲受人に弁済したり準消費貸借契約を締結したりした場合には93条の類推を認める。93条は真意と異なるという理由では表示は無効にならないとする規定であるところ，これらの

〔滝沢〕　9

§93 II   第1編 第5章 法律行為

場合には真意との不一致が問題となっているわけではない。対抗要件を信用した者を保護するために93条を「流用」したということになろうか（一種の公信力？）。同様に，例えば代理権授与の通知などについても，93条を適用する余地がある（児玉義史・準法律行為論〔1972〕128頁）。もっとも，これ（代理権授与表示）は109条の問題であるとする理解もある（新版注民(3)295頁〔稲本〕）。

なお，以上に対して，意思の通知については93条の適用を認めるべきであろう。

(5)　相手方のない行為

条文上特に制限はないので，93条は，相手方のない意思表示にも適用されると解するのが通説である（我妻288頁）。しかし，93条は，相手方のない行為には適用されない（当然に無効となる）と解する見解もある（石田（穣）597頁，石田（喜）編129頁〔磯村〕）。保護すべき相手方が存在しないからである。なお，後述（→II 2 (4)(7)）をも参照。

通説の側からは，相手方のない意思表示にも93条が適用された例として，前掲大阪控訴院明治42年7月8日判決（認知）や前掲大審院昭和7年4月19日判決（会社の設立）が援用されることが多い。しかし，前述したように，それぞれに特有の事情もあり，これらの判例から，93条は相手方のない意思表示にも適用されると結論付けることができるのか疑問なしとはしない。

(6)　経済的目的と法律効果とが一致しない行為

取立てのための債権譲渡のような信託的行為についても93条の適用の可否が問題とされることがあるが，これについては，93条適用の要件である「表示上の効果意思と真意との不一致」に関連して後述する（→II 2 (2)）。

II　心裡留保の要件

1　93条の要件論の概略

(1)　93条1項

心裡留保（93条1項本文）の要件としては，通常は以下の3点が指摘される。

①　意思表示が存在（成立）すること

②　表示上の効果意思と真意（内心の効果意思）とが一致しないこと

第2節　意思表示　　　　　　　　　　　　　　　　　　　　　§93　Ⅱ

　③　その不一致を表意者が知っていること

そして，93条1項ただし書が適用されるためには，さらに，

　④　相手方がその意思表示が表意者の真意ではないことを知り，または
　　知ることができたこと

をも主張立証しなければならない。

　もっとも，93条は意思表示が存在（成立）していること（上記①）を前提と
してその効力について規定しているところ，意思表示が成立しているなら原
則として法的効力を有するのであるから，意思表示が有効であるとする93
条1項本文のみ（上記の①から③のみ）を主張することには実際上の意味はな
い。実際には，意思表示の効力を否定したい者（通常は表意者であろう。相手方
が無効を主張することができるのかについては後述（一Ⅲ2(1)）する）が，上記（②か
ら④まで）の主張立証をして意思表示が無効であることを主張することにな
る（後述〔一2(1)(ア)〕するように，上記①については，意思表示の効力を否定する側が立
証責任を負うことはない）。

　(2)　93条2項

　また，93条2項が問題となるのは，同条1項による無効が（抗弁として）
主張されるのに対して再抗弁として2項による（無効の）対抗不能が主張さ
れる場合である。したがって，同条1項による無効（上記の①から④まで）が
主張・立証されて意思表示が無効であるとされた後に，同条2項の適用を求
める者が，

　⑤　（自分が）第三者であること

　⑥　（自分が）善意であること

を主張立証しなければならない。

　以下，順に検討するが，立証責任については，さらに本巻「心裡留保の要
件事実」の解説を参照されたい。

2　93条1項の要件

　(1)　（前提としての）意思表示の存在（成立）

　(ア)　意思表示の存在の立証責任　　93条は意思表示の効力（有効か無効か）
について定めた規定であるので，意思表示が存在することを当然の前提とし
ていると解される（意思表示の「存在」と表現されるが法的には意思表示の「成立」
と言うべきである）。もっとも，前述したように，通常は，意思表示の相手方

〔滝沢〕　11

§93 II　　　　　　　　　　　　　　　　　第1編　第5章　法律行為

が意思表示の成立およびそれによる効果を主張し，それに対する抗弁として，表意者が93条1項ただし書により表示が無効である旨を主張するのであろうから，この要件（意思表示の成立）については（意思表示の効果を主張する）相手方に立証責任があり，表意者が立証しなければならないわけではない。つまり，相手方が意思表示の成立の立証に成功しない限り，表意者が93条1項ただし書を主張する必要はない。

　(ｲ)　表示そのものから真意ではないことが分かる場合　　なお，この要件に関して，表示そのものから真意ではないことを知ることができるときには，表示行為が存在しないので意思表示は当然に無効となるとする見解もある（鳩山秀夫「表示を論ず」同・民法研究第1巻（総則）〔1925〕146頁，ただし鳩山秀夫・日本民法総論（下巻）〔1924〕349頁は，表示そのものから真意ではないことを知ることができるときにも93条を適用するようにも読める）。表示行為そのものから真意ではないことを知ることができるので表示行為が存在しないなら意思表示は無効なのではなく不成立というべきと思われるが，無効か不成立かという点はともかく，たしかに，「買う」つもりがないことが表示そのものから分かるような場合には「買う」という表示とは解釈できないのであるから，意思表示は成立しないので93条を適用する余地はないという指摘は正当であるように思われる。このような場合には，上記（一1⑴）②の要件にいう「表示上の効果意思」も存在しないことにもなる。そして，この見解によると，表示そのものから真意ではないことが分かる場合は93条の問題ではなく，したがって，93条1項ただし書も，表示そのものからは真意ではないことを知ることはできないが，表示以外の「諸般の事情」から，表示が真意ではないことが分かる場合に限定して適用するべきことになる。しかし，意思表示の解釈に関する現在の通説は，表示と表示以外の諸般の事情とを区別しないのであるから（我妻250頁），このような区別（表示そのものから真意ではないことを知ることができる場合と，表示以外の諸般の事情から真意ではないことを知ることができる場合との区別）はできないはずである。

　この問題は，立証責任にも関係する。表示そのものから真意ではないことを知ることができるなら意思表示は不成立となると解されるところ，意思表示の成立については，意思表示の効果を主張する者（93条の適用が問題となる紛争においては，多くの場合は意思表示の相手方であろう）が立証責任を負うべきで

第2節　意思表示　　　　　　　　　　　　　　　　　　§*93*　II

ある。そうすると，表示そのものから真意ではないことを知ることができる場合には，その者（意思表示の効果を主張する者）が意思表示の成立を立証することに失敗することになるので，93 条 1 項が適用される場面ではない。93 条が適用されるのは，意思表示の効果を主張する者が意思表示の成立を立証した後であり，そこで，その意思表示の効果を否定しようとする者が 93 条を主張し，立証責任も負うのであろう。しかし，このように，表示そのものから真意ではないことを知ることができる場合（意思表示の不成立）と，表示そのものからは真意ではないことを知ることはできないが（表示そのもの以外の）諸般の事情から真意ではないことを知ることができる場合（意思表示の無効）とを区別することは，前述したように，意思表示の解釈に関する通説（表示と〔表示以外の〕諸般の事情とを区別しない）に合わない。

　そもそも，表示そのものから真意ではないことが分かる場合に表示として成立しているのか否かについて理解が必ずしも一致していないのであり，同様の問題は 94 条についてもある（賀集唱「契約の成否・解釈と証書の証明力」民商 60 巻 2 号〔1969〕194 頁以下）。しかも，この問題（意思表示の成立）を，93 条と 94 条とで統一的に解決できるかについても疑問がないわけではない。94 条は（反対証書に関する）旧民法証拠編 50 条に由来する（一種の）「証拠法」であり（詳しくは，→§94），この点で 93 条とは性格が異なっているとも考えられるからである。おそらく，裁判実務においては，書面などのように表示としての価値が高いものが存在し，しかも，書面そのものからは真意ではないことが分からない場合に意思表示は（一応）成立しているものと扱われ（民事訴訟法 228 条に関するいわゆる「二重の推定」参照——もっともこれは事実上の推定にすぎない），そして，その書面以外の諸般の事情から真意ではないことが分かる場合に，93 条 1 項ただし書が適用されて意思表示は無効とされるのではなかろうか。私見ではあるが，法理論的には表示意思の有無が一つの決め手になるように思う（もっとも通説は表示意思を意思表示の成立要件とは認めない〔我妻 241 頁〕）。表示そのものから真意ではないことが分かる場合には，表示意思が認められないからである。したがって，93 条 1 項ただし書は，真意とは異なる表示ではあるが，その（真意とは異なる）表示をするという表示意思はあり（したがって意思表示としては成立しており），表意者が「表示」とは意識していない事情から，真意ではないことが相手方に分かる（分かったはずである）

〔滝沢〕　13

§93 II

場合に適用されるのではないか（例えば，AがBに対して意思表示をした後に，それが真意ではないことをAが第三者Cに述べたが，たまたまCがBの知人であり，真意ではないとAが述べていたことを〔Bに〕語った場合など）。これに対して，94条（通謀虚偽表示）においては両当事者は「通謀して」（虚偽の）表示をしているのであるから，94条が適用されるべき場合には必ず両当事者に表示意思はあるとも言えるのである。

(2) 表示上の効果意思と真意（内心的効果意思）とが一致しないこと

表示に対応する内心の意思が存在しないことと言ってもよい。表示に対応する意思がないという消極的な事実で足り，表示とは別の意思を積極的に有することまで要求されているわけではないからである。

真意の有無が問題になることが多い。以下に，いくつかの類型を挙げる。

(ア) 信託的行為（取立委任の債権譲渡など）　取立てのための債権譲渡について，古い判決には，（取立てを委任する趣旨の債権譲渡は）委任関係を生じさせる意思でありながら債権譲渡の表示をしたものであるから，相手方もこれを知っている場合には93条ただし書（現93条1項ただし書）により無効となるとしたものがある（大判明38・3・2民録11輯316頁）。しかし，後には，当事者が権利を移転する意思で債権譲渡をした場合には，内部においては債権の取立てが目的であったとしても虚偽の意思表示ではないとして93条ただし書の適用はないとした（大判大5・5・18民録22輯994頁）。このような信託的な法律行為については，その経済的目的は（法律行為による）法律効果と厳密には一致しないものの，その法律行為による法律効果を発生させる意思は存在するのであるから表示上の効果意思に対応する真意はあり，心裡留保や通謀虚偽表示の問題にはならない。

(イ) 名義貸し　同様に，（信用のある者が）形だけ売主となることを承認して売買契約を締結したケースにつき，通謀虚偽表示や心裡留保の問題にならないとする判決があり（東京高判昭27・5・24判タ27号57頁），学説からも支持されている。判決によれば，（形式上の）売主は法律上の権利義務の主体となることを承認したのであり，取引の結果を経済的に（他人に）帰属させるにすぎないのであるから，経済的な利害の主体が他に存することを相手方が知っているか否かにかかわらず，契約は，その名において当事者となった者（形式上の売主）と相手方との間に有効に成立するので心裡留保の問題になら

第2節　意思表示　　　　　　　　　　　　　　　　　　　　　§*93*　II

ないのである。

　もっとも，融資を得るための名義貸しについては，名義貸しについて貸主
も知っていた場合には93条ただし書（現93条1項ただし書）を類推適用して
無効とされることも多い（信販会社との立替払契約について福岡高判平元・11・9判
タ719号164頁，住宅ローンについて最判平7・7・7金法1436号31頁）。実際には
（形式上の）借主が返済するわけではないことを貸主も知っている以上貸主の
信頼を保護する必要がないからであるが（山本151頁），他方，形だけにせよ
法律上の借主となった者が（貸主も悪意であるとしても）責任を逃れるのは妥当
ではないこともあろう。したがって，その事案において貸主を保護する必要
がない場合に93条1項ただし書が類推適用されているものとも考えられる
（新版注民(3)293頁〔稲本洋之助〕）。

　(ｳ)　**退職願**　　退職手当金の支給等を条件として（会社側から）退職（合意
解約）の申込みをして労働者が不本意ながら承諾をしたが，後になって承諾
が93条ただし書（現93条1項ただし書）によって無効である旨争われること
が多い。しかし，多くの場合には，退職手当を受領したこと等を理由にして，
真意に基づく意思表示であると認定されて心裡留保の主張が否定されている
（東京地判昭44・6・13判時561号79頁等，詳しくは新版注民(3)291頁〔稲本〕参照）。
もっとも，住職の退職に関するものではあるが，退職届が心裡留保により無
効であり，94条も準用されずに後任の住職に（無効を）対抗できるとされた
例もある（大阪高判昭41・4・8高民集19巻3号226頁）。

　(3)　**表意者が不一致を知っていること**

　表示上の効果意思と内心の効果意思とが一致しないことを表意者自身が知
らない場合には錯誤の問題となり，95条が適用される。心裡留保の場合に
は表意者は表示と真意との不一致を知っている（意図的に真意とは異なる表示を
した）のであるから，その分（錯誤に比べて）表意者に帰責性が認められる。

　なお，前述したように，ドイツ民法に倣って，「真意ではないことを相手
方が分かることを期待していた場合」（非真意表示）をそれ以外の場合（狭義の
心裡留保）とは区別する見解がある。このように区別するなら，狭義の心裡
留保の場合には（真意ではないことが）相手方に分かることを期待していない
（真意であると理解されることを期待している）のであるから，多かれ少なかれ欺
罔の意図があることになり，他方，非真意表示については，欺罔の意図がな

〔滝沢〕　15

§93 II　　　　　　　　　　第1編　第5章　法律行為

い分その罪は軽い（なお，表示自体から真意ではないことが分かる場合には当然に無効とする前述の鳩山説も，その典型例としては非真意表示を想定しているようである）。したがって，このような（欺罔の意図はない）表意者を保護するために，非真意表示には効果意思がないので当然に表示は無効となるとする見解（山中康雄・民法（総論・総則・家族・相続）〔1978〕257頁）もある他，非真意表示にも93条を適用する見解も，狭義の心裡留保とは区別して扱うものが多い（後述）。

(4)　相手方がその意思表示が表意者の真意ではないことを知り，または，知ることができたこと

上記の(1)から(3)までは93条1項本文が適用されるための要件であるが，前述（一1(1)）したように，93条1項本文を適用して意思表示が有効であると主張することの実際上の意味は少ない。実際には，表示の相手方が（意思表示が存在〔成立〕していることを立証して）意思表示の効果を主張するのに対して，表意者が，(2)および(3)に加えて(4)をも立証して，93条1項ただし書により意思表示は無効であると主張するのであろう。

もっとも，前述したように表示そのものから真意ではないことが分かるような場合には意思表示は成立していないと言うべきであり，また，実際にも，そのような場合に93条が主張されることは稀であろう。したがって，93条1項ただし書は，主に，表示以外の諸般の事情から真意ではないことが分かる場合に適用されるべきことになる（しかし，他方で，前述したように意思表示の解釈に関する現在の通説は表示と諸般の事情とを区別しないので，諸般の事情から真意ではないことが分かる場合には意思表示は成立しないはずであるという理論的な問題がある）。

(ア)　相手方　厳密には意思表示の相手方ではなくとも，懸賞広告に対する応募者のような者についても93条ただし書（現93条1項ただし書）の類推を認めるべきであるとの指摘もある（須永195頁）。たしかに，懸賞広告に対する応募者は，93条2項が適用されるべき「第三者」ではないので，1項ただし書で保護すべきであろう。

また，93条1項ただし書にいう相手方につき，心裡留保につき利害関係を有する者と解した上で，例えば，債務免除が心裡留保でされた場合，債務が消滅したと思ったにすぎない債務者は利害関係を有しないが，債務が消滅したと信じて他から借金をしたときには利害関係があるとする見解もある

16　〔滝沢〕

第2節　意思表示　　　　　　　　　　　　　　　　　　　§93　II

（石田（穣）602頁）。心裡留保による意思表示を信頼して取引をした等具体的な利害関係を想定している点に特徴がある。

　(ｲ)　悪意または過失　　相手方が真意ではないことを知っていたこととは要するに悪意ということであり，知ることができたこととは，善意ではあっても過失があることを意味する。「知ることができた」とは単に事実として知る可能性があったということではなく，知るべきであったという意味だからである。したがって，この要件は，相手方の悪意または（善意であっても）過失がある場合と言い換えることができる。

　なお，非真意表示と狭義の心裡留保とを区別し，（欺罔の意図がある）狭義の心裡留保については，真意ではないことを相手方が知っていた場合に限り（表意者からの）無効主張を認める見解（山本149頁）や，同様に，この場合には，無過失の要件は不要であるか，要求するとしても（相手方の）過失（表意者が真意ではないことを知ることができたこと）の認定は慎重にするべきであるという指摘もある（河上324頁）。さらに，そもそも93条1項ただし書は主に非真意表示を念頭にした価値判断なのであるから，欺罔の意図がある狭義の心裡留保については無効の主張は許されず（つまり93条1項ただし書は適用されない），例外的に，相手方が悪意であった場合のみに94条1項を類推する見解（須永194頁）や，相手方が悪意または重過失であった場合のみ（94条1項の類推適用により）無効を主張できるとする見解がある（村田彰「心裡留保無効」椿寿夫編・法律行為無効の研究〔2001〕340頁）。これによれば，狭義の心裡留保については，軽過失しかない相手方なら保護する（表示を有効とする）ことになる。欺罔の意図がある意思表示については無効の主張を許さない（約束した以上は守るべきである）という意味では，前述（一 I 1）したラーレンツの主張にも通じるところがあると言えよう。

3　93条2項の要件

　前述したように，平成29年の改正により第三者保護規定である2項が追加された。この条文の適用を求める者は（自分が）善意の第三者であることを主張立証しなければならないが，これを分析するなら，第三者であること，および，善意であることの二つの要件に分かれる。なお，不動産取引については，第三者が登記を備えている必要があるかも問題となり得るが，これについては94条の解説を参照されたい。

〔滝沢〕　17

§93 III

第1編　第5章　法律行為

(1) 第　三　者

ここで言う第三者とは，94条2項と同様，表示を信頼して利害関係を有するに至った第三者に限定して解釈されるべきであろう。典型的には転得者等であるが，詳しくは94条の解説を参照されたい。

(2) 善　　意

前述（一 I 1）したように，無過失は要求されていない。意図的に真意とは異なる表示をした者よりも（過失があっても）第三者の方を保護すべきだからである。

III　心裡留保の効果

1　心裡留保による意思表示の効力（93条1項本文）——原則として有効

心裡留保の場合には表示に対応する意思がないわけであるが，それにもかかわらず表示は有効とされる。相手方は表示を信頼するであろうし，他方，意図的に真意とは異なる表示をした者を保護する必要はないからである。

もっとも，前述（一 II 2(1)）したように，表示そのものから真意ではないことが明らかであるなら意思表示は当然に無効であるとする見解もあるし，そもそも，この場合（表示そのものから真意ではないことが分かる場合）には表示は成立しないので93条を適用する要件（一 II 2(1)）が欠けているとも考えられる。また，非真意表示は当然に無効であるとする見解もある（山中康雄・民法（総論・総則・家族・相続）〔1978〕257頁）。たしかに，非真意表示は真意ではないことが相手方にも分かることを期待してされる表示であるところ，この期待が正当であるなら，表示または諸般の事情から真意ではないことが分かる状況であるはずなので，意思表示は成立していないとも考えられる。

2　例外的に（93条1項ただし書が適用される場合は）無効

相手方が表意者の真意ではないことを知り，または知ることができた場合には，表示は無効とされる。このような場合には相手方を保護する必要はないし，他方，表意者自身も表示による効果を望んでいないからである。もっとも，この（無効とする）価値判断に批判があり得ることは前述（一 I 1）の通りである。また，これも前述したように，表示そのものから真意ではないことが分かるなら意思表示は成立しないと考えるべきであるが，このような

18　〔滝沢〕

第2節　意思表示　　　　　　　　　　　　　　　　　　§93　III

場合でも，（意思表示の成立が認められた場合に備えて）予備的な主張として93条1項ただし書が主張されることはあろう。

　なお，例えば90条による意思表示の無効（公序良俗違反による無効）は社会全体の利益のために表示を無効（公益的無効）とするのに対して，93条1項ただし書による意思表示の無効は，表意者の利益のための無効（私益的無効）である。そうであるなら，公益的無効の場合とは異なり，無効の主張権者や主張期間等を制限的に解釈する余地があるので，以下に検討する。なお，このように解釈すると，無効を主張する権利を取消権に近づけて考えることができることになり，「無効の取消化」などと言うこともある。

(1)　無効の主張権者

　93条1項ただし書による無効は表意者を保護するための無効であるから，当然ながら表意者自身は無効を主張することができる。もっとも，前述したように，狭義の心裡留保と非真意表示とを区別した上で，狭義の心裡留保には多かれ少なかれ欺罔の意図があるのだから93条ただし書（現93条1項ただし書）による無効の主張は許されず，ただ，真意がないことについて相手方が悪意（または重過失）である場合に限って94条1項を類推適用する見解もある（須永194頁，村田彰「心裡留保無効」椿寿夫編・法律行為無効の研究〔2001〕340頁）。また，要件論の問題であるが，これも前述したように，狭義の心裡留保については過失の認定は慎重にするべきであるという指摘もあり（河上324頁），これによるなら結果的には表意者からの無効主張を制限することになる。

　表意者自身は無効を主張しない場合に，相手方から（表意者の真意ではないことを理由に）無効を主張することができるか否かについては対立がある。表意者を保護するための私益的無効であることを考えるなら，表意者以外の者に無効を主張することを認める必要はないとも考えられる（近江190頁，川井153頁，富井425頁，鳩山秀夫・日本民法総論（下巻）〔1924〕350頁）。他方，表意者自身も表示による効果を望んでいないのであるから，相手方から無効を主張することも差し支えないとする見解もあり（石田（穣）596頁，岡松181頁，幾代242頁，内田49頁，河上325頁，潮見148頁，中舎171頁等），最近は，こちらの方が有力であるように見受けられる。

　また，狭義の心裡留保と非真意表示とを区別した上で，欺罔の意図を伴う

〔滝沢〕　19

§93　III

狭義の心裡留保の場合には，これを有効とすることに裁判所が助力するのは不都合である等の理由から相手方による無効の主張をも認め，他方，非真意表示については，表意者が有効を主張する限り相手方が無効を主張することは許されないとする見解もある（村田・前掲論文 342 頁）。

　なお，相手方以外の第三者から無効を主張することが認められるか否かが論じられることは少ないが，認める見解（潮見 148 頁）もある。さらに，上記の（狭義の心裡留保と非真意表示を区別する）見解（村田・前掲論文 344 頁）は，狭義の心裡留保については第三者からの無効主張を認めるが，非真意表示については否定する。

(2)　期 間 制 限

　条文上は，無効の主張について期間制限を加える規定はないし，学説も，伝統的には特に問題としていなかった。しかし，私益的無効は取消しに接近していることが指摘されるようになると，取消しについては 126 条による期間制限があるのに無効については全く制限がないのはバランスを欠くように思われ，このような問題意識自体は，近時では共有されていると見られる（石田(穣)599 頁は 126 条の類推適用を認める。河上 325 頁は信義則上の期間制限に服するとする。他方，川井 153 頁は 126 条の類推適用に疑問を呈する）。

　また，狭義の心裡留保と非真意表示とを区別する立場から，狭義の心裡留保については 126 条を類推適用するべきではないが（ただし無効に基づく返還請求権の消滅時効は認める），非真意表示については 126 条の類推を認める見解もある（村田・前掲論文 345 頁）。

(3)　追　　　認

　心裡留保を理由として表示が無効となる場合，当事者が追認をすれば 119 条が適用されて（その時に）新たな行為をしたものとみなされる。しかし，一方的かつ遡及的な追認を認める見解もある（石田(穣)598 頁，川井 153 頁）。

　また，狭義の心裡留保と非真意表示を区別する立場からは，狭義の心裡留保については 119 条ただし書の適用のみを認め，他方，非真意表示については，取消しの追認に関する規定を類推適用すべきであるとする見解（村田・前掲論文 347 頁）がある。

(4)　第三者保護 (93 条 2 項)

　1 項ただし書が適用されて意思表示が無効とされるべき場合であっても，

第2節　意思表示　　　　　　　　　　　　　　　　　　　§93　III

平成29年の改正以前から，善意の第三者との関係では，判例（最判昭44・11・14民集23巻11号2023頁）は94条2項を類推適用して第三者を保護していた。そして，これに従って，（前述のように）平成29年の改正により2項が追加されたのである。

　なお，狭義の心裡留保と非真意表示を区別する立場から，狭義の心裡留保については，悪意（または重過失）の第三者との関係でのみ94条2項の類推適用を認め，非真意表示については，悪意・善意有過失の第三者との関係でも93条ただし書（現93条1項ただし書）の無効を主張できるとする見解（須永195頁，村田・前掲論文344頁）がある。これによれば，現93条2項についても同様に解釈することになろうか（つまり，狭義の心裡留保には93条2項は適用せず，相手方が悪意か重過失のときに限り94条2項を類推適用し，非真意表示については93条2項を適用する）。

3　損害賠償

　心裡留保により意思表示が無効とされたときに，相手方が表意者に損害賠償を請求することができるか否かについて論じられることは少ない。相手方も悪意であるか（少なくとも）過失はあるので保護に値しないとも思えるし，無効の主張を許すという価値判断に矛盾するようにも見える。しかし，これ（無効の主張を認める）は意思表示の効果（有効か無効か）を念頭にした責任判断であるので，表示は無効であるが損害賠償の義務はあるとすることは論理的には矛盾ではない（ド民122条参照）。立法者は，錯誤については（無効であるとしても）相手方からの損害賠償を認めるようであったし（理由書148頁），心裡留保についても，表意者に（契約締結上の過失等を根拠とする）損害賠償責任があり得る旨を指摘する見解がある（石田（穣）600頁，川井154頁，河上324頁，他方，岡松180頁は否定する）。

〔滝沢昌彦〕

心裡留保の要件事実　I　　　　　　　　　　第1編　第5章　法律行為

心裡留保の要件事実

細　目　次

I　意思表示が心裡留保により無効である
　ことの要件事実………………………………22
　1　当該意思表示が心裡留保によるもの
　　であること……………………………………22
　　(1)　心裡留保による意思表示の要件……22
　　(2)　意思表示が存在（成立）すること
　　………………………………………………22
　　(3)　表示上の効果意思と真意（内心の
　　効果意思）とが一致しないこと………23
　2　相手方がその意思表示が表意者の真
　　意でないことを知り，または知ること
　　ができたこと…………………………………24
　　(1)　心裡留保による意思表示が無効で
　　あるための要件…………………………24
　　(2)　その意思表示が表意者の真意では
　　ないこと…………………………………25
　　(3)　相手方の悪意………………………25
　　(4)　相手方の過失………………………25
　　(5)　相手方の悪意または過失に関する
　　判断の基準時……………………………26

II　第三者が保護されるための要件事実……26
　1　93条2項の新設とその趣旨……………26
　2　善意の第三者………………………………26
　　(1)　第三者………………………………27
　　(2)　善　意………………………………27
　　(3)　無過失の要否………………………27
　3　第三者が保護されるための要件事実…27
III　心裡留保による意思表示をめぐる攻撃
　防御方法の位置付け………………………28
　1　93条1項ただし書…………………………28
　2　93条2項………………………………………29
IV　心裡留保の類型化の見解によった場合
　の要件事実の様相…………………………29
　1　心裡留保を類型化するねらい…………29
　2　狭義の心裡留保については無効の主
　　張が許されないとの見解…………………30
　3　狭義の心裡留保については相手方が
　　悪意である場合に限って無効の主張が
　　許されるとの見解…………………………30

I　意思表示が心裡留保により無効であることの要件事実

1　当該意思表示が心裡留保によるものであること

(1)　心裡留保による意思表示の要件

　ある意思表示が心裡留保によるといえるための要件は，次の3点である
（通説。我妻287頁，川島268頁，鳩山351頁以下）。

　　①　意思表示が存在（成立）すること

　　②　表示上の効果意思と真意（内心の効果意思）とが一致しないこと

　　③　その不一致を表意者が知っていること

(2)　意思表示が存在（成立）すること

　本条は，心裡留保による意思表示の効力に関する規定であるから（新版注
民(3)285頁〔稲本洋之助〕），本条が適用される前提として，効力が問われる対

22　〔吉岡〕

第2節　意思表示　　　　　　　　　　　　　　　　　心裡留保の要件事実　**I**

象となる意思表示の存在（成立）が必要である。

　わが国の民法は表示主義を採用しているから（我妻286頁），意思表示の存在（成立）が主張立証されれば，表示内容に沿った効果が発生するのが原則である。したがって，心裡留保による意思表示であるがゆえに無効である旨の表意者の主張が攻撃防御方法として意味を持つのは，通常は，相手方において当該意思表示が成立したことの主張立証が尽くされた場合に限られるものといってよい。すなわち，心裡留保の表意者は，意思表示が存在すること（成立したこと）の要件に該当する具体的事実の主張立証責任を通常は負わないことになる。

　(3)　**表示上の効果意思と真意（内心の効果意思）とが一致しないこと**

　(ｱ)　**主張立証責任の所在**　　通常の意思表示においても，真意の存在および内容は，それ自体としては明らかではなく，もっぱら表示行為からの推断により認識されるのであるから，心裡留保による意思表示も，まず事実上の問題として，表示に対応した意思が存在するものと判断されることになる（新版注民(3)290頁〔稲本〕）。したがって，当該意思表示が心裡留保により無効であると主張する表意者は，前記の事実上の判断を覆すべく，表示上の効果意思と真意との不一致を主張立証すべきである。

　(ｲ)　**事実認定の在り方**　　「表示上の効果意思と真意とが一致しないこと」は，「表示と一致する（表示内容に対応する）真意が存在しないこと」と言い換えてもよいが，いずれにせよ，「善意」や「悪意」と同じように事実概念である。もっとも，ことが表意者の内心にまつわる事実であるから，その認定は，表示行為に至る経緯やその後の事情等の間接事実を総合して推認することができるかどうかによるほかはないものと考えられる。

　(ｳ)　**具体例**　　判例上，真意の有無が問題にされてきた行為類型としては，(ⅰ)信託的行為，(ⅱ)名義貸し，(ⅲ)退職願いが挙げられる。これらの類型をめぐる判例の動向については，§93 **II** 2(2)(ｱ)〜(ｳ)を参照されたい。

　(ｴ)　**表意者が不一致を知っていること**　　表示上の効果意思と真意との不一致に関する表意者の知・不知は，心裡留保と錯誤の区別を決定づける要素である（不一致を知らなければ錯誤の問題となる）。したがって，ある意思表示が心裡留保によるものであること（それゆえに無効であること）を主張する表意者は，表示上の効果意思と真意との不一致を知っていたことを主張立証すべき

〔吉岡〕　23

である。ここにおける「知っていたこと」も，「善意」や「悪意」と同様に，人の認識に係る事実概念であるから，その事実認定に当たっては，通常は，間接事実によって推認できるかどうかが問われることになるものと考えられる。

なお，心裡留保による意思表示については，（ⅰ）相手方が表意者の真意に気付いてくれることを期待していたタイプ（非真意表示）と，（ⅱ）真意を秘匿し，相手方を誤信させようという意図を持っていたタイプ（狭義の心裡留保）とに区別する見解がある。このような類型化は，意思表示の相手方や第三者が保護されるための（言い換えれば，表意者からの無効主張が許される相手方や第三者の）主観的要件といわば連動させることによって，表意者と相手方および第三者との間の衡平を図ることを可能にすることを目指すものである。もっとも，平成29年改正に当たっては，心裡留保の類型化とそれに伴う相手方や第三者の主観的要件に関する規律を新たに設けることが議論されたが（中間論点整理補足説明221頁），結果的にそれは見送られ，条文上両者は区別されていない。類型化の際の指標となる表意者の期待や意図は，「表示上の効果意思と真意との不一致を表意者が知っていること」という事実とは，両立するけれども別個の事実であることに留意すべきであろう。心裡留保の類型化の見解によった場合に，要件事実がどのような形になるのか，特に狭義の心裡留保の場合における相手方との関係を取り上げて試みに整理したところをⅣにおいて後述する。

2　相手方がその意思表示が表意者の真意でないことを知り，または知ることができたこと

⑴　心裡留保による意思表示が無効であるための要件

意思表示の存在（成立）が主張立証されれば，原則として当該意思表示どおりの効果が発生することは既に述べた。そして，そのことは，当該意思表示が心裡留保によるものであるという一事だけでは覆らない。93条1項本文が心裡留保の意思表示について「その効力を妨げられない」と規定しているのは，前記の原則の帰結を確認したものに過ぎない。したがって，表意者が，ある意思表示（→前記Ⅰ1⑴①）について，それが心裡留保の意思表示であること（同②，③）を主張立証するだけでは，当該意思表示の効力は何ら否定されない。そのような表意者の主張が「主張自体失当」（大江348頁）と

第2節 意思表示 　　　　　　　　　　　　心裡留保の要件事実 　Ⅰ

されるゆえんである。

そこで，心裡留保の意思表示が無効であることを主張しようとする表意者
は，前記Ⅰ1(1)②および③に該当する具体的な事実に加え，93条1項本文
ただし書所定の要件，すなわち，

　　　④　相手方がその意思表示が表意者の真意ではないことを知っていたこ
　　　　と

または

　　　④′　相手方がその意思表示が表意者の真意ではないことを知ることがで
　　　　きたこと

につき，それに該当する事実の主張立証責任を負うことになる（司研編・要件
事実について11頁，鳩山354頁，川島269頁ほか）。

(2)　その意思表示が表意者の真意ではないこと

相手方における「知っていた」（悪意）または「知ることができた」（過失に
よる不知）の対象は，「真意ではないこと」であって，「（表意者の）真意」（平成
29年改正前の93条ただし書）ではない。平成29年改正によって悪意または過
失による不知の対象が前記のとおり改められたのは，表意者の真意までは知
らなくても表示が真意と異なっていることを知り，または知ることができた
場合には，その意思表示が有効であることに対する相手方の正当な信頼があ
るとはいえず，これを保護する必要がないことに基づく（一問一答18頁，潮
見・概要6頁）。

(3)　相手方の悪意

相手方がその意思表示が表意者の真意ではないことを知っていたこと（悪
意）は，相手方の認識に関わる事情ではあるが，事実概念である。したがっ
て，この点について主張立証責任を負う表意者は，通常は，間接事実を主張
立証することによって，相手方の悪意を推認させるべきことになると考えら
れる。

(4)　相手方の過失

「表意者の真意ではないことを知ることができたこと」とは，「一般人の注
意をもってすれば知ることができたと考えられるような事情があったこと」
であり，要するに，過失の評価根拠事実の主張立証を要するものといって差
し支えない（主要事実説による。なお，過失，権利濫用等いわゆる規範的要件における

〔吉岡〕　25

心裡留保の要件事実　II　　　　　　　　　　　　第1編　第5章　法律行為

主要事実の捉え方については，→第1巻「権利濫用の要件事実」238頁〔吉岡茂之〕参照）。

⑸　相手方の悪意または過失に関する判断の基準時

当該意思表示が表意者の真意ではないことに対する相手方の悪意または過失の有無を判断すべき基準時は，表示行為がされた時期であるが，厳密にいえば，相手方が当該意思表示を了知した時と考えられる（鳩山353頁，我妻288頁，川島269頁）。

II　第三者が保護されるための要件事実

1　93条2項の新設とその趣旨

93条2項は，平成29年改正により新設された条項である。

平成29年改正前の民法には，心裡留保の意思表示を前提として新たに利害関係を有するに至った第三者を保護する規定を欠いていた。そこで，学説は，そのような第三者は94条2項の類推適用によって保護すべきであるとし（通説。我妻288頁，川島269頁，幾代242頁ほか），判例も，平成29年改正前の93条ただし書の類推適用により代理権濫用行為が無効とされた事例ではあるが，第三者は94条2項の類推適用によって保護される余地があると判示していた（最判昭44・11・14民集23巻11号2023頁）。

平成29年改正によって新設された93条2項は，判例・学説が前記のとおり94条2項を類推適用することによって認めてきた，心裡留保における善意の第三者を保護するための法理を明文化したものである（一問一答18頁，潮見・概要6頁）。

2　善意の第三者

93条2項の新設の趣旨について前記⑴で見たところによれば，本条にいう「善意の第三者」の要件は，同旨の規定である通謀虚偽表示に関する第三者保護規定（94条2項）における「善意の第三者」と整合的に解釈するのが相当である。94条2項所定の「善意の第三者」をめぐる論点については，既に判例・学説の相当の集積があり，その詳細は94条2項に関する注釈を参照されたいが，93条2項に基づいて第三者が保護されるための要件事実の検討に必要な限度で前記判例・通説を概観することとしたい。

第 2 節　意思表示　　　　　　　　　　　　　　　　　心裡留保の要件事実　**II**

(1)　第　三　者

「第三者」とは，「心裡留保の当事者またはその一般承継人以外の者であって，その表示の目的につき法律上利害関係を有するに至った者」をいうものと考えられる（94 条 2 項の「第三者」の意義につき大判大 5・11・17 民録 22 輯 2089 頁，最判昭 45・7・24 民集 24 巻 7 号 1116 頁参照）。

(2)　善　　意

「善意」とは，ある意思表示が心裡留保によるものであることを知らなかったことをいう。94 条 2 項所定の第三者の善意の存否は，当該法律関係につき第三者が利害関係を有するに至った時期を基準として決すべきであるとするのが判例である（最判昭 55・9・11 民集 34 巻 5 号 683 頁）。また，善意については，当該第三者に主張立証責任があるとするのが判例である（最判昭 41・12・22 民集 20 巻 10 号 2168 頁）。これらの理解は，93 条 2 項の場合も同様であると考えられる。

(3)　無過失の要否

94 条 2 項によって保護されるためには，第三者が無過失であることも必要とされるかどうかにつき，判例（大判昭 12・8・10 新聞 4181 号 9 頁）や従来の通説（我妻 292 頁，近江 199 頁，川井 162 頁，佐久間 128-129 頁）は無過失であることを要しないとする。

一方で，善意に加えて無過失であることも必要であるとする見解も有力に主張されている（幾代 257 頁，四宮 163 頁，内田 54 頁など）。

3　第三者が保護されるための要件事実

「善意の第三者」について，94 条 2 項における判例や通説的理解（一2）を前提にすると，表意者が意思表示の無効（93 条 1 項ただし書）を主張するのに対し，93 条 2 項により保護を受けようとする第三者は，

① 　自分が「第三者」に該当すること

② 　当該意思表示が表意者の真意でないことにつき当該第三者が善意であること

の 2 点について主張立証すべきこととなる（司研編・要件事実について 12 頁）。

なお，第三者が 94 条 2 項によって保護されるための要件として善意であることに加えて無過失であることを要するとの有力説を前提とするならば，93 条 2 項によって保護を受けようとする第三者は，前記①，②に加えて，

〔吉岡〕　27

心裡留保の要件事実　Ⅲ　　　　　　　　　第1編　第5章　法律行為

　　③　意思表示が表意者の真意ではないことを第三者が知らなかったこと
　　　について過失がないことの評価根拠事実
を主張立証すべきこととなろう。

Ⅲ　心裡留保による意思表示をめぐる攻撃防御方法の位置付け

1　93条1項ただし書

　意思表示は，それが心裡留保によるものであるというだけでは効力を失わ
ないから（93条1項本文），多くは，表示内容に沿った法律効果の発生を主張
する者（相手方）において，意思表示の存在（一前記Ⅰ1⑴①）に該当する具体
的事実を主張立証することになると考えられる（なお，表意者が心裡留保による
無効を主張しない場合に，相手方から無効を主張することも差し支えないとする見解が最
近有力に主張されていることにつき，§93Ⅲ2⑴参照。この見解によれば，心裡留保によ
る無効を主張する相手方は，前記Ⅰ1⑴①～③に加え，前記Ⅰ2⑴④または④′をも主張
立証すべきである。もっとも，そのような相手方は，通常は当該意思表示が表意者の真意
に基づくものでないことを知っていたはずであろうから，現実には，前記Ⅰ2⑴④を主張
立証する場面が多いのではなかろうか）。

　そして，表意者は，そのような相手方の主張に対し，当該意思表示が心裡
留保によるものであること（前記Ⅰ1⑴②および③に該当する具体的事実）を主張
立証するだけでは足りず，それに加えて，相手方においてその意思表示が表
意者の真意ではないことを知っていたこと（前記Ⅰ2⑴④），または知らなか
ったことについて過失があることの評価根拠事実（前記Ⅰ2⑴④′）をも主張
立証すべきであり，それに成功した場合に初めて当該意思表示は無効となる。
したがって，表意者の前記主張は，相手方が主張する意思表示の存在を前提
とし，その効力の発生を障害することになるから，抗弁となるものと考えら
れる（大江348頁，大判昭14・9・22新聞4481号7頁）。

　なお，意思表示が表意者の真意ではないことを知らなかったことについて
の相手方の過失（前記Ⅰ2⑴④）に関し，過失のような規範的要件について
は，評価根拠事実と両立はするが，その旨の規範的評価の成立を妨げるよう
な事実（評価障害事実）を考えることができる。主要事実説に立つ場合，評価
根拠事実のみならず，評価障害事実も主要事実であるということになる（司

28　〔吉岡〕

第2節　意思表示　　　　　　　　　　　　　　　　心裡留保の要件事実　**Ⅳ**

研編・要件事実(1)34頁）。そして，評価障害事実は，当該規範的評価の成立を
争う側の当事者にその主張立証責任があることになるから，前記Ⅰ2(1)④′
の要件につき，表意者が抗弁として相手方の過失の評価を基礎づける事実
（評価根拠事実）を主張する場合には，相手方は，その評価障害事実を再抗弁
として主張することになる（司研編・要件事実(1)34頁以下）。

2　93条2項

　表意者による前記1の主張に対し，第三者において，自分が「第三者」
に該当すること，第三者が当該意思表示が表意者の真意でないことにつき善
意であること（前記Ⅱ3①および②の各要件に該当する具体的事実）を主張立証す
ることができる（過失の要否につき判例や従来の通説の立場を前提とする場合）。

　この場合，93条2項に基づく「善意の第三者」の主張が攻撃防御方法と
してどのように位置付けられるかが問題となる。94条2項所定の「対抗す
ることができない」の意味につき，通説は，善意の第三者との関係では当該
意思表示の無効の主張が認められないことになるとする（山本154頁）。この
通説を前提とすると，「善意の第三者」の主張は，虚偽表示の抗弁によって
無効とされた意思表示の効果を復活させ，これを有効にするものであるとし
て再抗弁に位置付けられることになると考えられる（大江356頁。なお，司研
編・事実摘示記載例集47頁も94条2項にいう「善意の第三者」の主張の位置付けにつき，
同様の理解を前提としている）。このような理解を前提とした上で，93条2項を
94条2項と整合的に解釈するという観点に立てば，93条2項に基づく「善
意の第三者」の主張は，94条2項と同様，再抗弁に位置付けられることに
なるものと考えられる。

　一方，94条2項は善意の第三者に特別な保護を与える旨の規定であると
の理解を前提とし，「善意の第三者」の主張を予備的請求原因として位置付
けるべきであるとの見解もある（賀集唱「要件事実の機能」司法研修所論集90号
〔1994〕51頁以下）。

Ⅳ　心裡留保の類型化の見解によった場合の要件事実の様相

1　心裡留保を類型化するねらい

心裡留保について，表意者の期待や意図に着目して，非真意表示と狭義の

〔吉岡〕　29

心裡留保の要件事実　IV　　　　　　　　　　第1編　第5章　法律行為

心裡留保に区別する見解には，いくつかのバリエーションが見られるが，ほぼ共通しているのは，表意者に真意を秘匿し，相手方を誤信させようという意図（欺罔の意図）がある場合（狭義の心裡留保）には，(a)そもそも無効の主張は許されないとする見解（すなわち，93条1項ただし書は適用除外となる。村田彰「心裡留保無効」椿寿夫編・法律行為無効の研究〔2001〕340頁），または(b)相手方が悪意である場合に限って無効の主張が許されるとする見解（山本149頁，須永194頁以下，河上323頁以下）のように，相手方が保護されるための要件が軽減されるという点にあると思われる。

　そこで，(a)および(b)の見解を例に，狭義の心裡留保における要件事実の様相がどのようになるのか，試論を呈することとしたい。この議論におけるポイントは，狭義の心裡留保を決定づける要素である，「欺罔の意図」が，「表意者が表示と真意の不一致を知っていたこと」（前記 I 1(1)③）と両立する別個の事実である，ということである。

2　狭義の心裡留保については無効の主張が許されないとの見解

　前述したように，狭義の心裡留保についてはそもそも無効の主張は許されないという見解(a)は，狭義の心裡留保には93条1項ただし書は適用されないということと同義である。

　そこで，ある意思表示（前記 I 1(1)①）どおりの効果を主張する相手方に対し，表意者が，抗弁として，当該意思表示が心裡留保によるものであって（同②，③），かつ，93条1項ただし書が適用されること（前記 I 2(1)④または④）によって無効であると主張する場合には，相手方は，

　　　①　表意者が，意思表示の際，相手方を欺罔する意図であったこと

を主張立証することができる。この事実は，狭義の心裡留保であることを示す事実である。相手方が前記事実を立証したときは，93条1項ただし書に基づく効果（意思表示の無効）が障害され，意思表示どおりの効果が認められることになる（再抗弁）。

3　狭義の心裡留保については相手方が悪意である場合に限って無効の主張が許されるとの見解

　この見解のポイントは，狭義の心裡留保の場合には，軽過失の相手方は保護されるという点にある。

　そこで，ある意思表示（前記 I 1(1)①）どおりの効果を主張する相手方に対

第2節　意思表示　　　　　　　　　　　　　心裡留保の要件事実　Ⅳ

し，表意者が，抗弁として，当該意思表示が心裡留保によるものであって（同②，③），かつ，真意でないことを知らなかったことにつき相手方に過失があること（前記Ⅰ2⑴④′）の評価根拠事実を主張する場合には，相手方は，

　　①　表意者が，意思表示の際，相手方を欺罔する意図であったこと
　　②　重過失であることの評価障害事実

を主張立証することができる。①の事実が狭義の心裡留保であることを示す事実であることは既に述べたが，(b)の見解によれば，①の事実が認められれば，相手方は重過失でない限り保護されることになるから，抗弁として主張されていた過失の評価根拠事実を前提とした評価が，（ⅰ）重過失の程度に至らなければ，直ちに抗弁の効果は覆され，（ⅱ）重過失の程度に達していれば，②の事実との総合評価によって重過失の有無が判断されることになるものと考えられる（いずれにしても再抗弁になる）。

　これに対し，抗弁において，相手方が真意でないことを知っていたこと（前記Ⅰ2⑴④）が主張されているときは，①の事実を含む相手方の主張は主張自体失当になる。相手方の悪意が認められる場合は，たとえ狭義の心裡留保であっても表意者による無効主張が許されるからである。

〔吉岡茂之〕

§94

第1編　第5章　法律行為

（虚偽表示）

第94条①　相手方と通じてした虚偽の意思表示は，無効とする。

②　前項の規定による意思表示の無効は，善意の第三者に対抗することができない。

〔対照〕　フ民1201，ド民117，ヨーロッパ契約法原則6：103

細　目　次

I　虚偽表示の意義…………………………33
1　条文の構造……………………………33
　(1)　重層構造…………………………33
　(2)　立法経緯との関係………………33
2　根拠法理の多重性……………………38
　(1)　本条の有用性……………………38
　(2)　解釈の方向性の違い……………38
　(3)　民法改正との関係………………40
3　裁判規範としての本条の機能………42
　(1)　当事者間における無効…………42
　(2)　善意の第三者に対する対抗不能……43
　(3)　94条2項類推適用………………44
II　当事者間の関係…………………………45
1　虚偽表示の態様………………………45
　(1)　秘匿行為不存在（虚構）型……45
　(2)　秘匿行為併存型…………………46
2　要件・効果……………………………48
　(1)　要　件……………………………48
　(2)　秘匿行為…………………………55
　(3)　効　力……………………………56
III　第三者との関係…………………………56
1　第三者…………………………………56
　(1)　意　義……………………………56
　(2)　第三者に当たる者………………57
　(3)　第三者に当たらない者…………57
2　善　意…………………………………58
　(1)　意　義……………………………58
　(2)　無過失の要否……………………58
　(3)　登記の要否………………………59
3　対抗不能………………………………60
　(1)　意　義……………………………60

　(2)　表意者からの譲受人との関係………61
4　転得者…………………………………62
　(1)　第三者の範囲……………………62
　(2)　第三者による権利取得の意義………63
IV　虚偽表示の撤回と追認…………………64
1　撤　回…………………………………64
　(1)　当事者間の関係…………………64
　(2)　第三者出現後の撤回……………64
2　追　認…………………………………65
V　94条2項類推適用………………………66
1　不動産登記の意義……………………66
　(1)　わが国の物権変動法制と登記………66
　(2)　公信力をめぐる議論……………67
2　類推適用の契機………………………69
3　判例による類推適用の展開…………69
　(1)　最高裁昭和29年8月20日判決の
　　　意義………………………………69
　(2)　類推適用の展開過程……………70
　(3)　小　括……………………………75
4　類推適用の要件・効果………………76
　(1)　94条2項単独類推適用の要件………76
　(2)　94条2項と110条の重畳類推適
　　　用の要件…………………………80
　(3)　類推適用の効果…………………83
5　類推適用の問題点……………………83
　(1)　民法改正との関係………………83
　(2)　要件の問題………………………87
　(3)　範囲の問題………………………90
6　類推適用の射程………………………93
　(1)　本来的適用との関係……………93
　(2)　根拠法理の対立と克服…………93

32　〔中舎〕

第2節　意思表示　　　　　　　　　　　　　　　　　　§94　I

I　虚偽表示の意義

1　条文の構造
(1)　重　層　構　造

虚偽表示とは，「相手方と通じてした虚偽の意思表示」である。民法94条は，虚偽表示について，当事者間の効力と第三者に対する効力とを分けて規定する。すなわち，虚偽表示は，相手方に対する関係では無効である（1項）。これに対して，虚偽表示の無効は，善意の第三者に対抗することができない（2項）。

このように虚偽表示の効力を相対的に区別する重層構造の意義をどのように理解するかによって，本条の解釈に違いが生じる。

(2)　立法経緯との関係

（94条の沿革については，新版注民(3)320頁〔稲本洋之助〕，武川幸嗣「虚偽表示における対第三者効の法構造序説」法政論究12号〔1992〕143頁，同「フランス法における外観法理と仮装行為理論の関係」法政論究16号〔1993〕209頁，鹿野菜穂子「虚偽表示無効」椿寿夫編・法律行為無効の研究〔2001〕354頁，五十川直行「虚偽表示と94条2項類推適用」鎌田薫ほか編・民事法I〔2版，2010〕90頁，中舎・表見法理119頁参照）

(ア)　ボアソナード草案・旧民法　　本条におけるこのような重層構造には，立法上の経緯が関係している。本条は，ボアソナードがボアソナード草案1386条（和訳では1886条）において，反対証書（contre-lettre），すなわち，本証書の内容を変更，滅却することを目的とする秘密の証書について，「当事者ハ反対証書即チ一時秘密ニ存シ置ク可キ陳述書ヲ以テ表顕公正又ハ私署ノ証書ノ効力ヲ全部又ハ一分変更シ又ハ滅却スルコトヲ得然レトモ其反対証書ハ公正証書又ハ確定ノ日附ヲ有スル私署証書ニ作リタルトキト雖モ手署者及ヒ其相続人ニ対スルニ非サレハ効力ヲ有セス」と規定したことに由来する（ボアソナード氏起稿・再閲修正民法草案註釈第五編〔発行年不明〕288頁以下）。これを受けて，同1387条は，不動産の権利に関する反対証書が公示されたときは，その時から通常の効力を取得する旨を規定し，同1388条は，当事者の一方の承継人が他方当事者およびその相続人に反対証書を対抗できる旨を規定する。これによれば，反対証書は，当事者間とその相続人間でなければ効力を有しないが，各当事者の債権者および特定承継人が，反対証書があるこ

〔中舎〕　　33

§94 I 第1編 第5章 法律行為

とを知っているときは，反対証書をこれらの者に対抗することができる。旧民法証拠編50条（および51条・52条）は，これを内容的に変更することなく，わずかの表現上の修正を加えただけで成立した。これは，2016年改正前フランス民法1321条が，「反対証書は，契約当事者の間でなければ，その効果を有することができない。反対証書は，第三者に対してなんらの効果を有しない」（法務大臣官房司法法制調査部編・フランス民法典——物権・債権関係〔1982〕114頁）と規定するのに倣ったものである。現フランス民法1201条もまた，「当事者が秘匿契約（反対証書ともいう。）を隠蔽する表見的契約を締結したときは，秘匿契約が当事者間で効力を生じる。秘匿契約は第三者に対抗することができないが，第三者はこれを援用することができる」（荻野奈緒ほか「フランス債権法改正オルドナンス（2016年2月10日のオルドナンス第131号）による民法典の改正」同法69巻1号〔2017〕300頁）と規定している（ただし，旧法のように証書の効力の問題とせず，第三者に対する契約の効果の問題として規定する。フランス法における虚偽表示規定の改正については，舟橋秀明「民法94条2項類推適用論の発展的解消の可能性——フランス法を素材として」改正と民法学I 396頁以下参照）。なお，フランス民法では，1321条（現1201条）とは別に，虚偽表示確認の訴え（action en déclaration de simulation）が解釈上認められている（新版注民(3)327頁〔稲本〕，中舎・表見法理103頁，中山布紗「フランスにおける『虚偽表示確認の訴え』の実際的機能」比較法研究73号〔2012〕252頁）。これは虚偽表示が無効であることを確認するための訴えであり，秘匿行為が存在しない単なる虚構（執行免脱のための不動産売買など）とともに，秘匿行為を伴う虚偽表示もまた対象となることが認められている。そうすると，第三者が外形行為の効力を主張する場合に第三者と当事者のいずれを優先するかが問題となる。判例・学説上争いがあり，これはわが国の94条2項に類似した問題となるが，もはや秘匿行為の効力を定める1321条（現1201条）の問題ではない。

　ボアソナードによれば，反対証書は秘密の性質を有しかつ顕示の証書に変更を加えるものであるから，法律はそれによって第三者を害することを目的とすることをおそれ，それゆえ反対証書は第三者に対しては効力がないとした，というのがこのような規定を設けた理由であった（ボアソナード氏起稿・前掲書289頁以下）。このように，虚偽表示の規定は，当初，証書の証拠力の問題として規定され，第三者に対する効力がないのは，それが秘密のもので

34　〔中舎〕

第2節　意思表示　　　　　　　　　　　　　　　　　　　§94　I

あるからという理由によるものであった。ここで注意すべきは，反対証書は無効ではなく，当事者間では有効であり，善意の第三者に対しては効力がないということである。したがって，当事者間に存在する2つの証書（表顕証書と反対証書）は，いずれも有効なものとして並存し，ただその効力の人的範囲が異なるにすぎない。このようにわが国における虚偽表示規定は，当初，証書の証拠力の問題として規定され，虚偽表示における効力の重層性は，2つの証書の効力の人的範囲の違いに基づくものであった。

　ボアソナードは，以上のことを4つの具体例で説明している（ボアソナード氏起稿・前掲書292頁以下）。すなわち，①甲が乙に信用を付与するために，甲が乙に対して金銭債務を負っていることとし，実際には債務は存在しないという反対証書を作成していた場合，乙からの債権譲受人または乙に対する差押債権者には反対証書を対抗できない。②会社の定款により管理人となるには一定の株を所有していることが必要なため，他から株式の譲渡を受け，実際にはそれが貸与である旨の反対証書を作成していた場合，会社および第三者にこれを対抗することができない。③被選挙人としての信用を得るために不動産を他より譲り受け，実際にはそれが権利名義を借りただけである旨の反対証書を作成していた場合，権利名義人がこの不動産を他へ譲渡し，抵当権を設定しまたは破産したとしても，名義人が所有者として扱われる。④外国人について居住地の制限または不動産処分の制限があるために，外国人が日本人の不動産を賃借しまたは買い受けるにあたり，日本人にその者の名義で賃借または買い受けることを依頼した場合，すべての者はその日本人が借主または買主であると扱うことができる。このような例示について注意すべきは，今日，虚偽表示の典型例とされる執行免脱のための不動産譲渡のような場合は例に挙げられていないことである。それは，反対証書（秘匿行為）の効力の問題ではないからである。

　(イ)　民法起草過程　　しかし，旧民法の施行が延期され，現行民法が起草されるにあたり，周知のとおり，ドイツ民法に倣って，民法総則が設けられ，かつ，法律行為の規定が設けられることとなった。これに伴い，虚偽表示の規定もまた，ドイツ民法に倣って，意思表示の効力に関する規定に変更された。その後，当初の修正案からは若干の文言上の修正はなされたものの，大きな議論はなく，ほぼそのまま現行法として施行された。

〔中舎〕　35

§94 I　　　　　　　　　　　　　　　　　　　　第1編　第5章　法律行為

　このように変更されたのは，現行民法の起草者によれば，虚偽表示は証書をもってなされるとは限らず口頭でなされることもあり，両者を区別する理由はない。それにもかかわらず旧民法が証書の問題に限って規定するのは偏狭に失する。そこで，ドイツ民法に倣って，意思表示の一般規定という体裁にしたというのである（理由書143頁以下〔第94条理由〕）。証書の問題に限定しないということ自体は，旧民法の母法であるフランス民法の解釈でもすでに認められていたことであり，とくに問題となるものではない。ここで注意すべきは，規定の仕方の変更であり，ボアソナード草案・旧民法が秘匿行為の側からその対抗を規定するものであったのと異なり，現行の94条では外形行為の側からその無効を規定するという体裁に変更され，かつ2項を設けたことである。このため，94条は，本来無効である意思表示を，善意の第三者との関係では有効にするという特別な意義を有することになった。これは，ボアソナード草案・旧民法では，反対証書が善意の第三者に対抗できないのは，それが秘密であるがゆえの当然の結果にすぎないとされていたことと対照的である。

　このように虚偽表示を外形行為の側から規定するというのは，本条が意思表示の効力規定であるという位置づけからすれば自然なものであり，ドイツ民法が採用する体裁である。すなわち，ドイツ民法117条は虚偽表示について，1項で「相手方に対して為すべき意思表示は，相手方の同意に依り単に仮装の為のみに為したるものなるときは，之を無効とす」と規定し，2項で「仮装行為が他の法律行為を隠匿したるときは，隠匿行為に関する規定を適用す」と規定しており（神戸大学外国法研究会編・現代外国法典叢書(1)獨逸民法〔I〕（復刊版）〔1955〕186頁），94条1項は，この1項に依拠したものといえる（ドイツ民法の虚偽表示について，鹿野・前掲論文357頁，中舎・表見法理136頁参照）。しかし，ドイツ民法には，94条2項に相当する規定はない。この点は，19世紀の普通法時代およびドイツ民法の制定時に大いに議論されたところであり，普通法時代には，虚偽表示は善意の第三者との関係では有効であるというのが学説や実務の大勢であったといわれている（鹿野・前掲論文363頁，中舎・表見法理141頁）。これを受けてドイツ民法の制定時にも，仮装行為が真実であると信頼して取引に入った第三者が損害を被ってはならず，例えば，仮装買主から物の譲渡を受けた善意の第三者は所有者となり，仮装売主はそ

36　〔中舎〕

第2節　意思表示　　　　　　　　　　　　　　　　　　　　　§*94*　I

れを取り戻すことはできないと解すべきことが一部の学者により強く主張されていた。しかし，ドイツ民法は，そのような一般原則を掲げることを明確に否定した。それは，意思表示の効力が否定される場合の第三者保護は登記の公信力などの特別規定で十分であり，それを超えて，本来無効なものを善意の第三者との関係では有効にするという相対的な法律関係を創出することは避けたいという，法律行為論ないし意思表示論全体の方針に基づくものであった（中舎・表見法理139頁。Protokolle der Kommission für die zweite Lesung des Entwurfs des Bürgerlichen Gesetzbuchs, 1897, § 17, II, S. 95ff.）。

　ただし，本条が2項を設けたのは，わが国ではこのような議論を受けて，普通法時代の取扱いを明文化したという可能性も考えられなくはない（鹿野・前掲論文365頁はその影響を指摘する。また現に，ドイツにおいても個別規定では第三者保護が十分でないとして，解釈によって第三者保護を認めようとする学説もあることについて，中舎・表見法理141頁参照）。しかし，少なくとも，民法起草者の説明にそのような認識があったことを見出すことができる証拠はなく，かえって，主査会での説明では，ボアソナードが草案の説明に用いていた例と同様にして，会社の取締役になるために株式名義を借りる場合，被選挙資格を得るために不動産の所有名義を借りる場合を掲げている（中舎・表見法理123頁参照。執行免脱のための不動産譲渡のような例が挙げられるようになるのは，民法施行後しばらく経ってからのことである）。主査会，総会でも規定の仕方が変わったことについての質疑はない。このように，起草者が規定の仕方を変更したのは，これを法律行為，意思表示に関する規定とするためであり，それ以上に，内容的にボアソナード草案・旧民法を変更する意図はなく，規定の仕方の変更によって94条2項が特別の意味を有するものとなったことには無自覚的であったと解するのが素直であろう。

　この結果，本条は，秘匿行為の善意の第三者への不対抗という要素，外形行為の無効という要素，権利外観に対する善意の第三者の信頼保護という要素という，フランス民法にもドイツ民法にも見られない重層構造を有する特殊な規定となった（以上につき，中舎・表見法理156頁，五十川・前掲論文90頁以下参照）。換言すれば，本条における効果の重層構造は，理論的なものというよりも，立法過程における起草者の無意識的な変更とボアソナード草案・旧民法の一部承継の所産である。したがって，本条において，秘匿行為の不対

〔中舎〕　37

§*94* I 　　　　　　　　　　　　　　　　　　第1編　第5章　法律行為

抗，意思表示の無効，善意の第三者の信頼という点をどの程度重視し，調整
するかは，条文自体の構造の中では図られておらず，その後，種々の解釈問
題において，このうちいずれを重視するかについて争いが生じることとなる
のは当然であるともいえる。また，その議論は，現在まで決着をみることが
ないまま，94条2項類推適用の拡大をめぐる議論ないし平成29年改正にお
いてその立法化が見送られることになった議論の中において顕在化している。

2　根拠法理の多重性

(1)　本条の有用性

　以上のような経緯から制定された本条は，上記のような理論上の不明確性
を内包しているが，他方では，虚偽表示をめぐる具体的な紛争解決規範とし
ては，フランス民法，ドイツ民法には見られない有用性がある（中舎・表見法
理157頁）。すなわち，フランス民法における虚偽表示は，反対証書（秘匿行
為）の効力を規定するものであるため，外形行為の効力については，別途，
虚偽表示確認の訴えを認めなければならず，また，第三者の善意と悪意の両
方に対応できるものではない。これに対して本条は，外形行為の無効を規定
しつつ，第三者の善意・悪意に応じて94条2項を適用することによって，
虚偽表示に関する問題を本条のみで解決することができる。他方，ドイツ民
法における虚偽表示は，外形行為の無効を規定するが，善意の第三者保護に
ついては，別途，個別規定によらざるをえない。これに対して本条は，虚偽
表示に対する善意の第三者一般を保護することができる。

　しかし他方で，本条は，沿革的に，秘匿行為の善意の第三者への不対抗と
いう要素，意思表示の無効という要素，権利外観に対する第三者の信頼保護
という要素を併せ有しているため，このいずれを重視するかによって，本条
の解釈に方向性の違いが生まれる。

(2)　解釈の方向性の違い

　(ア)　秘匿行為の不対抗を重視する見解　　秘匿行為の不対抗の要素は，ボ
アソナード草案，旧民法の立場であり，現行法が外形行為の無効という体裁
に変わったとしても，その実質には変化がないと解するときは，本条1項に
おいて外形行為が無効とされるのは，当事者間では秘匿行為が有効であるこ
とを表わしていると解することになる。したがって，秘匿行為と外形行為が
併存している場合が虚偽表示であり，秘匿行為を伴わない虚構（執行免脱のた

38　〔中舎〕

第2節　意思表示　　　　　　　　　　　　　　　　　　　　§94　I

めの不動産譲渡など）は，そうすること自体が目的であり，効果意思はあるが，公序良俗違反の問題になるとする（中舎・表見法理24頁）。また，本条は，他の意思表示の効力否定とは異なり，併存する2つの意思に関する規定であり，第三者保護は外形行為がそのまま有効であることを示す当然の結果にすぎない。このような理解からすれば，虚偽の外形行為だけでなく秘匿行為も存在しない場合への類推適用は，権利外観保護という本条とまったく別の問題を持ち込み仮託しているにすぎないとして否定的になる。

　(イ)　意思表示の無効を重視する見解　　他方，本条の文言をそのまま捉えれば，本条1項は，意思理論からする意思表示の基本原則，すなわち，効果意思のない意思表示は無効であることに基づく当然の帰結であると捉えることになる。これが現在の通説である。このような立場からすれば，本条は，他の意思表示の効力否定に関する条文の一角をなし，それらとの比較が重要になるとともに，2項による第三者保護は，あくまで表意者の帰責の結果をそれを知らない第三者には主張できないというだけのことであり，どのような行為であればそのような責任を負うべきかを表意者の自己責任の観点から限定することが重要になる。また真の権利者の意思表示ないし意思的関与が存在しないかまたは希薄な場合への適用・類推適用は限定的にすべきであるということになる。

　(ウ)　権利外観に対する第三者の信頼保護を重視する見解　　権利外観に対する第三者の信頼保護の要素を重視する立場からすれば，本条は，表見代理，即時取得など他の権利外観保護規定と並んで，虚偽の外形行為を信頼した第三者保護のための条文の一角をなし，それらとの比較が重要となる。また，本条1項による意思表示の無効と意思表示の不存在は，いずれも権利外観を基点として考える限り，本質的な違いはなく，表意者の帰責の要素は，虚偽の外観を作出した悪質性の問題として第三者保護を補強する要素にとどまり，むしろ第三者の主観的・客観的態様に応じて第三者の保護を広く認めることが重要になる。また，第三者が信頼するに足りる外形があれば，たとえ真の権利者の意思的関与が希薄ないし不存在である場合であっても，本条を類推適用することに肯定的になる。

　(エ)　小括　　本条の立法過程は，このような3つの方向性のいずれをも指示しておらず，いずれの方向を採るかは解釈者とそれを支える社会的背景に

〔中舎〕　39

§*94* I　　　　　　　　　　　　　　　　　第1編　第5章　法律行為

依存してきた。総じていえば，後述の判例，学説の動向からすれば，判例を
含めた戦前の解釈論は，(ｱ)によることはなく，(ｲ)のように，本条はあくまで
意思表示の効力に関する規定であるとし，かつ，その適用範囲を限定してき
たが，戦後になると，とくに不動産取引の安全を重視する社会的背景を基に，
(ｲ)を基本としながら，(ｳ)のように，第三者の信頼保護規定として運用され，
かつ，その適用範囲を拡大してきた傾向が見られる。判例による94条2項
類推適用の展開と拡大は，このような傾向の延長上にあるといえるであろう。

　(3)　民法改正との関係

　(ｱ)　本条の根拠の定位　　本条は，平成29年改正に伴う民法総則規定の
改正作業の初期段階から改正の対象とはされなかった。民法（債権法）改正
検討委員会は，法制審議会での民法改正の審議に先立ち，虚偽表示に関して
以下のような検討をしている（基本方針27頁以下【1.5.12】提案要旨）。この結
果は，94条2項類推適用に関する議論を除き，本条それ自体の理解として
は，立法過程の中で特別の異論がなく，本条の改正が見送られているので，
現在の理論的到達点を示すものとしての意義がある。それによれば，①旧民
法は，外形行為と秘匿行為がそれぞれ有効であることを前提にしていたが，
現行民法は，これを意思表示の効力の問題として規定し，虚偽表示は無効で
あるという原則を採用した。その結果，94条2項の趣旨も例外的な善意者
保護へと転換した。立法の方向として旧民法のような立場を採用することは
可能であるが，94条2項については，表見法理に基づく善意者保護を定め
た規定であるとの理解に従って，94条2項類推適用法理が展開され，それ
が認められることは，すでに判例・学説上確立している。そのような中で，
旧民法のような構成を採用するならば，これまでの類推適用法理の基礎が失
われ，その影響が大きい。したがって，94条については現行法の基本構成
を維持し，抜本的に見直すかどうかは，物権法制の改正を検討する際に委ね
る。②94条2項が，第三者の主観的要件を善意としていることについて，
学説では，無過失を必要とする見解も有力である。しかし，虚偽表示では表
意者は自ら虚偽の表示を通謀しているのであるから，そのような者が第三者
に自分のした虚偽表示を信じないよう注意せよと要求できるのは問題である。
表意者が権利を失ってもやむを得ないのは，自ら意図して虚偽の表示をした
からであり，表見法理といっても，故意責任原理ともいうべきものが帰責原

40　〔中舎〕

第2節　意思表示
§94　I

理となる場合には，それだけで第三者の信頼保護が正当化されるので，第三
者の主観的要件は善意で足りる。

　以上においては，本条を改正する提案ではないにもかかわらず，本条の根
拠法理の多重性とそれを前提にした解釈にとって，重要な本条の定位がなさ
れている。第一に，本条は，意思表示の効力問題に関する規定であることを
明確に指摘している。これにより外形行為と秘匿行為の並存という旧民法の
立場は明確に否定された。第二に，94条2項は表見法理に基づく善意者保
護を定めたものであるとしている。しかし，ここでの表見法理の意義はそれ
以上明らかにされていない。第三に，それにもかかわらず，本条の表見法理
における表意者の帰責根拠は，表意者が自ら意図して虚偽の表示をしたこと
に基づくものであるとして，善意の第三者の保護はそれだけで正当化される
としている。したがってまた，94条2項の第三者の主観的要件は善意のみ
で足りるとしている。これは，本条起草者が旧民法を受け継ぐ中で，無意識
的に善意としていたにすぎなかったことが，表見法理という位置づけを与え
られ，かつ，他の表見法理との比較を前提としながら，意識的に新たな意味
を与えられたものといえる。以上のように，本条の改正に関連してなされた
検討からすれば，本条の根拠法理は，上記(2)(イ)であることを明らかにしたと
いえよう（山本160頁参照）。

　このことと関連して，心裡留保について第三者保護が設けられ，かつ善意
で足りるとされたこと（93条2項），錯誤についても第三者保護が設けられ，
かつ善意・無過失とされたこと（95条4項），詐欺における第三者保護では，
善意・無過失に変更されたこと（96条3項），および強迫については第三者保
護が設けられなかったことは，すべて表意者の帰責性の程度の違いに応じて，
意識的に段階差が設けられたものと理解できる。

　これに対して，法制審議会では，本条2項は，虚偽表示そのものに対する
保護ではなく，作出された権利外観に対する信頼保護規定として機能してき
たという観点から，外観が保護に値するものであったことを考慮できるよう，
無過失を要求すべきであるとの意見が示され（部会第31回議事録19頁・21頁
〔内田貴委員〕），さらに分科会でも，権利外観があってはじめて保護に値する
かどうかが問題になるとの主張がなされたが（部会第1分科会第1回議事録8
頁・12頁〔内田貴委員〕），逆に，本条2項はそのような考え方に基づく規定で

〔中舎〕　41

はなく，あくまで意思表示の場面で，意思表示の無効により取引の効力が失われることからの保護規定であり，表意者の帰責性が大きいときは，原則として無効を主張できず，例外的に悪意の場合には保護に値しないというべきであって，善意のみでよいとの反対論が示され（部会第31回議事録22頁〔山本敬三幹事〕，23頁〔中井康之委員〕，部会第1分科会第1回議事録6頁・10頁〔山本敬三幹事〕，7頁〔鹿野菜穂子幹事〕），議論の大勢は，善意のみで足りるというものであった。そこで民法改正でも，本条はそのまま維持されたのである。

　(イ)　94条2項類推適用　　他方，94条2項類推適用について，上記の民法（債権法）改正検討委員会の説明では，判例・学説によるその展開を認め，その法理が本条における表見法理を基礎とすること以外，新しい説明はない。このため，改正の審議の過程ではこの法理を明文化すべきとの提案がなされたほか，明文化するとした場合にどのような要件を設定するかについて種々の議論が出された（議論を的確に整理するものとして，森田修「『債権法改正』の文脈第5講　意思表示制度（その2）」法教437号〔2017〕68頁以下）。

　この議論の詳細は，後述であらためて取り上げるが（→V5⑴），概略的にいえば，そこでの課題は，94条2項類推適用において問題となる要素，すなわち，①真の権利者の帰責性（意思表示の外観への信頼を基礎とする権利者本人の意的関与の要件化の是非），②第三者の信頼保護（権利外観保護法理を基礎とする無過失の要件化の是非），③類推適用が認められる権利外観（外観適格性と無過失要件の連動の是非）のうち，いずれをどの程度重視し，かつ各要素をどのように調整するかという課題であった。しかしそのためには，とりもなおさず，これらの要素を統合するための基礎理論が必要であり，現在の理論状況の下では，それを画定することは困難である。法制審議会では，このような状況の下で，94条2項の類推適用についてコンセンサスが得られず，その明文化は見送られた。したがってまた，上記の各要素に関する議論は，改正後にそのまま持ち越されることとなった。

3　裁判規範としての本条の機能

(1)　当事者間における無効

　本条の要件事実については，別途，本解説に続き詳しく解説される（→虚偽表示の要件事実）が，以下では，裁判規範としての本条の基本的機能について解説しておく。まず，本条1項は，虚偽表示の当事者間で締結された契約

第2節　意思表示　　　　　　　　　　　　　　　　　　§94　I

に基づく給付が未履行である場合，相手方がその履行を請求してきたときに，表意者がこれを拒絶するための抗弁としてその契約の効力を否定する主張をするにあたり，その効力否定原因の1つとして機能するというのが基本的な機能である。給付が既履行である場合に，表意者から相手方に対する原状回復請求（121条の2第1項）として給付物の返還を請求するときには，給付利得の返還請求になるので，主張・立証責任の公平な負担から，給付が法律上の原因に基づかないことを表意者が主張・立証しなければならず，請求原因として契約の効力を否定する原因の一つとして機能する。これらの場合に，表意者がどのような効力否定原因を利用するかは，要件の事案適合性，第三者の存否などに関わる事案に応じた選択的判断によるが，各効力否定原因は併存しうる。本条1項によるときは，表意者は，締結された契約の要素である意思表示（申込みまたは承諾）が相手方との①通謀によること，および，②虚偽であることを主張・立証しなければならず，かつ，それで足りる。②がポイントとなるが，①についても，それがなければ心裡留保になるので必要である。このように，本条の裁判上の機能は，虚偽表示であるか否かという一点の主張・立証に係っている。ただし，契約が締結されているにもかかわらず，それが虚偽の意思表示に基づくことを立証するためには，動機等を含めた相当の証拠に基づかざるを得ない。

(2)　善意の第三者に対する対抗不能

　これに対して，表意者と第三者の紛争では，本条の裁判上の機能はやや複雑になる。まず，本条2項は，虚偽表示による契約に基づく給付が既履行で，それが相手方からさらに第三者に給付されていた場合に，表意者が第三者に対して所有権に基づく物権的返還請求権の行使として給付物の返還を請求するとき，第三者が契約の存在を抗弁したことに対する再抗弁として表意者により94条1項の虚偽表示無効が主張され，それに対する第三者の再々抗弁事由として機能する（ただし，これは，後述Ⅲ3(1)(ｱ)の無効主張否認説による場合であり，法定効果説によるときは，94条2項は第三者に特別の保護を与えたものとして，契約の存在とは別の第三者の抗弁事由となる）。また，虚偽表示の当事者間で給付が未履行である場合に，第三者が契約の連鎖により所有権に基づく物権的返還請求をするときには，表意者が94条1項の虚偽表示無効を抗弁し，第三者はそれに対する再抗弁として94条2項を主張することになる（ただし，法

〔中舎〕　　43

§*94* I　　　　　　　　　　　　　　　　　　　第1編　第5章　法律行為

定効果説によると，94条2項は契約の連鎖とは別の請求原因となる）。これらの場合，判例・通説によれば，第三者は，①善意であること，および②第三者であることを主張・立証しなければならない（Ⅲ2(1)で後述するように，学説には，②のみで足り，①については表意者が第三者の悪意を主張・立証すべきであると解する見解もある）。②がポイントとなるので，いかなる立場にある者が94条2項の第三者にあたるかが争われることになる。

(3)　94条2項類推適用

　以上に対して，94条2項類推適用が問題となる場面では，真の権利者と虚偽の外観の名義人間には，何らの意思表示も存在しないので，機能はまったく異なっている。すなわち，真の権利者が虚偽の名義人に対して所有権に基づく物権的返還請求権を行使する場合には，自己に所有権があること，および虚偽の外観の存在を主張・立証すれば，相手方がこれに対抗できる抗弁はなく，何ら本条が登場する余地はない（94条1項類推適用ということはない）。しかし，虚偽の名義人からの第三者が存在する場合に，真の権利者が第三者に対して所有権に基づく物権的返還請求権を行使するときは，第三者は，いきなり94条2項類推適用を主張して争うことになる。このときは，第三者は，①真の権利者には虚偽表示類似の状況が存在すること（帰責性），②自己が善意であり，③第三者であることすべてを主張・立証しなければならない。実体法上は，94条2項が類推適用されるためには，虚偽の外観が存在することも必要であるが，これは真の権利者がその請求原因の中で主張・立証するので，第三者が主張・立証する必要がない。第三者から真の権利者に対して自己の所有権を主張して物権的返還請求権を行使しようとする場合には，自己の所有権を基礎づける原因として，第三者が名義の有効性を主張するのに対して，真の権利者が虚偽の名義であることを主張・立証するので，第三者は自ら①〜③を主張・立証しなければならない。このように，本条の類推適用はまさに2項の類推適用であり，1項との関わりは，上記の①においてのみ存在するにすぎない。すなわち，いかなる状況が存在すれば虚偽表示に類似しているといえるかは，94条1項には依存しないので，解釈者によってかなりの幅が存在することになる。

44　〔中舎〕

第2節　意思表示

§*94*　II

II　当事者間の関係

1　虚偽表示の態様

本条1項における虚偽表示の態様を従来の判例・学説にしたがって整理すれば、①秘匿行為不存在（虚構）型と、②秘匿行為併存型とに分けることができる。このように分けることは、当事者間における虚偽表示の無効の意味を解釈するうえで違いを生じる点で意義がある。学説には、虚偽表示の態様を①消極的秘匿行為を伴う虚偽表示、②積極的秘匿行為を伴う虚偽表示、③回復的秘匿行為を伴う虚偽表示に分ける見解もあるが（新版注民(3)334頁以下〔稲本洋之助〕）、①および③は、外形行為の効力を否定する合意を秘匿行為と解するものであり、これは外形行為を否定する通謀のことであって、効果意思がないことを裏側から述べているにすぎない。

(1)　秘匿行為不存在（虚構）型

(ア)　類型　秘匿行為が存在しない虚偽表示は、単なる虚構であり、外形行為の効力だけが問題となる。例えば、①愛人に対して生活費を支払うために、債権証書を作成・交付し、その利息名義で生活費を支払っていたという事例（東京地判昭13・10・11新聞4336号17頁）、②債権者による強制執行を免れるために、不動産を売却した事例（大判明42・2・27民録15輯171頁、最判昭37・6・12民集16巻7号1305頁、最判昭41・12・22民集20巻10号2168頁）、③不動産の所有者が賃借人を追い出すために、建物を譲渡または抵当権を設定した事例（東京地判昭25・7・14下民集1巻7号1103頁、東京地判昭26・3・3下民集2巻3号333頁、最判昭28・10・1民集7巻10号1019頁、最判昭39・12・11民集18巻10号2127頁）、土地を譲渡した事例（東京地判昭40・3・30判タ175号135頁、東京地判平23・6・28判時2130号17頁〔ただし使用借人〕）、④課税回避または軽減のために、財産を譲渡した事例（最判昭42・10・31民集21巻8号2232頁）、売買代金を消費貸借とした事例（東京高判昭42・6・27訟月13巻9号1133頁）、⑤民事再生手続を有利に進めるために債権をグループ内の者に譲渡するなどした事例（さいたま地判平25・4・25金法1985号164頁）、⑥仮差押えを免れるために妻に預金を譲渡した事例（東京高判平29・9・27判時2386号55頁）、⑦譲渡担保契約の効力を妨げるためにそれに先立つよう株券を譲渡した事例（東京地判令元・10・7金判1596号28頁）などがある。

〔中舎〕　45

（イ）　他の規定との関係　　これらの場合には，外形行為の効力は本条1項により否定される。しかし，上記の事例からわかるように，これらにおける虚偽表示は，当事者の目的のレベルで違法性を帯びている。このため，意思表示の真実性ではなく，行為の違法性からその効力を否定する規定である民法90条との関係が問題になりうる（前述のように，秘匿行為が存在する場合のみを虚偽表示と解する見解では，90条のみが問題になる）。同条による場合には，当事者間では不法原因給付（708条）が問題となる。本条でも同様に不法原因給付が問題になることもありうると解すれば，この点での違いはなくなるが，それでは結果的に，虚偽表示に加担した相手方を利するだけであるとして両者を区別すれば違いが生じる（後述2(3)の当事者間での効力参照）。他方，90条には善意の第三者保護はないので，この点では，無効といっても本条による場合とで大きな違いが生じる。

(2)　**秘匿行為併存型**

（ア）　類型　　外形行為に秘匿行為が併存している場合は，秘匿行為の内容は多種多様であり，簡単に類型化することはできない。しかし，当事者がどのような目的でこのような虚偽表示を企図したのかという点に着目すると，少なくとも以下のような場合がある。すなわち，①不動産の財産管理をしてもらうために，不動産を譲渡したことにした事例（東京控判年月日不明新聞829号19頁，大阪地判大3・4・8新聞943号26頁，大判大15・9・17新聞2627号9頁，大判昭6・6・9民集10巻470頁，大判昭10・5・31民集14巻1220頁，大判昭16・8・30新聞4747号15頁，最判昭28・6・12民集7巻6号649頁，最判昭29・2・2民集8巻2号350頁，最判昭47・11・28民集26巻9号1715頁），②権利名義人となる者に信用を付与するために，不動産を譲渡し（最判昭35・2・2民集14巻1号36頁）または債権を設定したことにした事例（大判大3・11・20民録20輯963頁，大判大4・7・10民録21輯1111頁，大判大14・3・26新聞2407号17頁，大判昭9・5・25民集13巻829頁，東京高判昭50・10・6判タ336号228頁）などがある。

（イ）　他の規定との関係　　秘匿行為併存型の虚偽表示では，秘匿行為が存在する。典型的には，前記の①では，不動産の管理委託契約，②では，自己の財産に対する担保権設定契約ないし貸付契約である。このような秘匿行為は，それ自体法律行為であるから，その効力は，外形行為の無効とは別の問題になる。

第 2 節　意思表示　　　　　　　　　　　　　　　　　　　　　§94　II

　しかし実際には，秘匿行為は外形行為とまったく無関係に行われているわけではなく，外形行為は秘匿行為をするための「外形」として利用されている。このため，外形行為と秘匿行為の関係をどのように解するかが問題になる。

　(a)　契約解釈への接近　　例えば，脱税目的で贈与契約を売買契約としていた場合に，これを虚偽表示と構成するときは，売買契約は無効だが贈与契約は有効となる。しかし，所有権を譲渡するという点では両者は共通しており，当事者間でなされた売買という契約形式にもかかわらず，代金支払がないことが主張・立証されれば，法的には，これを贈与契約であると解釈することも可能である（裁判例として，大判昭 13・5・3 新聞 4276 号 11 頁など）。このように当該行為を虚偽表示として法律問題と捉えるか，契約解釈による事実問題と捉えるかは，実際の事案では微妙な場合がある。両者の区別は，外形行為を有効であるとしてそのまま利用できるか否かに関係するが，不動産登記については，登記原因が異なっているだけでは登記は無効と解されないので，当事者間では，結論的には異ならなくなる。

　(b)　制限行為能力との関係　　財産管理のために虚偽表示が利用される場合には，表意者を制限行為能力者（とくに被保佐人）とする審判を受ける代替措置として，当該財産を表意者が他に処分することを防ごうとする目的がある。このような場合は，秘匿行為（財産管理委託契約）は，外形行為とは相容れないので，外形行為は虚偽表示と解さざるを得ない。しかし，当事者間では，外形行為は直ちに無効であると解すべきではなく，当事者間の目的に沿った財産管理が行われている限りでは，表意者がその無効を主張することはできない（自己矛盾行為）と解する余地がある（このように解した場合には，外形行為の抹消は財産管理委託契約の解除によることになる）。

　(c)　信託・信託的行為との関係　　信託は，委託者の財産の管理や処分を受託者に託する制度であり（信託 2 条 1 項），信託行為が受託者の名で行われるため，現象的には，財産管理のために所有名義を移転する虚偽表示と類似している。しかし，信託では，信託の意思に基づき信託契約が締結され（信託 3 条 1 号），不動産については，信託登記をしないとそれが信託財産であることを第三者に対抗できないので（信託 14 条），意思と表示が一致しており，虚偽表示ではない。

〔中舎〕　47

§94 II　　　　　　　　　　　　　第1編　第5章　法律行為

　これに対して，信託的行為とよばれるものは，信託ではないが虚偽表示で
もなく，真実の行為であると解されている（我妻290頁など通説）。信託的行為
では，意思表示から導かれる法的効果と，意思表示によって達成しようとし
ている経済目的とが一致しないだけであって，表示に対応する意思はあるの
で，信託ではないとしても虚偽表示ではないとされる（個別的には，契約解釈
により信託であると解される場合もありうる）。具体的には，債権取立てのための
債権譲渡（大判明41・12・7民録14輯1268頁），寄託の目的での不動産所有名義
の移転（大判昭12・12・28民集16巻2082頁），信用付与の目的での不動産譲渡
（東京高判昭32・2・20東高民時報8巻2号47頁），譲渡担保（大判明45・7・8民録18
輯691頁，大判大5・7・12民録22輯1374頁，大判大5・10・10新聞1182号30頁）な
どが，古くから虚偽表示ではないと解されてきた（ただし，譲渡担保については，
現在では，判例・学説とも，信託的譲渡構成によらず，端的に，非典型担保であるという
担保権的構成に発展している）。しかし，これらの行為は，外形的には，表意者
が意図したところをそのまま表示しているとはいえず，虚偽表示との境界が
不明確である。これを虚偽表示と区別することには，当事者間においてもこ
れらの行為が有効であることを導くことができるという実益があるが，秘匿
行為としての取立委任契約，寄託契約，担保権設定契約が有効であると解し，
かつ，(b)で述べたように，外形行為は，相手方において秘匿行為に沿った行
為がなされている限りでは，表意者がその無効を主張できないと解するとき
は，差がなくなる。このように解されないかぎり，信託的行為と虚偽表示と
の区別は契約解釈によって処理するほかない。当事者の目的が，単なる動機
にすぎないと解するか（信託的行為），外形行為と矛盾する秘匿行為と解する
か（虚偽表示）によることになるが，実際上，そのような基準は不明確であ
るといわざるをえない（契約解釈との関係が相対的であることにつき，中舎・表見法
理126頁以下，新版注民(3)330頁以下〔稲本〕参照）。

2　要件・効果

(1)　要　　件

　(ア)　意思表示の成立　　虚偽表示といえるためには，その前提として，意
思表示が成立・存在していなければならない。これには2つの問題がある。

　第一に，効果意思がない虚偽の意思表示は，はたして意思表示として成
立・存在しているといえるのかという問題がある。しかし，意思表示が成立

48　〔中舎〕

第 2 節　意思表示　　　　　　　　　　　　　　　　§*94*　II

するためには，効果意思が存在することは必要でない（山本 124 頁）。表示行為があれば足りると解するか（我妻 241 頁，幾代 237 頁，四宮 = 能見 224 頁など多数説），それとも，表示行為以外に表示意思ないし表示意識があることが必要であると解するか（石田(喜)編 120 頁以下〔磯村保〕，佐久間毅「意思表示の存在と表示意識」岡法 46 巻 3 = 4 号〔1997〕879 頁以下，平野 210 頁，石田(穣)240 頁）の対立があるが，これは虚偽表示に限った問題ではなく，意思表示一般（とくに錯誤）について問題になる（山本 125 頁以下）。しかし，虚偽表示では，当事者が通謀してそのような意思表示をすることを合意しているのであるから，表示行為だけでなく，虚偽の意思表示をする意思が存在しており（石田(穣)470 頁参照），上記のいずれの説によっても意思表示が成立し存在していることに変わりがない。したがってまた，外形行為が成立していれば，それは有効であるとの事実上の推定が働き，虚偽表示無効は，前述のように，相手方が意思表示の存在を主張・立証した場合の表意者の抗弁であって，意思表示の成立・存在に対する否認ではない。なお，意思表示が存在しない場合であっても，94 条 2 項が類推適用されることはあるが，これは 94 条 1 項の類推適用ではない。

　第二に，秘匿行為併存型の虚偽表示では，外形行為と別に秘匿行為が存在するので，法律行為の解釈においては当事者の真意を探求すべきであるという原理に従うときは，秘匿行為が当事者の真に合意した法律行為であり，外形行為が有効であるという主張に対して秘匿行為の存在を主張するのは，外形行為に対する抗弁ではなく，その否認になるのではないかという問題がある。この点につき，要件事実論の観点から，虚偽表示の主張は，契約の成立についての否認であり，抗弁ではないという見解がある（賀集唱「契約の成否・解釈と証書の証明力」民商 60 巻 2 号〔1969〕198 頁）。それによれば，虚偽表示においては，契約書を作る合意はあっても契約をする合意はないのであるから，仮装の契約書があってもその証明力を否定し，契約の成立を認めないという扱いをすべきであって，虚偽表示による無効とは，不成立の意味にほかならないと解すべきであるとする。このような見解に従うと，例えば，当事者が 100 万円で目的物を売買するつもりだったのに，代金額を 100 万ドルとする仮装の契約書を作成した場合は，100 万ドルの売買契約は成立しておらず，100 万円の売買契約が成立したというべきことになるので，売主が買主

〔中舎〕　49

§94 Ⅱ   第1編 第5章 法律行為

に100万ドルの支払を請求した場合には，買主は100万ドルでの売買契約の成立を否認すれば足りることになる，というのである（民法改正に際し，法制審議会において，契約解釈に関する議論の中で，虚偽表示の構成について同様の問題提起がなされて議論があったことにつき，山本敬三「契約の解釈と民法改正の課題」石川正古稀・経済社会と法の役割〔2013〕739頁参照）。

しかし，これは，虚偽表示の構造と契約解釈の問題とを混同し，上記の例のような場合に，客観的契約解釈によると100万円の合意だけが成立していると解する誤解に基づくものである。①たしかに，100万ドルという表示が当事者の共通の理解に従って100万円の表示であると解釈できる場合であれば，当事者間では「100万ドルこと100万円」という1つの契約が成立し，かつ，有効であるにすぎないが（また，実際にはこのように解されることも多いであろうが），これは契約解釈の問題であって，虚偽表示の問題ではない。②また，外形的にせよ100万ドルの契約なるものがそもそも存在していないと争うのであれば，それが否認であることは明らかであり，あとは100万円の契約が成立しているか否かだけが問題になるが，これもまた虚偽表示の問題ではない。③これらと異なり，当事者が100万ドルの合意とは別に100万円の合意をしたといえる場合であれば，そのような場合には，外形行為としての100万ドルの売買契約と，秘匿行為としての100万円の売買契約が共に成立しているのであり，100万円の売買契約は，虚偽表示とは別の秘匿行為である。したがって，このような外形行為に基づく売主の請求があった場合には，たとえ買主が，秘匿行為が存在することに基づいて外形行為を否認してみても，外形行為の存在を否定できず，これを争うには否認ではなく，外形行為が無効であるという抗弁によらざるをえないのである（以上につき，山本・前掲論文740頁）。したがって，ある法律行為について，それが虚偽表示であると争うのは，秘匿行為併存型の虚偽表示においても，否認ではなく抗弁というべきである。

当事者間の紛争では，意思表示が存在することは相手方が主張・立証するため，表意者が主張・立証すべき事項ではない（表意者はそれが虚偽であることを主張・立証することになる）。したがって，いかなる意思表示が問題となるかは，相手方の主張に依存しており多様である。問題となるのは，以下の場合である。

第2節　意思表示　　　　　　　　　　　　　　　　　　　　§94　II

　(a)　要物契約　　要物契約（587条〔消費貸借〕・344条〔質権設定契約〕）は，物の授受が成立要件である。そこで，例えば実際に金銭授受がないにもかかわらず，金銭を借り受けたとして消費貸借契約を締結した場合でも虚偽表示といえるのかが問題になる。ただし，当事者間では，法律行為が不成立であるというか無効であるというかで実際上の違いはなく，債権を譲り受けたなどの善意の第三者が存在する場合に問題が顕在化する。判例は古くから，要物性を充たしていなくてもこのような法律行為が虚偽表示となることを認め，本条2項を適用してきた（大決大15・9・4新聞2613号16頁，大決昭8・9・18民集12巻2437頁〔以上，金銭消費貸借〕，前掲大判昭6・6・9〔質権設定契約〕。ただし，前掲大判昭9・5・25〔質権設定〕は要物の部分については一度実演してみせる必要があるという）。売買名目で不動産登記名義が移転されたような場合と異なり，単なる合意が第三者にとって信頼に足りる外形行為といえるかという点からすれば，否定的な解釈もありうるが，外形行為を積極的に利用しようとしたという表意者の自己責任という点では，そのような場合と異なるところはなく，本条の適用を認めて差し支えないであろう。なお，平成29年改正により，書面による消費貸借（587条の2），使用貸借（593条），寄託（657条）が諾成契約とされたので，問題となる場面は限定的になった。

　(b)　単独行為・合同行為　　本条は「相手方と通じてした」虚偽の意思表示を対象とするので，相手方のある単独行為であれば，本条が適用される（最判昭31・12・28民集10巻12号1613頁〔解除〕）。しかし，相手方のない単独行為（遺言，所有権放棄など）や合同行為（法人設立行為）には適用がないというのが判例である（大判昭7・4・19民集11巻837頁〔合資会社設立行為〕）。

　しかし，そのような行為であっても，その行為の利害関係人と通謀して意思表示がなされた場合であれば，実質的には，通謀による意思表示がなされた場合と同視することができる。そこで，判例は，共有持分の放棄を他の共有者と通謀した事例（最判昭42・6・22民集21巻6号1479頁），財団法人設立のための寄附行為を複数の者で通謀した事例（最判昭56・4・28民集35巻3号696頁）で，本条1項を類推適用している。学説には，合同行為概念に否定的な観点から，合同行為につき端的に本条の適用を認めるべきだとする見解もある（幾代263頁など）。

　(c)　準法律行為　　準法律行為についても，相手方のある行為であれば，

〔中舎〕　51

§*94* Ⅱ 　　　　　　　　　　　　　　　　第1編　第5章　法律行為

本条の適用があることに異論はない（前掲最判昭31・12・28〔解除〕など）。

　(d)　**家族法上の行為**　　婚姻，離婚・養子縁組などの家族法上の行為は，表意者の意思を最大限尊重する必要があるので，意思を欠くときはすべての関係において無効と解すべきであり，本条（とくに2項）の適用はないというのが古くからの判例・通説である（大判明44・6・6民録17輯362頁〔養子縁組〕，大判大11・2・25民集1巻69頁〔離婚〕）。

　しかし，家族法上の行為であっても，離婚による財産分与，遺産分割，相続放棄など，財産上の効果を伴う行為については，適用があると解されている（名古屋高決昭43・1・30家月20巻8号47頁〔共同相続人の1人による相続放棄。相手方のない単独行為でもある〕，東京地判昭45・9・2判時619号66頁〔財産分与〕）。

　(e)　**入会権**　　共有の性質を有する入会権（263条）に基づいて不動産を所有する場合，所有権は入会権者の総有に属すると解されているが，これをそのまま登記する方法はない（不動産登記法3条における登記できる権利に含まれていない）。このため，登記は，代表者等の個人名義でなされている。現象的には虚偽表示に類する外形が作出されていることになるが，これは法の欠缺であり，入会権は登記なくして第三者に対抗できると解されており（大判明36・6・19民録9輯759頁），虚偽表示にも当たらないと解されている（最判昭43・11・15判タ232号100頁，最判昭57・7・1民集36巻6号891頁など）。

　(f)　**名義借用行為**　　他人の名義を借りて法律行為をする場合には，いくつかの場合がある。ある物を他人の名で処分することを依頼する処分授権（Ermächtigung）は，代理と並ぶ他人による法律行為の一形態であると解されており（伊藤進・授権・追完・表見代理論〔1989〕25頁以下など），虚偽表示とは解されていない（反対説として，中舎・表見法理591頁）。また，非顕名代理（100条）も虚偽表示ではない。そのほか，例えばAがある物をCから買い入れるにあたり，Bが形式上の買主となることをAB間で合意しているような場合は，ドイツでは，わら人形の行為（Strohmanngeshäft），フランスでは，名義借り（prête-nom）と呼ばれ，相手方であるCが事実を知らない場合には虚偽表示ではないが（名義人と相手方で法律関係が生じる），Cが知っている場合は「AC間の」虚偽表示であると解されている（中舎・表見法理61頁・147頁）。しかしこれは，AC間での財産処分を秘匿行為として有効とするための解釈である。わが国では，いずれの場合もAB間の虚偽表示と構成して，Cの善意・悪意

第2節　意思表示　　　　　　　　　　　　　　　　　　§*94*　II

は本条 2 項の問題として処理すれば，結論的に異ならなくなる。なお，他人名義を利用して預金したような場合に虚偽表示となるかも問題になるが，判例は，金融機関の知・不知にかかわらず，虚偽表示と構成せず，名義人ではなく出捐者が預金者であると認定しており（最判昭 52・8・9 民集 31 巻 4 号 742 頁），金融機関の善意・悪意は，払戻しまたは預金担保貸付による相殺の場面で，民法 478 条の適用・類推適用の問題として処理されている。本条によるか否かは，金融機関による払戻しや相殺ではなく，名義人の債権者による差押えなどがあった場合に問題になりうるが，判例による限り，預金者の認定問題として処理されることになる。

　(g)　代理人による虚偽表示　　代理人が相手方と通謀虚偽表示をした場合，意思の不存在については代理人が基準となる（101 条 1 項）。したがって本人と相手方間での虚偽表示となる（大判大 3・3・16 民録 20 輯 210 頁，我妻 349 頁）。しかし，判例の中には，虚偽表示と構成せず，代理人には本人を欺く権限はなく，このような場合には代理人は相手方の意思伝達機関となり，相手方の意思表示が真意に基づかない心裡留保による意思表示となって（93 条 1 項），本人が善意・無過失であれば，有効となるとするものがある（大判昭 14・12・6 民集 18 巻 1490 頁。これに賛成する見解として，新版注民(3)346 頁〔稲本〕など）。学説では，そのほかに，虚偽表示となるが本人も 94 条 2 項の第三者となると解する説（近江 253 頁）や，本人が善意・無過失であるときは，相手方の権利主張が信義則違反ないし権利濫用になるとする説（四宮 162 頁）もある。事情を知らない本人を保護する必要があると考えるか否かが問題であり，代理人の行為に対するリスクは本人が負担すべきであると解すれば，このような技巧的な解釈は必要ないであろう。虚偽表示とされたことによる事後処理は，本人と代理人間の委任契約の善管注意義務ないし忠実義務違反の問題（損害賠償請求など）としてなされるべきである。

　(イ)　通謀　　通謀虚偽表示といえるためには，当事者間に意思表示が真実でないことの合意があることが必要である。通謀がなければ，真意でないことを知りながらした意思表示は心裡留保となる。相手方が真意でない意思表示であることを知っていたとしてもそうである（93 条 1 項ただし書）。ただし，平成 29 年改正により，第三者との関係では，差がなくなった（93 条 2 項）。通謀がなく，相手方が虚偽であることを認識している場合に，94 条 2 項が

〔中舎〕　53

§94 II　　　　　　　　　　　　　　　　　　第1編　第5章　法律行為

類推適用されることがありうるが，それは当事者間に虚偽の法律行為がない場合である。

通謀は，合意であるといっても，外形行為の効力を否定する合意にすぎず，外形行為と別の法律行為をする効果意思に基づく合意ではない（新版注民(3) 328頁〔稲本〕。要件事実の観点からは，虚偽表示と心裡留保を区別するために，この合意を効果不発生合意だとして「裏契約」と表現されることがあるが，これは文字通りの契約ではない。川井健「執行免脱のための仮装譲渡と708条」谷口知平還暦・不当利得・事務管理の研究Ⅰ〔1970〕308頁は，執行免脱のための仮装売買について，民法708条の適用を否定して給付の返還請求を肯定するために，返還請求権を認める一種の契約としての合意を伴っていると解するが，これに対して，石田喜久夫「虚偽表示」遠藤浩ほか編・演習民法（総則・物権）〔1971〕145頁は，「法律効果を発生させないとう法律効果を意欲するなどというのは，ソフィスト的であろう」と批判している）。従来の学説は，虚偽表示においては，「仮装的表示をすることについての合意」（我妻290頁），「法律行為の仮装の外観性をつくることについての合意」（川島278頁），「虚偽表示の場合には『虚偽の外形』を作り出すことには両当事者が合意している」こと（四宮＝能見232頁）が必要であるとするが，それは通謀の内容を示しているにすぎず，これが裏の「契約」であるとするものではない（最近の学説として，平野151頁も同様である）。効果意思があれば，それは秘匿行為になる。他方で，通謀は，当事者に共通の動機でもない。共通の動機にすぎなければ，意思表示の効果意思は否定されないので，虚偽表示にならない。したがって，ここでの通謀は，外形行為と別の合意でもなく共通の動機でもない，事実としての合意＝了承だということになる（四宮＝能見232頁参照。秘匿行為を伴わない虚構は虚偽表示ではないという見解が生じる契機はここにある。なお，新版注民(3)329頁以下〔稲本〕は，積極的な秘匿行為の合意だけでなく，外形行為を否定する合意を含めて，秘匿行為と呼ぶ）。

ただし，実際の紛争では，通謀の事実は，代金支払がない，引渡しがないなど，真実であれば特段の事情がなければ通常なされるような行為をしていないことなどを挙げて主張・立証することになる。前述のように，当事者間の紛争では，意思表示の存在という相手方の抗弁に対する再抗弁事由であり，表意者が主張・立証しなければならない。

表意者側の第三者，例えばその債権者が表意者と相手方間の意思表示が虚

54　〔中舎〕

第2節　意思表示　　　　　　　　　　　　　　　　　§94　Ⅱ

偽表示であることを主張して，相手方に対してすでになされた給付の返還請求をするときは，債権者代位権（423条・423条の3）によることになる。これは，債権者が詐害行為取消権（424条・424条の9）を行使する場合と類似した機能を果たす。理論上は，債務者である表意者がした意思表示に基づく法律行為が虚偽か否かで両者は区別される。このため，債権者が債務者の虚偽表示を主張した場合に，相手方が詐害行為であるとの反論を提出することができるか（またはその逆）が問題になる。しかし，具体的な紛争では，法律行為の無効か有効かは所与のものではなく，債権者代位権による虚偽表示無効の主張と詐害行為取消しの主張は，ともに債権の保全手段として機能する。したがって，債権者は，主張・立証のしやすさ，転得者の存否など，事案に応じていずれを主張するかを選択すればよく，相手方の形式理論的な反論は，信義則違反となるというべきである。ただし実際の訴訟では，債権者は，両者を選択的にないしは併行して主張することが多いようであり，これによれば上記のような相手方の反論は無意味になるので，問題は顕在化しない。

(2)　秘匿行為

前述したように，わが国の判例・通説は，秘匿行為を伴わない虚偽表示（虚構）も本条の対象としており，それによれば，秘匿行為の存在は虚偽表示の要件ではない。虚偽表示が秘匿行為を併存している場合には，秘匿行為の効力が問題になるが，これは，それ自体が虚偽表示とは別の法律行為であるから，当該行為に関する規定によって処理される。わが国の民法では，ドイツ民法（117条2項）などと異なり明文がないが，起草者は，当然のこととして規定しなかったにすぎず（理由書144頁），学説上も異論はない（我妻295頁など）。

他方，実際には，外形行為は秘匿行為をするための外形として利用されることが多い（他の規定・概念との関係については，→1(2)(イ)）。このため，表意者が相手方に対して，給付した物の返還を請求し，虚偽表示であることを主張しても，相手方がさらに秘匿行為の存在を主張・立証して，外形行為が秘匿行為を実現するために機能している限りでは，表意者が外形行為の無効を主張することは，信義則違反であると反論することはありうる（例えば，財産管理委託契約を秘匿行為として，虚偽の不動産売買による移転登記がなされている場合，秘匿行為に従った財産管理が行われている限り，表意者の登記抹消請求は自己矛盾行為であり，

〔中舎〕　55

§*94* Ⅲ   第1編　第5章　法律行為

信義則に反すると解すべきであろう）。

　(3)　効　　力

　虚偽表示は，当事者間では無効である（94条1項）。相手方の一般債権者が
債権者代位権に基づいて表意者に履行請求しても，一般債権者は，94条2
項の第三者に含まれないので（→Ⅲ1⑶），表意者は，相手方に対する無効の
抗弁をもって対抗することができる（423条の4）。秘匿行為との関係で無効
主張が信義則違反となりうる場合があることは前述した。

　虚偽表示が違法性を帯びている場合，例えば執行免脱のための不動産売買
のような場合には，刑法上は，強制執行妨害罪（刑96条の2第1号）となりう
るので，表意者がすでに給付した物を返還請求できるか，それとも不法原因
給付（708条）として返還請求できないかが問題になる。戦後の判例は，当
初，刑法上の犯罪となる場合には不法原因給付となると解していたが（最判
昭27・3・18民集6巻3号325頁），その後，刑法上の犯罪となっても公序良俗
に反しなければ不法原因給付に当たらないという判断を経て（最判昭37・6・
12民集16巻7号1305頁），表意者の債権者による債権者代位権行使の事案で，
刑法上の犯罪とのひとことをもって不法原因給付に当たるのではないものと
し，不法原因給付に当たるとするときは，表意者の債権者を害する結果とな
り，仮装譲渡を抑制しようとする刑法規定の法意にも反すると解するに至っ
ている（最判昭41・7・28民集20巻6号1265頁）。結局，本条による無効と不法
原因給付の判断は別であるということ以上の意味はない。

Ⅲ　第三者との関係

1　第　三　者

(1)　意　　義

　本条2項の第三者とは，虚偽表示の当事者以外の者のうち，虚偽表示に基
づく法律関係について，独立して法律上の利害関係を有するにいたった者で
ある（大判大5・11・17民録22輯2089頁，大判大9・7・23民録26輯1171頁）。第三
者を限定するのは，外形行為が無効であるとすると相容れない利害関係を有
する者だけに限定し，それによって表意者の責任の範囲を限定する趣旨であ
る（第三者の意義について，中山布紗「民法94条2項の第三者」九大法学91号〔2005〕

56　〔中舎〕

第2節　意思表示　　　　　　　　　　　　　　　　　§*94*　III

115頁参照）。

　(2)　**第三者に当たる者**

　以上の基準からして，以下の者は第三者に当たる。虚偽表示の目的物の転得者（最判昭28・10・1民集7巻10号1019頁），目的物について抵当権の設定を受けた抵当権者（大判昭6・10・24新聞3334号4頁），相手方が破産した場合の破産管財人（大判昭8・12・19民集12巻2882頁），仮装された債権の譲受人（大判昭13・12・17民集17巻2651頁），抵当権設定が仮装された場合の転抵当権者（最判昭55・9・11民集34巻5号683頁）。なお，目的動産の転得者，質権者は，占有を取得していれば即時取得（192条）によって保護され，実際にはその主張は容易なので（善意，平穏，公然〔以上，186条〕，無過失〔相手方に対する188条の適用〕が推定される），本条2項を主張するまでもない。

　目的物を差し押さえた差押債権者については，争いがある。判例・通説は，一般債権者が差押えにより，目的物について新たな法律関係を有するにいたった，として第三者に当たると解している（大判昭12・2・9判決全集4輯4号4頁，最判昭48・6・28民集27巻6号724頁〔ただし94条2項類推適用〕）。学説では，差押えによって新たな法律関係が形成されるわけではないとして第三者に当たらないと解する説も有力である（石田(喜)編133頁〔磯村保〕，平野156頁）。なお，即時取得では，差押債権者は占有を取得しておらず，保護されない。

　(3)　**第三者に当たらない者**

　これに対して，代理人が虚偽表示をした場合の本人は第三者ではなく（大判大3・3・16民録20輯210頁），当事者の包括承継人（相続人）は，当事者と独立して利害関係を有する者でなく第三者ではない。債権譲渡が仮装された場合の債務者も第三者ではない（大判昭8・6・16民集12巻1506頁）。表意者の債権者も，虚偽表示を真実であると信頼した者ではないので，第三者ではない。また相手方の一般債権者も，たとえ虚偽表示後に債権者となった場合であっても，虚偽表示に基づいて利害関係を有するにいたった者ではないので第三者に当たらないと解されている。相手方の第三者であっても，相手方をわら人形として形式的に第三者となっているにすぎない場合には，事実認定上，相手方と同視すべきである。

　目的物が土地である場合のその土地上の建物賃借人について，判例は，建物は虚偽表示の目的物でないとして第三者に当たらないとするが（最判昭

〔中舎〕　　57

§94 III

第1編 第5章 法律行為

57・6・8判タ475号66頁），学説では，建物賃貸人が土地所有権を失えば，建物賃借人の立場も覆されることになるので，単に事実上ではなく法律上の利害関係を有するというべきであると解する説が有力である（四宮＝能見233頁，河上331頁など）。

2 善　意

(1) 意　義

　第三者は善意でなければ保護されない。善意とは虚偽表示であることを知らないことである。善意の判断時期は，第三者が利害関係を有するにいたった時点であり，その後，事情を知る（悪意）ことになってもかまわない（前掲最判昭55・9・11）。善意であることの主張・立証責任は，第三者にあるというのが判例であるが（最判昭35・2・2民集14巻1号36頁，最判昭41・12・22民集20巻10号2168頁，最判昭42・6・29判時491号52頁），学説では，意思表示が存在する以上それが虚偽表示ではないと考えるのが通例であり，第三者であることを主張・立証すれば足り，表意者が第三者の悪意を主張・立証すべきであるとする有力説もある（我妻292頁，幾代258頁，近江201頁，中舎182頁）。表意者の自己責任からすれば後者が妥当であるが，たとえ第三者に主張・立証責任があると解しても，いったん善意であるとの主張がなされた場合に表意者がこれを否認することは，実際上はかなり困難であろう。

(2) 無過失の要否

　規定上は善意のみが要求されており，判例は，無過失である必要はないとしているが（大判昭12・8・10新聞4181号9頁），従来の学説の中には，無過失まで必要であると解する見解があった（幾代257頁，内田55頁。河上332頁は無重過失という。平野160頁は，平成29年改正後も，表意者の帰責性が高い場合には善意・無重過失，そうでない場合には善意・無過失という）。不要説は，立法者が旧民法の反対証書の悪意者への対抗の延長で94条2項を規定したことに由来するが，外形的な意思表示の無効とその不対抗を規定しているという現在の通説的な理解によっても，虚偽表示における表意者の故意責任（帰責性）を重視し，実際に存在する意思表示の真偽につき調査義務があるというのは妥当でないとする。これに対して，必要説は，本条2項を権利外観保護規定と位置づけ，本条以外の表見法理（表見代理，192条・478条など）との均衡を重視し，保護に値する第三者か否かを総合的に判断することができるとする。本

第 2 節　意思表示　　　　　　　　　　　　　　　　　§94　III

条の趣旨に関わる争点であるが，すでに述べたように（→Ⅰ2⑶⑺），平成 29
年改正の過程で議論があり，本条については，無過失不要説で落ち着いた経
緯からすれば，今後は不要説で確定したと理解すべきであろう（森田修『債
権法改正』の文脈　第 5 講　意思表示制度（その 2）」法教 437 号〔2017〕69 頁参照）。

（3）　登記の要否

　不動産が目的物である場合，第三者は登記を備えている必要があるか否か
につき争いがある。判例・通説は，不要説である（大判大 9・7・23 民録 26 輯
1151 頁，大判昭 10・5・31 民集 14 巻 1220 頁，最判昭 44・5・27 民集 23 巻 6 号 998 頁
〔ただし 94 条 2 項類推適用〕，四宮 = 能見 235 頁）。不動産登記が物権変動の対抗要
件となるのは，不動産を有効に譲り受けた者が複数あるなど，同一不動産に
つき物権を取得した者がその優劣を争う場面であるのに対して（177 条），本
条の場合には，第三者と表意者間では，そもそも表意者は第三者に対して物
権があることを主張できないからである（後述 3⑴のように，物権の流れがどの
ような経路を辿るかは別問題としても，表意者の物権が第三者に移転していることに変わ
りはない）。

　たしかに，遡及的な物権変動，例えば取消しと登記との関係について，判
例は取消し後の第三者と取り消した者との関係は民法 177 条の対抗問題にな
ると解しており（大判昭 17・9・30 民集 21 巻 911 頁），無効と取消しとでは，表
意者が相手方から登記を回復するという関係において共通すると考えるとき
は，本条の場合も同条の対抗問題になるという解釈も成り立たないわけでは
ない（川井健・判評 102 号（判時 480 号）〔1967〕13 頁以下）。しかし，本条は外形
行為の無効を前提にした規定であり，意思表示が有効であるか（取り消すまで
は有効）無効であるか（はじめから物権変動がない）を問わずに登記の存否によ
って問題を処理することは妥当でない。

　また，学説の中には，対抗要件としての登記ではなく，第三者ができるだ
けのことをしたという意味での登記（権利保護要件としての登記）を備えておく
必要があるとする見解がある（吉田眞澄「民法 94 条 2 項の拡大適用」石田喜久夫
編・判例と学説 2〔1977〕80 頁など）。このような見解は，登記懈怠に対する帰責
法理として本条と民法 177 条が同一の法理であると解する立場から，第三者
に登記が必要であるとするものである（川井健「不動産物権変動における公示と公
信」我妻栄追悼・私法学の新たな展開〔1975〕297 頁）。しかし，本条は，表意者の

〔中舎〕　59

§94 III 　　　　　　　　　　　　第1編　第5章　法律行為

強い帰責性に対応して第三者に善意という要件のみを課しているのであり，それ以上，登記を確保すべき義務を第三者に課すべきではない。

本条において，第三者に登記を要求する見解は，94条2項類推適用の拡大を踏まえつつ，登記に公信力がないわが国においても，不動産登記の機能を拡大すべきであるとの考え方を基礎に置いているように思われる。詳細は，物権法に委ねるべき問題であるが，わが国の不動産登記法制は，物権変動につき意思主義を採用し（176条），登記は対抗要件にすぎないとしているのであり，民法177条以外では，登記によって問題を解決するという基盤を欠いているというべきである。なお，表意者からの譲受人と第三者の関係については，対抗不能の意義に関わるので，次の3で解説する。

3　対抗不能

(1)　意　　義

意思表示の無効を対抗できないということの意義について議論がある。対抗できないという表現から少なくとも分かるのは，表意者の側から善意の第三者に対して無効を主張することはできないが，善意の第三者の側から無効を主張することはかまわない，ということであるが（通説はこれを認めるが，理論構成は以下の議論と関連して定かでない），通常はそのような事態は想定できない。前述のように，この文言は，フランス民法に倣ったボアソナード草案・旧民法が反対証書の効力を悪意の第三者には対抗できるとしていたものを現行法が意思表示の効力規定として，善意の第三者に対する外形行為の不対抗という体裁に変えて受け継いだものである。しかし，このような経緯のために，本来無効な意思表示が対抗できないことの結果，法律関係はどうなるかが不明確になった。旧民法の下では，法律関係は，外形行為と反対証書（秘匿行為）はともに有効なものとして並存するが，善意の第三者に対しては後者の効力が及ばないということが明確であった。これに対して外形行為の無効を規定した現行法の下では，「無効を対抗できない」という新たな法理が出現したことになる。

この法理の意義について，学説では，無効主張否認説（承継取得説）と法定効果説（法定取得説）の対立がある。

(ｱ)　無効主張否認説（承継取得説）　　この説によれば，本条2項が適用されると，善意の第三者との関係では，表意者は無効を主張できない結果，表

第2節　意思表示　　　　　　　　　　　　　　　　§94　III

意者と相手方との間の意思表示も有効となる。したがって，例えば，Aから Bへの虚偽の売買契約があっても，Bから善意でその物を取得したCが存在する場合，AはCに対してその物の所有権が自己にあることを主張できず，所有権は，AからB，BからCへと順次承継される（武川幸嗣「民法94条2項の『対抗不能』の法構造」法政論究17号〔1993〕232頁，山本157頁，中舎188頁）。これは旧民法からの経緯を重視した解釈といえよう。

　(イ)　法定効果説（法定取得説）　この説によれば，94条2項は，意思表示の無効から善意の第三者を特別に保護する規定であり，上記の例でいえば，Aは，Bとの関係では依然として所有者であるが，Cとの関係では，94条2項の法定効果として所有権はAからCへ直接移転する（幾代通・不動産物権変動と登記〔1986〕24頁，賀集唱「要件事実の機能」司法研修所論集90号〔1994〕53頁）。これは権利外観に対する善意の第三者保護を重視した解釈であり，所有権の流れは，即時取得（192条）の場合と同様になる。

　判例は，以上のいずれの立場によっているのか定かでない。いずれの見解によっても，問題が表意者・相手方・第三者間にとどまっている限りでは差がないように見える。しかし，無効主張否認説によれば，表意者には外形行為が有効であることを前提にした抗弁を主張できる可能性，例えば虚偽表示に基づく売買契約において代金が支払われていない場合で，第三者が表意者に対して目的物の引渡しを請求した場合，表意者は相手方の代金未払による留置権を主張できる可能性が生じる（ただし，仮にそのように解しても，このような抗弁は，相手方に対して生じていない権利を援用するものであり，認めるべきでない）。

　(2)　表意者からの譲受人との関係

　表意者からの譲受人がある場合，善意の第三者がこの譲受人に対して自己の権利取得を対抗するためには対抗要件を備えている必要があるかという問題がある。例えば，AB間で虚偽表示により不動産が売買され，Bから善意の第三者Cに転売されたが，登記名義がAから移転していなかったところ，AがこれをDに譲渡し，Dが移転登記を備えた場合，CはDに対して所有権の取得を対抗することができるか。

　(ア)　対抗問題　　AC間の法律関係につき，上記(1)のいずれの説によろうとも，この場合は，Aが不動産を二重譲渡したことになるので，民法177条の適用がある対抗問題になる（山本162頁，幾代261頁など通説。なお，最判昭

〔中舎〕　　61

§94 III
第1編 第5章 法律行為

42・10・31 民集 21 巻 8 号 2232 頁は，第三者が登記する前に譲受人が処分禁止の仮処分登記をした事例で，このように考えているものと解されている）。かつては，善意の第三者の絶対的優位を説く学説もあったが（四宮167頁），これは本条の範囲を超える問題であり，現在では支持されていない。

(イ) 第三者の登記の要否　　ただし，上記の場合，相手方であるBが登記を備えていたときには，第三者Cは登記を備えていなくてもDに優先するか否かについては，見解が分かれる。上記(1)(ア)の無効主張否認説によれば，Cへの所有権は，AからB，BからCへと移転するので，Dと対抗関係に立つのはBであることになり，Bが登記を備えている以上，Cは登記なくしてDに対して所有権の取得を主張できることになるはずである。学説には，このように解する説もある（高森八四郎〔判批〕法時 42 巻 6 号〔1970〕125 頁）。

これに対して，通説はそのように解していない（山本 164 頁など）。すなわち，Aおよびその特定承継人であるDは，Bに対しては，虚偽表示による無効を対抗できるのであるから，たとえBが登記を備えていたとしても無意味であり，したがって第三者C自身が登記を備えていなければ，自己の所有権取得をDに対抗できないとする。また，法定効果説からすれば，所有権はAからCに直接移転するので，対抗関係に立つのはDとCになり，同様の結論になる。

しかし，無効主張否認説に立ちながら，通説のような結論を導くことには疑問がある。AおよびDは，Bに対しては無効を対抗できるが，Cに対しては無効を対抗できないからである。すなわち，Dは，Cとの関係ではBの権利取得を否定することができない立場にあるとすれば，その登記の無効を主張することもできないはずである。通説のような構成は，不動産の仮装売買のような場合には，通常，表意者から相手方に登記名義が移転していることから，譲受人と相手方との対抗問題になるとすると，自動的に第三者が優先してしまうことの不合理を避けようとするものと理解でき，それには合理性がある。しかし，理論的には問題を残しているといわざるをえない。

4　転　得　者
(1)　第三者の範囲

第三者からさらに目的物を譲り受けた転得者や第三者から担保権の設定を受けた者も，本条2項の第三者に当たるか。判例は，相手方からの直接の第

62　〔中舎〕

第2節　意思表示　　　　　　　　　　　　　　　　　　　§94　III

三者に限定されないとする（最判昭45・7・24民集24巻7号1116頁〔ただし94条2項類推適用〕）。これによれば，第三者が悪意であっても，転得者が善意であれば，転得者は保護される。本条における表意者の自己責任の重大性に照らせば，結論的に妥当であることはいうまでもないが，理論上は，3(1)(イ)の法定効果説によるときは，表意者と保護されるべき者との間での権利移転を考えるので，表意者から転得者への所有権の直接移転と解することになろう。これに対して，無効主張否認説によるときは，転得者の前に悪意の第三者が存在することが支障となるが，表意者との関係では，悪意の第三者を含めて権利は承継的に移転すると解することになるであろう。

(2)　第三者による権利取得の意義

これに対して，第三者が善意，転得者が悪意である場合には，転得者自身には本条2項の適用がないので，転得者が第三者の立場を援用できるか否かが問題になる。

(ア)　相対的構成　　学説の中には，悪意の転得者は，自らが善意の第三者であるという主張ができない以上，それを超えて保護する必要はなく，善意の第三者の立場を援用することを認めるべきでないとする見解がある（星野〔初版，1971〕96頁，近江197頁，加藤247頁など）。これは，表意者と第三者との関係を相対的に解することから，相対的構成といわれる。

(イ)　絶対的構成　　これに対して，判例は，第三者が善意であれば，それによって第三者の権利取得が絶対的に確定するので，転得者はそれを援用できるとする（大判昭6・10・24新聞3334号4頁，大判昭10・5・31民集14巻1220頁）。これを絶対的構成という。通説も，善意の第三者が存在する以上表意者を保護する必要がないこと，転得者が権利を取得できないとした場合の事後処理（善意の第三者への責任追及など）が複雑になることから，これを支持する（我妻292頁，幾代258頁，同・民法研究ノート〔1986〕17頁，河上332頁，佐久間134頁など）。

表意者のほうに責任があるということを原則とすべきであるとともに，相対的構成によると，善意の第三者が目的物を転売する可能性を狭める（虚偽表示であることを黙秘して転売するという不誠実な行為を招く）ので，第三者を保護したことにならない。転得者が事情を知らない第三者を利用して転得したような場合には，権利濫用の法理，または転得ではなく使者・代理人による権

〔中舎〕　63

§*94* IV   第1編　第5章　法律行為

利取得であると認定することで対応できるであろう。

IV　虚偽表示の撤回と追認

1　撤　回
(1)　当事者間の関係
　善意の第三者が現れる前に，虚偽表示を当事者間で撤回することは自由である。ただし，この撤回が法律行為と同様の合意であるか否かという問題がある。

　撤回は虚偽表示を解消する新たな合意であると解するときは，その合意の効力をどのように捉えるかという問題が生じる（新版注民(3)360頁以下〔稲本洋之助〕）。そして，このような合意も私的自治の原則から認められること，外形の除去がその対抗要件になることを認める（したがって除去前の善意の第三者には対抗できない）。

　他方，ここでの撤回は，外形行為の除去という事実上の行為をする合意にすぎないと解するときは，虚偽表示の外形が完全に除去されているか否かだけが問題となり，除去が完全でない場合には，なお本条2項の適用があると解することになろう。

　従来の判例は撤回を認めるが（大判大8・6・19民録25輯1063頁，大判昭13・3・8民集17巻367頁），撤回の性質については，前者のような理解に立っていると思われるものもある（東京高判昭32・7・18高民集10巻5号320頁）。これに対して，学説は必ずしも明確でないが，多数は，後者のような考え方に立っているのではないかと思われる（幾代262頁は，「がんらい無効な行為を『撤回』するということ自体が無意味なことである」という）。ただし，いずれの見解によっても，登記の抹消，占有の回復など，外形行為の除去には相手方の協力が必要なので，少なくとも当事者間では具体的な違いは生じない。

(2)　第三者出現後の撤回
　撤回は，善意の第三者の出現を阻止することを目的とするものであるから，外形行為が完全に除去されず，残存した外形を信頼した第三者には本条2項が適用される（我妻293頁，幾代262頁，新版注民(3)362頁〔稲本〕など通説）。古い判例（前掲大判大8・6・19，前掲大判昭13・3・8）は，撤回の合意があれば虚

64　〔中舎〕

第 2 節　意思表示　　　　　　　　　　　　　　　　　　　　　**§*94*　IV**

偽の債権証書などの外形が残存していても，撤回を第三者に対抗できるとしているが，これに対して，学説は一様に批判的である。

　他方，善意の第三者が出現後に外形行為を完全に除去する撤回がなされた場合，例えば，仮装売買により不動産登記名義を移転し，第三者がそれを信じて転得したが，移転登記を経由する前に，表意者が登記名義を回復したような場合，表意者と第三者との関係はどうなるか。

　判例は定かでなく，学説上もほとんど議論がないが，学説には，撤回を虚偽表示とは別の合意であると解する立場から，①撤回が外形行為を除去する旨の合意によるのでなく，新たな名義移転の法律行為によって行われ，表意者が登記名義を回復したような場合には，第三者と表意者との関係が対抗問題として処理されるとすることになるが，これは撤回による登記回復方法の違いにすぎないので妥当でない，他方，②登記名義を回復したのに表意者が第三者に劣後するとすることも，回復していない者と同様の不利益を表意者に負わせることになり妥当でないなどとし，その解決のための法律構成として94条2項が公信的機能を果たすことから，第三者が善意・無過失であることを要求し，表意者の登記名義回復につき善意であることは原則として過失があると解する見解がある（新版注民(3)362頁以下〔稲本〕）。

　しかし，撤回が外形行為を除去する合意にすぎないと解するときは，善意の第三者が出現後に外形行為を除去しても，時機を失した撤回になるだけであり，本条2項により善意の第三者が保護されると解すべきであろう。

2　追　認

　虚偽表示は追認することもできる。これは表示を真実の意思に基づくものであると認めることであるが，法的には，当事者間の合意にほかならない。ただし，これが新たな行為をしたことになるのか（119条ただし書），それとも無効行為の遡及的追認を認めるかという問題がある。学説では，新たな行為になるが，当事者間では，果実や公租公課の負担について遡及効を認める合意をすれば有効であるという見解（我妻390頁，新版注民(3)364頁〔稲本〕）と，公益的無効ではなく，意思の存否だけが問題なので，遡及的追認を認めてよいとする見解（平野裕之・民法総則〔3版，2011〕210頁）がある。表意者，相手方，第三者間では，いずれの見解によっても具体的な違いは生じない。

　これに対して，例えば，虚偽表示後で追認前に，表意者から目的物を譲り

〔中舎〕　　65

§94 Ⅴ   第1編 第5章 法律行為

受けた者を害する可能性があるという問題がある。しかしこれは，無権代理
行為の追認（116条）の場合と同様，第三者を害するか否かという問題では
なく，第三者と譲受人間の対抗問題になると考えれば，もはや本条の問題で
はなくなるであろう（表意者からの譲受人が存在するにもかかわらず追認の合意をし
たことにより，相手方が背信的悪意であると判断されることはありうる）。

Ⅴ　94条2項類推適用

1　不動産登記の意義

(1)　わが国の物権変動法制と登記

　民法は，物権変動につき意思主義を採用し（176条），不動産については登
記を物権変動の対抗要件とする対抗要件主義を採用している（177条）。他方，
不動産登記法は，物的編成主義（不登2条5号），共同申請主義（不登60条）を
採用している。民法と不動産登記法の整合性からすれば，物権変動の成立の
ために登記を要求しない意思主義，対抗要件主義は，登記では，物権取得の
結果に注目する人的編成主義，単独申請主義に親和的であり（フランス法の立
場），物権変動の成立のために登記を要求する形式主義，成立要件主義は，
登記では，物権変動の過程に注目する物的編成主義，共同申請主義と親和的
である（ドイツ法の立場）。これに対して，わが国では，民法は，フランス民
法に倣ったものである一方，不動産登記法は，ドイツ法に倣ったものであっ
て，不動産物権変動のために登記は必要ないが，それを第三者に対抗するた
めには，登記義務者（売買では売主）の協力が必要であり，その結果，登記が
なされているという事実によって，真実の物権変動がなされたという効果が
保障されないにもかかわらず，それがなされたという推定が働きやすい。

　しかし他方では，わが国の権利の登記の登記審査において，登記官は，形
式的審査権しか有しておらず（新版注民(6)319頁〔山田晟〕），申請が実体的な
権利関係に合致しているか否かを審査する権限を有していない（形式的審査主
義）。この結果，わが国では，実質的審査主義を採る法制（ドイツ法）と比較
すると，端的に言えば，書類さえ整っていれば実体的な権利関係に合致しな
い登記が生じる蓋然性が大きい。

　このように，実体に合致した登記に対する信頼と実体に合致しない登記発

66　〔中舎〕

第2節　意思表示　　　　　　　　　　　　　　　　　　§94　Ⅴ

生の蓋然性という，相反する状況に置かれていることが，わが国の不動産物権変動法制の特徴である。このような制度的状況を補完するためには，2つの方策が考えられる。その1つは，不実登記が発生することを最小限度にとどめるために，登記申請手続の真実性を確保することである。このような観点からの不動産登記法改正として，平成16年から，権利に関する登記申請に際して登記原因を証明する情報の提出が義務づけられている（不登61条）。しかし，これによっても不実登記の発生をすべてなくすことはできず（とくに本条のように当事者が通謀した場合），それを真実の登記と信頼した者の救済にはならない。そこでもう1つの方策として，不実登記を真実の登記と信頼した者を保護するために，不動産登記に公信力を付与することが考えられる。

(2)　公信力をめぐる議論

しかし，わが国では，現在にいたるまで，不動産登記に公信力は認められていない。公信力が認められなかった理由は，民法の立法過程からは明らかでない（原島重義「不動産登記に公信力を賦与すべきか」ジュリ300号〔1964〕132頁，半田正夫「不動産登記と公信力」民法講座(2)198頁）。その後の学説では，不動産取引が動産取引と比較して頻繁ではないことから（岡松参太郎（富井政章校閲）・註釈民法理由中巻〔9版，1899〕83頁），いわゆる静的安全を重視したことによるのではないかとの推測がなされている（鳩山秀夫「不動産物権の得喪変更に関する公信主義及び公示主義を論ず」同・債権法における信義誠実の原則〔1955〕43頁・48頁）。また，戦後になると，戦前のわが国において不動産取引が頻繁でなかったことの背景には，人的な色彩のない純粋に物的な対等主体間の近代的取引が数多くなされていなかったという事情があり（川島武宜・所有権法の理論〔1949〕311頁），静的安全が優先されてきたのは，「家」の物的基礎である「家」財産を守ろうとしたためである（広中俊雄・民法解釈方法に関する十二講〔1997〕49頁）といった分析がなされている。

このため，わが国では登記の公信力の問題は，立法論として展開されてきた（半田・前掲論文200頁）。本条との関わりに限っていえば，まず，鳩山博士は，相対的公信主義を提唱し，権利者の行為と登記の誤謬との間に原因・結果の関係がある場合には登記に公信力を認める条文を民法中に設けることを提唱した（鳩山・前掲論文83頁）。これは，不実登記が権利者の行為ないし意思に基づいて作出された場合に善意の第三者を保護しようとするものであり，

〔中舎〕　67

§94 V　　　　　　　　　　　　　　　　　第1編　第5章　法律行為

今日の94条2項類推適用論にきわめて近いものであった。また，戦後になっても，山田博士は，公信力に否定的でありながら，詐欺・虚偽表示の第三者保護規定を個々的に拡張すればよいと主張した（山田晟「土地の動化について」田中耕太郎還暦・商法の基本問題〔1952〕428頁）。さらに，幾代博士は，登記に公信力を付与するか否かという問題は，登記を物権変動の成立要件とすること，実質的審査権を与えること，国家補償制度を確立することとは別個に，それ自体独立して解決しうる問題であるとし，公信力を認めることは不動産利用を害するものではなく，むしろ現実になされつつある不動産利用を保護するものであり，とくに行政機構改革や予算措置を講ずる必要はないので，すぐにでも公信力を付与すべきであると主張した（幾代通「不動産登記と公信力」名法3巻1号〔1955〕1頁）。同教授の主張は，立法論であり，解釈論としては，後に，取消しと登記の問題について94条2項類推適用による解決を提唱している（幾代通「法律行為の取消と登記」於保不二雄還暦・民法学の基礎的課題（上）〔1971〕66頁）。

　しかし以上のような積極論にもかかわらず，学説の大勢は，①わが国における不動産取引においては公信力を認めなければならないほどの社会的必要性がない，②公信力を認めると不動産の商品化，不動産の価値的集中を促し，用益権を脆弱にする，③実質的審査権，国家補償制度なくして公信力を認めると，静的安全がはなはだしく害される，④民法の意思主義・対抗要件主義は公信原則と論理的に矛盾する，⑤登記が不動産の現況を正確に表示していないことが少なくなく，これを完全にすることなく公信力を付与するのは危険であるとして，一貫して公信力の立法化に消極的であったといえよう（我妻栄・物権法（民法講義Ⅱ）〔1952〕150頁，半田・前掲論文132頁）。

　以上のことから，立法論としては，わが国の不動産登記制度を踏まえて，公信力を認めることには否定的な傾向が一貫して存在したことを看取することできるが，他方で，解釈論としては，判例が出現する以前にすでに，94条2項類推適用論の端緒ともいえる解釈論が展開されていたことに注目できる。逆にいえば，94条2項類推適用論は，公信力の代替措置として位置づけられており，今後，物権変動法制と不動産登記法制が整備され，民法において不動産登記に一定の公信力を認める規定が設けられることになれば，不要になるという過渡的な法理である一方，公信力が認められない以上は，限

68　〔中舎〕

第2節　意思表示　　　　　　　　　　　　　　　　　　　　§94　Ⅴ

定的にせよ公信力の欠如を補完する独立の法理として，本条の本来的適用と一線を画した上で，その要件・効果を明確にする必要があるといえよう。

2　類推適用の契機

不動産登記に公信力を認めるか否かは，前述のように，不動産取引の頻度に関係がある。したがってまた，わが国において，とくに戦後，川島博士や広中博士が指摘したような，人的な色彩のない純粋に物的な対等主体間の近代的取引が数多くなされていなかったという事情が消失し，家産の静的安全を優先する「家」制度もまた崩壊すると，個人的な関係に裏打ちされない不動産取引が増大し，不動産が個性のない一個の財貨として商品化し，担保化するようになる。また，それに伴い，不動産取引が占有と引渡しをメルクマールとしてではなく，登記とその移転をメルクマールとして行われ，登記に対する信頼保護が要請されることになる。しかし，前述のように，わが国の不動産物権変動法制は，そのような要請に応える制度ではなく，不動産登記法制もまたそのような要請を受け入れる基礎を欠いている。他方では，登記の公信力を一般的に認めるだけの社会的コンセンサスがあるともいえない。

このような状況の下では，裁判において，登記を信頼した者の保護が問題となった場合に，裁判所としては，法制度の未整備と実際の取引の実情との狭間に立って，個別的に登記に対する信頼を保護するために，本条2項が虚偽表示に限ってではあるが虚偽の登記を信頼した第三者を保護する規定であり，「通謀虚偽表示」の意味を緩やかに解釈すれば，それだけ第三者保護の範囲が拡がると解するのは自然な流れともいえるのであり，ここに94条2項類推適用の拡大の出発点がある。したがってまた，このような解釈は，不動産の商品化，担保化についての積極的な評価を前提にしており，今後，その行き過ぎた現象（バブル経済とその崩壊）をどのように評価するかによっては，影響を受けることになろう。

3　判例による類推適用の展開

(1)　最高裁昭和 29 年 8 月 20 日判決の意義

第二次大戦後，わが国の最高裁は，94条2項類推適用によって，無権利者から不動産を取得した者を保護してきた（判例の展開過程については，中舎寛樹「無権利者からの不動産の取得」百年Ⅰ 397 頁，同「民法 94 条の機能」新争点 65 頁参照）。その嚆矢となったのは，最高裁昭和 29 年 8 月 20 日判決（民集 8 巻 8 号

§*94* Ⅴ   第1編　第5章　法律行為

1505頁）であるといわれている（米倉明〔判批〕法協106巻6号〔1989〕1114頁）。
これは，Aの夫が妾Bから建物を買ってくれるよう頼まれ，Aの同意を得
てAが出捐して建物を訴外人から買い受けたが，夫とBが協議の上，B名
義で訴外人から移転登記を経由し，その後BからCに売却されたという事
案であった。Aの登記抹消等の請求を原審が認容したのに対して，最高裁
は，「本件家屋を買受人でないB名義に所有権移転登記したことが，Aの意
思にもとづくものならば，実質においては，Aが訴外人から一旦所有権移
転登記を受けた後，所有権移転の意思がないに拘らず，Bと通謀して虚偽仮
装の所有権移転登記をした場合と何等えらぶところがないわけであるから，
民法94条2項を類推し，AはBが実体上所有権を取得しなかったことを以
て善意の第三者に対抗し得ないものと解するのを相当とする」と述べて，A
が登記に承認を与えたか，またCが善意であるかにつき審理不尽として破
棄差し戻した。この事案では，真の権利者であるAと登記名義人Bとの間
には意思表示がないので，本条2項を直接適用することはできない。しかし，
事案としては，売主からAが登記を経由してBに登記を経由するプロセス
の中間が省略されているにすぎず，またそのような権利外観が作出されたの
はAの意思に基づくものであり，そうすることについてBの承諾もある。
そのような意味では，本件は，94条2項を類推適用することに抵抗が少な
い事案であったといえよう。このような事案は，外形自己作出型と呼ばれ，
その後の判例の展開の原点となった。

(2) 類推適用の展開過程

　一連の判例による94条2項類推適用の展開過程は，これまで学説によっ
て，とくに最高裁判決を中心に，数多くの整理・分析が試みられてきた（中
舎・前掲百年Ⅰ408頁注(24)の引用文献参照）。これらの研究によって，今日では，
判例による94条2項類推適用には，いくつかの類型があるとまとめられて
いる（判例の類型については，四宮170頁）。それにしたがって判例の展開過程を
概観すれば，以下のとおりである（なお，四宮類型は，判例を真の権利者の意思責
任の観点から類型化したものであるが，現在では，その枠にとどまらず，意思に基づかな
い類型〔外形与因型〕が出現するにいたっている。中舎・前掲新争点67頁，山本174頁
参照。また，吉田克己・物権法Ⅱ〔2023〕934頁は，(a)意思外形対応型と(b)意思外形非
対応型に分け，さらに前者を(1)外形自己作出型と(2)外形他人作出型に，後者を(1)意思

70　〔中舎〕

第2節 意思表示 §94 V

外形一部非対応型と(2)意思外形全部非対応型に分ける)。

(ア) 外形自己作出型　判例は，まず外形自己作出型で，真の権利者と登記名義人との間に通謀があるかまたは登記名義人の承諾があるタイプへの類推適用を確立した（最判昭37・9・14民集16巻9号1935頁〔AがBを代理人として他から土地を買い受けたが，契約書の名義がBになっていたので，B名義で移転登記請求の訴えを提起させ，勝訴判決に基づいてB名義で登記したところ，Bの相続人がCらに売却してしまった事例〕，最判昭41・3・18民集20巻3号451頁〔AがBの名義を借りて融資を受けて建物を新築し，B名義で保存登記したところ，BがDと共謀して，BからCへ売却し，CからDへ売却された事例〕，最判昭44・5・27民集23巻6号998頁〔Aは自己の土地が競売に付されたが，他人に競落されるのを防ぐためにB（実弟の妻の母）の了解を得てB名義で競落代金を銀行から借り，B名義で競落したところ，BがCに売却してしまった事例〕）。

しかしその後すぐに，外形自己作出型でも，真の権利者の意思に基づいて虚偽の登記が作出されたが登記名義人との間には通謀がなく，その承諾もないタイプに発展した（最判昭45・7・24民集24巻7号1116頁〔Aが買い受けた山林について，死亡後の相続税を免れるために子Bの承諾なくB名義で移転登記を受けたところ，BがCらに売却してしまった事例〕，最判昭47・2・17金法643号32頁〔Aが買い受けた土地についてB名義で移転登記していたところ，Aからの譲受人DとBから根抵当権の設定を受けたCとが争った事例〕，最判昭50・4・25判時781号67頁〔抵当権等の担保権者A信用組合が東京都の指導によりその登記名義を理事長Bの個人名義にしておいた事例〕）。

前者のタイプは，あくまで虚偽表示との類似性にこだわり，通謀も意思表示も存在するが，その当事者が異なるにすぎず，登記名義人の承諾すらない場合には類推適用できないと考えていたものであり，このような意味での類推適用は，本条のアナロジーにすぎないともいえるものであった。しかし，後者のタイプは，前者に対する学説の批判を受けて（於保不二雄〔判批〕民商55巻4号〔1967〕663頁，高津幸一〔判批〕法協84巻2号〔1967〕332頁），通謀ではなく，真の権利者の意思を責任の根拠とし，「登記について登記名義人の承諾のない場合においても，不実の登記の存在が真実の所有者の意思に基づくものである以上，右94条2項の法意に照らし，同条項を類推適用すべきものと解するのが相当である。けだし，登記名義人の承諾の有無により，真実

〔中舎〕　71

§94 V　　　　　　　　　　　　　　　　　　　第1編　第5章　法律行為

の所有者の意思に基づいて表示された所有権帰属の外形に信頼した第三者の保護の程度に差等を設けるべき理由はないからである」（前掲最判昭45・7・24）と判示して，類推適用のためには名義人の承諾が不要であることを明言したものであって，これによって94条2項類推適用は，条文のアナロジーから脱却し，より自由に類推適用を展開する基礎が提供されたといえる。

　(イ)　意思外形非対応型（外形一部自己作出型）　その後，判例は，虚偽の登記名義の作出について通謀があるが，登記名義人によって，虚偽の登記名義を基礎とする別の虚偽の登記名義が作出された類型（意思外形非対応型または外形一部自己作出型）に対する類推適用を認めるようになった（最判昭43・10・17民集22巻10号2188頁）。これは，AがBから取引先の信用を得るために不動産の登記名義を貸してほしいと頼まれ，売買予約を仮装して仮登記を経由したところ，Bが勝手に本登記してCに譲渡し，CからD，DからEへと譲渡されてしまった事例であるが，最高裁は，「民法94条2項，同法110条の法意に照らし，外観尊重および取引保護の要請」から，真の権利者は善意・無過失の第三者に対抗できないとした（その後の判例として，最判昭45・6・2民集24巻6号465頁〔Aが金融の仲介を依頼して，便宜上土地の登記名義をBに移転したが，BがCに預けていた登記に必要な書類等を用いてCがBからCへ虚偽の移転登記をし，CからDへ売却されてしまった事例〕）。ここでは，当事者間に通謀があり，それに基づく登記が作出されたが，さらにそれを基にして別の虚偽の登記が作出されており，真の権利者には直接その登記名義を作出する意思がない。そこで，第三者が信頼した登記は，通謀による登記の自然的発展であるという構成を採り（星野英一〔判批〕法協87巻5号〔1970〕620頁），通謀を超える点について，越権代理に関する民法110条を併せて類推適用したものであり，その結果として，第三者には善意だけではなく，無過失も要求されることになった。しかし，このような110条を併用する構成によると，一般的には，真の権利者が虚偽の外形を自ら作出ないし承認していないだけでなく，認識さえしていない場合にも責任を負う可能性があり，無過失がひとつの限定要件として働くとしても，類推適用の範囲としては，後述(ウ)の外形他人作出型への類推適用を超えて，一般的な権利外観保護法理へ限りなく近づくものとなりうることには注意が必要であろう。事実，後に出現する(エ)の外形与因型は，そのような類型である。

72　〔中舍〕

第2節　意思表示　　　　　　　　　　　　　　　　　　　　§94　Ⅴ

　(ウ)　外形他人作出型　　以上の判例の展開を背景に，判例は，虚偽の登記名義が他人によって作出されたが，それを真の権利者が明示または黙示で事後的に承認していた類型（外形他人作出型）にも類推適用を認めるようになった（最判昭45・4・16民集24巻4号266頁〔Aが他から贈与を受けた建物を養母の名義とすることを許容したが，この養母がBを所有者として家屋台帳の登録を行い，その後B名義で保存登記をし，Cのために停止条件付代物弁済契約を締結して仮登記を経由し，条件成就によりC名義の本登記がなされた事例〕）。最高裁は，「未登記の建物については，家屋台帳上の所有名義が，右建物の所有権帰属の外形を表示するものであり，建物所有者が右外形の表示につき事前に承認を与えた場合と事後に承認した場合とで，その外形に信頼した第三者の保護の程度に差等を設けるべき理由はない」と判示した。本件では，虚偽の外形に対する真の所有者の承認という構成を採り，しかもそれが事前か事後かを区別しないとしたことが重要である。これは，明らかに条文の文言へのこだわりを捨てて，94条2項類推適用を「動的安全と静的安全との調和をはかるための一つの法理」（柳川俊一〔判解〕最判解昭45年上33頁）と解し，それを真の所有者の緩やかな承認という一点のみによってはかろうとするものであり，真の権利者と登記名義人の関係にこだわる必要なく類推適用を可能とするのに大きな契機を与えたものといえる。

　事実，その後の判例では，真の権利者の事前関与がない場合に登記名義の放置を責任根拠として類推適用を認めるものが出現した（最判昭45・9・22民集24巻10号1424頁〔Aが買い受けた土地建物を事実上の夫Bが勝手に自己へ移転登記したが，Aはこれを知った後も4年余りこれを放置し，B名義のまま根抵当権を設定していたところ，BがCへ売却してしまった事例〕，最判昭45・11・19民集24巻12号1916頁〔AがBから土地を買ったが，Bのもとで抵当権設定登記と代物弁済の仮登記がなされ，BがこれをCに売却し，CがDに転売してそれぞれ移転登記を経由した事例〕，最判昭48・6・28民集27巻6号724頁〔Aが建物を新築したが，固定資産課税台帳に職権でAの夫B名義で登録され，Aはこれを知りつつB名義で納税してきたところ，Bの債権者Cが競売を申し立てた事例〕，最判昭62・1・20訟月33巻9号2234頁〔Aの土地建物につきBに印鑑を預けておいたところ，Bが勝手に自己名義に移転登記し，抵当権を設定したが，Aがこれを知りながら10か月放置していたところ，国CがBに対する滞納処分として差し押さえ，Dに公売された事例〕）。

〔中舎〕　　73

§94 Ⅴ   第1編 第5章 法律行為

　㈔　外形与因型　　最高裁による94条2項類推適用は，外形他人作出型
によっていったん定着し，しばらくの間は，とくに新たな法理を展開するも
のは見られなくなっていた。その展開過程は，通謀と意思表示という表意者
の強い自己責任原理に基づく本条適用の要件を緩和し，真の権利者の緩やか
な承認で足りるとするというものであったが，類推適用のための最低限度の
歯止めとして，真の権利者の意思責任であることを維持していたといえよう。
しかし，その後ついに，虚偽の登記名義が名義人によって勝手に作成された
が，それについて真の権利者の承認がないというにとどまらず，そのような
外形の存在についての認識すらない場合であっても類推適用を認める判例が
出現した（最判平18・2・23民集60巻2号546頁）。これは，真の権利者Aから
不動産の賃貸事務等を任されていたBが預かっていた書類等を利用して勝
手に自己への移転登記をして，Cに売却した事例であったが，AB間では，
Aは，Bから事務処理に必要であるといわれて，権利証や印鑑登録証明書を
Bに交付し，Bが作成したAからBへの売買契約書に内容を確認せずに署
名押印し，移転登記申請書にBが押印するのを漫然と見ていたという事情が
があった。最高裁は，「Bが本件不動産の登記済証，Aの印鑑登録証明書及
びAを申請者とする登記申請書を用いて本件登記手続をすることができた
のは，上記のようなAの余りにも不注意な行為によるものであり，Bによ
って虚偽の外観（不実の登記）が作出されたことについてのAの帰責性の
程度は，自ら外観の作出に積極的に関与した場合やこれを知りながらあえて
放置した場合と同視し得るほど重いというべきである」と述べて，94条2
項，110条を類推適用し，善意・無過失のCを保護した。これは，真の権利
者が虚偽の登記名義が作成されるための原因を与えたことに責任根拠を認め
るものであって，これまでの判例には見られない類型であり，外形与因型と
も呼ぶべきものである。110条は，作出された虚偽の外形に対する帰責性の
弱さを補完し，その原因を与えたことを責任根拠とするために併用されてお
り，これは，㈣の類型で110条が併用されている前提として，一部にせよ虚
偽の外観作出に通謀があるのとも異なる併用である。本判決によって，判例
による類推適用は，意思責任という本条の直接適用における責任根拠から一
歩踏み出したことになる。しかし，同時期，同種の事案で，真の権利者は虚
偽の外観の作出に何ら積極的に関与しておらず，それを放置していたともい

74　〔中舎〕

えないとして類推適用を否定した判例もある（最判平15・6・13判タ1128号370頁）。両事案は，真の権利者の書類等を預けた後の対応で程度差があるが，それ以上に，意思責任の範ちゅうを超えるか否かという法理上の違いがある（これに対して，四宮＝能見241頁は，なんらかの外観作出に関与している点よりも，第三者の信頼の対象となった外形作出に原因を与えているという点が重要だとすれば，帰責性について従来の意思外形非対応型と大きな違いはないとする）。

(3) 小　括

94条2項類推適用に関する最高裁判決で，理論的な発展ないし大きな転換を示すようなものは，(2)の(エ)外形与因型の出現以前には，昭和40年代に集中しており，下級審判決では，(ウ)外形他人作出型の事例が増え，また，(ア)外形自己作出型および(ウ)外形他人作出型を問わず類推適用否定例が増えていた。(イ)意思外形非対応型は，真の権利者の意思によって虚偽の外形が作出されたのではない場合にもなお94条2項の類推適用が可能である方向を示したが，近年では判例上現れなくなっている。これは，外形他人作出型に対する類推適用が定着して，真の権利者の意思に基づいて外形が作出されたことが類推適用の要件ではなくなったことから，外形他人作出型に吸収されても支障がなくなり，しかも第三者が信頼した外形に対して真の権利者の承認を要求するようになったためではないかと思われる。

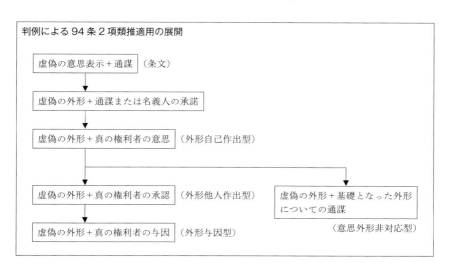

§94 V　　　　　　　　　　　　　　　第1編　第5章　法律行為

これに対して，(エ)外形与因型は，それまでの類型が，本条が真の権利者の意思に基づく責任であることを意識してきたことに比べて，虚偽の外形作出に対する真の権利者の意思，承認，認識を要件とせず，原因を与えたことを責任根拠とするものである。これは，作出された虚偽の外形を認識して除去すべきであったという規範的な要素を導入するものであり，その妥当性が議論されている（→5(2)(ア)(a)・(イ)(a)）。

4　類推適用の要件・効果

(1)　94条2項単独類推適用の要件

94条2項が単独で類推適用されるのは，外形自己作出型と外形他人作出型に属する事例である。これらの場合について，判例によって確立された要件は，(ア)虚偽の外形の存在，(イ)真の権利者の帰責性，(ウ)善意の第三者である（中舎199頁，山本170頁）。しかし，真の権利者が第三者に対して所有権に基づく物権的返還請求としての登記抹消請求をした場合，(ア)については真の権利者が主張・立証するので，第三者は，(イ)と(ウ)の要件を主張・立証すればよい。第三者から真の所有者に対して不動産の引渡しを請求する場合でも，真の権利者と登記名義人間には法律行為が存在しないので，真の権利者が(ア)を主張・立証した場合には，同様にして(イ)と(ウ)の要件を主張・立証しなければならない。真の権利者の帰責性は，規範的要件なので，真の権利者は評価障害事実を挙げて争うことになる。また，帰責性の内容は，外形自己作出型と外形他人作出型で異なる。

(ア)　虚偽の外形　　真の権利者と登記名義人間に虚偽の意思表示が存在する場合は，本条の本来的適用になる。類推適用では，意思表示が存在している必要はないが，少なくとも虚偽の外形が存在していることが必要である。何が虚偽の外形といえるかが問題になるが，移転登記がこれに当たることは問題なく認められている。そのほかに，保存登記（前掲最判昭41・3・18），家屋台帳（前掲最判昭45・4・16），仮登記（前掲最判昭45・11・19，前掲最判昭50・4・25），固定資産課税台帳（前掲最判昭48・6・28），自動車の登録名義（東京地判令2・9・30金法2162号90頁）についても認められている。前掲最高裁昭和48年6月28日判決の調査官解説は，類推適用に値する権利の外形とみるべき基準について，「第一にその表示の制度目的が権利の表示にあるか否か，第二に社会生活あるいは取引上一般的に権利の表示とみられているか否か，

76　〔中舎〕

第2節　意思表示　　　　　　　　　　　　　　　　　　§94　V

第三に権利を表示している蓋然性あるいは正確度がかなり高いか否か等」という，かなり緩やかな基準を示し，「表示を広く解しても所有者において承認しなければ右法理の適用はなされないから」危険はないと述べており（田尾桃二〔判解〕最判解昭48年15頁），最高裁には，虚偽の外形が登記であるか否かにはこだわらない相関関係的な考え方があると思われる。したがってまた，少なくとも判例上は，虚偽の外形がいかなるものであるかは，94条2項類推適用の歯止めにはなっていない（四宮和夫〔判批〕法協88巻3号〔1971〕370頁は，外形に移転的契機が含まれているかどうかは，外形への信頼の保護という観点からは有意義でなく，かえって登記名義人の承諾といった不必要な要件すら導き出す危険があるとしている）。

　(イ)　帰　責　性

　　(a)　外形自己作出型における帰責性　　前述のように，外形自己作出型に関する判例は，当初，真の権利者と登記名義人との通謀，または真の権利者の意思と登記名義人の承認を要求していたが，やがて，真の権利者の意思のみを要求することに転じた（前掲最判昭45・7・24）。この判決の調査官解説は，名義人の承諾は判例法理の定立過程における説明の便宜上取り上げられた事情にすぎなかったとまで述べている（横山長〔判解〕最判解昭45年下572頁）。そもそも，本条の直接適用における1項の通謀要件は，立法過程での秘匿行為重視の観点を除けば，心裡留保との区別で必要な要件であり，94条2項の類推適用では重視する必要がない（これに先立つ最判昭44・11・14民集23巻11号2023頁は，不動産の事例ではないが，代理人が権限を濫用して手形保証をしたという事案で，受取人に平成29年改正前93条ただし書〔現93条1項ただし書〕を類推適用した上で，この手形を差し押さえた国について94条2項を類推適用しており，これを94条2項類推適用判例の展開過程としてみれば，すでに通謀ないし相手方の承諾にこだわらないことを示していたともいえよう）。また，外形自己作出型は，真の権利者が虚偽の外形を利用しようとする点で帰責性が強く存在する場合であり，本条の自己責任原理からしても是認できる要件設定であろう。したがって，虚偽の外形が真の権利者の意思に基づいて作出されていれば，帰責性の要件を充たす。なお，この場合の意思は，当然のことながら，意思表示が有効に成立するために要求される効果意思ではなく，虚偽の外観を作出しようとする意思のことである。

〔中舎〕　　77

§*94* V　　　　　　　　　　　　　　　第1編　第5章　法律行為

(b)　外形他人作出型における帰責性　　外形他人作出型においては，他人によって作出された虚偽の外形について，真の権利者がそれを認識しながら，明示または黙示で，事前または事後に承認したことが必要である。真の権利者と登記名義人間にどのような事情が存在したかは問わないが，判例から見れば，その外形を真の権利者自身が利用していたとか（自己の名前で登記されることを避けるためなど），登記名義人の便宜のために残存させていた（名義人が他から信用を得るためなど）といった事情が考えられる。前掲の判例によれば，虚偽の外形を放置していたという場合であってもよい。放置期間は数か月から数年までさまざまであるが，その間に登記名義人が名義を利用して第三者との間で法律行為をするのに足りる期間であればよいとされているようである。これに対して，学説では，単なる放置で類推適用を認めるのでは，真の権利者の関与がほとんどない場合までが含められ，際限のない類推適用へと向かうことになるという懸念を示す見解がかつては多かった（星野英一〔判批〕法協 89 巻 6 号〔1972〕732 頁，石田喜久夫〔判批〕民商 65 巻 3 号〔1971〕408 頁，高島平蔵〔判批〕判評 149 号（判時 630 号）〔1971〕10 頁，藤原弘道〔判批〕民商 70 巻 3 号〔1974〕527 頁，米倉明〔判批〕法協 92 巻 2 号〔1975〕182 頁など）。しかし，その後，外形与因型の事例が登場するにいたっては，意思的関与の要素は限りなく減退し，94 条 2 項は異次元の領域に入ったともいえ，このような批判のインパクトが薄れたことは否めない。

(ウ)　善意の第三者

(a)　第三者　　第三者の意義については，94 条 2 項の直接適用の場合と異なる議論がなされているわけではない。したがって，真の権利者および虚偽の外形の名義人以外の者のうち，虚偽の外形に基づいて独立して法律上の利害関係を有するにいたった者，と定義することができるであろう。目的不動産の転得者，名義人から抵当権の設定を受けた者，名義人の差押債権者などがこれに当たる。これに対して，真の権利者または虚偽の外形の名義人の包括承継人，真の権利者の債権者，名義人の一般債権者は，第三者に含まれない。

(b)　善意　　善意については，第三者が利害関係を有するにいたった時点であればよいこと，および主張・立証責任（本条の本来的適用の場合には，前述のように争いがある）が第三者にあることに問題はない。しかし，無過失の

78　〔中舎〕

第2節　意思表示　　　　　　　　　　　　　　　　　　　　　　§94　Ⅴ

要否について議論がある。最高裁は，94条2項単独の類推適用では，一貫して，無過失を要求していない（外形他人作出型でこれを明言するものとして，前掲最判昭62・1・20）。しかし，外形他人作出型に属する下級審判決では，真の権利者の関与度が低いことを考慮して，第三者に無過失まで要求するものもある（東京地判昭56・3・31判タ448号115頁，東京地判平3・10・9判時1445号158頁〔無重過失〕。大阪高判昭60・1・29判タ550号146頁，東京高判昭60・4・24東高民時報36巻4=5号77頁，高松高判昭63・3・31判時1282号125頁は外形他人作出型にもかかわらず，民法110条を併せ類推適用して無過失を要求している）。また，学説では，類推適用の範囲が拡大することのカウンター・バランスとして無過失を要求するべきであるとの見解が従来から有力である（星野英一〔判批〕法協81巻5号〔1965〕607頁，同〔判批〕法協89巻6号〔1972〕731頁，同〔判批〕法協89巻7号〔1972〕866頁，川村俊雄〔判批〕民商60巻6号〔1969〕916頁，藤原弘道〔判批〕民商68巻5号〔1973〕816頁，米倉・前掲法協92巻2号183頁，半田正夫「民法94条2項の類推適用」内山尚三・黒木三郎・石川利夫還暦・現代民法学の基本問題(上)〔1983〕97頁，四宮＝能見241頁，近江208頁など）。

　本来的適用における表意者の故意責任と第三者の善意が相関的な関係にあると解する以上，類推適用の場面でも，自己や他人が作出した外形を利用した真の権利者の責任の程度には幅があり，第三者に対する責任を認めるためには，第三者の保護要件にも幅があると考えるべきである。また，次の(2)の94条2項と110条の重畳類推適用では，110条が併用される結果，無過失まで要求される。94条2項単独の類推適用の類型との事案の違いは，作出された外形に対する直接の帰責性の存否にあり，かつ，その違いは絶対的なものではなく，相対的な判断による。このため，実際の訴訟では，第三者は，帰責性の主張・立証の程度に合わせて自己の主観的な状況の主張・立証をする必要があり，過失がないことも含めて主張するのが一般的であろう。したがって，94条2項類推適用では，単独の類推適用であるか110条との重畳類推適用であるかを問わず，第三者に無過失を要求しつつ，その判断を事案に応じて柔軟に行うべきであろう（吉田・前掲書937頁は，外形自己作出型と外形他人作出型では，不実の外観作出に対する意思的関与に基本的な差異があるとし，後者では無過失まで要求すべきであるとする。しかし，本来的適用と外形自己作出型でも，意思表示の存否という違いがあり，意思表示があったとの信頼が保護に値するものであるか否

〔中舎〕　79

§94　Ⅴ　　　　　　　　　　　　　　　　第1編　第5章　法律行為

かを判断するためには，外形自己作出型でも無過失を要求すべきである）。

(2)　94条2項と110条の重畳類推適用の要件

94条2項と110条が重畳的に類推適用されるのは，意思外形非対応型（外形一部自己作出型）と外形与因型に属する事例である。これらの場合について，判例によって確立された要件は，(ア)虚偽の外形の存在，(イ)真の権利者の帰責性，(ウ)善意・無過失の第三者である。(1)と同様，真の権利者が第三者に対して所有権に基づく物権的返還請求としての登記抹消請求をした場合，(ア)については真の権利者が主張・立証するので，第三者は，(イ)と(ウ)の要件を主張・立証することになる。第三者から真の所有者に対して不動産の引渡しを請求する場合でも，(1)と同様である。ただし，(イ)の真の権利者の帰責性は，(1)と異なり，真の権利者の関与が間接的なため，主張・立証の内容に違いが生じる。また，意思外形非対応型（外形一部自己作出型）と外形与因型でも，その内容に違いがある。

(ア)　虚偽の外形　　第三者が信頼した外形の内容は，(1)の場合と異ならない。ただし，意思外形非対応型（外形一部自己作出型）では，真の権利者と名義人との間で通謀による虚偽の外形がいったん作出され（例えば仮登記），さらにそれを基礎として，名義人により新たな虚偽の外形（例えば本登記）が作出されているので，2つの虚偽の外形があることが特徴的である。しかし，第三者が信頼したのは，この新たに作出された外形（本登記）であるから，それがここでいう虚偽の外形であることに注意すべきである。その基礎となった外形については，本条の直接適用が問題になりうるが，それを取り上げても，名義人と第三者の法律関係の基になった外形は，名義人によって無権限で作出されているので，結局，類推適用を問題にせざるを得ない。このように考えると，そもそも虚偽の外形をその基となった虚偽の外形の自然的発展であると捉えて110条を併せて類推適用する必要性があるかが問題になろう。判例がいかなる意味で110条を併用しているかは必ずしも定かでないが，110条を類推するのは，第三者の保護要件として，無過失という要件を導くためのテクニックにすぎないと解するときは，意思外形非対応型（外形一部自己作出型）は，外形他人作出型に吸収され，そこで無過失を要件とすれば足りるという理解も成り立ちうる。しかし，虚偽の外形が真の権利者と名義人の通謀を超えて名義人により作出されたことを名義人の越権行為類似の状

80　〔中舎〕

第2節 意思表示　　　　　　　　　　　　　　　　　　　　§94　V

況にあるというためであると解するときは，次の帰責性については，外形他
人作出型と違い，虚偽の外形に対する間接的な帰責性を主張することになる
点で違いが生じる。

　以上に対して，外形与因型においては，真の権利者が虚偽の外形作出の原
因を与えているが，その基礎となるような別の虚偽の外形は作出されていな
い。

　(ｲ)　帰　責　性

　(a)　意思外形非対応型（外形一部自己作出型）における帰責性　　意思外
形非対応型での帰責性は，虚偽の外形の基礎となる別の虚偽の外形を真の権
利者が相手方と通謀して自ら作出したことに求められる。たしかに，第三者
が信頼した外形に対する直接の関与はない。そこで，第三者の信頼を保護す
ることと真の権利者に責任を負わせることとが整合していないのではないか
が問題になりうる。しかし，①第三者の信頼した外形の基礎となる外形を通
謀して作出し，しかも，それが虚偽であることを認識しているという点，お
よび，②例えば仮登記を通謀して作出したような場合であれば，その後の名
義人と第三者の法律関係によって，それが本登記に発展する可能性があるこ
とも容易に推測できるという点では，帰責性の程度は低くない。このように
解すると，110条は，越権代理における基本代理権の付与とそれに基づく越
権行為という構造において，ここでの場合に類似しているとして併用されて
いると解しうる。

　なお，学説には，意思外形非対応型での類推適用は，自ら虚偽の外形を作
出した帰責性と第三者の信頼を惹起させた帰責性との帰責性の合算によるも
のであり，判例が類推適用ではなく，民法94条2項と110条の「法意」に
よるとしていることを重視し，次の外形与因型と区別する見解もある（佐久
間141頁以下）。しかし，両類型には，帰責性の程度だけでなく，いかなる行
為を捉えて帰責性があるというかの内容に違いがあるのは当然であるものの，
判例がそれを法意と類推適用という表現で意識的に区別しているとまでは捉
えられないように思われる。

　(b)　外形与因型における帰責性　　外形与因型での帰責性は，判例によ
れば，虚偽の外形作出に原因を与えた真の権利者の重大な不注意に求められ
ている（前掲最判平18・2・23）。真の権利者自身が外形を作出したわけではな

〔中舎〕　81

§*94* V   第1編　第5章　法律行為

く，また他人による外形作出を事前または事後に承認していたわけでもない。さらに，第三者が信頼した外形の基礎となる虚偽の外形を作出していたわけでもない。したがって，このような場合は，上記のいずれの類型とも異なる。このような場合には，真の権利者には虚偽の外形を作出する意思や，それを利用しようとする意図はなく，虚偽の外形の存在を認識していたわけでもない。すなわち，真の権利者の虚偽の外形に対する関与はほとんどない。それにもかかわらず，真の権利者が責任を負うべきであるとされるのは，①外形作出のために必要な書類等を交付したこと，②それを預けたまま長い間放置していたこと，③偽造書類を十分確認することなく署名・押印したこと，④偽造書類が面前で作成されるのを漫然と見ていたことといった事情が，真の権利者の余りにも不注意な行為であって，帰責性の程度が，自ら外観の作出に積極的に関与した場合やこれを知りながらあえて放置した場合と同視し得るほど重いとされたからである。判例は，仮にこのような重大な不注意に基づき無権代理行為が行われた場合であれば110条の表見代理に当たるとの判断を基礎に，実際には名義人の名で行為がなされていることから，94条2項と110条を併せて類推適用しているものと考えられる。

　しかし，②，③，④の事情があるというだけでは，外形自己作出型における意思や，外形他人作出型における承認と同等の帰責性があるとはいえないであろう。そこで判例は，帰責性の脆弱さを補完するために，①の事情を重視して110条を援用しているといえるが，意思外形非対応型において真の権利者が一部にせよ虚偽の外形を作出した場合と異なり，外形与因型では，自ら虚偽の外形を作出していないだけでなく，名義人が自己の名で行為してよいという権限の授与もなく，代理における基本代理権に比肩すべきような事情はない。①の事情があるのは，真の権利者が名義人に対して真実一定の財産管理の事務を代理人として行為するよう委任していたためであり，それ自体に外形作出に対する帰責性を認めることはできない。それにもかかわらず，真の権利者に帰責性があるというのは，本条における表意者の故意責任原理，94条2項単独の類推適用における真の権利者の意思責任原理，意思外形非対応型への類推適用における積極的な関与を超えて，虚偽の外形作出にいたるまでの間接的な事実の積み上げに対するきわめて積極的な評価を前提にしなければならないであろう。

第2節　意思表示　　　　　　　　　　　　　　　　　§94　Ⅴ

(ウ)　善意・無過失の第三者　　110条が重畳的に類推適用されるので，第三者は善意であるだけでなく，無過失でなければならない。これらの主張・立証責任は第三者にある。実質的にみれば，真の権利者の帰責性が弱いので，第三者の信頼をそれに優先して保護するためには，その信頼が正当なものであることを要求すべきだからであると基礎づけられるであろう（山本177頁）。110条における正当理由の主張・立証責任については，判例・学説上，議論があるが（新版注民(4)260頁〔中舎寛樹〕），ここでは，まず第三者が無過失であることの評価根拠事実を挙げて無過失を主張・立証しなければならないことに異論はない。無過失といえるためには，具体的には，虚偽の登記名義が真正であると信じたことに過失がないことが必要であるだけでなく，第三者が利害関係を有するにいたった経緯（異常な廉価，不必要時期の転売など）なども評価の対象となりうる。

(3)　類推適用の効果

前述のように，94条2項の直接適用では，第三者に対抗できないことの意義をめぐって，無効主張否認説（承継取得説）と法定効果説（法定取得説）の対立がある（→Ⅲ3(1)）。この対立は，94条2項の適用により表意者と相手方との意思表示がどうなるかについての理解の違いに基づいている。これに対して，94条2項類推適用では，真の権利者と名義人間にはそもそも法律行為が存在しておらず，第三者との関係でも真の権利者と名義人間に法律関係を認める前提を欠いている。したがって，94条2項が類推適用された場合には，権利（所有権）は，真の権利者から第三者に直接移転すると構成するほかない（債権的な法律関係は名義人と第三者間で発生する）。

5　類推適用の問題点

(1)　民法改正との関係

(ア)　法制審議会での議論　　平成29年改正で，94条2項類推適用の明文化は見送られたが，法制審議会の審議の過程では激しい議論がなされた。これは，現段階における94条2項類推適用の問題点を浮き彫りにするものであるとともに，今後の方向性にとって貴重な問題提起でもある（森田修『『債権法改正』の文脈　第5講　意思表示制度（その2）」法教437号〔2017〕68頁は「雄弁な沈黙」と表現している）。審議の時間的経過にしたがってその内容を概観すれば以下のとおりである。

〔中舎〕　83

§*94* Ⅴ   第1編　第5章　法律行為

　まず部会資料27では，94条2項の類推適用法理を明文化することについ
ては，この法理の重要性に鑑みて積極的に支持する考え方もあるが，不動産
の物権変動に関して第三者保護規定を設けるのに近い結果を生じさせるもの
であり，物権変動法制全体を視野に入れて慎重に検討すべきであるとの考え
方もある，としたうえで，今後この法理を明文化すべきかどうか，また仮に
明文化する場合には，従来の判例による類推適用の類型に応じ，真の権利者
の帰責性の程度と第三者の主観的要件の組合せによって両者の利害を調整す
ることをどのように考えるかという課題があるとの問題提起があった。

　法制審議会では，これを受けて，松岡久和委員から，94条2項の類推適
用法理を明文化すべきであるとの立場からの具体的な立法提案として，①通
謀虚偽表示に該当しない場合であっても，自ら真実に反する権利の外形を作
出した者は，その権利が存在しないことを善意の第三者に対抗することがで
きないという規定と，②その2項として，真実に反する権利の外形の存在に
つき①の場合と同視できるときは，権利者はその権利が存在しないことを善
意・無過失の第三者に対抗することができないという規定を設けるという考
え方が示された（部会第31回議事録10頁，松岡久和「権利外観規定の新設に関する
意見」第31回会議委員等提供資料）。これが94条とどのような関係にある提案
であるかは，資料のタイトルが「権利外観規定」とされているにもかかわら
ず，必ずしも明らかでないが，①において真の権利者の意思責任の枠内に立
ちつつ，②もその延長での提案の仕方であること，この法理が虚偽表示の規
定を手掛かりに発展してきたことからすれば民法総則中に規定することはふ
さわしく，限定の方向性を示すことが望ましいと述べられていることからす
れば，むしろ，明文がないことによる判例の今後の暴走を阻止する「車止
め」として明文化すべきとの趣旨にも受け取ることができ，真の権利者の意
思責任と権利外観保護という対立軸においては，中間的な提案と位置づけら
れるであろう（部会第31回議事録13頁〔松岡委員〕参照）。

　しかし，中井康之委員からは，判例法理は権利外観保護法理一般の現れで
あると解する立場から，さらに，「真実に反する権利の外形の存在に責めに
帰すべき事由を有する者は，その権利が存在しないことを善意無過失の第三
者に対抗することができない」というように松岡提案を一般化して拡大すべ
きであるとの積極案が出された（部会第31回議事録11頁以下）。

84　〔中舎〕

第2節　意思表示　　　　　　　　　　　　　　　　　　　§94　Ⅴ

　これに対して，山野目章夫委員から，未成熟な問題状況にあるものを権利外観法理として立法化してしまうことに対する慎重論ないし反対論が表明され（部会第31回議事録12頁以下），道垣内弘人幹事，能見善久委員からは，94条2項類推適用で信頼の対象となるのは，権利外観ではなく，真の権利者と名義人間における「意思表示の存在」であり，それを現在までのところの限界として画するべきであって，権利外観法理の一般規定のような形で条文化すべきでないとの限定論が述べられた（部会第31回議事録15頁以下）。

　以上の議論を踏まえて，鎌田薫部会長から，権利外観法理一般についての規定を置くことには全体として消極的意見が多いこと，それでも94条2項類推適用について明文化することは考えられるが，これが登記に対する信頼が基礎にあるからこそ発展してきた法理だとすれば，物権法において問題にすべきではないかとの整理がなされた（部会第31回議事録17頁以下）。

　しかしそれにもかかわらず，内田貴委員からは，上記のような議論は学理的にすぎるとして，そもそも94条2項本体についても，第三者が信頼した外観が保護に値するものであるかどうかという要素があるのではないかとして，類推適用についても意思表示規定の中で規定しつつ，無過失までを要件化すべきではないかとの意見が表明された（部会第31回議事録19頁以下）。

　以上から明らかなように，94条2項類推適用に関する議論は，①意思表示に対する責任の延長として限定的に明文化すべきとの立場，②権利外観保護法理として一般的に明文化すべきとの立場，③権利外観保護として無過失を要求しつつ，そもそも94条がそのような規定であるとの理解から意思表示規定の中で明文化すべきとの立場，④物権法に関する問題として明文化すべきでないとの立場が相次いで表明され，94条2項類推適用の捉え方においてコンセンサスが得られない状況となり（潮見佳男幹事は，「一口に94条2項の類推適用という枠組みでルールを作るといっても……現在の段階で衆目の意見が一致しているのではないのではないか」と発言している。部会第31回議事録18頁），明文化は見送られたのである。

　(イ)　小括　　法制審議会での議論からは，94条2項類推適用の位置づけは，すでに指摘した（一Ⅰ2）本条の根拠法理の多重性にかかわる問題であることが明らかとなる（森田・前掲論文73頁参照）。これは，端的にいえば，虚偽表示ではなぜ表意者が責任を負うのかについての理解の違いであり，「表

〔中舎〕　85

§94 V   第1編　第5章　法律行為

意者が自己の意思で虚偽の意思表示をしたこと」（意思表示に対する責任）なのか，「第三者が虚偽の権利外観を信頼したこと」（権利外観保護）なのかという違いである。すなわち，類推適用は虚偽の意思表示をしたことに対する責任の延長であるとして，限定的に明文化すべきであるとの立場は，本条が意思表示の無効に関する規定であることを重視することから出発し，94条2項類推適用は，あくまで虚偽の意思表示があったとの外観を保護するものとして，類推適用の限定的運用を指向することに結びつく。ただし，基本的には意思表示規定の類推であるとの理解に立ちながら，そのような要素が低い場合への類推適用も認めるとの立場によれば，それだけ権利外観保護としての理解に接近することになり，ここでは，第三者に無過失を課すことは，類推適用の拡大に対する歯止めの機能を有するものとして位置づけられる。

　これに対して，94条2項類推適用は権利外観保護法理であると解する立場は，そもそも本条が権利外観に対する第三者の信頼保護の規定であることを重視することから出発し，94条2項類推適用は，権利外観保護法理の一環となる。ただし，類推適用の拡張に対しては，積極的な方向性を共有しながら，発展的に権利外観保護法理として位置づけるべきとの立場から，現在の判例法理をそのまま吸い上げるのにとどめるべきとの立場まであることになる。また，無過失要件は，保護するに足りる信頼か否か，または第三者が信頼するに足りる外形か否かを判断するために必要な要件として位置づけられる。しかし，そもそも本条の中にそのような要素が内包されているとの解釈を徹底すれば，本条2項の善意に無過失の要素も含まれると解することになる。

　94条2項類推適用法理は，明文化されないこととなったが，以上のような明文化に対する基本的な立場の違いは，今後の類推適用の解釈において，類推適用積極論と消極論の違いとなって現れうる。従来の判例・学説は論点ごとに錯綜しており，これを一概に積極論と消極論に色分けすることは不適当であり，それがまた，本条の解釈，類推適用の要件，限界設定を困難にしてきた理由でもあるが，基本的な論点の解釈に関して，積極的・拡張的な方向性を示す場合の考え方と消極的・限定的な方向性を示す場合の考え方の違い，およびそれぞれの考え方の問題点を指摘することはできるであろう。

86 〔中舎〕

第2節　意思表示　　　　　　　　　　　　　　　　　　§94　Ⅴ

(2)　要件の問題

(ア)　類推適用積極論

(a)　真の権利者の帰責要件　　積極論の立場からすれば，虚偽の権利外観とそれに対する第三者の信頼が問題なので，真の権利者の帰責性は，第三者が信頼した権利外観を作出したことまたは他人が作出した権利外観を承認したことにとどまらず，そのような権利外観の存在を放置したこと，さらには他人による権利外観作出に原因を与えたことでも十分であることになる（外形与因型への類推適用の積極的評価）。

さらに，94条2項の直接適用と類推適用はまったく別の原理に基づくと解するならば，原理的には，意思的な要素に対する配慮は不要となり，帰責要件については，限りなくこれを不要とする方向での解釈が導かれる可能性がある。しかし，その際，仮に何らかの限界を設定しようとするときには，94条とは異なる根拠を示す必要があり，窮極的には権利外観保護法理一般へと議論が発展する可能性がある（現に，舟橋秀明「民法94条2項類推適用論の発展的解消の可能性──フランス法を素材として」改正と民法学Ⅰ424頁は，フランス法における表見理論〔表見所有権理論〕を参考にして，民法94条2項類推適用論を発展的に解消し，一般的な表見理論，第三者保護制度の構築を目指すべきであると主張する。しかし，これに対して金子敬明「フランスにおける表見所有権理論の適用の実際」名法295号〔2022〕251頁は，不動産について強度の公示を作り出す制度的な前提を欠くわが国においては，一般的な表見所有権理論ではなく，民法94条2項〔およびその派生法理〕によることも無理からぬことであるとする）。

これに対して，同じく積極論の立場からしても，94条2項自体が意思表示の存在自体に対する信頼保護規定ではなく，虚偽の意思表示を基に作出された虚偽の権利外観に対する信頼保護規定であると解するときは，94条2項類推適用においても，94条本体における虚偽の意思表示の存在要件を無視することができず，虚偽の権利外観に対する真の権利者の意思的関与を抜きにすることはできない，という方向での解釈が導かれる可能性がある。

また，94条2項類推適用の対象となる権利外観として不動産登記以外にどのようなものにまで拡大できるのかという，権利外観の適格性も問題になる。例えば，不動産に限っても，本登記がなされている場合に限定するのか，判例に現れているように課税台帳のようなものも含まれるのか，さらには単

〔中舎〕　　87

§*94* Ⅴ 　　　　　　　　　　　　　　　　　　　第1編　第5章　法律行為

なる売買契約書の存在で足りるのかといったことが問題になる。また，対象財産について，動産の占有にも拡大すれば，192条との併存状態が生じる。ただし，これは，94条2項類推適用の範囲の限定として機能する可能性もある。

　(b)　**第三者の保護要件**　　積極論は，権利外観に対する信頼保護を目的とするので，第三者が抱いた信頼が保護に値するものなければならず，単なる善意では不十分であり，無過失でなければならないという解釈論に傾きやすい。また，具体的な事案の解決においても，類推適用の範囲の拡大に伴い，権利外観に対する真の権利者の関与が希薄になっていくことのカウンター・バランスとして，類型の違いにかかわらず無過失を要求し，個別の事案に応じた柔軟な対応をするのが合理的であると主張する方向性を有する。前述したように（→4(1)(ウ)(b)），下級審裁判例では，外形他人作出型でも無過失を要求するものがあるが，これを積極的に評価することになる。この場合，94条2項の善意の中に無過失を読み込むか，類推適用であることから善意に付加される要件として無過失を要求するか，意思外形非対応型や外形与因型の判例のように，110条を重畳的に類推適用するかという違いが生じるが，それは，積極論の立場に立つ以上は，同一の原理に基づく法律構成上の違いにすぎないとして，さほど問題視されないであろう。

　しかし，無過失の内容は，積極論の中でも見解が分かれうる。無過失といっても，それは権利外観が信頼に値する外形かというその適格性の問題との相関的判断を可能にするためであると解すると（内田55頁），権利外観が本登記である場合には，偽造登記ではあっても事実上の推定が働き，真の権利者が特段の事情を主張・立証しないかぎり，原則として無過失と判断されることになろう。これに対して，登記の真偽を調査すべき義務までを第三者に課すという解釈に発展することも否定できない。このような解釈論については，94条2項類推適用だけを考えると，たとえ類推適用積極論に立っても慎重な対応をすることになろうが，問題が権利外観保護一般の問題の中で捉えられ，かつ，物権変動における登記の位置づけに関する解釈と連動して捉えられると，対抗問題と第三者保護の問題ないし公信問題との区別は意味を失う可能性がある（鎌田薫「対抗問題と第三者」民法講座(2)130頁）。すなわち，登記について権利外観保護を主張することは，その反面として，真の権利者

第2節　意思表示　　　　　　　　　　　　　　　　　　§94　Ⅴ

に対して真実に合致しない登記についての登記回復義務を課すべきか否かという議論を避けることができないであろう（以前から，真の権利者の登記回復義務を認めるべきであるとの観点から94条2項類推適用積極論を主張する見解もある。吉田眞澄「民法94条2項の類推適用とその限界について」争点Ⅰ44頁）。

　(イ)　類推適用消極論

　　(a)　真の権利者の帰責要件　　消極論の立場からすれば，94条2項類推適用は，94条の直接適用において，表意者が虚偽の意思表示をしたことに対する責任を負うことの延長線上で，意思表示があったとの外観を保護する法理であり，真の権利者の帰責性は，その意思ないし意的関与がなければ認められないということになる。このような立場からすれば，類推適用を真の権利者の意思的関与の観点から類型化し，その類型ごとにその可否を検討せざるを得ない。判例の類型では，外形自己作出型における真の権利者の意思，外形他人作出型における承認が必要であり，外形他人作出型でも，放置などの消極的承認はボーダーラインであることになる。また，意思外形非対応型については，一部の外形作出が真の権利者の意思に基づくことを考慮して，類推適用を認めるが，帰責性の程度が低いことを考慮して第三者に無過失を要求する解釈，または，類推適用が真の権利者の意思の及ばない範囲にまで無限定に拡大する危険性があるとして，外形他人作出型へ吸収されるべきであるという解釈が導かれることになる。他方，外形与因型については，虚偽の外形に対する意思，承認，認識すらない場合であるとして，類推適用には否定的な解釈につながるであろう。

　　類推適用に必要な真の権利者の意思的関与の程度がどのようなものかについては，94条の本来的適用との類似性をどの程度認めるかによって異なるが，①一方では，ドイツでの議論などを参考に，真の権利者の認容（Duldung）があることを要件とすべきであると解することや（中舎・表見法理531頁），②少なくとも虚偽の外形が作出されていることの認識すらない場合には類推適用が否定されるというかたちで要件化できると解する可能性がある。また，後述の類推適用の範囲の問題として，民法上の他の類似規定（表見代理など）との均衡によって制限するという解釈も考えられる。

　　しかし，消極論にとって最も重要な課題は，なぜ類推適用の場合にまで真の権利者の意思ないし意思的関与が必要なのか，その根拠を明らかにするこ

〔中舎〕　89

§94　Ⅴ　　　　　　　　　　　　　　　　第1編　第5章　法律行為

とである。積極論の立場からは，94条2項類推適用は本来的適用とは異なる法理であるという批判がなされうる（本条自体と94条2項類推適用の不連続性を指摘するものとして，奥田昌道「民法94条2項の類推適用」柚木馨ほか編・判例演習（民法総則）〔増補版，1973〕283頁など）。これに対しては，①94条2項は沿革的には，当事者間で外形上の法律行為とは別に秘匿行為がなされていても，その効力を善意の第三者に主張することはできないという趣旨の規定であるのに対して，94条2項類推適用は真の権利者と名義人との間に法律行為が存在しないにもかかわらず，それを存在したものとして取り扱う法理であるから，あくまで両者の間に虚偽表示があったのと同等に解することができる状況が必要であるという理由づけが考えられる（中舎寛樹「民法94条の機能」新争点67頁参照）。しかし，平成29年改正作業の過程で，ボアソナード草案，旧民法との関係が遮断され，94条は虚偽の意思表示を無効とする規定であると位置づけられることが確定した現在では，沿革的な理由づけには難点があることは否めない。今後はむしろ，②94条が表意者の虚偽の外形作出に対する故意責任であることから，94条2項は意思表示が有効であるという信頼を保護するものであることを強調し，類推適用においても意思表示が存在するという信頼を保護する法理である以上，真の権利者の意思的関与がある場合が限界になるという解釈が一般的になるであろう（山本176頁参照）。

　　(b)　第三者の保護要件　　無過失の要否については，消極論は，積極論と異なり，原理的な必然性はない。しかし，具体的な事案の解決のために，類推適用の範囲の拡大に伴い，真の権利者の意思的関与の程度の違いに対するカウンター・バランスとして，無過失を要求することはありうる。ただし，無過失の有無は，あくまで意思表示があったと信じたことについて判断されるので，その内容は虚偽の外形以外の要素にも及ぶことになろう。

　(3)　範囲の問題

　(ア)　類推適用積極論　　積極論は，類推適用を権利外観保護法理と位置づける以上，94条2項類推適用の類型では，外形自己作出型，外形他人作出型，意思外形非対応型，外形与因型といった類型化については，いずれも権利外観が存在することで変わりがないので，さほどの意義がないと捉え，すべての類型への類推適用に対して積極的な評価をすることにつながる。

　その他，94条2項類推適用法理の守備範囲という意味では，94条2項類

第 2 節　意思表示　　　　　　　　　　　　　　　　　　§94　Ⅴ

推適用と民法上のその他の権利外観保護規定との均衡が問題となる。具体的には，表見代理，即時取得（192 条），債権の受領権者としての外観を有する者に対する弁済（478 条）などとの要件上の比較検討が課題になる，また，取消し，解除，遺産分割などの遡及的物権変動への類推適用の肯定的評価につながるであろう（幾代通「法律行為の取消と登記」於保不二雄還暦・民法学の基礎的課題（上）〔1971〕61 頁，内田 83 頁，河上 384 頁・387 頁，潮見 177 頁，四宮＝能見 239 頁）。とくに，表見代理は代理権に対する信頼保護を目的とし，94 条 2 項類推適用は権利外観に対する信頼保護を目的とするという違いがあるとしても，両者は，不動産について無権限者を通じて相手方・第三者との間で法律関係が形成された場合における相手方・第三者の保護法理として共通している。このように両制度を捉えるときは，94 条 2 項と 94 条 2 項類推適用における外形自己作出型の場合は，真の権利者が虚偽の外形を作出ないし承認した場合として，代理でいえば 109 条に相応し，外形他人作出型と外形与因型の場合は，真の権利者が他人による外形作出の原因を与えていることを要件とする場合として，代理でいえば 110 条，112 条に相応するという比較も成り立ちうるであろう（中舎寛樹「無権利者からの不動産の取得」百年Ⅰ 439 頁参照）。ただし，これは，外形与因型に関する前掲最高裁平成 18 年 2 月 23 日判決が110 条を類推適用していることの積極的評価につながる可能性があるが（佐久間毅〔判批〕民百選Ⅰ 9 版 45 頁，同〔判批〕NBL834 号〔2006〕23 頁参照），その反面，類推適用消極論からは，類推適用の体系的限界として援用される可能性もある（中舎・表見法理 252 頁・540 頁）。

　さらに，登記に対する信頼保護という観点からは，民法 177 条と 94 条 2 項が同質の法理に基づくものであるとの議論につながり，現にそのような方向での主張も見られる（川井健「不動産物権変動における公示と公信」我妻栄追悼・私法学の新たな展開〔1975〕297 頁，松井宏興「民法 94 条 2 項類推適用論の一考察」磯村哲還暦・市民法学の形成と展開（下）〔1980〕85 頁，半田正夫「不動産登記と公信力」民法講座(2)227 頁，滝沢聿代「民法 94 条 2 項と民法 177 条の適用関係」星野英一古稀・日本民法学の形成と課題（上）〔1996〕195 頁など）。

　(イ)　類推適用消極論　　消極論は，類推適用を有効な意思表示が存在したと思わせる外形を作出した真の権利者の意思責任の法理と位置づける以上，94 条 2 項類推適用の類型では，外形自己作出型を基本的な類型として捉え，

〔中舎〕　　91

§94　Ⅴ　　　　　　　　　　　　　　　第1編　第5章　法律行為

外形他人作出型における真の権利者の承認をそのバリエーションとして認めるが，意思外形非対応型や外形与因型への類推適用に対しては，消極的な評価をすることにつながる。

　その他，94条2項類推適用法理の守備範囲という意味では，94条2項類推適用と民法上のその他の意思表示に関する規定（93条2項〔心裡留保〕・95条4項〔錯誤〕・96条1項〔強迫〕・96条3項〔詐欺〕）との要件上の比較と効果の均衡が問題になる。民法改正作業において，意思表示規定における第三者保護のあり方が制度横断的に検討されたことは（森田・前掲論文72頁），このような文脈で理解することもできよう。そして，そのような検討の中では，94条2項類推適用は，虚偽表示の本来的適用に次いで，心裡留保（真意でないことの認識があった），錯誤（誤解した），詐欺（欺罔された），強迫（強迫された）よりも真の権利者の帰責性の程度が強く，第三者保護の程度も，虚偽表示とそれ以外の場合との中間に位置づけられるという解釈が導かれる方向性を有している。また，民法典には，上記の規定だけでなく，数多くの対抗不能型の規定があるが，これらとの関係で，94条2項類推適用における対抗不能の意義を検討するという視点もありうる（武川幸嗣「民法94条2項の『対抗不能』の法構造」法政論究17号〔1993〕232頁の方向性）。これらにおいては，各制度・概念の個別性を超えて，意思表示規定全体ないし対抗不能制度全体に関する統一的な帰責原理をどのように構築できるかが重要な課題となるであろう（森田修『『債権法改正』の文脈 第5講 意思表示制度（その1）』法教436号〔2017〕71頁が第三者保護規定についての議論のあり方を示唆している）。

　これに対して，積極論の重要な課題となるであろう，登記制度，物権変動法制との関係については，消極論の立場からすれば，94条2項類推適用と無理に結びつける必要はないことになる（鹿野菜穂子「虚偽表示無効」椿寿夫編・法律行為無効の研究〔2001〕366頁は「94条から2項を特別に取り出して，権利外観法理や信頼法理の表れとして捉え，あるいは『公信』に引き寄せる必要はない」とする）。しかし，94条2項類推適用が，わが国の不動産登記に公信力がないことを補完する機能を果たしてきたという事実を認める限りでは，問題を放置することはできず，また，積極論において，真の権利者の登記回復義務までも肯定する見解に対しては，明確に反論することが必要となる。物権法改正に関連して94条2項類推適用法理を取り込むのか否かは，94条2項類推適用に

92　〔中舎〕

第2節　意思表示　　　　　　　　　　　　　　　　　　§94　V

ついて消極論に立つこととは区別して検討しなければならないであろう（ただし，94条2項類推適用が物権法上の問題として明文化された後は，94条の意義について，これを94条2項類推適用法理が定着していることに配慮して定位する必要性がなくなるので，I2(2)で指摘したような，秘匿行為の不対抗を重視する見解に基づき本条を再定位する可能性が浮上しうる）。

6　類推適用の射程

(1)　本来的適用との関係

　以下で最後に扱うのは，94条2項類推適用の具体的範囲という問題ではなく，94条2項類推適用法理の今後の方向という問題である。これについて，登記制度，物権変動法制との関わりからではなく，94条それ自体との関係でいえば，以下のようなことを指摘できるであろう。

　本条は，明治期における民法制定以来，改正を経ることなくそのままの文言で現在に至っている規定である。しかし，すでに述べたように（→I2），本条の根拠法理は，制定の経緯を含めて多重的であり，他の規定のようにそれを一義的に確定できないという問題を抱えている。このため，どのような法理を重視するかによって本条の解釈について，大きな方向性の違いを生じ，個々の論点における議論の対立もまた，その背景での方向性の違いを意識しなければ理解できないままなされてきたところがある。

　平成29年改正の審議によって，本条の根拠法理は，意思表示の無効に対する表意者の責任にあると定位されたといえる（→I2(3)）。しかし，類推適用については，なおコンセンサスを得ることができず，明文化は見送られた。これは，94条の定位にもかかわらず，類推適用ではそれと必ずしも一致しない法理が根拠法理として成り立ちうることを意味している。類推適用に関する判例は，本条の根拠法理の多重性を意識したか否かは明らかでないが，結果においては，本来的適用の枠外において，本条の解釈論の直接的な影響を受けない形で，実質的に本条の適用領域を拡大させた。これを本条の延長線上にある法理であると捉えるか，別個独立の法理であると捉えるかの争いは，このような本条の根本法理に関する議論を類推適用の場面に持ち越して，必然的に生じるものであったともいえよう。

(2)　根拠法理の対立と克服

　法理としての意義が特定しない中で，類推適用に関する判例が登場するた

〔中舎〕　93

§94　V　　　　　　　　　　　　　　第1編　第5章　法律行為

びにその賛否が分かれるという状況は，今後どのように克服されるべきか。大きな対立点は，この法理を真の権利者の意思責任として捉えるか，権利外観に対する第三者の信頼保護として捉えるかにあり，それは図式的には一見すると分かりやすい対比ではあるが，実際には，これらは二律背反的なものではなく，いずれを重視するかの解釈の方向性の違いにすぎないことが問題状況をより複雑にしている。

　このような状況を克服するためには，本条の本来的適用と94条2項類推適用に関する包括的な基礎理論を構築するほかないが，その前提として，前述した積極論，消極論の各問題点をそれぞれの立場において明らかにし，その成果を持ち寄ることが必要になる。当面は，そのような検討が各場面で深められるであろう。しかし，それは，①意思表示制度ないし意思表示の効力否定制度の中での本条の位置づけ，②対抗不能概念についての統一的理解，③不動産物権変動法制・登記制度の評価との接合という，異なる問題群についての検討を踏まえなければならないので，その各成果を持ち寄っても容易にコンセンサスを得られるとは考えられない。現時点では，本条およびその類推適用は，少なくとも学理上は，解釈者の立場を鮮明にしないかぎり，取扱いが難しい条文・法理であるというほかない。しかしそれは，94条2項類推適用法理の定着と具体的範囲・要件・効果の明確化を指向する実務の要請とは必ずしも一致していない。

〔中舎寛樹〕

第 2 節　意思表示　　　　　　　　　　　　　　　　虚偽表示の要件事実　Ⅰ

虚偽表示の要件事実

細　目　次

Ⅰ　94 条 1 項の要件事実 ……………………95
　1　通謀虚偽表示の効果と攻撃防御方法
　　としての位置付け ……………………95
　2　本条 1 項の要件事実 …………………95
　　(1)　本条 1 項の趣旨についての学説の
　　　対立 …………………………………95
　　(2)　本条 1 項の要件事実 ………………96
　3　要物契約への適用 …………………98
　　(1)　判例・通説の立場 …………………98
　　(2)　要件事実論との整合的説明の試み
　　　……………………………………98
Ⅱ　94 条 2 項の要件事実 ………………99
　1　善意の第三者の効果と攻撃防御方法

　　としての位置付け ……………………99
　　(1)　本条 2 項の効果と主張立証責任の
　　　所在 …………………………………99
　　(2)　再抗弁か，それとも予備的請求原
　　　因か …………………………………100
　　(3)　両説の帰結が異なる事例 …………101
　2　第三者の要件 …………………………101
　3　善意の要件 ……………………………102
　4　転得者 …………………………………102
Ⅲ　94 条 2 項，110 条類推適用 ……………103
　1　判例法理 ………………………………103
　2　要件事実との関係 ……………………104
　3　規範的要件の要件事実 ………………105

Ⅰ　94 条 1 項の要件事実

1　通謀虚偽表示の効果と攻撃防御方法としての位置付け

　94 条 1 項は通謀虚偽表示の要件を定め，その法律効果は法律行為の無効
である（裁判規範としての本条の機能については，§94 Ⅰ 3 も参照されたい）。

　主張立証責任は，法律行為が虚偽表示であることを理由としてその無効を
主張する側にある（大判明 39・1・29 民録 12 輯 81 頁）。一例として，売買契約に
おける買主が，売主に対し，売買契約に基づき不動産の引渡請求をする場合
を考えると，請求原因として，売買契約の締結の事実が主張される。この契
約が無効であるとの通謀虚偽表示の主張は，請求原因による法律効果を覆滅
させるもので，かつ，請求原因事実と両立する事実の主張となるから，被告
が主張立証責任を負う抗弁と位置付けられることとなる。

2　本条 1 項の要件事実

(1)　本条 1 項の趣旨についての学説の対立

　(ア)　効果意思欠缺説とこれに対する批判　　通謀虚偽表示の主張の構成要
素の具体的内容については，かつて，効果意思欠缺説と効果不発生合意説と

〔齋藤〕　95

が対比されて議論された（大江 351 頁。なお，旧民法以来の本条の沿革に基づいた考察として，§94 Ⅰ 1・2 を参照されたい）。すなわち，効果意思欠缺説に従い，通謀虚偽表示を「当事者双方に効果意思がなく，互いにそのことを了知していた」ことと捉えると，通謀虚偽表示の要件事実が，心裡留保のそれといわゆる a ＋ b の関係に立ち，攻撃防御方法としての通謀虚偽表示は無意味となるのではないかとの疑問が呈された（いわゆる「a ＋ b」の考え方については，第 1 巻「要件事実総論」での説明を参照されたい）。

　(イ)　効果不発生合意説とその評価　　いわゆる a ＋ b の考え方を前提とし，かつ，心裡留保を，当事者の一方に効果意思がなく，他方がそのことを了知していた場合と定義すると，通謀虚偽表示は，いわば当事者双方が心裡留保による意思表示をしたものと理解されることとなり，その結果，心裡留保との関係で常に過剰主張になるのではないか，とも考えられる。そこで，このようにして要件事実の観点から効果意思欠缺説を批判する立場からは，虚偽表示に関する効果不発生合意説（いわゆる裏契約説）が支持された。すなわち，通謀虚偽表示を，当事者双方に効果意思があるが，法律行為を仮装のものとする合意があったことと捉える考え方である（定塚孝司「主張立証責任論の構造に関する一試論」〔1992〕14 頁，高津幸一〔判批〕法協 84 巻 2 号〔1967〕331 頁，注解財産(1)385 頁〔藤原弘道〕）。

　このような効果不発生合意説からの批判に対し，効果意思欠缺説の立場からは，通謀虚偽表示において実体法上の要件として要求されている通謀とは，虚偽の意思表示をすることにつき単に当事者双方が認識を有することにとどまるのではなく，両者間の合意の関係を意味するものであって（新版注民(3) 328 頁〔稲本洋之助〕），この点で心裡留保の要件となる事実とは，その社会的意味合いが異なると解釈することにより，a ＋ b の関係にはならない，と説明することが可能である（大江 351 頁参照）。

　(2)　本条 1 項の要件事実

　効果意思欠缺説によれば，94 条 1 項により無効を主張する場合の要件事実は，意思表示が表意者の真意ではないことと，真意ではないことにつき相手方との間に通謀があることであり（司研編・要件事実について 12 頁，村上博巳・証明責任の研究〔新版，1986〕148 頁，並木茂・要件事実論概説 契約法〔2009〕281 頁。本条 1 項の要件については，§94 Ⅱ 2 も参照されたい），たとえば「原告と A は，

第 2 節　意思表示　　　　　　　　　　　　　　　　　　　　　　虚偽表示の要件事実　Ⅰ

本件代物弁済の際，いずれも代物弁済の合意をする意思がないのに，その意思があるもののように仮装することを合意した」と表現される（司研編・事実摘示記載例集 45 頁）。

　効果不発生合意説からは，法律行為による効果を生じさせない旨の明示または黙示の合意が要件事実となるものと解される（注解財産(1)384 頁〔藤原〕，大江 353 頁）。黙示の合意については，その存在を基礎付ける具体的事実が要件事実になると解すると（注解財産(1)384 頁〔藤原〕，司研編・要件事実(1)41 頁，村田＝山野目編 100 頁，大島眞一・新版完全講義民事裁判実務の基礎・発展編〔2016〕255 頁），黙示の合意に係るこれらの具体的事実は，効果不発生合意説からは主要事実とされることになる。黙示の不発生合意の成立を基礎付ける事実は，効果意思欠缺説に立つ場合には，真意の欠如を推認させる間接事実と位置付けられることとなるが，それが主要事実を認定する上で重要な役割を果たすものであることに疑いはない。

　真意を欠くといっても，意思表示に対応する意思が少しでも欠ければ，直ちに通謀虚偽表示となるわけではない。従来，通謀虚偽表示の成否に関し，債権者からの強制執行を免れる目的，財産保全の目的，あるいは，賃借人に立ち退きを求めるのに都合のよい法的地位を与える目的などの下にされた仮装行為については無効とされた。他方で，財産管理または処分委託の目的あるいは債権担保の目的などの下にされた仮装行為については無効ではないとされている（新版注民(3)330 頁〔稲本〕，注解財産(1)386 頁〔藤原〕）。前者は，法律行為の効果を実際に発生させる意思を欠いているといえるのに対し，後者は，表意者に法律効果を発生させる意思はあり，単に別の経済的目的を有しているにすぎない場合ということができる（注解財産(1)386 頁〔藤原〕）。両者の区別は容易ではないが，後者に属する主張は，虚偽表示の主張としては主張自体失当との評価を受けることとなる。このように効果意思欠缺説における「真意を欠く」という要件事実は，通謀虚偽表示の成否の限界を意識しつつ理解される必要がある（村田渉編・事実認定体系・民法総則編 1〔2017〕269 頁以下〔齋藤聡〕。通謀虚偽表示の成否に関し，その具体的態様については，§94 Ⅱ 1 も参照されたい）。

〔齋藤〕　97

虚偽表示の要件事実 Ⅰ　　　　　　　第1編　第5章　法律行為

3　要物契約への適用

(1)　判例・通説の立場

　通謀虚偽表示の規定は，要物契約にも適用されるというのが判例（金銭消費貸借契約につき大決大 15・9・4 新聞 2613 号 16 頁，質権設定契約につき大判昭 6・6・9 民集 10 巻 470 頁，大判昭 7・11・10 新聞 3495 号 18 頁）・通説である。契約成立の外観を信頼した者を保護しようという，本条 2 項の趣旨を重視するならば，要物性を具備しない外形的表示行為についても，虚偽表示の成立を認めるべきという解釈が導かれる。

(2)　要件事実論との整合的説明の試み

　ところで，要物契約としての消費貸借契約（587 条）の成立要件としては，物の交付が必要とされるところ，請求が認められるか否かの判断に当たっては，請求原因，抗弁，再抗弁の順に認定していくという基本的な考え方によれば，物の交付の事実を認定できない場合には，そもそも請求原因が認められないのであって，論理的には，抗弁の判断まで進むことなく，虚偽表示の成否の判断には立ち入らないこととなるから，上記の判例・通説は，要物契約の成立が認められる限りにおいて通謀虚偽表示が抗弁として機能することと理解されよう。この立場を離れ，判例・通説を，仮に要物性の要件事実が認定できないため要物契約の成立が認められない場合であっても通謀虚偽表示の適用を認めるものと理解するときは，これを要件事実の観点から整合的に説明しようとするならば，二つの方向性が考えられる。その一は，契約の成立要件としての要物性を緩和する（不要とする）解釈を採ることである。もう一つの方向性としては，物の交付を欠く仮装行為を信頼した善意の第三者が，表意者に対して履行請求をする場合の請求原因事実としては，請求原因事実として，物の交付を除く契約成立に関する事実の主張に加え，虚偽表示に係る本条 1 項の要件事実と，善意の第三者に係る同条 2 項の要件事実とによって，別個の請求原因事実を構成することができると解する余地もあろう（注解財産(1)388 頁〔藤原〕参照）。

第2節　意思表示

虚偽表示の要件事実　**II**

II　94条2項の要件事実

1　善意の第三者の効果と攻撃防御方法としての位置付け

(1)　本条2項の効果と主張立証責任の所在

　本条2項の法律効果は，同条1項の規定による意思表示の無効を，善意の第三者に対抗できないというものである（本条2項の要件・効果については，§94 IIIも参照されたい）。

　「第三者」の要件については，通謀虚偽表示の効果を否定する側が主張立証責任を負うが，これに加え，善意の点についてまでこの第三者の側が主張立証責任を負うと解すべきか，それとも，通謀虚偽表示の無効を主張する側が悪意の立証責任を負うと解すべきかについては，学説上の争いがある。判例は前説を採っており（大判昭17・9・8新聞4799号10頁，最判昭35・2・2民集14巻1号36頁，最判昭41・12・22民集20巻10号2168頁，最判昭42・6・29判時491号52頁），多数説も支持する。この立場の根拠は，本条が1項と2項を書き分けていることのほか，通謀虚偽表示は契約当事者双方にいずれも効果意思がないから無効となるのであり，第三者が善意の場合に限りこの無効を対抗できないとされていること，本条2項は表見法理・外観法理の現れと解されており，その適用のためには権利の外観を信頼することが要件となると考えられることなどが挙げられる（村田渉「法律実務家養成教育としての要件事実の考え方について」ジュリ1288号〔2005〕68頁）。これに対し，後説（我妻292頁など）の根拠としては，表意者は虚偽表示という信義則に反する行為をした者であるから，そのサンクションとして立証責任を負うこととするのが公平であり，本条2項が1項の虚偽表示を善意の第三者に対抗できないとした趣旨は，取引の安全を保護する点にあることからしても，表意者が第三者の悪意の立証をすべきであるとする（石田穣・証拠法の再構成〔1980〕156頁，並木茂・要件事実論概説 契約法〔2009〕283頁）。前説に対しては，善意者の立証の負担が重いのではないかとの批判がありうるが，事実上の推定が働く場面も多く（村上博巳・証明責任の研究〔新版，1986〕150頁），前説を採ることの支障とはならないものと解される。

　一例として，Aの所有する甲土地につき，C名義の所有権移転登記が存在する場合に，所有権に基づく妨害排除請求として，AがCに対し，所有権

〔齋藤〕　99

虚偽表示の要件事実　Ⅱ　　　　　　第1編　第5章　法律行為

移転登記抹消登記手続を請求する場合を想定する。Ａが過去の一時点にお
いて甲土地を所有していたとの主張が請求原因となり，これに対し，Ｃは，
Ａの所有権喪失を内容とする抗弁として，ＡがＢとの間で，甲土地を目的
とする売買契約を締結したとの事実を主張することができる。ＡＢ間の売買
が通謀虚偽表示であったとすれば，Ａは，再抗弁として，通謀虚偽表示の
再抗弁を主張することができるが，これに対し，Ｃは，94条2項に基づき，
Ａの通謀虚偽表示の主張をＣに対抗できないとするため，Ｃが善意の第三
者に当たるとの主張をすることができる。

(2)　再抗弁か，それとも予備的請求原因か

　この善意の第三者の主張の，攻撃防御方法としての位置付けに関しては，
伝統的には再抗弁（上記の設例では再々抗弁）と考えられてきた。すなわち，94
条2項所定の「対抗できない」という効果の意義に関し，善意の第三者との
関係では，虚偽表示の無効の主張が認められないと理解する見解（無効主張
否認説）である。これに対し，近時は異なる考え方もある。虚偽表示は無効
であるとした上で，それとは別に法が善意の第三者に特別な保護を与えたも
のと理解する見解（法定効果説）である（この点に関する議論につき山本154頁，大
江358頁。なお，§94 Ⅲ 3(1)も参照されたい）。

　権利の得喪に関する上記の例に則していうと，無効主張否認説は，善意の
第三者Ｃが出現することにより，ＡＢ間の仮装譲渡が有効であったものと扱
われ，第三者Ｃはこれを前提に権利を承継取得すると説明する（順次承継説。
髙森八四郎「民法94条2項と177条」法時42巻6号〔1970〕125頁）。これに対し，
法定効果説は，Ｃの地位が真正な権利者のように扱われるのは，Ｃの有効な
権利取得という結論についての一種の擬制であり，民法94条2項による権
利変動の実体的過程は法定の効果として，Ｂを介することなく，ＡからＣ
への承継取得が生じるとする（法定承継取得説。幾代通「通謀虚偽表示に対する善
意の第三者と登記──補論」林良平還暦・現代私法学の課題と展望(下)〔1982〕13頁。以
上につき，司研編・類型別88頁，村田・前掲論文68頁）。

　そして，無効主張否認説・順次承継説からは，Ｃが善意の第三者であると
の主張は，Ｂの所有権取得によるＡの所有権喪失の効果を復活させるもの
として，再々抗弁に位置付ける見解に結びつく。法定効果説・法定承継取得
説からは，Ｃは，権利を仮装譲渡人Ａから直接に承継取得することになる。

100　〔齋藤〕

第2節　意思表示　　　　　　　　　　　**虚偽表示の要件事実　II**

ここで，Cが善意の第三者に当たるとの主張は，売買（所有権喪失）の抗弁と，通謀虚偽表示の再抗弁とを前提とする予備的抗弁に位置付けられる（賀集唱「要件事実の機能」司法研修所論集 90 号〔1994〕53 頁，司研編・類型別 89 頁）。

(3)　両説の帰結が異なる事例

最高裁昭和 42 年 10 月 31 日判決（民集 21 巻 8 号 2232 頁）は，AがBに不動産を仮装譲渡し，Bが所有権移転登記を経由し，Cが善意でBから不動産を譲り受けたが，Cが登記を取得する前に，Aからの譲受人DがBを債務者とし，その不動産について処分禁止の仮処分登記を経ていたという事案である。

ここで，無効主張否認説・順次承継説からは，Cが善意の第三者であることの効果として，AB間の仮装譲渡が有効と扱われ，したがって，Aの所有権はBへと有効に移転したこととなりそうである。そうであるとすると，BはAから既に所有権移転登記を得ているのであるから，Dが所有権を取得することはできず，Cとの関係で勝訴する余地はないこととなる。

他方で，法定効果説・法定承継取得説によると，Cが善意の第三者であるならば，CはAから直接に所有権を承継取得すると説明されることとなり，いわばAを起点とする，A—C，A—Dの二重譲渡類似の対抗問題と考えることができる。そうすると，Cは，登記を備えない限り，Dに対して自らの所有権取得を対抗できないこととなり，他方で，DはCに勝訴する余地があることとなる。

上記の最高裁判決は，Cはその所有権取得をDに対抗することができないとの判断を示したものであり，この判例には，法定効果説・法定承継取得説の方がより整合的であるということができる（司研編・類型別 89 頁。この点に関しては，§94 III 3 (2)も参照されたい）。

2　第三者の要件

94 条 2 項の要件は，善意の第三者であることである（第三者の要件については，§94 III 1 も参照されたい）。

まず，第三者とは，本来，当事者およびその包括承継人以外の者を指す語であるが，94 条 2 項の第三者の意義に関し，判例は，これに加え，虚偽表示の目的につき法律上利害関係を有するに至ったものとする（大判大 5・11・17 民録 22 輯 2089 頁，大判大 9・7・23 民録 26 輯 1171 頁，最判昭 42・6・29 判時 491 号

〔齋藤〕　101

虚偽表示の要件事実　II　　　　　　　　　　　　　第1編　第5章　法律行為

52頁）。そして，「法律上の利害関係」を有するか否かは法的評価であるから，要件事実の問題としては，そのような意味における第三者としての性格を根拠付ける具体的事実が，主張立証の対象である。したがって，94条2項により虚偽表示による法律行為の無効という効果を争おうとする者は，このように第三者性を基礎付けるような原因事実を主張立証すべきこととなる。上記の例でいえば，甲土地を目的とするAB間の売買契約の後，CがBとの間で，甲土地を目的とする売買契約を締結したという事実がこれに当たる。

　この第三者性を基礎付ける具体的な原因事実は，売買契約には限られないが，法律上の利害関係というにふさわしいものであることが必要である。また，第三者として保護されるために対抗要件の具備は必要がないから（大判昭10・5・31民集14巻1220頁），第三者の側で対抗要件を具備したとの主張をする必要はないし，他方当事者からする対抗要件欠缺の主張は，失当である。

3　善意の要件

　次に，第三者が善意であることが必要である（善意の要件については，§94 III 2も参照されたい）。善意とは，知らないという意味であるが，第三者が，虚偽表示であることを知らなかったことにつき，過失の有無を問わないとするのが判例である（大判昭12・8・10新聞4181号9頁，最判平9・12・18訟月45巻3号693頁）。要件事実としては，無過失の主張をする必要がないし，相手方が過失の主張をしても，失当な主張と扱われるということになる（なお，いわゆる債権法改正作業において，善意のほかに無過失の要件を付加する検討がされたものの，明文化すべきでないと考えられたことについては，§94 I 2(3)(ア)を参照されたい）。また，善意が要求される時点は，第三者が法律上の利害関係を取得するに至った時である（最判昭55・9・11民集34巻5号683頁）。この点は，要件事実論との関係では時的要素の問題と位置付けられることとなり，上記の第三者性を基礎付ける原因事実の時点において，第三者が善意であるとの事実が要件事実となる。

4　転　得　者

　通謀虚偽表示の当事者と直接契約をした第三者に限らず，その者からの転得者もまた第三者となり得る（転得者の要件については，§94 III 4も参照されたい）。上記の直接に契約をした者が悪意者であったとしても，転得者が善意であれば，その者は本条2項による保護を受ける（最判昭50・4・25判時781号67頁）。

第 2 節　意思表示　　　　　　　　　　　　　　　　　　虚偽表示の要件事実　III

　一例として，土地を売却する旨の通謀虚偽表示をした表意者 A が，通謀虚偽表示の相手方 B から C，C から D へと順次所有権移転登記を経由した転得者 D に対して，抹消登記請求をする場合を考えると，D が本条 2 項の適用を主張しようとする場合には，AB 間の売買契約が通謀虚偽表示であるとの要件事実が主張されていることを前提に，これに加えて，前主である C の第三者性を基礎付けるため，BC 間で売買契約を締結した事実を主張し，更にその後に CD 間で売買契約を締結した事実およびその時点において D が善意であった事実を主張することができる。

　また，善意者からの特定承継人は悪意者であっても権利を取得するかどうかについては，これを肯定する絶対的構成と，否定する相対的構成とがあるところ，絶対的構成を前提とすると，上記設例について，D は，BC 間で売買契約を締結した事実およびその時点において C が善意であった事実を主張し，更にその後に CD 間で売買契約を締結した事実を主張することができることとなる。この場合には，D の善意，悪意の点は要件事実ではないから，その点は主張に現れないこととなる。

III　94 条 2 項，110 条類推適用

1　判例法理

　わが国においては，不動産登記に公信力が認められていないため，登記を信頼して不動産物権の取引を行っても，登記名義人が真実の権利者でない場合には，物権を取得することができない。このような事態は取引の安全を損なうため，判例上，不実の外観を作出した真の権利者ではなく，その外観を信頼した第三者を保護することが認められてきた。その際には，本条 2 項の基礎に，真の権利者の関与によって，これとは別の者が権利者であるかのような外観が作り出されたときは，それを信頼した第三者は保護されるべきであり（信頼原理），虚偽の外観作出について帰責性のある権利者は不利益を被ってもやむを得ない（帰責原理）という権利外観法理（表見法理）があるものと解し（内田 53 頁），本条 2 項の類推適用という法的構成によってきた（94 条 2 項類推適用については，§94 V も参照されたい）。その類推適用の要件を概括的に要約すると，①外観の存在，②外観作出についての権利者の帰責性，③外観

〔齋藤〕　　103

虚偽表示の要件事実　Ⅲ　　　　　　　第1編　第5章　法律行為

に対する第三者の正当な信頼ということができる（増森珠美〔判解〕最判解平16年302頁）。類推適用の成否は，真の権利者の帰責性と第三者の要保護性の相関ないし総合判断に帰着するとされるが，その具体的な要件論はなお判然としない（五十川直行「虚偽表示と94条2項類推適用」鎌田薫ほか編・民事法Ⅰ〔初版，2005〕103頁）。

　判例の傾向を概観すると，意思外形対応型の類型については，94条2項の類推適用とされる。これは，真の権利者の外観作出への関与の程度が高く，この点で帰責性が大である類型であり，第三者が保護されるための主観的要件としては，善意のみで足り，過失の有無を問わない。これに対して，意思外形非対応型の類型を中心とする事例については，94条2項のみならず，それに加えて110条が類推適用される。これは，真の権利者の外観作出への関与はあるが，意思外形対応型との比較において，その程度が高くないため，帰責性が大であるとはいえず，第三者が保護されるための主観的要件としては，善意に加えて無過失まで要求される（これらの点に関し，§94 Ⅴ3・4では，外形自己作出型，意思外形非対応型〔外形一部自己作出型〕，外形他人作出型，外形与因型の4類型に分類した上での検討がされており，山本167頁以下では，外形作出型，外形承認型〔存続承認型，作出承認型＝一部承認型〕，外形与因型に分類されている。なお，いわゆる債権法改正作業において，民法94条2項類推適用に関する判例法理を明文化するに至らなかった点については，§94 Ⅰ2(3)(イ)・Ⅴ5(1)を参照されたい）。

2　要件事実との関係

　類推適用とは，「ある事項について規定された法規を，直接規律する法規がない類似の他の事項に適用すること」をいう（大阪高判平26・4・18税資264号順号12455，我妻28頁参照）。判例により形成された本条2項の類推適用による善意者保護の法理は，類推適用といいながら，実質的には虚偽表示制度から離れて，端的に登記等に対する信頼を保護する制度として定着しているとの評価もあるところである（注解財産(1)400頁〔藤原弘道〕）。本条2項の類推「適用」といっても，それは厳密な意味で実定法規の適用（直接適用）ではなく，本条2項による規律を参考に，これを直接適用できない事実について同様の規律をしようとするものであるから，類推の可否に係る判断過程には，信義誠実の原則や，権利濫用といった一般条項の適用と共通する側面があるように思われる。こういった実体法上の要件は規範的要件と呼ばれるが，94

104　　〔齋藤〕

第2節　意思表示　　　　　　　　　　　　　　　　**虚偽表示の要件事実　III**

条2項の類推適用に関する要件事実の考え方としては，規範的要件の要件事実の考え方が参考になろう。

3　規範的要件の要件事実

　規範的要件の要件事実をどのように考えるかについては，間接事実説と主要事実説の対立があり，この点については第1巻「要件事実総論」で説明されているので，参照されたい。ここでは，いわゆる主要事実説に立脚するが，外観の存在，外観作出についての権利者の帰責性，外観に対する第三者の正当な信頼といった要件は規範的要件に類するものと把握することができ，これを基礎付ける個別具体的な事実（評価根拠事実）が要件事実として請求原因に，その評価の成立を妨げる具体的な事実（評価障害事実）が抗弁に，それぞれ位置付けられるものと考えられる（牧野利秋＝牧野知彦「契約問題に関して考えるべき総論的問題」伊藤滋夫編・民事要件事実講座3巻〔2005〕25頁参照）。本条2項またはこれとともに110条の類推適用が問題となる事案は，類推の可否を左右する個別的事情の認定が欠かせないが，これらの事実は，私見によれば，要件事実論的には主要事実としての意味を有することとなる。

　この場合の評価根拠事実，評価障害事実について，若干具体的に例示すると，外観の存在に関しては，所有権移転登記，建物についてはそのほか所有権保存登記，旧家屋台帳や固定資産税課税台帳などにおける所有名義に関する事実があげられる。真の権利者の帰責性の有無および程度に関連する事実としては，他人名義の外形が作出されるに至った経緯，すなわち，真の権利者自身が主導的・積極的に作出したのか，名義人または第三者が主導したものを，それを知りつつ，承認していたのかといった事実や，他人名義が作出されたのを知った後に真の権利者がどのような行動をとったのかといった事実を挙げることができ，このほか，真の権利者が他人名義を借用するに至った理由（動機），他人名義とされていた期間の長短も，これに当たり得る。虚偽の外観と真の権利者の意図が異なる場合には，その意図も重要となろう。第三者の信頼に関する事実としては，第三者が法律上の利害関係を有することを基礎付ける事実のほか，第三者の善意がこれに当たり，さらに，真の権利者の帰責性の程度が小さい事案では，無過失の評価根拠事実，評価障害事実も主張されることとなる。

〔齋藤　聡〕

§95

第1編　第5章　法律行為

（錯誤）

第95条①　意思表示は，次に掲げる錯誤に基づくものであって，その錯誤が法律行為の目的及び取引上の社会通念に照らして重要なものであるときは，取り消すことができる。

一　意思表示に対応する意思を欠く錯誤

二　表意者が法律行為の基礎とした事情についてのその認識が真実に反する錯誤

②　前項第2号の規定による意思表示の取消しは，その事情が法律行為の基礎とされていることが表示されていたときに限り，することができる。

③　錯誤が表意者の重大な過失によるものであった場合には，次に掲げる場合を除き，第1項の規定による意思表示の取消しをすることができない。

一　相手方が表意者に錯誤があることを知り，又は重大な過失によって知らなかったとき。

二　相手方が表意者と同一の錯誤に陥っていたとき。

④　第2項の規定による意思表示の取消しは，善意でかつ過失がない第三者に対抗することができない。

　　〔対照〕　フ民 1132〜1136，ド民 119
　　〔改正〕　本条＝平 29 法 44 全部改正

（錯誤）

第95条　意思表示は，法律行為の要素に錯誤があったときは，無効とする。ただし，表意者に重大な過失があったときは，表意者は，自らその無効を主張することができない。

細　目　次

I　本条の立法過程 ……………………………107
1　平成 29 年改正前 95 条をめぐる議論…107
　(1)　立法過程 ………………………………107
　(2)　学説の変遷 ……………………………109
　(3)　判例法理 ………………………………111
2　債権法改正の議論………………………113
　(1)　初期の議論（中間論点整理まで）…113

　(2)　中期の議論（中間試案まで）………119
　(3)　後期の議論（要綱案の確定まで）…125
3　改正前法と現行法の対応関係…………130
　(1)　要　件 …………………………………131
　(2)　効　果 …………………………………132
II　錯誤の要件 ………………………………133
1　意思表示の時点で表意者に錯誤があ

106　〔山下〕

第2節　意思表示　　　　　　　　　　　　　　　　　　　　　　　§95　Ⅰ

　　ること‥‥‥‥‥‥‥‥‥‥‥‥133
　　(1)　二元的な錯誤の定義——表示錯誤
　　　と事実錯誤‥‥‥‥‥‥‥‥‥133
　　(2)　表示錯誤の例‥‥‥‥‥‥‥134
　　(3)　事実錯誤の例‥‥‥‥‥‥‥136
　　(4)　錯誤と不合意（意思の不合致）の
　　　区別‥‥‥‥‥‥‥‥‥‥‥140
　　(5)　意思表示の時点では確定していな
　　　い事項‥‥‥‥‥‥‥‥‥‥141
　2　錯誤と意思表示の間の主観的因果性‥141
　　(1)　意　義‥‥‥‥‥‥‥‥‥‥141
　　(2)　表示錯誤における主観的因果性‥142
　　(3)　事実錯誤における主観的因果性‥142
　3　錯誤が法律行為の目的および取引上
　の社会通念に照らして重要なものであ
　ること（客観的重要性）‥‥‥‥‥‥142
　　(1)　序‥‥‥‥‥‥‥‥‥‥‥142
　　(2)　人に関する錯誤‥‥‥‥‥‥145
　　(3)　物に関する錯誤‥‥‥‥‥‥148
　　(4)　その他の錯誤‥‥‥‥‥‥‥150
　4　事実錯誤における基礎事情の表示‥‥151
　　(1)　意　義‥‥‥‥‥‥‥‥‥‥151
　　(2)　2とおりの条文の読み方‥‥‥152
　　(3)　対応する学説‥‥‥‥‥‥‥153
　　(4)　両学説の結論の接近と説明の違い
　　　‥‥‥‥‥‥‥‥‥‥‥‥‥154
　　(5)　学説の対立点と本書の立場‥‥‥158

　　(6)　目的物の性状の錯誤‥‥‥‥‥160
　　(7)　保証人等の錯誤‥‥‥‥‥‥165
　　(8)　その他の錯誤‥‥‥‥‥‥‥170
　　(9)　補論——表明保証がある場合の扱
　　　い‥‥‥‥‥‥‥‥‥‥‥‥173
　5　錯誤が重過失によるものでないこと‥176
　　(1)　重過失による取消しの制限の趣旨
　　　‥‥‥‥‥‥‥‥‥‥‥‥‥176
　　(2)　重過失の判断基準‥‥‥‥‥176
　　(3)　重過失の肯定例‥‥‥‥‥‥177
　　(4)　重過失が否定される場合‥‥‥178
　　(5)　相手方の主観的態様による重過失
　　　要件の例外‥‥‥‥‥‥‥‥179
　　(6)　代理と重過失‥‥‥‥‥‥‥181
　　(7)　電子消費者契約特例法の例外‥182
　　(8)　表意者の過失による損害賠償責任
　　　‥‥‥‥‥‥‥‥‥‥‥‥‥183
Ⅲ　錯誤の効果‥‥‥‥‥‥‥‥‥‥‥184
　1　取消権の発生‥‥‥‥‥‥‥‥‥184
　　(1)　序‥‥‥‥‥‥‥‥‥‥‥184
　　(2)　錯誤による意思表示の取消しがで
　　　きる者‥‥‥‥‥‥‥‥‥‥184
　　(3)　債権者代位権の行使‥‥‥‥185
　2　善意無過失の第三者の保護‥‥‥‥186
　3　原始的不能との制度間競合‥‥‥‥186
　4　債務不履行責任（契約不適合責任）
　　との制度間競合‥‥‥‥‥‥‥‥187

Ⅰ　本条の立法過程

1　平成29年改正前95条をめぐる議論

(1)　立　法　過　程

　本条は，錯誤により意思表示が取り消される場合の要件と効果を定めた条
文である。最初に，改正前95条の条文の成立経緯について簡単に触れる
（中松纓子「錯誤」民法講義(1)387-444頁，小林一俊・錯誤法の研究〔増補版，1997〕
147-188頁，森田宏樹「民法95条（動機の錯誤を中心として）」百年Ⅱ142-150頁）。

　フランス民法は，契約の無効原因の一つとして錯誤をあげ，法の錯誤と事
実の錯誤，給付の本質に関する錯誤，人に関する錯誤，動機の錯誤，価値の
錯誤を区別して条文を置く（フ民1132条～1136条）。ドイツ民法では，意思表
示の無効原因として錯誤をあげ，意思の欠缺の場合の他，人や物についての

〔山下〕　107

§95　I　　　　　　　　　　　　　　　　　　第1編　第5章　法律行為

錯誤が本質的である場合を無効とする（ド民119条）。

　わが国の旧民法では，錯誤についての規定は309条〜311条に置かれ，そこでは，「承諾」（現在の「意思表示」あるいは「合意」に近い意味で用いられる）の欠缺となる錯誤と承諾の瑕疵となる錯誤が分けられ規定されている。合意の性質，目的，原因の錯誤は承諾を阻却するが，身上の錯誤（人に関する錯誤）では身上への着眼が決意の原因であるときは承諾が阻却され，合意の付随的原因にすぎないときは承諾は取り消しうるものとなる（旧財309条）。これに対して，物上の錯誤は物の品質に関する錯誤はそれが当事者の決意を助成するものであれば承諾の瑕疵をなすが，物の品格に関する錯誤は当事者が品格に着眼したことが明白でない限りは承諾の瑕疵とならない（旧財310条）。以上は事実の錯誤の場合であるが，法律の錯誤についても，それが「合意ノ性質，原因又ハ効力ニ存スルトキ」あるいは，「物ノ資格又ハ人ノ分限ニ存シテ其資格若クハ分限カ決意ヲ為サシメタルトキ」は，事実の錯誤と同様に承諾の阻却あるいは瑕疵が生じる（旧財311条）。旧民法における錯誤は，フランス民法における当時の多数説をボアソナードが明文化したものと考えられている（旧民法の起草者であるボアソナードの錯誤論については野村豊弘「ボアソナード契約に関する基礎理論——錯誤を中心に」星野英一古稀・日本民法学の形成と課題上〔1996〕257頁以下参照）。

　これに対して，新民法は，「意思表示ハ法律行為ノ要素ニ錯誤アリタルトキハ無効トス但表意者ニ重大ナル過失アリタルトキハ表意者自ラ其無効ヲ主張スルコトヲ得ス」と規定した。起草者であった富井政章によれば，この規定において意思表示の無効を「法律行為ノ要素」に限定したのは，錯誤による無効の範囲を「表意者ノ意中ニ欲スル所ト其表示シタル所ト符合セサルノ尤モ甚シキナル」ものに限定する趣旨である。そして，旧民法において承諾を阻却するものとされた錯誤は，「法律行為ノ要素」の錯誤の問題として同様の判断を導くことができるという認識が示されると共に，承諾の瑕疵を導くとされていた身上への着眼が付随的原因にすぎない場合の身上の錯誤や，物の品質・品格の錯誤などは，取引の安全を考慮して，意思表示の効力否定原因から外すという政策的判断が下されている。

　以後，平成29年改正までの間に，平成16年にひらがなに書き改められたものの（「意思表示は，法律行為の要素に錯誤があったときは，無効とする。ただし，表

108　〔山下〕

第2節　意思表示　　　　　　　　　　　　　　　　　　　　§95　I

意者に重大な過失があったときは，表意者は，自らその無効を主張することができない。」），本条は改正をされることなく用いられた。

(2)　学説の変遷

(ア)　動機表示構成の成立　　学説の詳細は他の文献に譲り，以下では，本条改正の基礎となった通説的立場の形成とそこに存在した批判をかいつまんで説明する（改正直前までの議論状況をフォローするものとして，森田修『債権法改正』の文脈——新旧両規定の架橋のために 第2講 錯誤：要件論の基本構造を中心に（その1）」法教428号〔2016〕66-73頁）。

民法起草後，「法律行為ノ要素」について，起草者の一人であった梅謙次郎はこれを法律行為の「目的」であり，「当事者カ表示シタル意思ノ主タル内容」「当事者カ法律行為ニ由リテ生セシメント欲スル主タル効力」と説明していた（梅220頁）。これに対して，富井政章は，「法律行為の要素」の錯誤という語を，字義に拘泥せず，意思表示の内容に関する錯誤のうち，重要なものと理解すべきであるとし，さらに錯誤の重要性を主観的標準（表意者にとっての重要性）と，客観的標準（取引上の通念にとっての重要性）に分けて説明する学説を提唱する（富井435頁以下）。その後，富井説の枠組みは，鳩山秀夫らにも継承され，学説に強い影響を与える。

我妻栄は，「法律行為の要素」を意思表示の（重要な）内容と理解する点では富井や鳩山の立場を継承するが，意思表示の内容は表示行為の客観的解釈により定まるという立場から，動機は表示されれば意思表示の内容となるという考え方を提唱する（我妻297頁）。この我妻説により，動機の錯誤は，動機が表示され相手方に知られた場合にのみ考慮されるという動機表示構成と呼ばれる伝統的通説が形成される。なお，我妻は自説を判例の定式化として主張したが，この点については近時の学説は疑問を呈するものが多く，むしろ我妻説の出現後，判例が動機の表示を重視し始めたとする理解が一般的である（中松・前掲論文406頁注82，森田（修）・前掲論文68頁）。

(イ)　一元説・認識可能性説　　こうした動機表示構成の立場に対しては，まず表示主義の徹底という観点から批判が加えられた（舟橋諄一「意思表示の錯誤」九州帝国大学法文学部十周年記念法学論文集〔1937〕593頁以下）。その主張の要点は，①通説の前提にある，内心の効果意思と動機を心理的標準により区別することの困難性，②相手方が表意者の錯誤について悪意または過失のあ

〔山下〕　109

§95 I　　　　　　　　　　　　　　　　　　　　第1編　第5章　法律行為

る場合には，動機の錯誤以外でも表示に対する信頼を保護する必要がないこ
と，③実際に問題となるのは動機の錯誤がほとんどであることなどがあげら
れる。こうした考え方は学説のなかに広く受け入れられるようになり，錯誤
の要件として，表意者の動機の表示そのものよりも，相手方の認識可能性を
重視し，かつ認識可能性を錯誤一般の無効の要件とする認識可能性説と呼ば
れる学説が現れる（川島武宜「意思欠缺と動機錯誤」同・民法解釈学の諸問題〔1949〕
188頁以下，野村豊弘「意思表示の錯誤(6)」法協93巻5号〔1976〕690頁以下，小林一
俊・錯誤法の研究〔増補版，1997（初版1986）〕）。この認識可能性説は，1970年代
には多くの体系書にも採用されるようになり（川島289頁，幾代273頁，四宮
175-176頁，星野199頁），学説上は通説的な位置づけを獲得する（森田（修）・前
掲論文69頁）。

　(ウ)　合意主義的錯誤論　　しかしその後，表示主義に傾斜した当時の通説
的錯誤論に対する反動ともいえる立場から，意思欠缺型の錯誤と動機錯誤と
の区別を受け入れた上で，両者に別々の正当化を試みる新二元説と呼ばれる
立場が有力になっていく。この立場の出発点は，そもそも動機の錯誤は意思
と表示の不一致が生じておらず，動機に対応した事実が不存在であるという
にすぎないという認識にある。このため，動機が表示され意思表示の内容に
なったとしても，意思の欠缺を根拠として意思表示の無効を導くことはでき
ない。ここから，動機の錯誤について意思表示が認められるのは，詐欺の場
合や，あるいは動機の存在が契約の前提や条件，保証，担保責任といった形
で合意された場合であり，民法95条によって無効になることはないとする
立場もある（石田（喜）編153-159頁〔磯村保〕，高森八四郎・法律行為論の研究
〔1991〕）。しかし，その後に現れた学説では，動機の錯誤を民法95条で扱う
こと自体は肯定した上で，上記立場の問題意識を受け継ぎながら，「合意の
瑕疵」という考え方を導入する（森田宏樹「『合意の瑕疵』の構造とその拡張理論
(1)」NBL482号〔1991〕22頁以下，山本敬三「民法における『合意の瑕疵』論の展開と
その検討」同・契約法の現代化I〔2016（初出1991）〕58頁以下）。この立場によると，
動機の錯誤についての判例のルールは，意思の欠缺とは別の根拠（すなわち
合意の瑕疵）によって，意思表示の効力の否定をもたらしている。もっとも，
合意の瑕疵が意思表示の無効をもたらす理由については，錯誤リスク転換の
合意の存在から説明する説と，合意の原因（正当化根拠）が失われるという観

点から説明する説があるという整理もあり，前者が二元説の再構成を志向するのに対して，後者は一元説の再構成を志向するものと整理する論者もいる（山本 192-205 頁）。いずれにせよ，これらの立場では，動機の錯誤は，判例の理解として，動機が表示されたことよりも，動機が法律行為の内容になることに意義を見出しており，動機は表示されただけで意思表示の効力否定原因になるとするものではないというのが，この立場に共通する主張といえる。このため，これらを法律行為内容化説としてまとめることもできる。

(エ) 行為基礎論　　動機の錯誤については，ドイツの行為基礎論と呼ばれる議論との関係でも以前から研究が行われている（磯村哲「動機錯誤と行為基礎——ドイツ錯誤論の発展」同・錯誤論考〔1997（初出 1964）〕1-133 頁），大中有信「動機錯誤と等価性(1)(2・完)」論叢 139 巻 5 号〔1996〕8 頁，141 巻 5 号〔1997〕120 頁）。行為基礎論の詳細は省略するが，契約の基礎となっている事情について，それが真実と反していたことが後になって判明した場合，あるいは契約後に変更された場合について，一定の要件の下で考慮されるとする議論である。もっとも，現行ドイツ法において行為基礎について定める BGB 313 条は，行為基礎の侵害を契約解除あるいは契約改定の事由としており，錯誤とは区別して扱われている（森田(修)・前掲論文 72 頁）。

本条では，「表意者が法律行為の基礎とした事情」という表現が使われており，これは行為基礎論を想起させる表現であるが，後に述べるように本条の文言は法制審において二転三転しており，本条の文言をもってドイツの行為基礎論との関連性を強調しすぎることには慎重であるべきだろう（森田修「『債権法改正』の文脈——新旧両規定の架橋のために 第 2 講 錯誤：要件論の基本構造を中心に（その 2）」法教 429 号〔2016〕78 頁）。

(3)　判　例　法　理

(ア) 法律行為の要素　　平成 29 年改正前 95 条についての判例をどのように理解するかについては，論者によってもばらつきがある。ここでは，判例の言い回しに忠実な形で，一般論のみを論じる。

法律行為の要素について，判例では，意思表示の内容をなし，表意者がその内容に従って法律行為上の効果を発生させようと欲した事実であって，客観的に観察し，その事実につき錯誤がなかったならば意思表示をしなかったであろうと認めることが合理的であるもの（大判大 5・7・5 民録 22 輯 1325 頁），

§95　I　　　　　　　　　　　　　　　　　　第1編　第5章　法律行為

あるいは，法律行為の主要部分であって，主要部分というのは，この点につき錯誤がなかったならば意思表示をしなかったであろうと考えられ，かつ，表示しないことが一般取引の通念に照らし妥当と認められるもの（大判大7・10・3民録24輯1852頁），といった定式化がされている。

　共通するのは，「錯誤がなかったならば意思表示をしなかったであろう」という基準であるが，この基準について，当該表意者に錯誤がなかったならば当該意思表示をしなかったという意味に理解すると，これは錯誤によって意思表示がなされたという事実的因果関係が必要という要件になる。このような因果関係が要求されることには学説上も異論がないが，「法律行為の要素」という要件は，こうした因果関係を要求するだけでなく，錯誤が法律行為の重要な点に関するものであることを要求していると理解されている。上記判例でも，「客観的ニ観察シ」とか，「一般取引上ノ通念ニ照シ」という文言が入っているのは，法律行為の要素とは，錯誤の重要性を問題としているのだと考えられる。

　(イ)　動機の錯誤によって無効になる要件　　すでに述べたように，動機の錯誤についての判例は，動機あるいは縁由に錯誤があっても，意思表示ないし法律行為は無効にならないという原則を示しつつ（大判明38・12・19民録11輯1786頁，大判大8・12・16民録25輯2316頁），通常意思表示の縁由に属すべき事実でも，表意者がこれを意思表示の内容に加える意思を明示または黙示した時は，意思表示の内容を組成し，その錯誤は要素の錯誤となりうる（大判大3・12・15民録20輯1101頁），あるいは，表意者が動機を当該意思表示の内容として相手方に表示した場合でない限り法律行為の要素とはならない（最判昭29・11・26民集8巻11号2087頁）といった定式化がされることが多かった。

　また，動機の錯誤の1つとして，いわゆる物の性状の錯誤が挙げられ，物の性状は通常法律行為の縁由にすぎないが，表意者が特に意思表示の内容とし，取引の観念，事物の常況からみて意思表示の主要部分をなす程度のものと認められるときは，法律行為の要素となるとされた（大判大6・2・24民録23輯284頁）。

　ただし，その後の学説の展開を受けて，特に平成以降の判例は，定式化にゆらぎが見られるようである。以前の判例は動機の錯誤が無効となる要件を，動機が表示されて「意思表示の内容となること」という表現で定式化するも

第2節　意思表示　　　　　　　　　　　　　　　　　　　　§95　I

のが多かったが，最近は「動機が相手方に表示されて法律行為の内容とな」ることという表現での定式化が多い（例えば最判平元・9・14家月41巻11号75頁）。

　さらに近時になって，「動機は，たとえそれが表示されても，当事者の意思解釈上，それが法律行為の内容とされたものと認められない限り，表意者の意思表示に要素の錯誤はない」という定式化が現れた（最判平28・1・12民集70巻1号1頁）。最近の最高裁は，動機の表示よりも，法律行為の内容になったかどうかを重視しているようである。

　(ウ)　重大な過失　　表意者に重大な過失がある場合には，表意者は，錯誤による意思表示の無効を主張できない（平29改正前本条ただし書）。この重過失の判定については，普通の知慮を有する者のなすべき注意の程度を標準として抽象的に定めるというのが判例の立場である（大判大6・11・8民録23輯1758頁）。また，重過失の主張・立証責任は，相手方にあるとされている（大判大7・12・3民録24輯2284頁）。

　(エ)　錯誤の主張権者　　平成29年改正前は錯誤の効果は意思表示の無効であった。無効の主張は，原則として誰からでもできるはずであるが，判例および通説は，錯誤による無効は表意者の利益のためであるという理由から，表意者に意思表示の無効を主張する意思がない場合には，第三者が錯誤に基づく意思表示の無効を主張することは許されないとした（最判昭40・9・10民集19巻6号1512頁）。いわゆる相対無効の考え方である。ただし，表意者が意思表示の瑕疵を認めている場合には，表意者自らは当該意思表示の無効を主張する意思がなくても，第三者たる債権者は表意者に対する債権を保全するため表意者の意思表示の錯誤による無効を主張できるとしている（最判昭45・3・26民集24巻3号151頁）。

2　債権法改正の議論

(1)　初期の議論（中間論点整理まで）

　債権法改正にあたっては，錯誤に関する従来の判例法理の明文化と，学説上異論がないと思われる部分についてルールの修正が図られた。中間論点整理に依拠しながら，問題とされた点を解説する。

　(ア)　動機の錯誤に関する判例法理の明文化　　債権法改正の議論の中では，いわゆる動機の錯誤に関する判例法理を明文化することが目指された。すな

〔山下〕　113

§95 Ⅰ 第1編 第5章 法律行為

わち，従来の二元説の立場を維持し，効果意思の欠如を伴うような錯誤類型とは別に，効果意思の欠如を伴わない錯誤類型について，独自の要件を提示するという方針である。

民法（債権法）改正検討委員会による「債権法改正の基本方針」では，このような方針が明確に打ち出されている。そこでは，従来動機の錯誤といわれてきた錯誤類型は，「事実錯誤」という呼称を与えられ，効果意思の欠如を伴う「表示錯誤」と区別されている。解説によると，「表示錯誤と事実錯誤を区別するのは，事実錯誤の場合は，表意者の主観と現実の事実の間に齟齬があるのに対して，表示錯誤の場合は，そのような齟齬が問題とならないことから，事実錯誤については，表示錯誤の場合とは違った考慮が必要である」とされている（詳解Ⅰ 104頁）。そのうえで，事実錯誤，すなわち「意思表示をする際に人もしくは物の性質その他当該意思表示に係る事実を誤って認識した場合」については，「その認識が法律行為の内容とされたときに限り」錯誤による意思表示をした場合とするという提案がなされている（基本方針【1.5.13】〈2〉）。動機の錯誤の判例法理を，法律行為内容化説の立場から定式化し明文化しようとする立法提案である。

法制審議会民法（債権関係）部会の議論では，動機の錯誤に関する規律を民法に設けること，およびその際の規定内容に関して，第10回会議で審議が行われ，第22回会議で中間論点整理にまとめられた。

動機の錯誤について規定を設けることについては，①錯誤が実際に紛争になる事案の多くが動機の錯誤が問題になる事案であること，②動機の錯誤に関する現在の判例ルールの要件を明確化する必要性，③消費者保護の観点などから，明文化に積極的な意見が多く出された反面で，動機の錯誤に関する明文の規定を設けることが商取引の迅速性を阻害することになりかねないといった消極的な意見も見られた。このため，中間論点整理では，「錯誤をめぐる紛争の多くは動機の錯誤が問題となるものであるにもかかわらず，動機の錯誤に関する現在の規律は条文上分かりにくいことから，判例法理を踏まえて動機の錯誤に関する明文の規定を設ける方向で，更に検討してはどうか」という形でまとめられている（中間論点整理補足説明 224-225頁）。

動機の錯誤の規定内容についても，第10回会議では様々な意見が述べられている。まず，動機が法律行為の内容になっているかを要件とする方向の

114 〔山下〕

第 2 節　意思表示　　　　　　　　　　　　　　§95　I

意見が述べられた。すなわち，動機の錯誤について，法律行為をするかどうかを決めるに当たって重視した事実に関する認識の誤りのリスクは，本来なら認識を誤った者が負担すべきであるが，その認識が相手方との間の合意内容に取り込まれていればこのリスクを相手方に転嫁することができるという考え方を前提に，事実の認識が法律行為の内容になったことを要件とした動機の錯誤のルールを提案する意見である。しかし，これに対しては，事実の認識が「法律行為の内容になる」とはどのような状況を意味しているのかが不明確であるという意見や，実務では表示によって相手方に認識可能になっているかが判断基準とされているといった指摘がされた。また，表意者の錯誤を相手方が認識できる状態になっていることを民法95条の要件とするべきであるとする意見もあり，中間論点整理では，これらの立場を紹介した上で，「このような学説の対立も踏まえながら，上記の考え方の当否を含め，動機の錯誤に関する規律の内容について，更に検討してはどうか」と述べるにとどめている（中間論点整理補足説明225頁）。

　(イ)　要素要件の明確化　　平成29年改正前95条の「法律行為の要素」という要件については，錯誤と意思表示の間の因果関係，および錯誤の客観的重要性を示す要件として，判例法理のなかで定着してきた。改正の議論では，この点を判例の言い回しに近い形で定式化することが目指されている。民法（債権法）改正検討委員会による「債権法改正の基本方針」では，「その錯誤がなければ表意者がその意思表示をしなかったと考えられ，かつ，そのように考えるのが合理的であるとき」という定式化がされている（基本方針【1.5.13】〈1〉）。

　　法制審議会民法（債権関係）部会でも，要素の錯誤の意義を明確化するにあたって，「この点についての錯誤がなかったなら表意者は意思表示をしなかったであろう」という主観的因果性の要件と，「意思表示をしないことが一般取引の通念に照らして正当に認められること」という客観的な重要性の，双方を要件とすることを明文化するという方向で検討が進められることにはおおむね意見の一致があり，中間論点整理にもそのように述べられている（中間論点整理補足説明226頁）。

　(ウ)　表意者に重過失がある場合の無効主張の制限の例外　　平成29年改正前95条ただし書の「表意者に重大な過失があったときは，表意者は，自

〔山下〕　115

§95 I　　　　　　　　　　　　　　　　　　　　第1編　第5章　法律行為

らその無効を主張することができない」という規定の趣旨は，改正後も維持
することが目指された。ただし，例外を認めている。

　民法（債権法）改正検討委員会による「債権法改正の基本方針」では，①
「相手方が表意者の錯誤を知っていたとき」，②「相手方が表意者の錯誤を知
らなかったことにつき重大な過失があるとき」，③「相手方が表意者の錯誤
を引き起こしたとき」，④「相手方も表意者と同一の錯誤をしていたとき」
の4つのいずれかに該当するときは，表意者に重大な過失があっても，意思
表示を取り消すことができるとしている（基本方針【1.5.13】〈3〉）。

　法制審議会民法（債権関係）部会でも，当初，「債権法改正の基本方針」
で示された4つの場合について，無効主張の制限の例外とするという考え方
が示された。しかし，これに対しては，表意者の錯誤を引き起こすことにつ
いて相手方に過失がなかったような場合にまで，重過失ある表意者に錯誤主
張を認めることについて疑問視する意見も示されており，中間論点整理では，
引き続き検討課題とされている（中間論点整理補足説明226-227頁）。

　㈎　錯誤の効果（無効から取消しへ）　平成29年改正前民法95条につい
ては，錯誤の効果は意思表示の無効であった。しかし，錯誤による無効の主
張権者は原則として表意者自身に限られるというのが判例の立場であり，通
説もこれを相対無効，取消し的無効として説明してきた。そこで，改正に当
たって，錯誤の効果を取消しとすることが提案された。

　この点について，法制審議会民法（債権関係）部会の議論では，相対的無
効による表意者保護の枠組みは取消制度による表意者保護の場面と基本的に
枠組みとしては同じであるとして取消しのルールでの統一化を支持する意見，
効果を取消しとすることで錯誤無効と詐欺取消しの二重効等の問題が回避さ
れることなどを指摘する意見が出されている。他方で，効果を取消しとする
ことで，期間制限など表意者の保護が低下することを懸念する意見もあった。
中間論点整理では，錯誤の効果を無効のままとするか，取消しとするかにつ
いて引き続き検討するとしつつ，こうした点にかかわらず，錯誤の主張権者
の範囲，主張できる期間，追認や催告に関する全体の制度設計を検討する必
要性が指摘されている（中間論点整理補足説明227-228頁）。

　㈏　錯誤者の損害賠償責任　表意者の錯誤により意思表示の効力が否定
されることで，相手方が不測の損害を被った場合については，契約締結上の

116　〔山下〕

第2節　意思表示　　　　　　　　　　　　　　　　　　　§95　Ⅰ

過失責任あるいは不法行為責任に基づいて表意者に損害賠償責任を負わせるという学説が有力に主張されていたため，この点について新たに規定を置くことも検討された。ただし，一般法理の適用により解決できる問題であるとして，規定を置く必要はないとする意見もあり，現に民法（債権法）改正検討委員会の「債権法改正の基本方針」では，規定を置かないという案が示されていた（基本方針【1.5.B】）。

　法制審議会民法（債権関係）部会の初期の議論でも，そもそも錯誤者に損害賠償義務を負わせるということへの疑念も一部から表明されており，検討論点から落とすべきとする提案もあった。中間論点整理では，錯誤者は相手や第三者が被る損害を賠償する無過失責任を負うという考え方の当否について検討するとしているが，こうした損害賠償責任について，不法行為法の一般原則に委ねるべきであるとする考え方や，錯誤者に無過失責任を負わせることは，とくに消費者が錯誤に陥った場合などを想定すると酷であるといった反対意見も紹介されている（中間論点整理補足説明228頁）。

　(カ)　第三者保護規定　　平成29年改正前民法95条に関する論点の1つとして，錯誤による意思表示の無効を，善意あるいは善意無過失の第三者に対抗できるかというものがある。すなわち，詐欺による取消しについては，改正前民法96条3項で善意の第三者に対抗できないことが定められていたのに対して，改正前民法95条はそのような規定が欠けていたために，改正前民法96条3項の類推適用の可能性が論じられていた。学説上も多数説は類推適用を肯定してきた。その理由は，詐欺の場合よりも錯誤の場合の方が表意者の帰責性が大きいと考えられるため表意者より第三者の保護が優先するからである。民法（債権法）改正検討委員会の「債権法改正の基本方針」でも，こうした考え方から錯誤による意思表示の取消しについて，第三者保護規定を置くことを提案していた。ただし，この提案では，詐欺についての第三者保護要件を，善意から，善意無過失に変更することが併せて提案されていたため，錯誤に関する意思表示の取消しも，これに平仄を合わせる形で，善意無過失の第三者に対抗することができないとされた（詳解Ⅰ120-121頁）。

　法制審の議論では，意思表示の効力が否定された場合の第三者保護規定を設けること自体についてはあまり異論がなく，規定の配置や第三者が保護される要件についての議論が行われている。中間論点整理では，錯誤以外にも，

〔山下〕　117

§*95* Ⅰ   第1編　第5章　法律行為

心裡留保，虚偽表示，詐欺等について問題となるので，整合性に留意しなが
ら，規定内容や第三者保護規定の配置の在り方について検討するとしている。
特に，規定内容については，善意無過失とする説と，善意のみであるとする
説が紹介されている（中間論点整理補足説明 228-229 頁）。

　㊍　意思表示に関する規定の拡充（不実表示・不利益事実の不告知）　　民
法改正の当初の議論では，不実表示あるいは不利益事実の不告知に対応する
規定を，民法の中に設けることも検討されている。民法（債権法）改正検討
委員会の「債権法改正の基本方針」によれば，「相手方に対する意思表示に
ついて，表意者の意思表示をするか否かの判断に通常影響を及ぼすべき事
項」について，相手方あるいは第三者が「事実と異なることを表示したため
に表意者がその事実を誤って認識し，それによって意思表示をした場合」を，
意思表示の取消原因とする提案がされ（基本方針【1.5.15】〈1〉〈2〉），これは消
費者契約法上の不実告知や不利益事実の不告知の規定を，消費者契約以外に
も拡大する趣旨である旨が説明されている（詳解Ⅰ 124 頁以下）。

　法制審議会民法（債権関係）部会第 10 回会議では，不実表示に関する規
定を置くことについて，賛成の意見と，反対の意見の両方が示された。

　賛成の意見の委員からは，不実表示の規定は，要素の錯誤の場合（相手方
の主観的事情や行為態様を考慮せず，錯誤の重要性を要件とする）と，詐欺の場合
（故意の欺罔行為により引き起こされた錯誤で，重要性を考慮しない）とのすき間を埋
める法理であるという理解のもとで，動機の錯誤に関して，相手方が錯誤を
引き起こした場合には，意思表示が無効にされてもやむを得ないと考えられ
ているという指摘，表意者が相手方から提供された情報を信用することが許
される状況では，表意者の信頼を相手方が裏切ったことを理由に錯誤のリス
クを相手方に転嫁することが認められるといった指摘がなされた。また，消
費者契約法 4 条の不実告知や不利益事実の不告知の規定を取引一般に拡大す
るべきであるといった観点からの指摘も見られた。

　これに対して，不実表示の規定を設けることに反対の委員からは，表意者
が事業者である場合には，相手方の提供した情報について表意者自身が正確
性を確認する義務を負うべきであるとした意見や，事業者と消費者の情報の
格差を前提とした消費者契約法の規定を取引一般に拡大することの妥当性を
疑問とする見解が示された。

118　〔山下〕

第2節　意思表示　　　　　　　　　　　　　　　　　　　§95　I

　中間論点整理では，不実告知規定の濫用のおそれ，表意者が事業者であっ
て相手方が消費者である場合にはこうした規律を適用するのは適当ではない
という指摘，相手方に過失がない場合に取消しを認めることは相手方の保護
に欠けるといった指摘も踏まえ，検討を継続するものとしている（中間論点
整理補足説明231-234頁）。

　他方で，不実告知の規定を設けた場合に，いわゆる表明保証によって真実
であるとされた事実について事後的にそれが真実でないとされた場合に，そ
れが表明保証条項の違反ではなく，不実告知として扱われる可能性について
の懸念なども示され，特約により不実表示規定の適用を排除できるようにす
べきだといった提案もなされたが，意思表示の規定は強行規定であるから不
実表示の規定を排除することができないといった指摘もされた。ただし，正
確性について担保しないという留保の下で情報を提供した場合にはここでい
う不実表示には該当しないといった意見や，不実表示に基づく取消権の事前
放棄の可能性も指摘されている。他方で，事実に関する認識の誤りのリスク
を両当事者が合意することで転嫁することは可能であって表明保証はこのよ
うなリスク負担の合意として有効であるといった意見や，表明保証がされて
いる場合は，その事項が真実でなかったとしても契約の効力を維持し，その
後の処理を当該表明保証条項に指定された処理に委ねるという合意がされて
いるのだから，表明保証された事項が真実でなかったとしても，それが真実
であるという表明と意思決定との間の因果関係が欠けるのではないかといっ
た見解も，中間論点整理では示されている（中間論点整理補足説明233-234頁）。

（2）**中期の議論（中間試案まで）**

　中間論点整理から中間試案までの段階の法制審の議論において，それぞれ
の論点について，重要な立場の決定がなされている。第1は，伝統的な二元
説の立場を採用し，表示錯誤と事実錯誤を分けて要件化することが決定され
たことである。第2に，不実表示について独自の規定を置くことをやめ，事
実錯誤の規定の中で不実表示の事例を扱うことを決定していることである。
その他の論点と共に，中間試案がどのようにまとめられたかという観点を中
心に，以下説明する。

（ア）**主観的因果性と客観的重要性**　　中間試案第3・2(1)は，「意思表示
に錯誤があった場合において，表意者がその真意と異なることを知っていた

〔山下〕　119

§95 I   第1編　第5章　法律行為

とすれば表意者はその意思表示をせず，かつ，通常人であってもその意思表
示をしなかったであろうと認められるときは，表意者は，その意思表示を取
り消すことができるものとする」と定めている。

　これは，錯誤によって意思と合致しない表示行為がなされたいわゆる表示
錯誤を念頭に，平成29年改正前95条の規律内容を基本的に維持した規定と
される。その上で，「要素の錯誤」の内容について，判例の立場に従って，
その錯誤がなかったならば表意者は意思表示をしなかったであろうという主
観的因果性の要件と，通常人であってもその意思表示をしなかったであろう
という客観的重要性の要件に分けた要件の定式化をしている（中間試案補足説
明14頁）。

　この主観的因果性と客観的重要性の要件は，次に見る事実錯誤，すなわち
従来の動機の錯誤に関する規定でも要求されており，この要件は，錯誤によ
り意思表示が取り消される場合の共通の要件とされている。

　(イ)　表示錯誤と事実錯誤への二元化　　中間試案第3・2(2)は，「目的物
の性質，状態その他の意思表示の前提となる事項」の錯誤に関する規定であ
り，いわゆる動機の錯誤に関する規定である。この場合，中間試案では，前
述の主観的因果性と客観的重要性の要件に加えて，「意思表示の前提となる
当該事項に関する表意者の認識が法律行為の内容になっているとき」か，も
しくは，「表意者の錯誤が，相手方が事実と異なることを表示したために生
じたものであるとき」に，意思表示を取り消すことができるものとしている。

　中間試案補足説明によると，これは判例の考え方に従って動機の錯誤に関
する規律を明確化しようとするものであり，表示行為の錯誤と動機の錯誤を
区別し，動機の錯誤について顧慮される場合に特別な要件を課す，いわゆる
二元説の立場に立つことを明らかにしたものである。

　この段階で，中間試案は，いわゆる一元説の立場を採用しないことを明ら
かにした。すなわち中間試案補足説明では，表示行為の錯誤と動機の錯誤を
区別せず，「錯誤一般について，相手方の正当な信頼を保護するため，表意
者が錯誤に陥っていること又は錯誤に陥っている事項の重要性について相手
方に認識可能性があることを要件とする学説がある」ことを紹介した上で，
こうした学説については，「単に表意者が錯誤に陥っているということ又は
その事項が表意者にとって重要であることを相手方が認識しているというだ

120　〔山下〕

第2節　意思表示　　　　　　　　　　　　　　　　　　　　　§95　Ⅰ

けで，その法律行為の効力が否定されるリスクを相手方に転嫁できる」とする理論的根拠がないことや，従来採られてきた判例の定式と異なる定式を用いるもので，導かれる帰結が従来の実務と一致するのか必ずしも明確でないといった指摘がありうるとして，伝統的な通説や判例が採ってきた二元説の見解に従った規定の明確化の方針を明らかにしたのである（中間試案補足説明16頁）。

　なお，前述中間試案第3・2(2)の「目的物の性質，状態その他の意思表示の前提となる事項」という語は，従来は「動機」と言われていたものを別の言い方で表現したものであるが，中間試案補足説明によると，表意者が現に意思決定の基礎とした認識の対象が広く含まれるとする。これに対して，意思決定の基礎とすることが社会通念上相当でない事項を除外するために「前提とすべき事項」という語を用いる意見もあるとした上で，「動機の錯誤」に該当するかどうかというレベルで規範的な評価を行うことが従来は行われてこなかったという点から，「前提となる事項」という表現を採用したものとしている（中間試案補足説明16-17頁）。

　㋑　動機の錯誤の取消要件の具体化

　　(a)　前提の認識が法律行為の内容となっている場合　　中間試案第3・2(3)において，動機の錯誤により意思表示が取消可能とされる場合を，「意思表示の前提となる当該事項に関する表意者の認識が法律行為の内容になっているとき」と定式化したのは，中間試案補足説明によれば，判例法理を定式化しようとしたものである。

　中間試案補足説明によると，動機の錯誤に関する判例法理をどのように理解するかについては，動機の表示が重視されているという理解もあるが，最高裁判例のなかに「動機が表示されても意思解釈上動機が法律行為の内容とされていないと認められる場合には，動機に存する錯誤は法律行為を無効ならしめるものではない」との定式化をしたものがあること（最判昭37・12・25訟月9巻1号38頁），動機の表示の有無にかかわらず動機が法律行為の内容になったかどうかを問題とするものがあること，動機の表示を重視するかのような定式を述べる判例の多くは，動機の表示のない限り意思表示の内容にならないとして要素性を否定するものであることなどを理由に，判例を総体として見れば，動機の表示の有無よりも当該事項が法律行為の内容として取り

〔山下〕　　121

§*95* Ⅰ   第1編　第5章　法律行為

込まれているかが重視されているという理解を支持する（中間試案補足説明
17-18頁）。

　他方で，中間試案補足説明は，動機が表示されることを重視する見解を，
「動機が表示されていれば動機に関する錯誤を顧慮しても相手方の信頼を害
する程度は小さいことを理由に支持する立場」があるとした上で，動機が表
示されたとしてもそのことから相手方が錯誤の有無を判断できるとはいえず，
相手方の正当な信頼がないとはいえないこと，表意者が動機を一方的に表示
することによってその誤りのリスクを相手方に転嫁できることを正当化する
理論的な根拠が明らかでないこと，実質的に見て，一方当事者が契約を締結
する理由を述べ，相手方がそれを知りえたというだけで，錯誤を主張できる
とすると，取引の安全を著しく害することなどを述べて，これに否定的な評
価を示している。また，動機の表示と法律行為の内容化とを合わせて要件と
するという考え方に対しても，2つの要件の関係が明らかでないことなどを
理由にこれを退けている（中間試案補足説明18頁）。

　動機の錯誤に関する判例法理を，このように定式化することに対しては，
これ以前の法制審議会民法（債権関係）部会で十分な意見の一致があったか
は明らかでない。法制審議会同部会第31回会議では，法務省の用意した部
会資料27により，動機の錯誤の要件については，甲案として，「表意者が事
実を誤って認識し，その認識が［表示されて］法律行為の内容とされたこと
を要する旨の規定」と，乙案として，「表意者が事実を誤って認識し，それ
に基づいて意思表示をしていること［又は錯誤に陥った事項が表意者にとっ
て重要であること］を相手方が認識し，又は認識することができたことを要
する旨の規定」の2案が提案され検討された。このうち，乙案すなわち相手
方の認識可能性を要件とする説を採らないことについては，大方の賛同を得
られているが，甲案については，認識が「法律行為の内容とされたことを要
する」という定式化について，法律行為の内容になるとはどういう場合かが
不明確であるといった意見や，法律行為の内容化が要件となるのは，性状錯
誤などの類型に限られるのではないかといった意見が出されていた（部会資
料27・32頁）。

　中間試案は，同補足説明からも分かるように，表示主義に基づき相手方の
信頼保護を重視する錯誤論を否定するという立場から，動機の錯誤の判例法

第2節　意思表示　　　　　　　　　　　　　　　　　　§*95* I

理は動機の表示を要件とするものではないとの理解を示し，法律行為の内容
化という要件を積極的に採用しようとしている。このことが，その後の議論
に混乱をきたす原因となった。

　（b）　相手方による不実表示があった場合（不実表示の取込み）　　中間論
点整理では，意思表示に関する規定の拡充として，不実表示についての規定
を，錯誤とは別に設けることが検討課題とされていた。しかし，中間試案第
3・2(2)イでは，「表意者の錯誤が，相手方が事実と異なることを表示したた
めに生じたものであるとき」は意思表示を取消可能とする提案として，動機
の錯誤の中に不実表示が取り込まれている。

　法制審議会民法（債権関係）部会第31回会議における部会資料29では，
不実表示は錯誤，詐欺とは別に独立した規定として提案されている。それに
よると甲案として，「一定の事実について，相手方が事実と異なることを表
示したために，表意者が表示された内容が事実であると誤認し，それによっ
て意思表示をした場合は，その意思表示を取り消すことができる旨の規定」
の創設の提案が，乙案として，そうした場合についての新たな規定を設けな
いという提案が示されている（部会資料29・7頁）。しかし，「現実の裁判例で
は相手方が事実と異なる表示をしたために表意者が動機の錯誤に陥った場合
には，『動機が表示されていること』『動機が法律行為の内容となっているこ
と』などの要件を満たさなくても錯誤無効が認められてきたという理解」に
より，中間試案では，端的に動機の錯誤の規律の一部に不実表示を位置づけ
るという方向性が採用されている。このように不実表示を意思表示の取消原
因とする理由として，相手方が事実と異なる表示をした場合，「表意者はそ
れを信じて誤認をする危険性が高」いこと，「相手方は自ら誤った事実を表
示して表意者の錯誤を引き起こした以上，その意思表示の取消しという結果
を受忍」すべきであることなどから，「意思決定の基礎となる情報の誤りの
リスクを相手方に転嫁することができる」としている（中間試案補足説明19-20
頁）。

　もっとも，こうした考え方に対しては，「事業者が表意者である場合には
自己責任の原則が強く妥当し，相手方が事実と異なる表示をしたとしても，
そのことから直ちに意思表示の基礎となる情報に関するリスクを表意者に負
担させるのは適当でない」といった反論も紹介されている（中間試案補足説明

〔山下〕　123

§**95** Ⅰ   第1編　第5章　法律行為

20頁）。

　㈔　**重過失による取消しの制限の例外の具体化**　　中間試案第3・2(3)は，錯誤者に重過失がある場合の取消しについて定めている。中間論点整理の段階で，平成29年改正前95条ただし書の，錯誤者に重過失がある場合には無効の主張を制限するという基本的な規律は維持しつつ，その制限の例外を具体化する方向で検討する方針が示されていた。中間試案では，①「相手方が，表意者が上記(1)又は(2)の意思表示〔すなわち取り消しうる錯誤による意思表示─筆者注〕をしたことを知り，又は知らなかったことについて重大な過失があるとき」と，②「相手方が表意者と同一の錯誤に陥っていたとき」の2つの場合には，表意者は錯誤による意思表示の取消しをできないものとしている（中間試案第3・2(3)ア・イ）。

　中間試案補足説明によると，表意者の錯誤について，相手方が知っていた場合，あるいは，それと同視できる，知らなかったことについて相手方に重過失がある場合については，相手方を保護する必要はないので，表意者に重過失があっても無効を主張する事ができるというのが通説であり，①の場合は，これを採用したものである。また，②の場合は，いわゆる共通錯誤の場合である。共通錯誤の場合には，相手方も同様の錯誤に陥っている以上，法律行為の効力を維持して保護すべき正当な理由はなく，重過失のある表意者の錯誤主張を制限しなくてよいとする有力説を採用したものである（中間試案補足説明23-24頁）。

　他方で，相手方が事実と異なる表示をしたために表意者が錯誤に陥った場合（相手方が表意者の錯誤を引き起こした場合）について，表意者に重過失があっても錯誤の主張を制限するべきではないという考え方に対しては，「表意者の知識，経験，属性等によっては相手方の表示を安易に信ずるのは相当でなく，他方，相手方が事実と異なる表示をしたとしてもそのことについて相手方に過失があったとはいえない場合もある」などとして，こうした場合に錯誤の主張を制限するかどうかは，表意者に重過失があったかどうかの判断を柔軟に行うことで双方の利害に配慮した結論を導くという観点から，規定をあえて設けなかったことがうかがわれる（中間試案補足説明24頁）。

　㈕　**第三者保護規定**　　中間試案第3・2(4)は，錯誤による意思表示の取消しを，「善意でかつ過失がない第三者に対抗することができない」とする

第 2 節　意思表示　　　　　　　　　　　　　　　　　　　§95　I

規定の提案である。この点について，中間試案補足説明では，「表意者が権利を失うという効果を正当化するためには第三者の信頼が保護に値すること，すなわち第三者の善意無過失が必要であること」が原則であるとしつつ，「錯誤に基づいて意思表示をした者は，心裡留保や通謀虚偽表示の意思表示をした者とは異なり，それが真意と異なることを自分で知って意思表示をしたわけではなく，表意者の態様が類型的に悪質であるとまでは言えない」として，第三者保護要件を単なる善意ではなく，善意無過失とする提案をしている（中間試案補足説明 24-25 頁）。

　(カ)　その他　　このほか，中間試案では，錯誤による意思表示の効果を取消しに定めている。その理由として，中間試案補足説明では，表意者以外の第三者の錯誤無効の主張を制限する判例（最判昭 40・9・10 民集 19 巻 6 号 1512 頁）の存在，錯誤した表意者を詐欺によって意思表示をした者以上に保護する合理的な理由がないことなどを挙げている（中間試案補足説明 15-16 頁）。

　(3)　後期の議論（要綱案の確定まで）

　錯誤に関する規律について，中間試案でいったん方針が示されたものの，法制審議会民法（債権関係）部会ではその後も議論が収束しなかった。とくに，動機の錯誤についての要件の明確化をめぐって，要綱案の確定までの間に規定案は修正を繰り返した。ここからは会議ごとにどのような提案と議論がなされたかを，要綱案の確定まで追っておく。

　(ア)　第 76 回会議　　法制審議会民法（債権関係）部会第 76 回会議では，「動機の錯誤が顧慮されるための要件」と「動機の錯誤が相手方によって惹起された場合」の 2 つの場合をどのように考えるかについて，集中的に議論されている。

　第 1 の点については，「いわゆる動機の錯誤が民法第 95 条の錯誤として顧慮されるための原則的な要件としては，表意者の誤った認識が法律行為の内容になっていたことを要するという案が示されているが（中間試案第 3，2 (2)ア），この要件については，その内容を更に具体的に表現すべきであるとの考え方があるが，どのように考えるか」という問題提起がされている（部会資料 66B・1 頁）。

　この点については，動機が表示されているというだけでは動機の錯誤の要件としては不十分であるとか，現在の判例法理における法律行為の要素とい

〔山下〕　　125

§95 Ⅰ   第1編　第5章　法律行為

う要件は，法律行為の内容化という趣旨であるといった，中間試案の内容を
支持する意見があった反面で，そもそも法律行為の内容という表現は明確で
なく，契約内容という意味だとすると形式的に判断されないかという意見や，
錯誤の要素性，客観的重要性が高まると，相手方が認識しただけで錯誤無効
を認めてよい場合が生じるのではないかといった意見，相手方との関係や相
手方の状況を取り込むための要件が必要であるという意見，判例法理の明文
化であるなら動機の表示を要件の中に残すべきだという意見が出されており，
さらには要素の錯誤という従来の要件を維持すればよく，動機の錯誤につい
て特別の規定を置く必要はないといった意見も出されており，中間試案につ
いて委員の中に十分なコンセンサスが得られていなかった状況がうかがえる
（部会第76回議事録2-14頁）。

　第2の点については，「表意者の錯誤が，相手方が事実と異なることを表
示したために生じたものである場合には，それが法律行為の内容になってい
ないときであっても民法第95条の錯誤として顧慮される旨の規定を設ける
という考え方があるが，このような規定の要否，具体的な要件の内容等につ
いて，どのように考えるか」という問題提起がされている（部会資料66B・3
頁）。

　この点について，経済界の委員から，不実表示の規定の導入に強い反対が
表明され，学者の委員からは不実表示の規定の導入に賛成だが要件を再検討
すべきとの意見が示された（部会第76回議事録14-19頁）。

　(イ)　第86回会議　　法制審議会民法（債権関係）部会第86回会議では，
錯誤全般について改めて規律の提案がなされている。

　まず，錯誤全般についての基本的要件として，「その錯誤がなかったとす
れば表意者はその意思表示をせず，かつ，それが取引通念上相当と認められ
るとき」という要件の提案がされている（部会資料76A・1頁）。主観的因果性
と客観的重要性を要件とするという点において，提案に実質的に変更はない。
ただし，中間試案では客観的重要性の基準を「通常人」としていたのを，
「取引通念」という表現に変えている。この点について会議では，「社会通
念」など別の表現を推す意見も出された（部会第86回議事録2-4頁）。

　動機の錯誤については，動機の錯誤についても主観的因果性と客観的重要
性を要件とすることを前提に，意思表示を取り消すことができる場合を，

第2節　意思表示　　　　　　　　　　　　　　　　　§95　Ⅰ

「動機が法律行為の内容になっているとき」と，「動機の錯誤が相手方によって惹起されたとき」の2つの場合とする提案をしている（部会資料76A・2頁）。中間試案の内容を実質的に維持し，動機の錯誤が取消原因になる要件を，法律行為内容化と不実表示の2つの場合とする提案と考えられる。

　この提案に対して会議では，特に法律行為の内容化という要件について，第76回会議同様，賛成の意見と，反対の意見が出された。賛成の意見は，提案内容は，動機の錯誤の判例を明文化したものであるとし，法律行為の内容になるとは，給付内容あるいは債務内容になる場合だけでなく，法律行為の前提となっている場合も含まれると考えれば，法律行為の内容化という基準は不明確とはいえないといった議論を展開した。また，動機の表示を要件に加えると，表示されていないが錯誤による意思表示の取消しを認めるべき場合に無理が生じるなどと主張した。これに対して，反対の立場からは，動機が法律行為の内容になるという表現に，様々な場合が含まれているとして，法律行為の内容という言葉を採用すると，限定的な理解になりはしないかという懸念などから，動機の表示という点を要件に加えることで解釈を柔軟化するべきだという趣旨の主張がされている（部会第86回議事録4-10頁）。

　重過失については，重過失がある表意者は原則として取消しができないこと，表意者の錯誤について相手方が知っているか，知らないことに重過失がある場合と，相手方が表意者と同一の錯誤に陥っていた場合には，例外的に取消しが制限されないという中間試案のルールが，規定内容も含めて維持されている（部会資料76A・4頁）。この点について，会議では，同一の錯誤とは，同じ内容の錯誤である必要があるのか，同一の項目に錯誤があることで足りるのかといった質問が出されている（部会第86回議事録10-11頁）。

　この他，第三者保護要件についても提案がされているが，中間試案と内容が変わらないので省略する。

　(ウ)　第88回会議　　法制審議会民法（債権関係）部会第88回会議で示された部会資料78Aでは，錯誤に関する規定内容がかなり変化している。

　第1・1の提案は，表示錯誤に関するものであるが，「意思表示に錯誤があり，その錯誤がなければ表意者は意思表示をしていなかった場合において，その錯誤が意思表示をするか否かの判断に通常影響を及ぼすべきものであるときは，表意者は，その意思表示を取り消すことができる」とする（部会資

〔山下〕　127

§95 I　　　　　　　　　　　　　　　　　　第1編　第5章　法律行為

料78A・1頁）。主観的因果性と客観的重要性の2つを要件とする点はこれまでと同じだが，客観的重要性の判断基準が「意思表示をするか否かの判断に通常影響を及ぼすべきもの」という表現に改められている。

　第1・2の提案は，動機の錯誤に関するものであるが，「ある事項の存否又はその内容」の錯誤について，主観的因果性と客観的重要性の他に，ア「表意者が法律行為の効力を当該事項の存否又はその内容に係らしめる意思を表示していたこと」，あるいはイ「相手方の行為によって当該事項の存否又はその内容について錯誤が生じたこと」を取消しの要件とするとしている（部会資料78A・1頁）。

　アのような定式化がされた理由について，部会資料78Aでは，判例法理が，動機が「意思表示の内容」あるいは「法律行為の内容」とされていることを要件としているのは，その動機が当該法律行為の効力を左右するものであることが前提となっていなければならないことを意味していると思われるとし，その動機が法律行為の効力を左右することを表示していれば，動機の錯誤を理由として当該法律行為を無効としても相手方にとって不意打ちにはならないと説明している（部会資料78A・3頁）。

　しかし会議では，このアのような動機の錯誤の要件の定式化の提案に対しては，否定的な意見が大勢を占めた（部会第88回議事録11-32頁）。

　否定的な意見は，2つの方向から示されている。第1の方向は，錯誤者が「法律行為の効力を当該事項の存否又はその内容に係らしめる意思を表示していたこと」を重視しすぎると，錯誤者と相手方の意思が合致していない場合（合意のない場合）との区別が不明確になるといった指摘，契約不適合（従来の瑕疵担保）の場合に目的物の性質が契約内容となるとする点との整合性がとれなくなるといった指摘，動機の存否が契約の条件になっている場合と重なってしまうという指摘である。動機の錯誤が取消可能になる場合が限定されすぎ，他の制度によって法律行為の効果が否定される場合との競合や矛盾が無視できないほど大きくなるという方向からの指摘である。

　否定的な意見の第2の方向は，アのような定式化をすると，意思が表示されるだけで錯誤による取消しが認められると読めるという批判である。錯誤リスクが表示だけで相手方に移転することは適当ではなく，リスクの移転を正当化するだけの何らかの要件を課すべきであるとする意見や，表示して相

128　〔山下〕

第2節　意思表示　　　　　　　　　　　　　　　　　　　　　§95　I

手方が認識可能であり，かつ重要な錯誤であっても，意思表示の効力を否定することが適当でない場合があるといった意見がこれに当たる。

　また不実表示に関するイの定式化についても，表明保証がされた事項について事後的に事実と異なることが判明した場合に意思表示の効力が否定されるのは適当でないといった指摘がされ，表明保証はそもそも錯誤の問題ではなく，当事者で明確に合意した部分の問題なので，このような規定を置いても意思表示の効力に影響はないといった反論がなされるなど，意見の対立が見られた（部会第88回議事録32-35頁）。

　(エ)　第90回会議　　法制審議会民法（債権関係）部会第90回会議は，要綱案の取りまとめの最終段階で，意見の一致を見ていなかった動機の錯誤の扱いについてのみ集中的に審議された。そこで示された部会資料79Bでは，法務省側から動機の錯誤に関する規定について，第88回と同じ内容の提案（甲案）がなされているが，他方で，このような修正案の他に，平成29年改正前95条の規定をそのまま維持するという提案（乙案）もなされている。これは従前の判例法理の理解に委員の間で差異があることを踏まえて，判例法理を明確化することを断念する可能性を示唆したものである。

　これに対しては，複数の委員・幹事から，判例法理の明文化を目指すことを放棄するべきではないという意見が出された。また，動機が法律行為の内容となっていることを要件に入れるべきであるという立場であった山本敬三幹事から，「表意者が法律行為の効力を当該事項の存否又はその内容に係らしめる意思を表示していた」（部会資料79B・第1［甲案］2・ア）場合に，相手方がそれに承諾を与えて契約が締結すれば，動機が法律行為の内容になったと通常は理解できるはずなので，このような定式化も受け入れられるといった意見が表明され，判例法理に対する理解に完全な意見の一致は見られないまま，法務省の提案する方向での定式化を推進することについて了承が得られた（部会第90回議事録11-19頁）。

　このほか，客観的重要性の要件について，「意思表示をするか否かの判断に通常影響を及ぼすべきもの」（部会資料79B・第1［甲案］2注書）という基準は，更に見直すべきとの要望が出されている（部会第90回議事録13-14頁）。

　(オ)　要綱案　　その後，法務省が取りまとめた要綱仮案は，部会資料79Bで示された錯誤の要件について更に修正を加えており，これが要綱案，改正

〔山下〕　129

§95 Ⅰ 　　　　　　　　　　　　　　　　　第1編　第5章　法律行為

法案の元になっている。要綱仮案の規定内容は現行法と同じであり，部会資料79Bとの違いは，次の点である。

第1に，要綱仮案第3・2(1)は，表示錯誤と動機の錯誤が取消原因であることを明らかにし，共通の要件を，「次のいずれかの錯誤に基づくものであって，その錯誤が法律行為の目的及び取引上の社会通念に照らして重要なものであるとき」とまとめている。これは，錯誤の主観的因果性と客観的重要性の2つの要件を，従来とは異なる書き方で定式化したものと理解できる。

第2に，動機の錯誤について，「表意者が法律行為の基礎とした事情についてのその認識が真実に反するもの」という新たな表現をしている（要綱仮案第3・2(1)イ）。さらに部会資料79Bでみられた，その錯誤が取消原因となる要件の定式化について，「表意者が法律行為の効力を当該事項の存否又はその内容に係らしめる意思を表示していたこと」（第1〔甲案〕2・ア）という定式化をやめ，新たに「当該事情が法律行為の基礎とされていることが表示されていたとき」という定式化を行っている（要綱仮案第3・2(2)）。

第3に，やはり動機の錯誤について，不実表示すなわち「相手方の行為によって当該事項の存否又はその内容について錯誤が生じたこと」（部会資料79B・第1〔甲案〕2・イ）が取消原因となるという規定を削除している。

このような要綱案の取りまとめ方には，委員・幹事から異論もあったようである。法制審議会民法（債権関係）部会第96回会議では，主観的因果性，客観的重要性の2要件を上記のように言い換えることへの反対意見や，「法律行為の基礎」という新たな概念を持ち込んで，動機の錯誤のルールを定式化することに対する反対意見が示されている。しかし，最終的にはこの案において，「法律行為の基礎とされていることが表示されていた」という規定の書きぶりが，単純に表意者が動機を表示していれば錯誤による取消しを認めるという趣旨ではなく，規範的に「表示されていた」と評価できる場合にのみ錯誤による取消しを認める趣旨を含んでいるとも理解可能であるといった意見が出されたこともあり，従来の議論の趣旨から外れていないという了解のもとで，要綱案として確定したものである（部会第96回議事録1-9頁）。

3　改正前法と現行法の対応関係

法制審議会民法（債権関係）部会での議論は，上述のとおり二転三転したが，その議論の経緯からは，民法95条について，少なくとも要件面では判

第2節　意思表示　　　　　　　　　　　　　　　　　　　　§95　Ⅰ

例法理の明文化を意図していたことが分かる。こうした部分については，新たな条文に代わっても，従来の判例法理が参考になる部分は多いであろう。

(1)　要　　件

(ア)　要素の錯誤　　平成29年改正前95条の「法律行為の要素」という語は，それが条文上，錯誤により意思表示の効力が否定される場合の唯一の積極的な要件とされていることもあって，多義的な意味が込められており，判例法理の表現も1つではない。しかし，この語に，主観的因果性と，客観的重要性という2つの意味が含まれているという点は，あまり異論がない判例法理の理解である。

主観的因果性とは，その錯誤がなければ表意者がその意思表示をしなかったであろうといえる関係であり，効力の否定が主張されている意思表示が，主張されている錯誤によってなされたという具体的な因果関係の存在，あるいは，問題の錯誤が，表意者自身の意思形成に重要性をもっていたという関係である。この関係がなければ錯誤による意思表示の効力否定が認められないことには異論がない。

客観的重要性とは，そこで主張される錯誤が，客観的な観点からも重要性をもっていたということであり，通常一般人の観点，取引通念，社会通念など，言い方は様々考えられるが，表意者以外の第三者的な視点からみても，その錯誤がなければその意思表示がされないであろうと評価できるような関係をいう。このような客観的重要性が，法律行為の要素の解釈として判例法理の中で要求されてきたことも，異論のない理解と思われる。

(イ)　動機の錯誤　　動機の錯誤については，法制審議会民法（債権関係）部会の議論でも最後まで完全な意見の一致が見られなかった。その原因は，判例法理の理解自体で，委員の間に意見の相違があったからである。もっとも，同部会の議論によって，いくつかの点は明らかにされている。

第1は，いわゆる一元説の立場を明確に排除したことである。平成29年改正前95条の下では，主に表示主義の立場から，錯誤により意思表示の効力が否定される場合の共通の要件として，表意者の錯誤についての認識可能性，あるいは表意者が錯誤した事項が表意者にとって重要であることの認識可能性を要求する学説が有力に主張されていた。しかし，判例法理は，表示錯誤の場合に意思表示の効力が否定されるための要件をベースに，動機の錯

〔山下〕　　131

§95 Ⅰ   第1編　第5章　法律行為

誤の場合にはプラスアルファの要件を課すという二元説の考え方をとってき
たとされている。今回の改正では，民法95条で扱う錯誤の類型を2つに分
けることで，一元説の立場による定式化をしないことを明らかにしている。

　第2は，動機の錯誤と呼ばれてきた錯誤類型について，判例法理では，動
機の錯誤は「法律行為の要素」の錯誤ではないのが原則であるとしつつ，動
機が表示され，意思表示あるいは法律行為の内容になったときには，動機の
錯誤も要素の錯誤になるというような定式化をしてきた。法制審議会民法
（債権関係）部会の議論では，新たな条文は，この判例法理を明文化するも
のであって，意思表示の効力が否定される範囲を，変更しようとするもので
はないという点では共通の認識があったものと思われる。この点からすると，
動機の錯誤について，動機が事前に表示されてさえいれば，その錯誤による
意思表示の効力が常に否定されるというような理解は，同部会ではどの委員
もとっていなかったことは明らかである。もっとも，その点が最終的にどの
ように条文に反映したのかが，必ずしも明らかではない。

　(ウ)　重過失　　錯誤が表意者の重大な過失によるものである場合について，
意思表示の取消しを制限するという現行法の規定は，平成29年改正前95条
ただし書の規定の趣旨を受け継いだものである。他方で，表意者に重過失が
あっても取消しが認められない場合として，「相手方が表意者に錯誤がある
ことを知り，又は重大な過失によって知らなかったとき」（本条3項1号），
「相手方が表意者と同一の錯誤に陥っていたとき」（同項2号）の2つの場合
を規定した部分は，新設規定である。この2つの場合について表意者に重過
失があっても錯誤の主張が認められるという点は，従来学説では有力であっ
たが，確立した判例法理があったとまではいえない。しかし，法制審議会民
法（債権関係）部会ではこの2つの規定の追加については大きな異論は見ら
れなかった。

　(2)　効　果

　(ア)　意思表示の効力否定　　現行法では，錯誤の効果は意思表示の取消可
能であり，この点は単なる判例法理の明文化ではない。平成29年改正前の
法律行為の要素の錯誤は，「表示の内容と内心の意思とが一致しないことを
表意者自身の知らないもの」と定義され（我妻栄・民法総則（民法講義Ⅰ）
〔1951〕245頁），錯誤は心裡留保や虚偽表示と並び，無効原因として定義され

132　〔山下〕

第2節　意思表示　　　　　　　　　　　　　　　　　　　　§95　II

ていた。しかし，改正前から，錯誤の効果について，第三者からの無効主張
を認めないいわゆる相対的無効の立場が判例で採用されており，主張権者の
点では，取消しに近い扱いがされてきた。このことから，錯誤の効果を取消
しとすることには，異論は少なかったものと思われる。

　(イ)　第三者保護規定　　錯誤による意思表示の取消しについて，善意無過
失の第三者に対抗できないとする本条4項は，新設条文である。平成29年
改正前から，学説上は，民法96条3項類推適用説，民法94条2項類推適用
説などが主張されてきたところであり，第三者保護規定の導入自体に異論は
少なかったものと思われる。むしろ，議論があったのは第三者保護の主観的
な要件であり，法制審議会民法（債権関係）部会の議論では，意思表示の効
力否定原因における規定とのバランスが意識されていた。この点は，民法
96条3項の第三者保護要件が，善意無過失に改まったのに併せて，錯誤の
場合の第三者保護要件も善意無過失とされた。詐欺の場合とのバランスが意
識されたことが分かる。

II　錯誤の要件

1　意思表示の時点で表意者に錯誤があること

(1)　二元的な錯誤の定義——表示錯誤と事実錯誤

　表意者に錯誤がなければ，本条の適用はない。ただし，「錯誤」とは何か
が問題である。平成29年改正で明確に採用されたのは，二元的な錯誤の定
義である。すなわち本条は，従来二元説と呼ばれてきた立場を条文上採用し，
「意思表示に対応する意思を欠く錯誤」（本条1項1号）と，「表意者が法律行
為の基礎とした事情についてのその認識が真実に反する錯誤」（同項2号）の
2つを意思表示の取消原因とした。便宜上，前者を表示錯誤，後者を事実錯
誤と呼ぶこととする。他に「意思（の）不存在（の）錯誤」・「基礎事情（の）
錯誤」という呼び方もある（佐久間149頁）。

　表示錯誤とは，わが国で一般的な意思表示の構造理解に着目した錯誤の定
義である。すなわち，意思表示は，表意者の法律効果を生ぜしめようとする
内心の意思（内心的効果意思）が，表示行為として外部に表出されたものであ
るという理解を前提に，「表意者がその真意ではないことを知ってしたとき」

〔山下〕　133

§95 Ⅱ　　　　　　　　　　　　　　　　　　　　第1編　第5章　法律行為

を心裡留保（93条1項）として扱い，それ以外の場合，すなわち表意者が自らの意思に対応した意思表示をしていないことに無自覚である状態を「錯誤」と扱う。

　これに対して事実錯誤とは，表意者の事実認識と客観的な事実状態の差異に着目した錯誤の定義である。すなわち，存在すると信じていた事情が存在しない，あるいは，存在しないと信じていた事情が存在するといった，表意者の客観的事実認識の誤りに着目している。

　表示錯誤と事実錯誤は，定義の仕方がまったく異なる。このため，場合によっては，ある錯誤が，表示錯誤にも，事実錯誤にも当たるといった，競合が生じる可能性がある。表示錯誤と事実錯誤の両方の要件を満たす場合には，いずれの錯誤と扱ってもよいはずであるが，事実錯誤の場合には，本条2項の「その事情が法律行為の基礎とされていることが表示されていたとき」という付加的な要件が課されることになるため，取消しの可否を考える際には，表示錯誤として扱うのが適当であろう。

　(2)　表示錯誤の例

　(ア)　書き間違い・言い間違い（表示上の錯誤）　　表示錯誤すなわち「意思表示に対応する意思を欠く錯誤」（本条1項1号）の典型的な場合として，表示上の錯誤（狭義）がある。表示上の錯誤とは，意思表示の際に，書き間違いや言い間違いをしたために，内心の意思とは異なる表示行為がされた場合をいう。

　表示上の錯誤については，表示意思（表示意識）を欠くことを理由に，意思表示は不成立であるとする考え方もありうるが，通説では，意思表示が有効であるためには表示意思は不要あるいは包括的な表示意思で足りると解するため，錯誤の問題となる（河上351頁）。

　判例としては，手形の裏書人が，1500万円の手形を150万円の手形と誤信したという場合に，錯誤を理由に，150万円を超える部分の手形債務の履行を拒むことを認めた例がある（最判昭54・9・6民集33巻5号630頁）。

　なお，電子商取引における送信ミスなども，表示上の錯誤の一種であると考えられる（特別法については，→Ⅱ5(7)）。

　表意者の書き間違いや言い間違いがあっても，錯誤の問題にならない場合がある。例えば，甲地を売買する共通の意思を有しながら，契約書に誤って

134　〔山下〕

第2節　意思表示　　　　　　　　　　　　　　　　　　§95　Ⅱ

「乙地」の売買と記載して，売主と買主の双方がこれに気づかないままサインをしたというケースを考える。この場合について，売主と買主との間に成立するのは，乙地の売買ではなく，甲地の売買であるとすると（契約の解釈において，契約両当事者の共通の意思を優先する立場），この場合の売主と買主は売買目的物について書き間違いをしているが，甲地の売買をする意思で，甲地の売買契約を締結しているのだから，双方とも「意思表示に対応する意思を欠く錯誤」はないことになる。他方で，契約の解釈として乙地の売買が成立したと解釈する場合には（表示の客観的意味を重視する立場），契約当事者双方に共通の表示錯誤があったことになる（中舎205頁）。

　（イ）　伝達の誤り（表示機関の錯誤）　　表意者の意思表示が仲介する者や仲介する設備によって相手方に誤って伝えられた場合を，表示機関の錯誤という。ドイツ民法はこのような伝達の誤りを錯誤と同様にあつかうことを明文で規定するが（121条），わが国でも伝統的にはこれを表示錯誤の一類型と説明する。表意者から相手方に対する意思の伝達過程全体を意思表示と見て，「意思表示に対応する意思を欠く錯誤」を認めるものである。例えばパソコンの不具合による発注メールの誤送信などは，これに当たると思われる。

　　表示機関の錯誤の例として，表意者が使者を介して意思表示をした場合に，使者が表意者の意図とは異なる内容の表示行為をする場合があげられることがある（四宮＝能見248頁）。判例では，Aから保証人になってくれるよう頼まれたBが，Aを主債務者とする保証人になる意図で借用証書に保証人として署名捺印し，Aにこれを渡したところ，Aが主債務者の欄にCの名を記載して，金融機関Dに差し入れたというケースにおいて，Aを使者とみて，Bの意思表示に錯誤があるとしたものがある（大判昭9・5・4民集13巻633頁）。

　　もっとも，この例ではAを代理人とみると，表見代理（110条）の問題になり，DにAの権限を信じる正当な理由があれば，Bは責任を負わなければならない。学説では，Aが使者か代理人かで相手方保護の基準が大きく変わることを批判し，与えられた権限を越えて意思表示をした表見使者については，権限外の行為の表見代理に関する110条を類推適用するべきであるとする見解が有力である（山本435頁，佐久間233頁）。もっとも，典型的な使者の誤伝（子どもが親の意図を伝え間違えたような場合）は，本条を適用すべきで

〔山下〕　　135

§95 Ⅱ 　　　　　　　　　　　　　　　　第1編　第5章　法律行為

あるとの見解もある（四宮＝能見344頁）。

　(ｳ)　契約内容の誤解（表示行為の意味に関する錯誤・同一性の錯誤）　　表意者が相手方あるいは一般人が理解するのと違う意味を，自分の表示行為に結びつけているような場合を，表示行為の意味に関する錯誤という。簡潔に言えば，契約内容を誤解している場合であり，このため内容の錯誤とも呼ばれる。

　例としては，ドルとユーロを同一の通貨であると誤解しており，購入代金として100ユーロのつもりで，「100ドル」と書いたといった場合である。この場合，契約は「100ドルの代金債務を負う」という内容で成立するのに，表意者（買主）の内心の意思は，「100ユーロの代金債務を負う」というものであるから，「意思表示に対応する意思を欠く錯誤」が存在することになる。この場合，ドルとユーロを同一の通貨だと考えたというのは表意者の客観的事実認識の誤りでもあるから，「表意者が法律行為の基礎とした事情についてのその認識が真実に反する錯誤」にも当たりそうだが，すでに述べたように，表示錯誤と事実錯誤のいずれにも当たる場合には，表示錯誤として扱うべきであろう（一1(1)）。

　特定の土地甲を売買する際に，買主が別の土地乙を購入するという契約書に署名捺印をしたというのも契約内容（土地を同定する地番等の情報）の誤解からくるものであるから，表示行為の意味に関する錯誤の例といってよいだろう（大阪高判昭44・11・25判タ241号92頁参照）。一般に，目的物や当事者を取り違えた場合を同一性の錯誤というが，契約によって特定された目的物や当事者について，表意者が同一性を取り違えた場合には，表示錯誤に当たるものと扱ってよいように思われる。他方，不特定物の売買の場合，例えば，田畑が不特定物として売買されたが，買主が甲地を乙地と誤信して所有権譲受けの意思表示をしたという場合，買主には「意思表示に対応する意思を欠く錯誤」があるとはいえない（大判昭2・3・15新聞2688号9頁参照）。もっとも，「表意者が法律行為の基礎とした事情についてのその認識が真実に反する錯誤」に当たる可能性はあるように思われる。

　(3)　事実錯誤の例

　(ｱ)　前提とされた事実についての誤った認識　　事実錯誤とは，「表意者が法律行為の基礎とした事情についてのその認識が真実に反する錯誤」（本

第2節　意思表示　　　　　　　　　　　　　　　§95　II

条1項2号）のことである。「表意者が法律行為の基礎とした事情」とは何か
については，この表現自体が要綱案決定の直前に採用されたこともあり，議
論の蓄積がないが，事実錯誤により意思表示が取り消せる場合が，「その事
情が法律行為の基礎とされていることが表示されていたとき」に限られてい
るのは（本条2項），平成29年改正前95条について，いわゆる動機の錯誤に
ついて形成されてきた判例法理を具体化したものとされている（一問一答19
頁）。このため，意思表示の動機に対する理解を参考に，表意者が法律行為
をするに当たり，意思形成の縁由となった事情，すなわち意思表示の際に表
意者が存在する，あるいは，存在しないことを前提にしていたような事情を，
広く指す概念と捉えてよいだろう。例えば，商品購入代金の立替払契約から
生ずる立替金支払債務について連帯保証をしたつもりが，実はその立替払契
約は商品購入を伴わない空クレジット契約であったという場合（最判平14・
7・11判タ1109号129頁）は，主債務が商品購入代金の立替払契約であるとい
う前提事情に誤った認識があるから，事実錯誤の例である。

　(イ)　法律の錯誤　　「法の不知は許さず」といった法諺があるが，民法上
の錯誤には適用されない（四宮＝能見258-259頁）。このため，法律の錯誤も事
実錯誤の1つとして，要件を満たせば取消しが認められる。

　例えば，①無尽会社の取締役になった者が会社債務について無尽業法旧
11条（現在の条文とほぼ同趣旨）に基づき負う連帯責任について，株主総会の
決議で免責されると誤信してそのことを条件に就任したというケース（大判
昭13・2・21民集17巻232頁），②相続税の軽減を図る目的で相続放棄をしたが，
相続税が予期に反して多額に上ることを後で知り，相続放棄の意思表示の錯
誤無効を主張したケース（最判昭30・9・30民集9巻10号1491頁），③離婚に伴
う財産分与として不動産を譲渡する際に，分与者が自己に譲渡所得税の課税
があることを知らず，譲受人の側に課税されると誤信していたケース（最判
平元・9・14家月41巻11号75頁）などは，法律の錯誤の例であり，これらは
「表意者が法律行為の基礎とした事情についてのその認識が真実に反する錯
誤」に当たると思われる。

　(ウ)　性状の錯誤　　売買契約などで，目的物の性質や状態についての錯誤
が問題となる場合を性状の錯誤という（性質の錯誤，属性の錯誤ともいう）。①馬
の売買で，買主がその馬が受胎していると信じていたが，実際にはそうでは

〔山下〕　　137

§95　II　　　　　　　　　　　　　　　　第1編　第5章　法律行為

なかったというケース（大判大6・2・24民録23輯284頁），②売買契約の目的物
である中古の電動機が某社製130馬力のものであるとされていたにもかかわ
らず，売主の引き渡したのが30〜70馬力のものにすぎなかったというケー
ス（大判大10・12・15民録27輯2160頁参照），③和解契約において，代物弁済の
目的物として引き渡されたジャムが，市場で一般に通用している特選金菊印
苺ジャムであることを前提としていたにもかかわらず，粗悪品であったとい
うケース（最判昭33・6・14民集12巻9号1492頁）などが例に挙げられる。

　性状の錯誤については，表示錯誤・事実錯誤の区分との関係で，注意すべ
き点がある。

　伝統的には，性状の錯誤はいわゆる動機の錯誤の一種とされてきた。これ
は，いわゆる特定物ドグマと呼ばれる考え方が関連するとされる（四宮＝能
見252頁）。上記のようにある馬が受胎をしているかどうかについての錯誤を
問題にする場合，その契約目的物は特定物であることになる。特定物ドグマ
によれば，特定物の売買では，その物の性状は契約内容にならない。すなわ
ち，特定の馬を引き渡す内容の売買において，その馬が受胎していないのに，
「その受胎している馬」を引き渡すという内容で売買契約が成立することは
ありえない。このため，契約の目的物は，「その馬」であって，受胎してい
るかどうかは，買主にとっての動機にすぎないという説明である。このため，
性状の錯誤は，動機の錯誤の一種であるとされてきたのである。

　しかし，現行法においては，特定物ドグマは否定され，特定物の売買であ
っても物の性状は契約内容に含まれることがある。つまり，特定の馬の売買
において，契約中で，その馬が受胎しているということを売主が約束した場
合，実際にはその馬が受胎していないとすれば，買主は，契約不適合を理由
として，売主に担保責任を追及できる（566条参照）。

　このような現行法の理解に立った場合に，性状の錯誤をどのように考える
べきか。学説の中には，目的物の性状について合意がある場合には，買主
（目的物の給付を受けた側）の錯誤の問題にはならず，売主（目的物を給付する側）
の債務不履行の問題になり，売主が目的物の性状について合意をする意思を
有していなかったとすれば，これは売主の契約内容の誤解であるから，表示
錯誤（表示行為の意味に関する錯誤）が問題になるにすぎないという考え方もあ
る（佐久間〔4版〕162頁〔5版で改説〕）。

これに対して，目的物として前提としていた特定物に性状の錯誤があれば，そこには何らかの錯誤があるとし，目的物の性状が契約内容となっている場合には表示錯誤，契約内容となっていない場合には事実錯誤の問題として処理すべきであるとする学説もある。この場合，目的物の性状が契約内容となっている場合には，債務不履行責任との制度間競合が生じる（四宮＝能見252頁，佐久間165頁）。詳細は後述する（一Ⅲ4）。

性状の錯誤は，多くが特定物について問題となるが，不特定物の場合も考えられる。例えば，Aが開発したレーザー加工機械「SFL9000シリーズ」について，Bは，半導体製造にも応用可能な画期的なものと説明されAとの代理店契約を締結したが，実際にはSFL9000シリーズにはそうした性能は初めから備わっていなかったという場合に，この代理店契約には，事実錯誤があると考えることができる（東京地判平8・9・9判時1610号87頁参照）。

(エ)　価格に関する錯誤（含：計算の錯誤）　　自らが受ける給付の価値を誤って高く見積もりすぎて高すぎる価格で買ったような場合や，自らがする給付の価値を誤って低く見積もりすぎて安すぎる価格で売ったような場合について，フランス民法では，給付の本質的性質についての誤りに基づくものでなく，単に不正確な経済的評価に基づいて契約をしたことは，無効原因とならないことを定めている（1136条）。わが国の民法にはこうした条文はないが，給付の価値の評価は表意者自身の自己責任の領域であることからすれば，単純に給付の価値を誤って見積もっただけでは，「表意者が法律行為の基礎とした事情についてのその認識が真実に反する」とはいえず，事実錯誤には当たらないと考えるべきであるように思われる。給付の価値の誤りは，その誤りがどのような原因によって生じたかを問題とすべきである。

まず，給付の価値を見積もる際には，給付目的物の性状についての存在あるいは不存在についての認識が前提にある場合が多いと考えられ，給付の価値評価の誤りは，そうした性状の錯誤の問題として顧慮されることがある。

価格のつけ間違いが，給付目的物の市場相場に関する認識の誤りによって生じることもある。これも，市場価格についての認識の誤りが，基礎事情に関する事実の錯誤に当たる。そうすると，本条2項により，市場価格に基づいて価格決定をした事情が，「法律行為の基礎とされていることが表示されていた」場合に限って，意思表示の取消しが認められることになる。

〔山下〕　139

§95 II   第1編 第5章 法律行為

　この他にも，個別の事情から価格のつけ間違いが生じることもある。純資産10億円の株式会社の全株式を保有する者が，信頼する者に騙され，全株式を譲渡しても会社の経営権を掌握し続けられると誤って信じ，全株式をわずか2億円で売却したという場合には，事実錯誤があるといえる（最判平16・7・8判タ1166号126頁）。

　このように，価格の錯誤は，価格決定の前提になる事情について，事実錯誤を問題とするべきである。

　他方で，価格決定の誤りは，単純な計算ミスによっても生じる。

　価格算定方法が両当事者の間で合意されていたにもかかわらず，足し算掛け算の計算ミスにより合計額が誤っていたという場合には，「誤表は害さず」の原則に従って合計額が訂正されるにすぎないと考えられる。これは錯誤の問題ではなく，契約の解釈による内容確定の問題になる。

(4)　錯誤と不合意（意思の不合致）の区別

　錯誤とは区別されるものとして，不合意（意思の不合致）があるとされる。契約締結の意思表示に錯誤がある場合とは，契約両当事者の意思表示が合致し，契約は成立しているが，表意者はそのような契約と締結する意思を持たなかったという場合である。この場合，意思表示は本条の要件を満たす限りで取り消しうるものとなる。これに対して，不合意とはそもそも意思表示の合致がない場合であり，契約は不成立となる。

　錯誤と不合意の区別は，意思表示の合致と契約の解釈についてどのように判断するかの立場の違いによって変わってくる。意思表示の合致については，当事者の内心の意思の合致によって判断する立場（主観説）も考えられなくはないが，この立場を貫徹すると，表示錯誤が広く不合意と扱われることになるため，適当でないとされている（四宮＝能見246頁）。大審院判例には主観説を採用したものがあるが（大判昭19・6・28民集23巻387頁），学説上は疑問が示されている（大中有信〔判批〕民百選I 9版37頁）。

　学説上は，①意思表示の合致と契約の解釈を表示の客観的意味によって判断する表示主義的立場（客観説）と，②意思表示の合致を当事者の内心の意思の合致で判断するが，意思表示の内容を両当事者が付与した正当な意味によって解釈する意思主義的立場（付与意味基準説）が対立している（付与意味基準説については，磯村保「法律行為の解釈方法」争点I 30頁，佐久間72頁以下）。

140　〔山下〕

第2節　意思表示　　　　　　　　　　　　　　　　　　§95　II

XY間に「甲」を目的物とする契約書が作られたという例で考える（意思表示の客観的意味は甲を目的物とすると読める場合）。客観説で考えた場合には、「甲」を目的物とする売買契約が成立したことになる。このとき、XとYのいずれかが乙を目的物とする意思を有していた場合には、その者について表示錯誤が問題になる。これに対して、付与意味基準説で考える場合には、XとYの内心の意思が問題になる。(i)XとYがいずれも乙を目的物とする意思の場合には、両者の意思表示は乙を目的物とすると解釈されるから、乙の売買が成立し、錯誤の問題にはならない（→1(2)(ア)）。(ii)Xが甲、Yが乙を目的物とする意思を有していた場合は、Xが意思表示に与えた意味が正当性を有するため、Yの意思表示も甲を目的物とするものと解釈され、甲の売買契約が成立し、Yについて表示錯誤が問題になる。(iii)Xが乙、Yが丙を目的物とする意思を有している場合、つまりいずれが意思表示に付与した意味も正当性がないと考えられる場合には不合意により契約は不成立になる。

(5)　意思表示の時点では確定していない事項

錯誤による取消しが認められるためには、意思表示の当時、表意者が錯誤に陥っていることが必要である。特に、事実錯誤の場合には、意思表示の時点で真偽を確定できない事項に関しては、事実錯誤は成立しない。例えば、弁護士法人と債務整理委任契約を締結した顧客は、その後の弁護士の債務整理の業務に問題があったとしても、当該委任契約締結の意思表示に錯誤があったとはいえない（東京地立川支判平23・4・25判タ1357号147頁）。

なお、契約当時に前提としていた事情が変化した場合について、事情変更の原則が問題になる場合がある（四宮＝能見263頁）。

2　錯誤と意思表示の間の主観的因果性

(1)　意　　義

本条により、錯誤による意思表示の取消しが認められるためには、錯誤と意思表示の間に主観的因果性が必要である。この主観的因果性は、表意者の意思を基準に、その錯誤がなければ、当該表意者は意思表示をしなかった、という関係として定式化される（大判大3・12・15民録20輯1101頁参照）。

平成29年改正前の本条では「要素の錯誤」とは、①表意者は意思表示をしなかっただろうといえるもので、②意思表示をしないことが一般取引の通念に照らして至当と認められるものと定義された（前掲大判大3・12・15、大判

〔山下〕　141

§95 II 　　　　　　　　　　　　　　第1編　第5章　法律行為

大7・10・3民録24輯1852頁など）。①が主観的因果性，②が後述する客観的重要性の要件である（→3）。

本条1項柱書は，「意思表示は，次に掲げる錯誤に基づくものであって，その錯誤が法律行為の目的及び取引上の社会通念に照らして重要なものであるとき」と規定する。この文言には，主観的因果性と客観的重要性という2つの要件が規定されていると理解される。この文言のどこから，主観的因果性の要件が読み取れるかについては，「基づくもの」という文言によって錯誤と意思表示の間の主観的因果関係が要求されているとする読み方と，「重要なもの」という文言に客観的な重要性だけでなく表意者にとっての主観的重要性が要求されているとする読み方の，2とおりがあるように思われる。

いずれにしても，主観的因果性と客観的重要性は表示錯誤，事実錯誤に共通の要件として挙げられており，従来の判例法理を踏まえたものとなっている（一問一答19頁）。

(2)　表示錯誤における主観的因果性

表示錯誤すなわち「意思表示に対応する意思を欠く錯誤」（本条1項1号）においては，その錯誤があるということは，常に意思表示の内容に錯誤があることになる。そうすると，表意者は錯誤がなければその意思表示をしなかったはずなので，主観的因果性の要件は満たされると思われる。

(3)　事実錯誤における主観的因果性

事実錯誤すなわち「表意者が法律行為の基礎とした事情についてのその認識が真実に反する錯誤」（本条1項2号）においては，表意者の認識が真実に反していた事情について，その認識の誤りがなかったとしても，表意者が同じ意思表示をしたという場合が考えられる。この場合には，意思表示の取消しは認められない。

3　錯誤が法律行為の目的および取引上の社会通念に照らして重要なものであること（客観的重要性）

(1)　序

(ア)　意義　　意思表示の取消しを導く錯誤は，「法律行為の目的及び取引上の社会通念に照らして重要なものである」ことが必要である（本条1項柱書）。

平成29年改正前95条では，「法律行為の要素」という文言は，表意者が

142　〔山下〕

第2節　意思表示　　　　　　　　　　　　　　　　　　　§95　II

その点について錯誤がなかったら，①表意者は意思表示をしなかっただろうといえるものであること（主観的因果性）と共に，②意思表示をしないことが一般取引の通念に照らして至当と認められる必要があるとされていた。②の要件が，客観的重要性の要件に当たる。

　①の主観的因果性の要件のみだと，些細な事実に関する錯誤も，表意者個人にとって重要な意味を持つ事情であれば，意思表示の効力が否定されることになり，取引の安全を害するおそれがある。そこで，表意者の意思においてある事実を法律行為の要素となすことが合理的な場合に限って，意思表示の効力を否定するのが，②の客観的重要性の要件の意義とされる（前掲大判大3・12・15）。通常人が意思表示をしないと考えられるなら，表意者も意思表示をしないのが通常であるから，客観的重要性が特に重要と考えられる（佐久間152頁）。

　本条の改正経緯からすると，「法律行為の目的及び取引上の社会通念に照らして重要」という文言は，平成29年改正前本条の「法律行為の要素」についての判例法理を踏襲するものと考えられる。このため，従来の裁判例で「法律行為の要素」が肯定された例は，客観的重要性が認められた先例として参考になる。他方で，「法律行為の要素」が否定された例は，この要件が，主観的因果性の判断や，動機錯誤の顧慮の判断も含むものであったために，客観的重要性が否定されたものとは限らない点に注意する必要がある。

　(イ)　抽象的な判断基準　　客観的重要性の判断基準について，一般論としては，「当該種類の法律行為の類型的特性と，当事者が法律行為をした趣旨を勘案して判断され」ることになる（佐久間152頁），「一般人がそのような契約を締結する場合にも，同じように重要と考えるかという客観的判断」と，「当該契約にとってその事項が一般に重要な要素か否かで判断すべき」（四宮＝能見256頁）といった説明がされている。いずれにしても，契約類型に基づく定型的な判断と，具体的事情に基づく個別的な判断の双方を組み合わせて判断することになる。

　客観的重要性の要件は，特に表示錯誤において重要である。表示錯誤はその定義上，主観的因果性の要件は満たしているのが通常と思われるから，客観的重要性の要件が取消しを認めるかどうかの分水嶺になるからである。

　事実錯誤の場合には，基礎事情の表示（本条2項）が要件とされているこ

〔山下〕　　143

§95 II　　　　　　　　　　　　　　　　　　第1編　第5章　法律行為

ととの関係が問題になる。錯誤のあった事情が，基礎事情として表示された
ことは，客観的重要性を判断する上でも考慮される具体的事情に当たるから
である。後述するように（→4），ここでの「表示」について，当事者双方が
基礎事情を法律行為の内容としたことと理解する見解に立つと，基礎事情の
表示があれば客観的重要性は認められることになりそうである。これに対し
て，「表示」を表意者による一方的な表示行為と理解する見解に立つと，基
礎事情の表示とは別に，客観的重要性の有無を独立して判断することに意義
が認められるように思われる。

　(ウ)　具体的な判断基準　　表意者に錯誤があっても，その内容が当初想定
した給付・債務・負担の均衡に直接の影響を及ぼさない場合には，個別の事
情がない限り客観的重要性は認められにくく，均衡を崩すような内容の錯誤
は，客観的重要性が認められやすいとされている（新版注民(3)425頁以下〔川
井健〕，山本209頁は合意原因説の観点からこの点を説明する）。

　売買など双務有償契約の場合には，給付の対価的均衡が著しく崩れている
場合には，客観的重要性の要件は満たされると考えてよい。目的物が適正価
格かといった「物」についての錯誤は，客観的重要性が認められやすい。こ
の点は後述する（→(3)）。

　片務契約や無償契約の場合でも，表意者が当該法律行為から得られる効用
と，表意者が負う債務や負担，リスク等について，表意者なりの主観的な均
衡があるはずであり，その主観的均衡が著しく崩れた場合には，客観的重要
性の要件が満たされると考えてよいのではないか。こうした場合，誰と契約
を締結するかといった「人」についての錯誤が，客観的重要性を有すること
が多い。この点は，後述する（→(2)）。

　以下では，錯誤類型ごとに，客観的重要性が問題になりやすい錯誤，なり
にくい錯誤について説明をする（山本211-217頁，佐久間152-153頁，四宮＝能見
256-259頁）。なお，平成29年改正前の文献で，「法律行為の要素」の判例の
基準を分析したものは数多く存在するが，動機の錯誤が「法律行為の要素」
の錯誤となる場合の分析が含まれていることがある点に注意を要する。改正
後は動機の錯誤の要件の問題は，後述するように事実錯誤における基礎事情
の表示の問題として扱うべきである（→4）。以下では，純粋に客観的重要性
を扱ったと考えられるものを中心に扱うことにする。

144　〔山下〕

第2節　意思表示　　　　　　　　　　　　　　　　　　　　§95　II

(2)　人に関する錯誤

客観的重要性の有無が問題になりやすい例として，契約当事者や利害関係人の同一性や属性が問題となる場面がある。人に関する錯誤としてまとめておく。人に関する錯誤について客観的重要性が認められるかどうかは，問題となっている法律行為の類型や，当該「人」の置かれている立場によって変わってくる。一般的には，当事者が誰であるかが重要とされる法律行為においては客観的重要性が認められ（石田（穣）658頁），それ以外では個別事情が考慮される。より具体的には，①債務（特に金銭債務）を負う当事者の同一性や属性についての債権者の錯誤は，客観的重要性が認められやすい。②信頼関係が特に重要な契約の当事者の同一性や属性の錯誤は，客観的重要性が認められやすい。③無償契約や好意契約などでは，実質的利益を享受する者の同一性や属性の錯誤は，客観的重要性が認められやすい。

(ア)　売買　　売買においては，一般的には契約当事者の同一性は客観的重要性を有しないが，例外的に買主の錯誤は客観的重要性を有する場合があるとするものと（四宮＝能見256頁，新版注民(3)427頁〔川井〕），売主の同一性や属性に関する錯誤は，通常は客観的重要性を有しないが，買主の同一性や属性は客観的重要性を有するとするものがある（佐久間153頁，山本211頁以下）。

通常，買主の関心は目的物を適正な代金で購入することに向けられるから，売主が誰でどのような者であるかは重要ではない。売主が目的物の所有者ではなかったとしても，他人物売買が有効と認められる以上は，それだけで錯誤がなければ意思表示をしなかったとは言えない（山本212頁）。

これに対して，買主が誰でどのようなものであるかは，売主にとって代金債務の支払に直接関係するから，客観的重要性を有することがある。もっとも，買主が単に本名を偽った場合など，支払能力に直結しない点についての売主の錯誤は，客観的重要性が認められていないケースがある（大判明40・2・25民録13輯167頁）。他方で，支払能力に直結しない買主の属性でも，個別の事情により客観的重要性が認められている場合がある。戦時中に林野の売却を持ちかけられた所有者が，戦時であり軍部が使用する国家の買収であるならやむを得ないと考えて売却に応じたところ，買主は財団法人であったというケース（最判昭29・2・12民集8巻2号465頁），不動産の売買契約において，売主の兄が買主に対して債務を負担しているという前提で，売主が上記

〔山下〕　　145

§95 II　　　　　　　　　　　　　　　第1編　第5章　法律行為

債務を引き受け，これと買主に対する代金債権とを対当額で相殺するという特約を付して契約をしたところ，買主は上記債務に係る債権者ではないことが後に判明したケース（最判昭40・10・8民集19巻7号1731頁）などである。

　(イ)　消費貸借　　消費貸借においても，貸主の同一性や属性に関する借主の錯誤は，通常は客観的重要性を有しない（四宮＝能見256頁，佐久間153頁，山本214頁以下）（大判大7・7・3民録24輯1338頁）。消費貸借における借主の関心は，利息や返済期日などの返済の条件にあって，貸主の同一性や属性には向けられていないからである。

　消費貸借の借主の同一性や属性に関する錯誤は，支払能力の有無についての錯誤が著しい場合には，客観的重要性がある（佐久間153頁，山本215頁，新版注民(3)444頁〔川井〕）。A振出しの手形の割引を依頼された者が，依頼者がAの代理人であり契約の相手方はAであると誤信していたところ，実は金融業者からの再割引の依頼であったというケース（大判昭12・4・17判決全集4輯8号3頁）では，金融業者が割引に出した小切手は不払になることが多いことも踏まえ（石田(穣)658頁），錯誤の客観的重要性が認められる。

　(ウ)　賃貸借　　賃貸人の同一性や属性に関する錯誤でよく問題になるのは，賃貸人が目的物の所有者であると信じていたところ，実は所有者ではなかったという場合の賃借人の錯誤である。原則として客観的重要性を有しないが，例外的に客観的重要性を有するとされる。否定説の根拠は他人物賃貸借は有効とされていることから（560条・559条），この点の錯誤が一般的に重要性を有しているとはいえないと考えられる点にある（四宮＝能見257頁，山本212頁，新版注民(3)451頁〔川井〕）。判例も「法律行為の要素」であることを否定したものがある（大判昭3・7・11民集7巻559頁，大判昭10・12・11新聞3928号10頁，大判昭13・11・7判決全集5輯22号4頁など）。もっとも，「法律行為の要素」であることを肯定した判例もある（大判大7・3・27民録24輯599頁，大判昭13・3・18新聞4258号16頁）。他人物賃貸借は目的物の権利関係に関する錯誤とも考えられ，事実錯誤と考えられる。したがって賃貸人が賃貸目的物の所有者であるという事情が賃貸借契約の基礎として表示されていなければ，いずれにしても取消しは認められず，表示が認められる場合には，客観的重要性も認められていると思われる。

　賃借人の同一性や属性に関する賃貸人の錯誤は，賃借人が賃料債務を負担

第2節　意思表示　　　　　　　　　　　　　　　　　　　　§95　II

するという点から，一般的に客観的重要性を有するとする見解がある（山本211頁）。

　(エ)　委任　　委任のように，契約当事者の間の信頼関係が前提となっているような契約の場合には，当事者の同一性や属性は客観的重要性を有する（四宮＝能見257頁，佐久間153頁，新版注民(3)455頁〔川井〕）。例えば，訴訟委任をした相手方が弁護士資格を有さないことを知らなかったというケース（大判昭10・12・13裁判例9巻民法321頁），弁護士が業務上横領罪で懲役刑の判決を受け上告中であったケース（東京地判昭54・7・18判時952号77頁）など，受任者の属性に関する委任者の錯誤は，客観的重要性を有する。

　(オ)　贈与　　無償契約である贈与の場合，贈与者にとっては，受贈者が誰で，どのような者かは決定的に重要な意味があるから，受贈者の同一性と属性に関する錯誤は客観的重要性を有すると考えられる（佐久間153頁，山本216頁）。下級審裁判例であるが，意匠権の無償譲渡について，譲渡人が乙会社の代理人である甲を，丙会社の代理人と誤信したというケースで，裁判所が要素の錯誤と認めた例がある（東京地判昭39・4・21判タ161号151頁）。

　(カ)　保証（担保契約）　　保証契約の場合も，債権者の同一性や属性に関する保証人の錯誤は，通常は客観的重要性を有しない（佐久間153頁，新版注民(3)446頁〔川井〕）が，保証人の同一性や属性に関する債権者の錯誤は，客観的重要性を有すると考えられる（新版注民(3)446頁〔川井〕）。

　保証人にとって，主債務者が誰であるかは重大な関心事であるから，主債務者の同一性に関する保証人の錯誤は客観的重要性を有する（佐久間153頁，四宮＝能見257頁，山本216頁，石田(穣)658頁，新版注民(3)445頁〔川井〕）。

　前掲の大審院昭和9年5月4日判決（民集13巻633頁）は，Aの依頼に応じてBが保証人になることを承諾し，主債務者の空欄の借用証書の保証人欄に署名捺印したところ，その主債務者の欄にCの名が補充されて使用されたというケースである。大審院は，BはAのために保証人になる意思でAを使者として意思表示をしたものと構成し，Cのために保証人になるというAの意思表示には錯誤があるとした上で，保証人にとって主債務者が誰であるかは一般に最大の関心事であるとして，錯誤の客観的重要性を肯定している。

　主債務者の属性についての保証人の錯誤は，客観的重要性を有するか。肯

〔山下〕　147

§95 Ⅱ   第1編　第5章　法律行為

定する見解があり（佐久間153頁），保証人にとって主債務者の属性は重要で
あるから，十分にありうる解釈であるが，判例は必ずしもそうではない（大
判昭20・5・21民集24巻9頁は，債務者が準禁治産者であったケース）。特に，最高
裁平成28年1月12日判決（民集70巻1号1頁）が，「主債務者が誰であるか
は同契約の内容である保証債務の一要素となるものであるが，主債務者が反
社会的勢力でないことはその主債務者に関する事情の一つであって，これが
当然に同契約の内容となっているということはできない」という判示をした
ことをどう理解するかという点が問題である。もっとも，主債務者の属性に
ついての錯誤は事実錯誤であり，基礎事情の表示がなければいずれにしても
取消しは認められない。上記平成28年最判は，信用保証協会と金融機関の
間で締結される保証契約では主債務者の属性が保証契約の内容になっていな
ければ錯誤による取消しは認められない（基礎事情の表示は否定される）ことを
判示しているので，客観的重要性を独立した要件として判断する意義に乏し
い。

(3)　物に関する錯誤

(ア)　同一性の錯誤

　(a)　売買（有償契約）　　特定物売買の場合，目的物の同一性の錯誤は
客観的重要性を有するとされる（四宮＝能見257頁，佐久間152-153頁，山本213
頁，新版注民(3)429頁〔川井〕）。売主の錯誤であるか，買主の錯誤であるかは
問わない。例えば，不動産売買で買主からA所有の甲土地を購入するよう
指示された代理人が，誤ってB宅を訪問して交渉して，B所有の乙土地を購
入する契約を締結したケース（大阪高判昭44・11・25判タ241号92頁），不動産
の購入を持ちかけられた買主が案内図を頼りに土地の現況を確認しに行き，
別の土地を目的物と誤信して購入を決意して契約を締結したケース（東京地
判昭51・1・21判時826号65頁）などがある。

　これに対して，不動産売買であっても，それが不特定物として売買された
場合には，目的物の同一性は客観的重要性を有しない（大判昭2・3・15新聞
2688号9頁）。

　目的物の存否が問題となった場合も，同様に客観的重要性が認められると
考えられる（新版注民(3)430頁〔川井〕）。

　(b)　贈与（無償契約）　　贈与の場合，贈与者の側にとって，目的物の

148　〔山下〕

第 2 節　意思表示　　　　　　　　　　　　　　　　　§95　II

同一性の錯誤は客観的重要性を有する（佐久間 153 頁，山本 216 頁，新版注民(3) 426 頁以下〔川井〕）。何を贈与するのかは，贈与者にとって関心の高い事柄だからである。下級審裁判例であるが，不要となった日常の物品を布に包んで贈与したところ，その包みのなかに株券が入っていたという場合に，株券を受贈者に交付する意思はなかったとして，贈与契約には要素の錯誤があったことを認めたケースがある（東京地判昭 42・3・23 判時 489 号 64 頁）。

　(イ)　性状の錯誤　　目的物の性状の錯誤の客観的重要性の判断は，性状の錯誤そのものの扱いと関連して，困難な問題を生じさせる。性状の錯誤については，客観的重要性の判断のほかに，①債務不履行責任・担保責任との関係における本条の適用範囲をどう考えるか，②本条 1 項の 1 号と 2 号のいずれを適用するか（表示錯誤か事実錯誤か），③本条 2 項の基礎事情の「表示」をどのような場合に認めるか，といった問題がある。平成 29 年改正前の本条についての判例は，性状の錯誤を「法律行為の要素」の錯誤として扱う場合があることを認めてきたが，改正後も同じ扱いがされるかは不透明な部分がある上に，どこまでが客観的重要性の判断の先例と考えてよいのかの判断も難しい。

　(a)　売買（有償契約）　　有償契約では，その性状が契約の内容になっているかどうか，目的物の性状が価格に反映しているかどうか，といった点が客観的重要性を判断する際に重視される（四宮＝能見 257 頁，佐久間 153 頁。新版注民(3)430 頁〔川井〕は全般に「等価性」に重きを置く）。性状が契約内容になっていることを常に要求するかは（山本 213 頁以下はこの立場），基礎事情の「表示」について立場の違いによって異なる。

　一般には，当該価格で取引される目的物が通常備えているような性状は，客観的重要性が認められやすいのに対して，そうでない性状（特別な性状や，価格に反映しない性状）は，当事者間でその性状に関する合意が成立した場合など，一定の要件を備えた場合にのみ客観的重要性が認められることになる。

　(b)　無償契約　　無償契約である贈与の場合，贈与者にとっては目的物の性状の錯誤はそれが表意者に相当の不利益をもたらすときは，客観的重要性は同一性の錯誤と同様に認められるであろう（佐久間 153 頁，新版注民(3)427 頁〔川井〕）。

　(ウ)　目的物の範囲・数量　　特に著しい食い違いがある場合に限り，客観

〔山下〕　149

§95 II   第1編　第5章　法律行為

的重要性が認められるとする（四宮＝能見258頁，佐久間153頁，山本213頁，新版注民(3)436頁以下〔川井〕）。土地面積の実測の誤り等が問題になる（大判昭9・12・26裁判例8巻民法322頁，大判大11・7・13新聞2032号19頁）。

　ただし，当事者が目的物の範囲や数量を重視していなかった場合には，食い違いの程度が大きい場合でも，客観的重要性は認められない（山本213頁）。砂利1万立法坪，採取期間1年間とした売買契約で，県から採取許可が得られていたのが300立法坪にすぎなかったとしても，この点について契約で主要な内容としていなかった場合には要素の錯誤はないとされた例がある（大判昭13・4・7判決全集5輯9号26頁）。

(4)　その他の錯誤

　(ア)　法律行為の内容に関するもの　　契約内容に関する錯誤であっても，当該契約類型において当事者の主要な関心と認められる内容に関するものでなければ，客観的重要性は認められない。売買における，代金支払や目的物引渡しの時期，場所，方法などの錯誤，消費貸借における返済場所や方法の錯誤などは客観的重要性を有しない（佐久間153頁）。

　委任では，委任事項，報酬の有無や金額などは重要性を有する（佐久間153頁）。株式取引の委託契約で，委託者が未成年であることを理由に要素の錯誤を認めた先例がある（大判昭13・11・11判決全集5輯22号5頁）。しかし，これを疑問視する見解もある（新版注民(3)455頁以下〔川井〕，川島293頁）。

　(イ)　法律行為の前提に関するもの　　契約内容そのものではないが契約の前提になっているような事項についての錯誤は，通常は事実錯誤に当たると考えられるから，基礎事情の表示がある場合には客観的重要性の判断にも影響がある。この点を踏まえた上で，消費貸借・準消費貸借における保証の有無や担保の順位についての貸主の錯誤は，客観的重要性を有しないとする裁判例がある（大判明33・6・22民録6輯6巻125頁，最判昭45・5・29判時598号55頁）。保証や担保は消費貸借に付随するものにすぎないということが理由であるが，返還債務の履行を確保するためのものであり，客観的重要性を有すると考える余地がある（佐久間153頁，山本215頁，新版注民(3)445頁〔川井〕）。

　保証では，主債務の内容についての保証人の錯誤については客観的重要性を有するというのが判例の立場であり（最判平14・7・11判タ1109号129頁），学説もこれを支持する（佐久間153頁，山本216頁，新版注民(3)450頁〔川井〕）。

150　〔山下〕

第2節　意思表示　　　　　　　　　　　　　　　§95　II

他方で，他の担保の有無などは客観的重要性を有するとする見解もあるが（佐久間 153 頁），特にそれを契約内容にしないと要素の錯誤に当たらないとするのが判例とされる（山本 216 頁以下参照）。現行法では，客観的重要性自体は肯定し，基礎事情の表示の問題として考える余地がある（詳しくは，→4(7)）。

　和解では，和解の前提となった事情についてであっても，客観的重要性が認められる（四宮＝能見 258 頁）。勝訴判決があったのを知らずに示談した場合（大判大 7・10・3 民録 24 輯 1852 頁），権利が一定額に確定したのを知らずにそれ以下の額で和解した場合（大判昭 10・2・4 裁判例 9 巻民法 15 頁）などがある。

4　事実錯誤における基礎事情の表示

(1)　意　　義

　事実錯誤すなわち，「表意者が法律行為の基礎とした事情についてのその認識が真実に反する錯誤」（本条 1 項 2 号）では，「その事情が法律行為の基礎とされていることが表示されていたとき」（本条 2 項）であることが取消しの要件とされている。

　すでに説明したとおり，この基礎事情の表示という要件は，動機の錯誤に関する判例法理を明文化しようとしたものである。動機の錯誤に関する従来の判例法理は，「意思表示をなすについての動機は表意者が当該意思表示の内容としてこれを相手方に表示した場合でない限り法律行為の要素とはならない」（最判昭 29・11・26 民集 8 巻 11 号 2087 頁），「錯誤が意思表示の要素に関するものであるというためには，その錯誤が動機の錯誤である場合には動機が明示されて意思表示の内容をなしていること……を要する」（前掲最判昭 45・5・29），「意思表示における動機の錯誤が法律行為の要素の錯誤としてその無効をきたすためには，その動機が相手方に表示されて法律行為の内容となり，もし錯誤がなかったならば表意者がその意思表示をしなかったであろうと認められる場合であることを要する」（最判平元・9・14 家月 41 巻 11 号 75 頁，最判平 28・1・12 民集 70 巻 1 号 1 頁）といった形で定式化されていた。学説上も，ここでの動機の錯誤の要件を，どのように理解するかについては，平成 29 年改正前から多くの議論があった。

　もっとも，本条 2 項の，「その事情が法律行為の基礎とされていることが表示されていたとき」という要件は，判例法理の言い回しそのものではない。このため，基礎事情が表示されたとは，どのような場合を指すのかについて

〔山下〕　　151

§95 II　　　　　　　　　　　　　　　　　　第1編　第5章　法律行為

は，議論の蓄積がない。ここでは，これまでに主張されてきた条文の読み方について解説し，現在までに示されている，有力な学説の見解の対立点を整理する。

(2)　2とおりの条文の読み方

本条2項の「表示されていたとき」とは，誰がどのように表示をした場合かという問題がある。この点については対立する2つの読み方が主張されているため，まず紹介する。なお，これとは別に，相手方による不実表示による場合も「表示されていたとき」に当たるとされることがある。この点は後述する（→(4)(ウ)）。

(ア)　表意者により，基礎事情が意思表示の内容として表示されることをいうとする読み方　　本条1項2号では，「表意者が法律行為の基礎とした事情」を問題にしている。そうすると本条2項の「表示」の主体も，表意者であるという読み方が（少なくとも文言上は）素直であるという主張がある（佐久間157-158頁，四宮＝能見250-251頁も表意者）。

この学説は，表意者による表示の有無を重視する。このため，どのような場合に表意者が表示をしたことになるのかが問題となる。また，現在の学説では，表意者が一方的に動機を表示しても，錯誤により意思表示の効力が否定されない場合があることには異論がない。このため，このような見解をとる場合には，表意者からの「表示」があるように見える場合でも，事実錯誤の成立範囲を限定していく解釈論が必要となる。この点については後述する（→(4)(イ)）。

(イ)　表意者および相手方により，基礎事情が法律行為の内容として表示されていたことを指すとする読み方　　これに対して，ここでの「表示」の主体は，表意者ではなく，意思表示の両当事者（表意者および相手方）であるという読み方も主張されている。本条2項で，基礎事情が法律行為の基礎になっていることについて，「表示されていた」というふうに受動態が用いられていることに着目し，ここでは動機の錯誤について，動機が法律行為の中に「表示されていた」ことが要求されているという主張である。

法制審議会民法（債権関係）部会での立法担当官の説明によると，本条2項の文言には，動機の錯誤による取消しは表意者が動機を一方的に表示するだけでは足りず，プラスアルファの要件が必要であるという点が反映してい

152　〔山下〕

第2節　意思表示　　　　　　　　　　　　　　　　　　　　§95　II

るという。この説明は，表示の主体を表意者ではなく両当事者と見る読み方
に親和的なようにも思える。もっとも，この文言は審議会の議論に決着をみ
なかった故に解釈の余地を残すべく提案されたものであり，いずれか一方の
読み方を積極的に支持するものではない。

(3)　対応する学説

　本条2項の「表示されていたとき」をどのような意味にとるかについては，
文言上の決め手はなく，解釈によらざるを得ない。2つの読み方には，それ
ぞれの次のような学説が対応する。

　(ア)　表示重視説 —— 基礎事情の表示を重視して解釈する説　　基礎事情が表
意者によって「表示されていた」ことで，本条2項の要件は満たされるとす
る見解は，表意者が動機を表示することで，相手方は表意者がどのような事
情を法律行為の基礎にして意思表示をしたのかが認識可能になり，その限り
で取引の安全が守られる点を重視する。これは，いわゆる表示主義錯誤論の
立場に親和的であり，動機表示構成や認識可能性説といった伝統的な錯誤論
の系譜につらなる見解といえる。

　こうした見解では，動機錯誤における判例が，動機は表示され，「意思表
示の内容」になったときにはじめて（平成29年改正前本条の）「法律行為の要
素」として顧慮されるという定式化をしてきた点にも着目する。ここでの意
思表示の内容化とは，法律行為の内容化とは区別した意味で用いられており，
表意者の動機が表示されたが，法律行為の内容にまでなっていない場合を含
むとするのである。つまり，表意者がある事情を法律行為の基礎とする意図
を持って意思表示をし，当該意図を相手方に明示または黙示に表示したと評
価できる状況であれば，「意思表示の内容化」が生じることになる。結局，
この見解は基礎事情の内容化よりも，表示の有無を基準として重視し，内容
化は表示の結果にすぎないと考えていることになろう。

　こうした理解に対しては，意思表示は，相手方の意思表示と合致して法律
行為の要素となるものであるから，法律行為の内容にとりこまれていないも
のは意思表示の内容となりえないとする批判がある。このような批判的見解
では，意思表示の内容化と，法律行為の内容化を区別する意味はないとされ
る（佐久間〔4版〕155頁。なお5版ではこの記述はない）。

　(イ)　内容化重視説 —— 基礎事情の内容化を重視して解釈する説　　基礎事情

〔山下〕　153

§95 II   第1編　第5章　法律行為

が法律行為の中に「表示されていた」ことが，本条2項の要件とみる見解は，
いわゆる，法律行為内容化説の立場に親和的であると思われる。この見解の
背後には，本来は表意者が引き受けるべき動機の錯誤のリスクを，相手方に
引き受けさせるためには，リスク転嫁を正当化するような両当事者の合意が
必要であるという考え方がある。合意主義と呼ばれる立場の錯誤論である。

　こうした見解は，動機錯誤による判例のなかに，動機は「法律行為の内
容」になったときに（平成29年改正前本条の）「法律行為の要素」として顧慮
されるとするものがある点を重視する（特に最近の判例はこうした傾向が強い）。
また，前述のように動機が法律行為の内容になることと，意思表示の内容に
なることは，結局は同じことであるという指摘もある。いずれにしても，こ
うした見解は，従来の判例が動機の「表示」よりも「内容化」を重視してき
たと理解する点では共通している。錯誤リスクの転嫁を正当化するという観
点からは，表意者の一方的な「表示」だけでは要件として不十分であるとす
るのである。

　内容化を重視する見解では，動機あるいは基礎事情が，法律行為もしくは
意思表示の内容になっているかどうかが問題になる。これは法律行為あるい
は意思表示の解釈の問題である。ただし，この場合における契約の解釈とは，
表層的な契約書文言の解釈ではなく，契約当事者間で合意された全内容の確
定の問題であり，典型契約類型ごとに類型化された合意内容のほか，当事者
間の交渉の過程，さらには，契約両当事者の関係性などの個別事情が考慮さ
れたうえで行われる規範的な評価を指している。したがって，内容化の判断
は，表示のほか，当該法律行為ないし契約の類型および性質，特に有償契約
の場合にはその対価その他の反対給付，当事者の職業や専門性，また当該法
律行為を行う過程の諸事情が広く考慮に入れられるべきであると主張されて
いる（鹿野菜穂子「錯誤規定とその周辺」池田真朗ほか編著・民法（債権法）改正の論
理〔2010〕245-246頁）。

　こうした見解に対しては，動機あるいは基礎事情が法律行為の内容となる
ことを取消しの要件として要求すると，取り消せる範囲が著しく狭くなって
しまうという批判がある。

　(4)　両学説の結論の接近と説明の違い

　本条2項をどのように読むかにかかわらず，事実錯誤については，表示錯

第 2 節　意思表示　　　　　　　　　　　　　　　　　　　§95　II

誤とは異なる特有の要件が課されるということは疑いがない。また，表示重
視説に立つか，内容化重視説に立つかにかかわらず，平成29年改正前に蓄
積した判例法理と，平成29年改正の議論の経緯からは，以下の点について
は結論に違いはなく，ただ説明の過程に差が見られるだけになっている。

　(ｱ)　基礎事情の「表示」には黙示のものが含まれる　　第1に，基礎事情
が両当事者の暗黙の前提となっているような場合には，その事情が法律行為
の基礎とされていることが黙示的に表示されていると評価されることがある。
離婚に伴い夫が妻に財産を給付する財産分与契約について，双方とも，財産
給付に伴う税金は妻に課されると誤解していたというケースで，夫に課税さ
れないことが黙示的に表示されていたとして，意思表示の効力を否定した判
例がある（前掲最判平元・9・14）。

　表示重視説の立場では，ここで黙示の表示をしたのは，表意者ということ
になる。動機の表示を重視しながら，それが黙示でもよいとすることは矛盾
しているようにも思えるが，ここでの表示は相手方の取引の安全を考慮する
ための要件であるから，相手方に動機の認識可能性があれば，黙示の表示が
認められてよいともいえる。この判決で夫は妻に課税されることを前提にそ
れを気遣う発言をしていたことが認定されており，自分には課税されないと
いう前提で意思表示をしたことが妻にも伝わっていたことが明らかであるか
ら，黙示の表示を認めたという説明をすることになろう。

　これに対して，内容化重視説の論者からは，この判例は，表示よりも内容
化を重視した判例と捉えられる。実質的共有財産の清算という性格を持つ財
産分与契約の特質や，当事者間の具体的交渉過程から，当事者が最終的負担
部分を考慮に入れ，夫に課税されないことを契約の内容としていたことが認
められるといった説明がされる（鹿野菜穂子〔判批〕ジュリ956号〔1990〕113頁）。

　(ｲ)　基礎事情の一方的な表示では取消しが認められないことがある　　第
2に，表意者が，法律行為をする理由を相手方に告げていたとしても，その
理由についての誤認が意思表示の取消しを導かない場合がある。例えば，コ
ンセントの抜けた自宅のテレビを故障したと勘違いして新たにテレビを購入
した場合，売主に対して自宅のテレビが故障したから売買契約を締結するの
だと告げていたとしても，買主の誤認により売買契約申込みの意思表示が取
り消されることはないだろう。このような場合は，動機を明示的に伝えても，

〔山下〕　155

§95 II　　　　　　　　　　　　　　　　第1編　第5章　法律行為

取消しは認められないことになる。

　内容化重視説では，これは動機あるいは基礎事情が，表意者によって表示されても，法律行為の内容になっておらず，法律行為の内容として「表示」されていないからだと説明することになる。判例では，金融機関と信用保証協会の間に締結される保証契約において，信用保証協会の主債務者が反社会的勢力ではないという動機の錯誤は，この点に誤認があったことが事後的に判明した場合に「動機は，たとえそれが表示されても，当事者の意思解釈上，それが法律行為の内容とされたものと認められない限り，表意者の意思表示に要素の錯誤はない」と述べたものがある（前掲最判平28・1・12）。この判例は，信用保証というやや特殊な契約類型についてであるが，法律行為内容化説に依拠して一般論を展開している。

　表示重視説からは，表意者による基礎事情の一方的な表示が，本条2項の「表示されていたとき」に当たらないとする解釈は難しい。そこで，表示重視説の論者は，上記のような例で取消しが認められない理由を，他の要件に求めることになる。こうした見解では，問題となる動機の類型や性質（どのような事情の錯誤が問題となっているか）ごとに，「法律行為の基礎とされた事情」になるかどうか，「その錯誤が法律行為の目的及び取引の社会通念に照らして重要なものであるとき」かどうかを判断する（四宮＝能見250-254頁）。例えば上記の，新たにテレビを購入したという事例では，自宅のテレビが故障したというような目的物に関連しない事情は，買主の主観的理由にすぎず，当事者が契約条件にでもしない限り，「法律行為の基礎」とはならないと考えるか，あるいは客観的重要性が否定されると考えることになろう。

　また，表示重視説の論者によれば，消費者が買う靴下について，買主が特に日本製を希望し，そのことを表示した場合に，後で日本製でなかったことがわかったときは，表示された基礎事情の錯誤として取消しが認められる余地はあるが，買主がレジのところで，日本製の靴下だから気に入った，と一方的に表示しても，それだけでは客観的重要性の要件を満たしていないとして売買契約の取消しは否定されるとする（四宮＝能見253頁）。目的物の性状については，表意者の「法律行為の基礎」になるが，表意者がその性状を重視していることが相手方に認識されない限りは客観的重要性の要件が満たされないとする趣旨と思われ，表示重視説では本条2項の表示要件とともに，

156　〔山下〕

第2節　意思表示　　　　　　　　　　　　　　　　　　§95　II

「法律行為の基礎」の類型に応じた客観的重要性の相関的考慮によって取消しの判断を行おうとしていることが分かる。

　(ウ)　不実表示により引き起こされた錯誤　　相手方の真実とは異なる言動により，表意者の錯誤が引き起こされた場合について，それが相手方の故意によるものである場合には，詐欺（96条）の問題になるが，過失による場合や過失すらない場合には詐欺の規定の適用はない。こうした場合を不実表示と呼ぶ。

　不実表示は，平成29年改正の審議過程で，独立した取消原因として明文化することが検討されたが，最終的には，95条1項2号に吸収されることになった（→I2(2)(ウ)(b)）。つまり，相手方がある事情について真実と異なることを告げた場合に，「その事情が法律行為の基礎とされていることが表示されていた」とされることがある。

　表示重視説では，不実表示は黙示の表示の一類型になる。表意者から相手方に積極的に動機を表示しなくても，相手方がある事情について誤った事実を表示し，表意者がそれを法律行為の基礎としたのであれば，相手方は表意者がその事情を法律行為の基礎としたことを認識可能であり，表意者からそのことが「表示されていた」とみても，取引の安全を害さない。その事情が客観的に重要な事情であれば（そうでなければ本条の取消しは認められない），このように解することが可能であろう。

　これに対して，内容化重視説では，不実表示は錯誤の特殊なケースとなる。内容化重視説は，動機の錯誤のリスクは本来表意者が負うべきところ，法律行為両当事者の合意があれば，リスク負担の転換が認められるとする説である。しかし，不実表示のケースでは，法律行為の両当事者にリスク転換の合意があるとは限らない。相手方がある事情について誤った認識を表示したとしても，その認識が誤っていたことを知った場合には取引が取り消されるリスクを自らが引き受けることに同意していたとまで認められない場合も考えられるからである。この場合に取消しが認められるためには，相手方の不用意な言動が表意者の錯誤を引き起こしたり，あるいは表意者が錯誤に陥っていることを認識しながらそのことを不誠実な形で利用するなど，交渉過程における信義則違反行為が，リスクの転換の原因となったと説明することになろう。

〔山下〕　157

§95　Ⅱ　　　　　　　　　　　　　　　　　　第1編　第5章　法律行為

　実際に，法律行為内容化説の論者によれば，従来の動機の錯誤の判例は，
「法律行為の内容型」と，「相手方の態様型」の二類型に分かれ，後者につい
てはさらに，相手方の錯誤を惹起した場合（惹起型）と相手方の錯誤を利用
した場合（利用型）に分けて説明できるという（山本敬三「『動機の錯誤』に関す
る判例法の理解と改正民法の解釈——保証に関する判例法を手がかりとして」論叢 182 号
1〜3 号〔2017〕38 頁以下）。

　(5)　学説の対立点と本書の立場

　以上のように表示重視説と内容化重視説は，個別事例の結論という点では，
現在はほとんど差異がなくなっており，差異は結論を導く説明の仕方の違い
にすぎない。上記の検討をまとめると次のようになる。

　(ア)　錯誤の範囲についての相互の批判　　表示重視説に対する内容化重視
説からの批判として，表意者が基礎事情を一方的に表示しただけで錯誤によ
る取消しが認められるとすると，錯誤による取消しの範囲が広すぎるという
批判がある。しかし，現在の表示重視説は基礎事情を表意者が一方的に表示
した場合に全て取消しを認めるわけではなく，基礎事情の類型に応じた客観
的重要性の相関的考慮によって錯誤リスクの転換が生じる場合を限定してい
る。こうなると表示重視説は錯誤による取消しの範囲を適切に画していない
という批判は必ずしも当たらない。

　内容化重視説に対する表示重視説からの批判として，基礎事情が法律行為
の内容にならなければ，錯誤による取消しが認められないとすると，錯誤に
よる取消しの範囲が狭すぎるという批判がある。しかし，内容化重視説のい
う法律行為の内容化とは，ある事情の存否が契約の中で条件化されているこ
とを必ずしも意味しない。契約の性質や当事者間の交渉過程から，契約両当
事者が錯誤リスクの転換に同意していたと評価できれば，内容化は生じると
考えられる。また，不実表示の場合のように，相手方の信義則違反行為によ
っても錯誤リスクの転換が生じるとすると，内容化重視説だと錯誤による取
消しの範囲が限定されすぎるという批判は必ずしも当たらない。

　(イ)　表示重視説の理論上の課題　　表示重視説について重要なのは，理論
上の難点である。

　表示重視説に対する批判としては，表意者が基礎事情を一方的に表示した
ことが，なぜ取消しの考慮要素となるのか説明が不足しているという点が挙

第2節　意思表示　　　　　　　　　　　　　　　§95　Ⅱ

げられる。表示重視説の背後にある表示主義の考え方には，基礎事情が相手方に認識可能であれば，錯誤による取消しを認めても，取引の安全は害されないという発想がある。しかし，取引の安全が害されないという説明は，本来なら自己責任の原則が妥当する錯誤リスクを，相手方に転換するための正当化根拠としては不十分である。

　このため，表示重視説を理論的に正当化するためには，錯誤リスクの転換が生じる根拠をより積極的に明確化する必要がある。この点，錯誤リスクの転換の根拠を，法律行為両当事者間の合意に求めないのであれば，法律行為締結過程を規律する「法」に求めるしかないであろう。より具体的には，契約交渉過程を規律する信義則の働きとして，法律行為類型，当事者間の類型的な情報格差，あるいは具体的交渉の経緯によって，錯誤リスクの転換が生じる場合が存在し，その際の考慮要素として，表意者が法律行為の基礎とした事情の客観的重要性と，その事情を基礎に法律行為をしたことを，相手方に認識させようと表意者が行動したことが重視されているのだとみるべきではないかと思われる。

　このように現在の表示重視説の主張の要点が，当事者の合意がなくても，一定の状況の下においては法により錯誤リスクの転換が生じる場合があるということであるとすると，実際上の表示重視説と内容化重視説の対立はそれほど大きなものではない。表示重視説は，基礎事情が法律行為の内容となった場合について，当該基礎事情についての誤った認識が錯誤として取消原因になることを否定するものではない。また内容化重視説も，不実表示の場合のように，錯誤リスク転換の合意が明確に認められなくても一定の状況の下においては当事者の態様によって錯誤リスクの転換が生じる場合があることを否定していないように思われるからである。

　(ｳ)　本書の立場──基礎事情の内容化と当事者の態様の考慮　　以上のように，表示重視説と，内容化重視説は，本条2項の「その事情が法律行為の基礎とされていることが表示されていた」という要件の読み方について大きな対立があり，しかもいずれの読み方が正当かという点において現状では決め手はない。しかし，理論上の対立はともかく，両説が目指そうとしている結論は，見かけほど大きく変わらず，考慮される要素も，それほど違わないというのが本書の立場である。

〔山下〕　　159

§95 Ⅱ 第1編 第5章 法律行為

このことを踏まえて，注釈書である本書としては，両説のいずれかの一方の立場に立つことなく，①どのような場合に基礎事情の内容化の合意が認められるかと，②どのような当事者の態様が錯誤リスクの転換に考慮されるかという2つの観点を中心に解説する。すでに述べたように，表示重視説といえども，基礎事情が法律行為の内容となった場合について，当該基礎事情についての誤った認識が錯誤として取消原因になることを否定するものではない。また内容化重視説においても，表意者や相手方がどのように行為して合意に至ったかを重視しないわけではなく，当事者の態様は重要な考慮要素になるからである。

以下では，事実錯誤類型のうちやや特殊な扱いをされる目的物の性状の錯誤と，それ以外の錯誤を分けて説明をする。

(6) 目的物の性状の錯誤

目的物の性状の錯誤は，事実錯誤の1つとされることが多いため，目的物の性状が基礎事情として表示される場合とはどのような場合かを説明する。なお，目的物の同一性の錯誤は，多くの場合は表示錯誤の問題とされるため，ここでは取り上げない。また，契約内容化した目的物の性状についての錯誤は，契約不適合責任との制度間競合の問題が生じる。このため，立場によっては，目的物の性状の錯誤については，本条が適用される余地はほとんどなくなる可能性がある。この点は後述することとし（→Ⅲ4），ここでは従来の判例から，目的物の性状について基礎事情の表示が認められるかという点に限って説明をする。

(ア) 目的物の性状と契約内容　目的物の性状については，リーディング・ケースといえる受胎馬事件（大判大6・2・24民録23輯284頁）で，物の性状は通常法律行為の縁由にすぎず，その性状に錯誤があっても法律行為が無効にならないのが原則だが，表意者がこれをもって意思表示の内容を構成せしめ，その性状を具有しない場合においては法律行為の効力を発生させることを欲せず，しかも取引の観念事物の常況に鑑み意思表示の主要部分と為す程度のものと認めうるときは，性状の錯誤も「法律行為の要素」の錯誤として無効原因になるとしている。

この判決の事案は，売買目的物である馬について，売主が買主に13歳で現に受胎していると説明したため，買主がその馬は良馬を産むと考えて売買

160 〔山下〕

第 2 節　意思表示　　　　　　　　　　　　　　　　　§95　II

契約を締結したというものである。原審は，買主が馬のそうした性状を明示的に意思表示の内容としたとして，錯誤による意思表示の無効を認め，大審院もこれを支持した。

　この判決の一般論と事案をどのように読むかはそれ自体が 1 つの問題だが，少なくともいえるのは，馬の年齢や受胎能力といった性状は，当然には売買契約の内容にはならず，したがって，当然には買主の錯誤が顧慮されるわけではないことである。

　これは，伝統的には特定物のドグマと結び付けて説明される。すなわち，特定物の売買では，現にある「その物」が目的物として合意されているのであるから，馬の年齢や受胎能力について問題にする余地はないという考え方である。しかし，こうした特定物のドグマは学説から批判され，平成 29 年改正では，このような考え方は意識的に排除された。つまり，特定物の売買であっても当事者の合意次第で性状は契約内容に含まれ，契約不適合（565条）が生じることがあると考えるのが現行法の立場である。

　特定物のドグマ自体は否定されたが，目的物の性状が当然に法律行為の内容になるわけではないという一般論は，一定の範囲でなお通用する。馬の売買で，その馬の年齢や受胎能力といった性状を問題視するかは買主によるから，こうした性状が当然に売買契約の内容になるわけではないからである。このため，ある性状が目的物に備わっていることを法律行為の基礎とした表意者の錯誤について，「表示」の有無等を問題にする必要が生じる。

　（イ）　性状についての合意や保証が認められる場合　　目的物について，ある性状が備わっていることが当事者間で合意され，あるいは相手方によって保証されている場合には，その性状について法律行為の基礎事情としての表示があるという点に異論はない。

　表示重視説からは，当事者間に性状に関する合意があるということは，表意者がその性状を重視することを相手方に表示し，相手方もそのことを認識していたということであるから，錯誤を認めても問題がない。

　内容化重視説からも，目的物の性状について合意や保証が認められる場合というのは，その性状が備わっていないことが後に判明した場合には法律行為の効力が失われるという合意がある場合であるといいやすい。つまり，錯誤リスクを表意者から相手方に転換する合意が認められる。

〔山下〕　　161

§95 II
第1編 第5章 法律行為

したがっていずれの立場からも，基礎事情の表示が認められる。

油絵2点の売買契約において，買主が売主に特定の画家の真作に間違いないものか確かめ，売主が保証する言動をしたという事実関係に照らして，右両者の間の売買契約においては本件油絵がいずれも真作であることを意思表示の要素としたものであって，買主の意思表示の要素に錯誤があるとした最高裁判決がある（最判昭45・3・26民集24巻3号151頁）。

また下級審裁判例であるが，データ管理システム用ソフトウェアの売買で，7億6740万円で売買されたCD-ROM10枚が無価値だったという場合について，品質保証の合意があったことを理由として，錯誤による無効を認めたケースがある（東京地判平20・12・19判タ1319号138頁）。

(ウ) 性状が両当事者の前提になっていた場合　目的物の性状についての合意までは認められなくても，両当事者がその性状が備わっていることを前提として契約を締結している場合には，その性状について法律行為の基礎事情としての表示が認められるのが一般的である。

表示重視説からは，表意者がそうした性状の存在を前提に意思表示をしていることが相手方に認識可能である場合には，基礎事情の表示が認められる。また，この場合には相手方も錯誤に陥っているため，少なくともその性状が客観的に重要なものである場合には，錯誤による取消しを認めても取引の安全は害されない。

内容化重視説からは，一般論としては，ある性状が両当事者の前提になっているからといって，錯誤リスク転換の合意が認められるとは限らない。しかし，目的物に当然に備わっていることが予定される性状や，交渉経緯から表意者に重視されていることが明らかな性状については，その性状が備わっていないことが後に判明した場合には法律行為の効力が失われるという黙示の合意を認める余地がある。売買契約でいうと，目的物にその性状が備わっていなければ買主は意思表示をしなかったはずであり，売主もそのことを認識して意思表示をしている以上，そこには錯誤リスク転換の合意が認められるからである。

最高裁判例では，和解契約において，目的物が市場で一般に通用している「特選金菊印苺ジャム」であることを前提に代物弁済を受けることで合意したのに，実際のジャムが粗悪品であったという場合に意思表示の重要な部分

第2節　意思表示　　　　　　　　　　　　　　　　　　　§95　II

に錯誤があったと認めた例がある（最判昭33・6・14民集12巻9号1492頁）。交渉経緯からジャムの品質が和解契約の重要な前提と評価されたものと思われる。

　また，下級審裁判例ではあるが，新築分譲マンションの売買契約で，設計段階での構造計算書の偽造により，建物が法定の耐震強度を満たしていないケースで，動機の表示がなくても，当事者双方が契約の大前提として了解している性状（本件では法令が要求する耐震強度の具備）に錯誤があった場合には，動機の表示があった場合と同視するとしたものがある（札幌地判平22・4・22判時2083号96頁）。こちらは，契約類型から，性状が売買契約の当然の前提と評価されたものと思われる。

　他方で，目的物に当然に備わっているとはいえない，あるいは交渉経緯から表意者に重視されていることが明らかとは言えない性状については，相手方がその性状が目的物に備わっていることを前提に契約を締結したとしても，それだけでは基礎事情の内容化（錯誤リスク転換の合意）が生じているとみることは難しい。

　下級審裁判例ではあるが，建設会社Aが機械販売会社Bから購入した土地について鉛やフッ素が検出されたという事案で，売買契約の交渉過程で，「土壌汚染それ自体について特に関心を抱いたり，相手とやりとりした形跡はなく，双方とも土壌汚染には無頓着なまま推移した経緯」に着目し，Aの錯誤は「表示されない動機の錯誤」だとしたケースがある（東京地判平18・9・5判タ1248号230頁）。仮にAが土壌汚染は「ない」と思っていたとしても，Aの表示がない以上は錯誤は認められないだろう。もっとも，土壌汚染対策法の施行された平成15年以降の売買では結論は変わる可能性がある（同じく錯誤否定例であるが東京地判平24・5・30判タ1406号290頁の説示を参照）。

　このケースは，内容化重視説からは，基礎事情の内容化が生じていないから取消しが否定される。他方で，表示重視説からは，基礎事情の表示が認められず，土壌汚染の有無を表意者が重視していたとしても相手方は認識不可能だったとして取消しが否定される。

　㈍　対価から性状の内容化が判断される場合　　目的物にある性状が備わっていることによって，その市場価値が上昇するという場合には，有償契約においてはその対価の定め方から，性状が基礎事情の内容となっているかを

〔山下〕　　163

§95 Ⅱ   第1編　第5章　法律行為

判断することができる場合がある（大中有信「動機錯誤と等価性(1)(2・完)」論叢
139巻5号49頁，141巻5号100頁〔1996〜1997〕は，動機錯誤の顧慮要件として給付の
等価性の破壊を重視する）。

　表示重視説からは，ある性状が表意者に重視されていることが相手方にも
認識可能であるという判断に際して，その性状が備わっていることを前提と
した価格設定がされていることを判断要素とすることが考えられる。

　内容化重視説からは，ある性状が目的物に備わっていることを前提とした
価格設定は，その契約において性状が内容化しており，その性状が備わって
いなければ契約の効力が失われるという両当事者の合意を基礎づける。

　実際の裁判例でも，錯誤の判断で価格に言及するものは多い。最高裁の判
例でも，前述のいちごジャムの事件（前掲最判昭33・6・14）では，「本件ジャ
ムを市場で一般に通用している特選金菊印苺ジャムであることを前提とし，
これを1箱当り3000円（1缶平均62円50銭同等）と見込んで」，和解契約
の内容である代物弁済の合意がされたことが重視されており，ジャムの品質
が和解契約の内容になっていることの判断に価格設定も影響を与えているこ
とがうかがえる。

　他にも，損害賠償債務の土地による代物弁済が問題となった事案で，債権
者が債務者の言により，土地が水田に適する土地であって，債権額（100万
円）にほぼ見合うものと信じて代物弁済契約を締結したが，実際にはその土
地は，ほとんど耕作に適しない不毛地であり，それを耕地に造成するには多
額の経費を要して到底引き合わなかったという事実関係で，「本件代物弁済
契約における被上告人の意思表示は目的物件の価値について錯誤があり，右
錯誤は法律行為の要素に関するものであ」るとした最高裁判決がある（最判
昭40・6・25裁判集民79号519頁）。目的物の性状について明示的な言及はない
が，100万円の債権の代物弁済契約であるからには，土地が水田に適した土
地であることが表意者に重視され，契約の内容にもなっていたと評価された
のだと思われる。

　(オ)　当事者の態様　　目的物の性状の錯誤については，多くが売買契約で
問題になるが，買主の錯誤と，売主の錯誤では，やや扱いが異なる。

　買主の性状の錯誤について，売主が買主に対して目的物の性状の存在を保
証するような言動をして，買主がそれを信じた場合は，その性状が存在しな

第2節　意思表示　　　　　　　　　　　　　　　　　　　§95　II

い錯誤リスクを買主から売主に転換する合意があったと認定されることが少なくない（一⑷）。実質的にみても，目的物の性状については買主より売主がよく知っているというのが通常であり，こうした定型的な情報不均衡からは，売主が性状の保証した場合には，売主がその錯誤リスクを引き受けたものと解することには合理性が認められる。

　他方で，売主の性状の錯誤については，上記のような定型的な情報不均衡があるわけではなく，錯誤リスクの転換がどのような場合に認められるかが問題になりうる。売主の性状の錯誤は，目的物の性状を誤ったことにより，価額を実際よりも低く見積もる実質的価値の錯誤として問題となる。最高裁平成 16 年 7 月 8 日判決（判タ 1166 号 126 頁）は，株式会社の代表取締役 A らが，10 億円の純資産を有する同会社の全株式を株式会社 B に合計 2 億円で売却したというケースである。A は，B の全株式を保有する C を信頼し，C に言われるままに本件取引を行ったようである。最高裁は，その取引の価格設定の不自然さを指摘し，A には株式に関する実質的価値の錯誤があった可能性を指摘した。この判決からは，買主が売主に虚偽の事実を告げたり，売主が買主を特に信頼していた場合には，目的物の性状やそれを反映した目的物の価額についての錯誤が顧慮される可能性を読み取ることができる。もっとも，本判決は錯誤の存在を否定した原審判決を差し戻したものであり，どのような場合に「表示」が認められるのかについて明らかにしたものではない。

(7)　保証人等の錯誤

　他人の債務のための人的保証として自らの責任財産を提供するという意思表示をした保証人・連帯債務者・併存的債務引受の引受人（以下，「保証人等」と呼ぶ）について，錯誤の成否が争われることがある。裁判例の数も多く，他の契約類型とはやや異なる部分もあるため，独立して取り上げておく（改正直前までの保証に関する内容化重視説からの判例分析としては，山本敬三「『動機の錯誤』に関する判例法の理解と改正民法の解釈──保証に関する判例法を手がかりとして」論叢 182 巻 1～3 号〔2018〕38-108 頁が詳しい。なお，表示重視説からの判例分析としては，小林一俊・錯誤の判例総合解説〔2005〕59-83 頁が平成 14 年ごろまでの裁判例をカバーしている。このほか，潮見佳男・新債権総論 II〔2017〕652 頁以下も参照）。

　なお以下では，連帯債務や併存的債務引受のケースでも，実質的に担保さ

〔山下〕　　165

§95 II 　　　　　　　　　　　　　　　第1編　第5章　法律行為

れる債務について「主たる債務」という語を用いる。

　(ア)　主たる債務の存否・同一性等　　保証人は，主たる債務が履行されない場合に，主たる債務者に代わり履行する責任を，債権者との保証契約によって引き受ける。これらの場合は，そもそも基礎事情の表示は問題にならない。

　こうした保証契約の構造上，保証人は主たる債務を誰が負っていて，主たる債務の額はいくらか（根保証の場合は保証される債務の範囲はどこまでか）といった事情を認識して意思表示をするものと考えられる。こうした点についての錯誤がある場合，保証契約締結の意思表示は，対応する意思を欠くことになるのであり，表示錯誤になる。このため，基礎事情の表示は問題にならないのである。

　主たる債務の額に関する錯誤について，判例は，動機の表示の有無を問題とせずに，錯誤を認めている（大判昭9・8・7裁判例8巻民法193頁，大判昭10・3・2裁判例9巻民法47頁）。

　主たる債務の同一性の錯誤について，大審院明治32年10月10日判決（民録5輯9巻62頁）では，Yは，AのXに対する金員借入れを保証する目的で借用書に連署してAの連帯債務者となったが，実際にはXの借入れはAの代理人と称するBによる金員の詐取であり，Aは無関係だったというケースである。大審院は，「契約の要素たる目的に錯誤を来たしたるものにして其錯誤は其承諾を阻却するものなり」としてYの錯誤の主張を認めている。

　また，前掲の大審院昭和9年5月4日判決（民集13巻633頁）は，Aから依頼を受けたBが，Aの債務について保証する意思で，借主の氏名が記入されていない借用証書に保証人として署名捺印してAに交付したところ，AがCの氏名を債務者として記入してこれをDに差し入れたというケースである。大審院はBの意思表示は意思と表示の不一致があるとして，動機の表示を問題とすることなく「要素の錯誤」であることを認めている。

　また，保証債務引受の意思しかないのに，別の履行責任を引き受けさせられた場合にも，表示錯誤が認められる。

　大審院昭和10年4月11日判決（法学4巻1454頁）は，AがBから金員を借り入れるにあたって，CとDに保証人になってくれるよう依頼しその承

第2節　意思表示　　　　　　　　　　　　　　　　　　　　　　§95　**II**

諾を得たが，Bに言われて自らは借主とならず，CとDの了解なく両人を連帯債務者とする借用証書を作成したというケースである。大審院は，Aが主たる債務者として全負担部分を負うはずがそうでなくなってしまう点を重視してCの「要素の錯誤」を認めている。

(イ)　**債権者についての錯誤**　　保証契約は債権者と保証人の間で締結される。しかし，保証人の責任の範囲は，誰が債権者であるかによって異なるものではない。このため，債権者についての錯誤は，原則として保証契約の内容とはならないとされる。この点は客観的重要性についての判断とも重なる。

大審院明治42年12月24日判決（民録15輯1008頁）は，AがBらから依頼を受け，BがCから金員を借り入れるのだと誤信して連帯債務者となることを承諾し借用証書を作成したが，その借用証書は実際には貸金業者のDに差し入れられたというケースである。大審院は，AがBに与えた承諾が，Cその人と貸借をすることのみを承諾をしたのか，他人と貸借をすることを承諾し内心でBの言を信じて貸金業者でないCのようなものを貸主とすることを欲したにすぎないのかを問題とし，後者であるなら，YがCの性格営業等に重きをおいたとしても，それはYの承諾の意思を決定した理由にすぎないとする。

しかし，保証人の側で特段の意思表示をして，債権者の如何を法律行為の内容としたことを主張立証すれば，債権者の同一性や属性に関する保証人等の錯誤によって，保証契約締結の意思表示が取り消しうるものとなる可能性がある。

大審院大正7年7月3日判決（民録24輯1338頁）は，Yが，Aから依頼を受けて，AがXから金員を借り入れる際に連帯債務者になったが，YはAの言によりXが市役所の吏員であると信じていたが実際にはそうではなかったというケースである。大審院は，金銭貸借において連帯人が特定の債権者以外との間には貸借をする意思がなく連帯責任を負わない趣旨の下で法律行為をしたとするためには，特段の意思表示をまって初めてこれを認容できるのであり，債権者如何を法律行為の要素としたと主張する者においてその事実を立証しなければならないとする。

(ウ)　**他の担保の存在についての錯誤**　　主たる債務に他に連帯保証人が存在すると誤って信じて保証契約を締結したとしても，他に連帯保証人がある

〔山下〕　167

§95 II　　　　　　　　　　　　　　　　　第1編　第5章　法律行為

かどうかは，通常は保証契約をなす単なる縁由にすぎず，特に「表示」がされていない限りは，その保証契約の内容となるものではない（最判昭32・12・19民集11巻13号2299頁，最判昭38・2・1判タ141号53頁）。

　主たる債務に抵当権が設定されているかどうかについても，同様に考えることができる（大判昭20・5・21民集24巻9頁ほか）。

　㈓　**主たる債務の発生原因の錯誤**　　主たる債務の性質がいかなるものであるかは，保証契約を締結する際の基礎となる事情のようにも思えるが，判例は，これも保証契約の重要な内容を構成する場合があるとする。最高裁平成14年7月11日判決（判タ1109号129頁）は，AがBから機械を購入する売買契約の代金債務を信販会社Xが立替払したが，実際には機械の売買がないのに機械を購入する形をとった空クレジット契約であったというケースにおいて，そうした事情を知らずにAの代金債務を保証したYの錯誤が問題になった。原審は，保証契約において機械の引渡しの有無は連帯保証人にとってさほど重要な意味を持たず，契約の意思表示の要素には当たらないとみるべきであって，この点についての誤信は意思表示の動機に関する錯誤にすぎないとしたが，最高裁は，「保証契約は，特定の主債務を保証する契約であるから，主債務がいかなるものであるかは，保証契約の重要な内容である。そして，主債務が，商品を購入する者がその代金の立替払を依頼してその立替金を分割して支払う立替払契約上の債務である場合には，商品の売買契約の成立が立替払契約の前提となるから，商品売買契約の成否は，原則として，保証契約の重要な内容である」として，Yの錯誤は「要素」の錯誤であることを認めた。さらに，この判決で最高裁は，「主たる債務が実体のある正規のクレジット契約によるものである場合と，空クレジットを利用することによって不正常な形で金融の便宜を得るものである場合とで，主債務者の信用に実際上差があることは否定できず，保証人にとって，主債務がどちらの態様のものであるかにより，その負うべきリスクが異なってくるはずであり，看過し得ない重要な相違がある」という点や，さらに，1通の契約書に立替払契約と保証契約が併せ記載されている点を指摘し，そうした点からも，Yにおいて，AX間が「正規の立替払契約であることを当然の前提とし，これを本件保証契約の内容として意思表示をしたものであることは，一層明確である」とする。

168　〔山下〕

第2節　意思表示　　　　　　　　　　　　　　　　　　　§95　II

　ここでは，主たる債務が正規の立替払契約であるという事情を基礎（前提）
として保証契約が結ばれたことについて，契約内容化の意思表示がされたこ
とが重視されている。判例自体は動機の表示を問題にはしていないが，基礎
事情が表示されていたと見ることのできるケースといえる。

　(オ)　主たる債務者の属性についての錯誤　　以上と区別する必要があるの
は，主たる債務者の属性についての錯誤である。主たる債務者の弁済能力や，
主たる債務者がどういう人物かという点が問題となることがある。

　主たる債務者が連帯債務者として複数いて，その一部が資力を有するとい
う錯誤は，特に保証契約の内容とした場合でなければ，単なる縁由の錯誤に
すぎないとする判例がある（大判昭12・12・28判決全集5輯2号3頁）。主たる債
務者の弁済資力を誤っても，それは基礎事情として表示されなければ，錯誤
として顧慮されないと考えられる。

　なお，平成28年に最高裁は，金融機関と信用保証協会との間で締結され
た保証契約についての主債務者の属性に関する錯誤について，以下の2つの
判示をしている。いずれも，機関保証であり，やや特殊なケースであるが，
重要な判示である。

　最高裁平成28年1月12日判決（民集70巻1号1頁）は，金融機関を債権者，
信用保証協会を保証人とする保証契約について，主債務者が反社会勢力でな
いと誤認していたという信用保証協会の錯誤が問題になったケースである。
金融庁は，すでに反社会的勢力の排除を明確に打ち出しており，金融機関も
信用保証協会も，主たる債務者が反社会的勢力でないことは，（少なくとも暗
黙の）前提になっていたと思われる。しかし最高裁は，「保証契約は，主債
務者がその債務を履行しない場合に保証人が保証債務を履行することを内容
とするものであり，主債務者が誰であるかは同契約の内容である保証債務の
一要素となるものであるが，主債務者が反社会的勢力でないことはその主債
務者に関する事情の一つであって，これが当然に同契約の内容となっている
ということはできない」としたうえで，「主債務者が反社会的勢力でないと
いうことについては，この点に誤認があったことが事後的に判明した場合に
本件各保証契約の効力を否定することまでを被上告人及び上告人の双方が前
提としていたとはいえない」ことを理由に，動機は法律行為の内容になって
いなかったとする。ここでは，錯誤リスクの転換の合意が明確に行われてい

〔山下〕　169

ることを要求している。

最高裁平成 28 年 12 月 19 日判決（判タ 1434 号 52 頁）も，同じく信用保証協会の保証契約で，主債務者が中小企業としての実体を有しなかったという信用保証協会の錯誤が問題になったケースである。この融資では，主債務者が中小企業の実体を有していることが融資条件であり，そのため金融機関も信用保証協会も，主たる債務者が中小企業の実体を有していることは（少なくとも暗黙の）前提になっていたと思われる。しかし，最高裁は，「金融機関が相当と認められる調査をしても，主債務者が中小企業者の実体を有しないことが事後的に判明する場合が生じ得ることは避けられないところ，このような場合に信用保証契約を一律に無効とすれば，金融機関は，中小企業者への融資を躊躇し，信用力が必ずしも十分でない中小企業者等の信用力を補完してその金融の円滑化を図るという信用保証協会の目的に反する事態を生じかねない」ことを理由の 1 つとして，「主債務者が中小企業者の実体を有するということについては，この点に誤認があったことが事後的に判明した場合に本件保証契約の効力を否定することまでを上告人及び被上告人の双方が前提としていたとはいえない」とした。

(カ) 当事者の態様　保証契約における錯誤では，保証人が主たる債務者から保証の委託を受ける際に，虚偽の説明を受けている場合が多い。しかし，主たる債務者は保証契約の当事者ではないので，このことはせいぜい第三者による詐欺（96 条 2 項）が問題になるにすぎない。

(8) その他の錯誤

これ以外の錯誤について，まとめて述べる。

(ア) 基礎事情の内容化　基礎事情の内容化について，すでに述べたように，錯誤リスクの転換を正当化する合意が法律行為の内容に含まれるという意味であるとすると，最終的には法律行為の解釈問題に帰着する。

法律行為の解釈においては，法律行為の類型に応じて定型的に法律行為の内容を構成すると考えられる合意と，法律行為成立時の状況に応じて個別に法律行為の内容を構成すると考えられる合意が存在するとされている。

錯誤リスクの転換の合意の内容化についても，同じように考えることができる。すなわち，ある類型の契約が，通常の契約交渉プロセスを経て締結された場合には，意思表示の過程で基礎事情が明示的に「表示」されていなく

第2節　意思表示　　　　　　　　　　　　　　　　　　§95　II

ても，その基礎事情についての認識が真実と異なる場合には意思表示の効力
が失われてもやむを得ないということについて当事者間に合意が存在してい
ると解釈できる場合が存在する。すでに見たような，売買契約等で目的物の
性状について売主が保証する言動を示した場合や，クレジット契約の保証契
約において主たる債務が空クレジット契約であることを知らなかったという
ような場合は，こうした観点から説明することができる。

　どのような契約類型や交渉プロセスが，基礎事情の内容化をもたらすのか
について具体的に論じることは難しい。すでに述べた性状の錯誤や，保証契
約についてはある程度研究があるが，それ以外の契約については，具体例を
挙げるにとどめておく。

　最高裁平成元年9月14日判決（家月41巻11号75頁）は，協議離婚の際に，
夫Aが特有財産である不動産を妻Bに財産分与する契約を締結したが，そ
の際に財産分与義務を負う自分に課税があることを知らなかったというケー
スである。Aは，財産分与契約の際，財産分与を受けるBに課税されるこ
とを心配してこれを気遣う発言をしており，離婚後，自己に高額の課税がさ
れることを上司の指摘によって初めて知った。原審は，「Aが本件不動産を
分与した場合に前記のような高額の租税債務の負担があることをあらかじめ
知っていたならば，本件財産分与契約とは異なる内容の財産分与契約をした
こともあり得たと推測されるが，右課税の点については，Aの動機に錯誤
があるにすぎず，同人に対する課税の有無は当事者間において全く話題にも
ならなかったのであって，右課税のないことが契約成立の前提とされ，A
においてこれを合意の動機として表示したものとはいえないから，Aの錯
誤の主張は失当である」とした。　しかし最高裁は，「意思表示の動機の錯誤
が法律行為の要素の錯誤としてその無効をきたすためには，その動機が相手
方に表示されて法律行為の内容となり，もし錯誤がなかったならば表意者が
その意思表示をしなかったであろうと認められる場合であることを要すると
ころ……，右動機が黙示的に表示されているときであっても，これが法律行
為の内容となることを妨げるものではない」との一般論を示した上で，「A
は，その際，財産分与を受けるBに課税されることを心配してこれを気遣
う発言をしたというのであり，記録によれば，Bも，自己に課税されるもの
と理解していたことが窺われる。そうとすれば，Aにおいて，右財産分与

〔山下〕　171

§**95** Ⅱ   第1編　第5章　法律行為

に伴う課税の点を重視していたのみならず，他に特段の事情がない限り，自
己に課税されないことを当然の前提とし，かつ，その旨を黙示的には表示し
ていたものといわざるをえない」と述べて，動機の要素の錯誤に関する審理
を尽くさせるために判決を原審に差し戻した（傍点筆者）。

　この判決で最高裁は，財産分与の際の課税について AB 双方が誤った事実
理解を前提に財産分与契約が締結されたことを重視しているが，錯誤リスク
転嫁の点についての合意が同契約の内容になっていることまでは直接認定し
ていないようにも思える。この点について，内容化重視説からは，①財産分
与契約を無償契約に準じるものと捉え，あるいは婚姻中の財産関係の清算手
段としての性格に着目し，給付価額が定型的に契約内容を構成するとの説明
や，② A が B への課税を気遣う発言をしており，B もこれを否定しなかっ
たという交渉経緯に着目し，AB 間では B に課税されることが契約の有効性
の前提になるところまで合意されていたとの説明などが考えられる。

　なお，表示重視説の立場では，最判平成元年のケースは共通錯誤の例であ
り，基礎事情の「表示」は認められやすい。この点は後述する相手方の態様
の考慮に関連する。

　(イ)　当事者の態様（相手方の不実表示）　　表示重視説の立場では，基礎事
情が法律行為の内容化していなくても，基礎事情の「表示」を認めること，
内容化重視説の立場でも，内容化の判断にあたって当事者の行為態様を考慮
することはすでに述べた。いずれにせよ，当事者の行為態様が基礎事情の
「表示」の判断に影響する場合がある。

　「表示」の判断に影響を及ぼす当事者の行為態様として，ある程度議論が
固まっているのが相手方の不実表示である。法制審議会民法（債権関係）部
会でも，本条について，「相手方の行為によって当該事項の存否又はその内
容について錯誤が生じたこと」を独立した取消要件とできないかが議論され
ていたことはすでに紹介したとおりである（→Ⅰ2⑶(ウ)。立法時の議論の整理と
して三枝健治「不実表示の一般法化に関する一考察（上）」民研 646 号〔2011〕2 頁以下）。
最終的に条文化は見送られたが，相手方がある事情について誤った内容を告
げ，表意者がその事情を基礎にして意思表示をした場合については，錯誤が
認められやすいということは，おそらく異論がない。不実表示について条文
化が見送られたのは，後述する表明保証の場合など，相手方が基礎事情につ

172　〔山下〕

第 2 節　意思表示　　　　　　　　　　　　　　　　　§95　II

いて誤った前提に立って契約交渉をしても錯誤による取消しを認めるべきでない場合についてまで取消しが認められてしまうのではないかという，実務家からの懸念の表明が重視されたことによる（一⑼）。しかし原則としては，相手方の不実の表示を原因とする錯誤による意思表示には，取消しが認められるのが適当であろう。

　もっとも不実表示について，最高裁がこれを独自の取消要件としたことはない。このため，どのような場合を不実表示による裁判例とみるかについては，論者によって分かれる。例えば前述の性状の錯誤について，目的物にある性状が備わっているということを保証する言動は，不実表示であると考えることもできる。本書ではこれを法律行為の内容化の問題として整理したが，そうでない理解もありうるわけである。

　下級審裁判例では，契約交渉時の相手方の言動により表意者の錯誤が惹起された場合に錯誤無効を認めるケースは多い。投資取引における顧客や，消費者契約における消費者の勧誘においてそうした説明がされた場合に，消費者契約法 4 条の不実告知や断定的判断の提供（1 項），不利益事実の不告知（2 項）ではなく，錯誤による取消しが認められた裁判例（大阪地判平 22・3・30 金判 1358 号 41 頁，東京地判平 24・1・31 判タ 1379 号 182 頁など），船舶の売買契約において，内航登録ナンバーに財産的価値がないという買主の説明（実際には 1000 万円以上の価値がある）を信じて 180 万円で売却した売主の錯誤（横浜地判平 3・9・27 判時 1429 号 101 頁）など，様々なケースを挙げることができる。

⑼　補論 —— 表明保証がある場合の扱い

　表明保証とは，ある取引において，一方当事者が相手方に対して，一定の事項の一定の時点における真実性，正確性を表明し，その事項の真実でないことや，正確でないことが判明した場合には，損失補償を行うなどの事後的な対応を定めておくような契約条項を指す。表明保証された事項について錯誤がある場合に，その事項を基礎事情とした「表示」が認められるのかという問題がある（潮見佳男・新債権総論Ⅰ〔2017〕420 頁以下）。

　㋐　問題の状況　　ここで問題になるのは，ある取引において，ある事項についての表明保証がされたが，後にその事項の真実性・正確性が否定され，表明保証違反が判明したという場合である。このとき，取引当事者の一方が，表明保証合意に従った解決を拒絶し，その事項についての真実性・正確性に

〔山下〕　173

§95　II　　　　　　　　　　　　　　　　　　第1編　第5章　法律行為

ついて，錯誤に陥っていたと主張して，取引の合意の有効性を否定するのが許されるのかという点が問題になる。

　このような錯誤の主張は，表明保証をされた側からも，表明保証をした側からも，なされる可能性がある。表明保証をされた側は，表明保証の合意に定められた損失補償を受けるよりも，取引を取り消した方が有利な場合がある。また表明保証をした側は，表明保証合意を取り消すことによって，ある事項についての真実性・正確性について責任を負うことを拒絶することが考えられる。

　(イ)　法制審議会民法（債権関係）部会での議論（不実表示との関係）　表明保証の問題は，民法改正審議の中では，不実表示との関係で問題とされた。

　中間試案では，動機の錯誤について，「目的物の性質，状態その他の意思表示の前提となる事項に錯誤があ」る場合について，「表意者の錯誤が，相手方が事実と異なることを表示したために生じたものであるとき」は意思表示の取消しが認められるとしていた（中間試案第3・2(2)）。そこで，表明保証をされた側が，表明保証という行為自体を捉えて，「相手方が事実と異なることを表示した」ものと主張して，契約締結の意思表示を取り消すことができるのかが問題になったのである。ここでは，表明保証をされた側が，表明保証の合意の中で定められた損失補償などの対応に満足せずに，取引の効力を否定する場面が問題とされている。

　この問題について，法制審議会民法（債権関係）部会では当初，不実表示による意思表示の取消しに関する規定を任意法規とする案が実務家から提案された。しかし，学者の側からは，民法総則の意思表示に関する規定が強行規定であることは明らかであるとして，これに反対する意見が相次いだ。

　最終的には，不実表示の規定化自体が見送られたので，この議論は決着をみていないが，意思表示に関する錯誤・詐欺などの規定が強行規定であることは学説上異論をみないので，不実表示の規定を任意規定化する提案は，理論的には難がある。そうすると，表明保証違反が不実表示にならない理由は，別の観点から説明する必要がある。

　(ウ)　表明保証違反が不実表示にならない理由　表明保証された事項について，真実に反する，あるいは正確でないことが後に判明した場合に，表明保証をされた側が，不実表示を理由として取消しを主張することを排除する

第2節　意思表示　　　　　　　　　　　　　　　　　　　§95　II

ための解釈論として，従来次のような解釈が提案されている（潮見佳男「表明保証と債権法改正論」銀法719号〔2010〕22頁以下）。

第1は，不実表示とは事実と異なることを表示したことであって，「そこで表示していることが真実である」ということを含意しているのに対して，表明保証のように「真実かどうかわからないけれども表示する」というのは，不実表示とはいえないという理由で，意思表示の取消しを否定する解釈論である。

第2は，事実に関する認識の誤りに関するリスクを契約両当事者が合意により転嫁することは可能であるという前提で，表明保証とは，事実に関する認識があいまいであることによるリスクの負担についての両当事者の合意であると捉えるものである。

第3は，不実表示による意思表示の取消しに関する規定そのものは強行法規であるが，発生した取消権を放棄することは自由であるという前提で，表明保証条項は取消権の事前放棄特約とみる解釈論である。

第4に，表明保証は表明された事情が真実でなかったとしても契約を維持するという約定があるのだから，不実表示と表意者の意思決定との間に因果関係がないという説明がある。

（エ）　不実表示の立法化の断念　　しかし，法制審議会民法（債権関係）部会では，不実表示の明文化が取引を不安定にするという実務サイドの懸念が解消されず，これを独立した規定とする改正自体が見送られ，不実表示の問題は，全て新たな民法95条の解釈問題に委ねられることになった。したがって，表明保証された事項について，その真実でないこと，正確でないことが後から判明した場合の解決は，同条1項2号の「表意者が法律行為の基礎とした事情についてのその認識が真実に反する錯誤」の要件のなかで解決されることになった。

もっとも，以上のような議論の経緯と，解釈論の展開からすれば，表明保証をされた事項について，その真実でないこと，正確でないことが後から判明した場合に，そのことを理由に民法95条で意思表示の取消しを主張させるのは，妥当でない場合が多いと一般に考えられていることは明らかである。そうすると問題は，そのような取消権の制限が新たな条文のどのような読み方により実現できるのか，また取消しを認められる例外的な場合はあるのか

〔山下〕　　175

という点である。

この点については，前述の理由から表明保証違反自体は不実表示に当たらないと考えられることを前提に，その他の事情から錯誤リスクの転換を正当化するような基礎事情の「表示」が認められるかを考えていく必要があろう。その際，表明保証された事情が，定型的に法律行為の内容となるような事情かどうかが重要である。定型的には法律行為の内容にならない事情であれば，表明保証合意が，その事情についての錯誤リスクを転換するような意図で行われたのでなければ，「表示」を認める必要はない。反対に，定型的に法律行為の内容になるような事情であれば，表明保証合意が，その事情についての錯誤の主張を封じる意図で行われたのであれば，取消権の事前放棄とみてよい場合があろう。常にそのように言えるかは問題であるが，一般論としてはこのように考えるべきではないかと思われる。

5　錯誤が重過失によるものでないこと

(1)　重過失による取消しの制限の趣旨

本条3項本文は，「錯誤が表意者の重大な過失によるものであった場合」について，本条1項の取消権を制限している。平成29年改正前の本条ただし書の，「表意者に重大な過失があったときは，表意者は，自らその無効を主張することができない」とする規定の趣旨を受け継いだものである。

表意者の重過失による錯誤について，意思表示の効力が否定されないのは，表意者に重大な過失がある場合には表意者を保護する必要がないと考えられるためである。明治民法起草者によると，過失ある表意者は錯誤により意思表示の効力を否定することができても，意思表示の相手方に対して損害賠償責任を負うことがあるが，それでは相手方の保護に十分でないと考えられるため，重過失の場合については意思表示を有効なものと扱うことで取引の安全を図ろうとしたのだという（富井447-448頁，梅226-227頁）。

(2)　重過失の判断基準

重過失とは，各案件の事実関係について普通の知慮を有する者の注意義務の程度を基準として抽象的にこれを定めるものであり，個別の事実関係を離れて標準を定めることはできない（大判大6・11・8民録23輯1758頁）。すなわちここでの重過失とは，「錯誤に陥ったことにつき，当該の具体的な事情のもとにおいて，表意者の職業，行為の種類，目的などに応じ，普通の人に期

第2節　意思表示　　　　　　　　　　　　　　　　　　　　　　§95　II

待される注意を著しく欠くことを指す」ものである（東京地判平15・2・21判タ
1175号229頁）。したがって，故意と同視できるような著しい注意の欠如だけ
を指すものではない（東京地判平24・10・31判タ1408号336頁）。

　表意者が錯誤を主張する取引について専門的な知識や経験を有している場
合には，重過失の判断基準としての注意義務も高く設定される。損害保険会
社と契約者との間の自動車責任保険契約において，飲酒運転による損害につ
いては保険会社が免責される旨の条項が定められており，契約者が当該免責
条項に該当する程度の酒酔い状態で自動車を運転して事故を起こしたのにも
かかわらず，保険会社がそのことを知らずに被害者との間で示談契約を締結
したという事案について，原審は保険会社の示談契約は錯誤により無効であ
るとした。しかし最高裁は，「自動車保険業務について専門的知識と経験を
有する損害保険会社が，自動車事故について，被保険者のほか被害者を交え
た三者間で，被保険者が損害賠償責任を承認した額につき保険金を支払うこ
とを内容とする示談契約を締結する場合には，該保険会社は，あらかじめ，
通常の査定事務処理の一環として，保険契約上の免責条項に該当する事由の
有無を充分究明する必要があり，そのためには，所轄警察署に照会するだけ
でなく，事故の関係者からの事情聴取等の方法により事故の状況及び原因に
ついて慎重な調査を尽くすべき義務を負う」という一般論を提示した上で，
損害保険会社の錯誤に重過失がないかを判断させるため差し戻した（最判昭
50・11・14判時804号31頁）。

(3)　重過失の肯定例

　重過失が肯定される場合について上記以上の一般論を導くことは困難であ
るが，重過失が肯定された例をいくつか挙げておく。

　銀行の実権をにぎるために株式の大部分を買収しようとする者が，株式の
売買契約に際して，会社の定款を一覧するか会社に直接問い合わせるかして
株式に譲渡制限があることを確かめなかったことは重過失があるとした（前
掲大判大6・11・8）。

　以前に無尽会社の監査役であった者が，当該会社の取締役に就任するに際
して，就任前の無尽債務について株主総会の免責決議について免責されたも
のと信じて，そのことを条件に就任を承諾したと主張した点に関して，無尽
債権者に対する債務が会社の機関の一片の決議で免除できないことは容易に

〔山下〕　177

§**95** Ⅱ   第1編　第5章　法律行為

会得できる筋合いであり，監査役経験者がそのことを理解していないとすれ
ば重過失があるとした（大判昭 13・2・21 民集 17 巻 232 頁）。

　生糸販売を行う組合 A が，事業拡大のため B から靴下製造機械を買い入
れ靴下の販売を開始した。B は，A に対して「貴社から C 氏への貴社製品
販売に関し，万一 C 氏が代金を支払いかねるときは 3000 円まで責任を負
う」という趣旨の保証証書を差し入れた。その後，A から保証債務の履行
を求められた B は，保証の範囲は生糸の代金についてのみで，靴下の代金
は含まれないというつもりだったとして，錯誤を主張した。大審院は，当時
の A の製品といえば靴下も含まれることは当然であり，B が A の靴下販売
開始の事実を知っていたと推論できるのだから，単に生糸の代金のみについ
て保証する意思をもって前記保証証書を差し入れたとすれば，B の錯誤には
重過失があるとした（大判昭 15・12・24 法学 10 巻 542 頁）。

　弁護士 A が公正証書に自ら署名をしたが，その署名は同公正証書により
締結された賃貸借契約上の債務者である B 株式会社の単なる代理人として
のみするものと誤信し，その署名欄の肩書の連帯保証人の記載や，その契約
条項中に A についての連帯保証条項に気付かなかったとして，連帯保証の
意思表示および執行受諾の意思表示に錯誤があると主張したが，裁判所はい
ずれの意思表示の錯誤も，重大な過失に基づくものであるとした（最判昭
44・9・18 民集 23 巻 9 号 1675 頁）。

(4)　重過失が否定される場合

　従来の裁判例で，表意者の重過失が否定される場合というのは，実際に表
意者の錯誤についての過失が軽い場合だけでなく，(5)で後述するように，表
意者の重過失があるけれども相手方の主観的な態様により取消しが例外的に
認められる場合が含まれている。すなわち，表意者の重過失があったと評価
してもおかしくない場合であっても，相手方が表意者の錯誤について悪意で
あったり，相手方も同一の錯誤に陥っていたりするときには，従来の裁判例
の多くは「表意者に重過失は認められない」と結論づけている。平成 29 年
改正前の本条ただし書は，表意者の重過失が認められる場合には錯誤の主張
は一切認められない文理になっていたのであるから，重過失の有無の判断の
内部で相手方の主観を考慮するという解釈手法が用いられてきたことはやむ
を得ないといえる。

178　〔山下〕

第2節　意思表示　　　　　　　　　　　　　　　　　　§95　II

　また，表意者の錯誤に相手方が関与していることが，表意者の重過失が認められない要因の1つになっていると思われる例がある。不実告知のように，表意者の錯誤に相手方の言動が関与しているような場合を想定すると，相手方が表意者の錯誤を利用して利益を得ることは相当ではないから，相手方が表意者の錯誤を明確に認識していなくても，表意者の錯誤が重過失によるものであるという相手方の反論は安易に認められるべきではないとも考えられる。このため，相手方の行為態様は重過失の判断における考慮要素となりうるだろう。

　具体例として，実用新案権の売買について，新案権者が実物と称する物を示して権利内容を説明した場合には，特許公報等を精査しなかったとしても相手方に重大な過失があるとはいえないとした例がある（大判大10・6・7民録27輯1074頁）。

　下級審裁判例であるが，兄が代表を務める会社の債務を主たる債務として，金融機関との間に保証契約を締結した保証人が，当該会社の経営がすでに破綻状態にあったことを知らなかったとして保証契約が錯誤により無効であると主張した事案において，相手方である金融機関の担当者らが当該会社の経営状態を把握せずに秋頃までには会社が立ち直るという説明を保証人にしたことが，融資を行おうとする金融機関の対応としてきわめて軽率であり，こうした軽率さを棚上げにして，保証人の重過失を主張することは許容しえないとした判決がある（大阪地判昭62・8・7判タ669号164頁）。後述する共通錯誤の事例とも考えられるが，金融機関の対応の軽率さが問題とされている点では，相手方の行為態様を考慮して重過失を否定した事例とみるべきように思われる。

(5)　相手方の主観的態様による重過失要件の例外

　(ア)　相手方が表意者に錯誤があることを知っていた場合　　相手方が表意者に錯誤があることを知っている場合には，重過失のある表意者について錯誤による意思表示の取消しを認めても，相手方が不測の損害を被ることはなく，取引の安全を図る必要はない。このため表意者の錯誤の主張に対して相手方から重過失の反論がなされた場合，表意者は再反論として相手方が表意者の悪意であったことを立証することで意思表示を取り消すことができることにしている（本条3項1号前段）。

〔山下〕　　179

§95 II　　　　　　　　　　　　　　　　　　　第1編　第5章　法律行為

　英語教材の売買契約を海外旅行に安く行ける契約だと誤信して締結したという事案で，英語教材の売主が買主の錯誤を認識しながら，その錯覚を解きただすほど明確な説明を行わないまま契約を締結させた事案で，買主の錯誤についての過失は重大なものではないとした判決がある（名古屋高判昭60・9・26判タ568号70頁）。

　(イ)　相手方が重大な過失により表意者の錯誤があることを知らなかった場合　　同様に，相手方が重大な過失により表意者に錯誤があることを知らなかったときも，取引の安全を図る必要性は低いと考えられる。このため，重過失ある表意者であっても錯誤による意思表示の取消しが認められることにしている（同項1号後段）。

　もっとも，相手方が不測の損害を被る可能性は否定できず，相手方には表意者の錯誤を認識すべき注意義務があるともいえないから，ここにいう相手方の重過失とは，表意者の錯誤を知っていたに等しいような著しい注意の欠如を指すという解釈もありそうである。少なくとも，表意者側の重過失と同じ判断基準が当然に妥当すると考える必然性はない。

　(ウ)　相手方が表意者と同一の錯誤に陥っていたとき（共通錯誤の場合）　　相手方が表意者の同一の錯誤に陥っていたとき，いわゆる共通錯誤の場合も，相手方は表意者の重過失を理由に錯誤による取消権を否定することは許されない（3項2号）。相手方が表意者と同一の錯誤に陥っていて，その錯誤が取消しを認めてよい程度の重要性を有する場合には，表意者と相手方はいずれも誤った認識を前提に，法律行為を成立させたことになる。このため，相手方の取引の安全を図る必要がなく，表意者の取消しを認めても差し支えないと考えられるためである。

　画商間で，ある絵画がモローの真作であるという前提で3050万円の値段で売買されたが，その後贋作であることが判明したという事案において，買主が錯誤による契約の無効を主張し売主が買主の重過失による反論をした。裁判所は，双方が錯誤に陥って本件売買契約の締結をしている以上，契約を有効にして保護すべき利益が売主にあるとはいえないとして，買主に重過失があるから錯誤を主張できないとの売主の主張を失当とした（東京地判平14・3・8判時1800号64頁）。

　預託金制ゴルフ会員権の売買契約において，売主が預託金の返還を受けら

第 2 節　意思表示　　　　　　　　　　　　　　　　　　　§95　II

れないと誤信して，買主に当該会員権を 430 万円で売却したところ，買主が退会手続をとって約 6000 万円の預託金の返還が受けられたという事案で，裁判所は売買目的物の実質的価値について売主の錯誤を認めた上で，買主も当該会員権の実質的価値が 430 万円を著しく超える価値を有するものではないと認識しており，共通錯誤の場合には取引の安全を図る必要はなく，表意者である売主の保護を優先するべきであるとの理由で，買主の重過失を問題とすることなく売主の錯誤無効の主張を認めた（大阪高判平 29・4・27 判タ 1443号 74 頁）。私見では，売買目的物の実質的価値についての売主の錯誤を，当然に意思表示の効力否定原因とみる同判決には疑問を持つが，重過失についての判示部分は参考になる（山下純司〔判批〕リマークス 57 号〔2018〕10 頁）。

　もっとも，薬局開設を目的とする建物賃貸借契約を締結したが，条例により新規薬局は既存の薬局から 120 メートル離れている必要があるにもかかわらず，実際には 96 メートルしか離れていなかったため開設の許可を得られなかったという事案において，借主が錯誤による賃貸借契約の無効を主張したところ，裁判所は借主が既存薬局との距離を測るのに目測のみに頼ったことを重大な過失として錯誤の主張を認めなかったという下級審裁判例がある（東京地判昭 46・5・20 判時 643 号 53 頁）。裁判所の事実認定によると，相手方である貸主も既存薬局からの距離は 120 メートルあると誤信していたことがうかがわれ，共通錯誤のケースといえるが，借主に重過失があるとして錯誤の主張は認められなかった。これは平成 29 年改正前の判決であり，改正後本条 3 項の下で，上記のような判断をすることは明文に反することになるが，同様の事案について今後どのように扱われるのかはなお明らかでない。一方では，薬局開設を前提に賃貸借契約を締結しているのだから，薬局を開設できない以上は契約が取り消されてもやむを得なかった事案と割り切ることも考えられる。他方では，そもそも当該物件が薬局開設の許可要件を満たしているかどうかの判断リスクは，本来は借主側が負担すべきところ，錯誤のリスクを貸主側に転換するだけの事情が存在していたのかを問題とする可能性もある。これは，本条 2 項の「表示」の有無に関わってくる。

(6)　代理と重過失

　代理人が相手方に対してした意思表示に錯誤がある場合には，取消しの可否は代理人について決するのが原則である（101 条 1 項）。したがって，代理

〔山下〕　　181

§95 Ⅱ 第1編 第5章 法律行為

人の錯誤について代理人に重過失があるときは，代理人の錯誤を理由に意思
表示を取り消すことはできなくなる。

交通事故の被害者側の代理人弁護士が，自賠法73条により政府てん補額
に関して調整が行われることを看過して和解調停を成立させた事案について，
当該代理人の重過失により被害者は調停が錯誤により無効であることを主張
しえないとした下級審裁判例がある（名古屋地判昭41・11・24下民集17巻11=12
号1148頁）。

他方で，代理人の錯誤が，本人の重過失による場合についても，代理人の
錯誤を理由とした意思表示の取消しは認められない。法律上の根拠としては，
101条3項（平29改正前同条2項）の類推適用を挙げることができる。交通事
故の加害者側の代理人弁護士が，被害者が自賠責から支払を受けている事実
を知らずに和解契約を成立させた事案について，加害者が和解契約は代理人
の錯誤により無効であると主張したところ，被害者が保険会社から支払を受
けた事実について加害者は知っていたはずであり，（自動車損害賠償保障法施行
令4条2項参照），その事実を弁護士に遅滞なく伝えていれば代理人弁護士が
錯誤に陥ることは容易に回避できたとして，本人が代理人の錯誤について重
過失があることを理由に錯誤の主張を認めなかった下級審裁判例がある（大
阪高判平17・4・28判時1907号57頁）。このほか，土地の所有権を移転する趣旨
の条項を含む裁判上の和解が，訴訟代理人によってなされたが，和解成立前
に当該土地が第三者に譲渡されていたという事案において，訴訟代理人ある
いは本人のいずれかに重大な過失があることをもって当該和解について錯誤
による無効を主張できないとした裁判例がある（東京高判昭40・8・4東高民時
報16巻7=8号139頁）。

(7) 電子消費者契約特例法の例外

「電子消費者契約に関する民法の特例に関する法律」の3条は，インター
ネットによる通信販売などで消費者が錯誤により契約締結の意思表示をして
しまう場合について，本条3項の規定の適用を限定している。問題になるの
は，①消費者が電子計算機を用いて送信した時に事業者との間で電子消費者
契約締結の意思表示を行う意思がなかったときと（同条1号），②消費者が電
子計算機を用いて送信した時に電子消費者契約締結の意思表示とは異なる内
容の意思表示を行う意思があったときであり（同条2号），要するに本条1項

182 〔山下〕

第2節　意思表示 §95　Ⅱ

1号の「意思表示に対応する意思を欠く錯誤」がある場合である。このとき，その錯誤が法律行為の目的および取引上の社会通念に照らして重要なものであれば，当該意思表示は錯誤により取り消すことができそうにも思える。ところが，上記のような錯誤が生じる場合の多くは，消費者が電子計算機の操作を誤ったり，画面上の注意をよく読まなかったりする場合であるから，消費者には重過失が認められ，結局のところ取消しが認められない可能性が高い。

　そこで，電子消費者契約特例法3条は，電子消費者契約については，本条3項の規定を適用しないことを原則とした上で，ただし書で，契約相手方である事業者が，電子消費者契約締結の意思表示に際して，電磁的方法によりその映像面を介して，消費者に意思確認を求める措置を講じた場合，またはその消費者から当該事業者に対して，当該措置を講ずる必要がない旨の意思表明があった場合には，本条3項の規定の適用を例外的に認める旨を規定する。電子消費者契約に多く見られる誤送信や契約内容の確認不足といったトラブルに対処するため，事業者が消費者の契約締結意思確認の措置を講じるよう動機付けを行う特別法の規定である。

(8)　表意者の過失による損害賠償責任

　錯誤が表意者の軽過失による場合には，意思表示の取消しが認められる。しかし，意思表示を取り消したため相手方に不測の損害を与えた場合には，不法行為（709条）により表意者が損害賠償責任を負うことを認めるべきとする学説がある（四宮＝能見265頁，角紀代恵・コンパクト民法Ⅰ民法総則・物権法総論〔2版，2018〕79頁）。すでに述べたように，明治民法起草者はその可能性を認めていた（→5(1)）。

　さらに，錯誤について悪意や重過失のある相手方との関係では，表意者に重過失があっても取消しが認められるから，この場合にも表意者の損害賠償責任が生じるのかという問題が存在する。この場合，仮に損害賠償責任が生じるとしても，過失相殺（722条2項）が認められることになろう。

〔山下〕　183

§95 III

第1編　第5章　法律行為

III　錯誤の効果

1　取消権の発生

(1)　序

　本条の要件を満たした場合，錯誤による意思表示は取り消すことができる（本条1項柱書）。平成29年改正前は錯誤による意思表示の効果は無効と定められていた。これは，旧95条の「法律行為の要素に錯誤があったとき」による意思表示は，起草者によれば意思の欠缺をきたすと考えられていたからである。しかし，同条で動機の錯誤（意思の欠缺とはいえない）も顧慮されるようになったことや，錯誤による意思表示の無効は表意者の保護のためのものであり，表意者が意思表示の効力否定を望まない場合には相手方や第三者からの無効主張を認める必要性に乏しいことが指摘されたこともあり，改正前から錯誤による無効は取消し的無効として理解するべきであると主張されていた。このため，改正により錯誤の効果を取消しに改めたものである（→I 2(1)(エ)）。

　取消しの効果等については，それぞれの条文の解説に譲るが，以下では，取消権者の範囲についてのみ，若干の解説を行う。

(2)　錯誤による意思表示の取消しができる者

　錯誤による意思表示を取り消すことができる取消権者とは，「瑕疵ある意思表示をした者又はその代理人若しくは承継人」である（120条2項）。瑕疵ある意思表示をした者とは，錯誤により意思表示をした表意者本人のことである。

　代理人とは表意者の法定代理人と，取消権の代理行使を委ねられた任意代理人のことである。

　承継人とは，錯誤による意思表示についての取消権を承継した者を指す。取消権者の包括承継人もしくは，取消しに係る契約上の地位の移転を受けた特定承継人がこれに当たる。これに対して，取り消すことのできる行為により生じた権利や義務を承継しただけでは，取消権を行使することはできない。例えば，錯誤により物を購入した買主からの転得者は，買主の錯誤を理由にもとの売買契約に係る意思表示を取り消すことはできない。このような主張が認められるためには，買主の契約上の地位を譲り受ける必要がある。

184　〔山下〕

第2節　意思表示　　　　　　　　　　　　　　　§95　III

⑶　債権者代位権の行使

　このように，取消権者は限定列挙されているが，錯誤による取消権を，取消権者の債権者が，債権者代位権（423条）によって行使することが考えられる。

　AからBに，ある画家の作とされる絵画が，真作という前提で譲渡されたが，それが贋作であったという場合に，Bの債権者Cが，無資力のBに売買代金を取り戻させるため，Bに代わって，錯誤による無効を主張できるかが問題となった判例がある。最高裁は，「意思表示の要素の錯誤については，表意者自身において，その意思表示に瑕疵を認めず，錯誤を理由として意思表示の無効を主張する意思がないときは，原則として，第三者が右意思表示の無効を主張することは許されないものであるが……，当該第三者において表意者に対する債権を保全するため必要がある場合において，表意者が意思表示の瑕疵を認めているときは，表意者みずからは当該意思表示の無効を主張する意思がなくても，第三者たる債権者は表意者の意思表示の錯誤による無効を主張することが許される」と述べたうえで，BのAに対する代金返還請求権をCが代位行使することを認めた（最判昭45・3・26民集24巻3号151頁）。

　この判決は，平成29年改正前の条文を前提に，①表意者の意思に反して，第三者が錯誤による意思表示の無効を主張することは原則として許されないこと，ただし②表意者の債権者が，自己の債権を保全する目的で無効を主張することは許される場合があることを述べている。調査官解説が指摘するように，これは，錯誤による無効主張について代位行使するものではなく，第三者による無効の主張を例外的に認めたものである（宇野栄一郎〔判解〕最判解昭45年上104頁）。この判決に対しては，債権者が錯誤により無効を主張できる場合を，「表意者が意思表示の瑕疵を認めているとき」に限定している点に批判があった。表意者自身の資力が十分でない場合にまで表意者の意思を尊重する必要はないという点を実質的な理由として，無効主張を代位行使することを主張する有力説である（四宮＝能見261頁参照）。

　これに対して現行法では，錯誤の効果は取消しになったため，債権者は，債務者の取消権と，これにより生じる原状回復請求権を代位行使することになる（原状回復請求権が金銭債権あるいは動産引渡しの債権の場合には自己に対する直

〔山下〕　185

§95　III

接の引渡しを求めることができる（423条の3）。債務者の取消権を代位行使することになるため，従来の有力説の主張がそのまま妥当するとする指摘がある（中舎216頁）。

2　善意無過失の第三者の保護

錯誤による意思表示の取消しは，善意でかつ過失がない第三者に対抗することができない（本条4項）。

Aが，所有する不動産をBに売却し，さらにBが同不動産をCに売却した後で，Aが錯誤を理由に意思表示を取り消したとする。取り消された意思表示は初めから無効であったものとみなされる（121条）から，AB間の売買の効力が失われ，Cは無権利者のBと取引をしたことになり，不動産の所有権を取得できないのが原則である。しかし，Aには錯誤に陥ったという帰責性があり，他方で，意思表示が有効であると信じて取引をしたCの信頼を保護する必要もある。

そこで，意思表示が錯誤により取り消しうるものであることを知らず，かつ，知らないことに過失のない第三者に対しては，表意者は錯誤による取消しを対抗することができないことにした。

第三者の保護要件として，善意かつ無過失であることが求められているのは，詐欺に関する96条3項の第三者保護要件とのバランスをとったものである。錯誤に陥った表意者の帰責性は，心裡留保や虚偽表示の表意者のそれより軽いと考えられることから，第三者の保護要件を善意のみでなく，善意かつ無過失であることとすることで，表意者の保護される範囲を拡大している。

したがって，本条4項は新設条文であるが，詐欺に関する民法96条3項の解釈が参考になるものと思われる。すなわち，本条4項の第三者とは，取消しの遡及効により影響を受ける第三者であるから，錯誤により意思表示が取り消される前に，新たに法律上の利害関係を有するにいたった者である必要があり，錯誤による取消しがされた後に，取消しの相手方から目的物を買い受けた第三者（取消し後の第三者）には，本条4項は適用されないものと考えられる。

3　原始的不能との制度間競合

平成29年改正により新設された民法412条の2第2項は，原始的不能の契約であっても履行利益の損害賠償請求を認めている。このため，原始的不

186　〔山下〕

第2節　意思表示　　　　　　　　　　　　　　　　　　　　§95　Ⅲ

能の存在する契約について，錯誤による取消しが認められるかどうかが議論
されている。学説では，売買目的物が契約成立前に滅失していた場合に，買
主からの錯誤取消しは履行利益賠償（415条）が認められる以上は実益がな
く，売主からの錯誤取消しの主張は，412条の2による売主の賠償責任を否
定することになるので認めるべきでないという（四宮＝能見300頁）。原始的
不能にもかかわらず契約の有効性が認められる場合には，当事者の錯誤には
客観的重要性（本条1項柱書）がないとする指摘もある（潮見佳男「錯誤と原始的
不能・契約不適合──制度間競合」法教454号〔2018〕85頁）。

4　債務不履行責任（契約不適合責任）との制度間競合

売買その他の有償契約において，「引き渡された目的物が種類，品質又は
数量に関して契約の内容に適合しないものであるとき」，すなわち目的物の
品質が契約で定めた内容に適合しないという場合に，民法は，契約不適合に
よる担保責任（562条以下）を追及できると定める。具体的には買主に，追完
請求（562条），代金減額請求（563条），損害賠償請求および契約の解除（564
条）といった救済手段が与えられている。この契約不適合責任と，錯誤との
関係が問題になる。従来は，瑕疵担保責任（平29改正前570条）と錯誤の競合
問題として扱われていたものであるが，改正後は債務不履行責任と錯誤の制
度間競合の問題として議論されている（潮見・前掲論文82頁以下）。

不特定物売買の場合，契約で定められた種類，品質，数量と異なる物が引
き渡されたとすれば，債務不履行になるとしても錯誤の問題にはならない。
この場合，表意者の意思どおり，契約内容となった種類，品質，数量の物を
引き渡す契約が成立しているのだから表示錯誤はなく，また買主が契約時に
基礎とした事情について，認識が真実と異なっていたとはいえないので事実
錯誤もないからである。

特定物売買の場合については，契約の目的物とされた当該特定物が，契約
で定められた種類，品質，数量を有していないとすれば，これは錯誤（性状
の錯誤）の問題になる可能性がある。もっとも，前述したように（→Ⅱ1(3)
(ウ)），契約内容どおりの性状の目的物が引き渡されない場合には，債務不履
行責任が問題になり，その場合は本条の適用はないとする立場をとると，制
度間の競合という問題は生じなくなる。また本条の適用を一応は認めるが，
債務不履行責任に関する規定の方が，賠償額の調整や過失相殺による調整な

〔山下〕　187

§95 III 　　　　　　　　　　　　　　　　第1編　第5章　法律行為

ど柔軟な解決ができるので，債務不履行責任を優先的に適用するという立場
も考えられる（四宮＝能見262-263頁）。いずれの立場でも，錯誤が問題になる
のは，目的物の種類，品質，数量が契約内容となっているとまではいえない
としても，法律行為の基礎として「表示」されていた場合ということになり，
「表示」の解釈によっては，性状の錯誤に本条が適用される場合はかなり限
定される。

　他方で，やはり本条の適用を認めたうえで，買主が債務不履行責任を追及
するか，錯誤による意思表示の取消しを主張するかは，表意者本人の選択に
任せるという立場も考えられる（野澤正充・契約法〔3版，2020〕147頁以下，中
田・契約法305頁）。このように表意者の選択に任せる場合，契約不適合責任
は，目的物が引き渡された後でなければ問題とならず，また買主が不適合を
知った時から1年以内に売主に通知をしなければならないという期間制限が
あることを（566条），どのように考えるかという問題がある。学説の中には
錯誤による取消しにも期間制限規定を類推適用すべきとする見解がある（山
本豊ほか・民法5契約〔2018〕156-157頁〔北居功〕）。

〔山下純司〕

第 2 節　意思表示　　　　　　　　　　　　　　　　　　　　錯誤の要件事実　Ⅰ

錯誤の要件事実

細　目　次

Ⅰ　改正の趣旨 ……………………………189
Ⅱ　意義，法律要件および法律効果 ………190
　1　表示の錯誤による意思表示の取消し
　　（95 条 1 項 1 号）………………………190
　　（1）意　義 ………………………………190
　　（2）法律要件 ……………………………190
　　（3）法律効果 ……………………………191
　2　動機の錯誤による意思表示の取消し
　　（95 条 1 項 2 号・2 項）………………191
　　（1）意　義 ………………………………191
　　（2）法律要件 ……………………………191
　　（3）法律効果 ……………………………192

　3　表意者の重過失（95 条 3 項）…………192
　　（1）法律要件 ……………………………192
　　（2）法律効果 ……………………………192
　4　錯誤取消しからの第三者の保護（95
　　条 4 項）…………………………………192
　　（1）意　義 ………………………………192
　　（2）法律要件 ……………………………193
　　（3）法律効果 ……………………………193
Ⅲ　要件事実 ………………………………194
　1　表示の錯誤による意思表示の取消し…194
　2　動機の錯誤による意思表示の取消し…196
　3　錯誤取消しからの第三者の保護………197

Ⅰ　改正の趣旨

（1）　錯誤による意思表示の効果については，平成 29 年改正前は無効とされていたが，改正法 95 条 1 項柱書は取り消すことができるものとした。錯誤制度は内心と異なる意思表示をした表意者を保護する制度であり（最判昭 40・9・10 民集 19 巻 6 号 1512 頁参照），表意者に錯誤がある場合には意思表示の効力を否定できる必要があるが，そのためには，錯誤による意思表示を当然に無効とするまでの必要はなく，錯誤に陥った表意者に取消権を与えれば足りる反面，取引安全の見地から第三者を保護するためには，錯誤による意思表示を無効とするよりも，表意者に取消権を与えた上で取消しの遡及効（121 条）を制限する（95 条 4 項参照）方が具体的に妥当な結論を導き得ると考えられるからである。

（2）　95 条 1 項柱書の「その錯誤が法律行為の目的及び取引上の社会通念に照らして重要なもの」とは，平成 29 年改正前 95 条本文の「法律行為の要素」をいい，その点について錯誤がなかったならば表意者は意思表示をしなかったであろうこと（主観的因果性）と，一般人もそのような意思表示をしなかったであろうこと（客観的重要性）を統合した概念である（大判大 3・12・15

〔中園〕　　189

錯誤の要件事実　II　　　　　　　　　　　第1編　第5章　法律行為

民録20輯1101頁，大判大7・10・3民録24輯1852頁）。

(3)　95条は，1項1号で表示の錯誤を，同項2号でいわゆる動機の錯誤を規定した上，2項において，後者による意思表示の取消しの要件として，表意者が法律行為の基礎とした事情（動機）が，法律行為の基礎とされていることが表示されていたことを必要とする。動機の錯誤の成立に動機の表示を必要とする判例法理（大判大6・2・24民録23輯284頁，最判昭29・11・26民集8巻11号2087頁，最判平元・9・14家月41巻11号75頁）を採り入れたものである（ただし，これは更に，動機表示重視説と内容化重視説に分かれる。山本187頁）。

(4)　次に，95条3項柱書は，改正前と同様，錯誤が表意者の重過失によるものであった場合には，意思表示の取消しを認めていないが，相手方が表意者の錯誤について悪意または重過失の場合（同項1号）やいわゆる共通錯誤の場合（同項2号）には，表意者に意思表示の取消しを認めることとした。前者については，相手方に保護されるべき信頼がないからであり，後者については，相手方も同一の錯誤に陥っている以上，意思表示の効力を維持する必要がないからである。

(5)　また，改正前95条には第三者保護規定はなかったが，前記のとおり，改正法95条4項は，表意者は錯誤取消しをもって善意・無過失の第三者に対抗できないとすることにより，第三者の正当な信頼を保護し，取引の安全を図ることとした。改正前における多数説（詐欺取消しにおける善意の第三者保護の規定〔平29改正前96条3項〕の類推適用説）の考え方を明文化したものである（潮見・概要10頁）。

II　意義，法律要件および法律効果

1　表示の錯誤による意思表示の取消し（95条1項1号）

(1)　意　　義

表示の錯誤とは，表示行為から推測される効果意思と内心の効果意思との間に不一致（意思の欠缺）があり，これを表意者自身が知らないもの（表示上の錯誤，表示行為の意味の錯誤）をいう。

(2)　法　律　要　件

表示の錯誤の成立には，表意者が使用するつもりのない表示手段を使用し

190　〔中園〕

第2節　意思表示　　　　　　　　　　　　　　**錯誤の要件事実　Ⅱ**

たこと（言い間違い・書き間違い。表示上の錯誤），または，表意者が意図した表示手段を用いているものの，その表示の意味内容を誤解していること（表示行為の意味の錯誤）が必要である（山本179頁）。表示の錯誤の主張立証責任は，表意者にある（大判大10・10・22民録27輯1818頁）。

　また，前記のとおり，95条1項柱書の「その錯誤が法律行為の目的及び取引上の社会通念に照らして重要なもの」とは，改正前の「法律行為の要素」，すなわち，その点について錯誤がなかったならば表意者は意思表示をしなかったであろうこと（主観的因果性），および一般人もそのような意思表示をしなかったであろうこと（客観的重要性）をいうから，錯誤の成立には主観的因果性および客観的重要性が必要である。

　したがって，表示の錯誤による意思表示について表意者に取消権が発生するための要件は，

　　①　表意者による意思表示

　　②　表意者の表示の錯誤（表示上の錯誤，表示行為の意味の錯誤）

　　③　主観的因果性および客観的重要性

であり，これを前提にして，意思表示の効力を否定するためには，

　　④　錯誤による意思表示を取り消す旨の表意者の意思表示

が必要である。

(3) 法 律 効 果

　表示の錯誤による表意者の意思表示が遡及的に無効になる（121条）。

2　動機の錯誤による意思表示の取消し（95条1項2号・2項）

(1) 意　　　義

　動機の錯誤とは，表示行為から推測される効果意思と内心の効果意思との間に不一致はないが，意思表示をした動機に錯誤が存在するもの（理由の錯誤，性状の錯誤）をいう。

(2) 法 律 要 件

　動機の錯誤の成立には，意思表示を行う間接的な理由に関する錯誤（理由の錯誤），または，意思表示の対象である人や物の性質に関する錯誤（性状の錯誤）があることが必要である（山本181頁）。動機の錯誤の主張立証責任は，表意者にある（前掲大判大10・10・22）。

　動機の錯誤においては，表示の錯誤と異なり，上記のほかに，表意者が法

〔中園〕　191

錯誤の要件事実　Ⅱ　　　　　　　第1編　第5章　法律行為

律行為の基礎とした事情（動機）が，法律行為の基礎とされていることが表示されていたことが必要である。

　したがって，動機の錯誤による意思表示について表意者に取消権が発生するための要件は，

　　　① 　表意者による意思表示

　　　② 　表意者の動機の錯誤（理由の錯誤，性状の錯誤）

　　　③ 　法律行為の基礎とされた事情（動機）の表示

　　　④ 　主観的因果性および客観的重要性

であり（なお，大江 374 頁は，動機の錯誤においては，客観的重要性の要件は不要とする），これを前提にして，意思表示の効力を否定するためには，

　　　⑤ 　錯誤による意思表示を取り消す旨の表意者の意思表示

が必要である。

　(3)　法 律 効 果

　動機の錯誤による表意者の意思表示が遡及的に無効になる（121条）。

3　表意者の重過失（95条3項）

　(1)　法 律 要 件

　表意者による表示の錯誤または動機の錯誤の主張に対し，相手方は，表意者の錯誤が重過失によるものであることを主張することができる（大判大 7・12・3 民録 24 輯 2284 頁）。

　相手方による表意者の重過失の主張に対し，表意者は，表意者の錯誤についての相手方の悪意，重過失または共通錯誤を主張することができる。

　(2)　法 律 効 果

　表意者に重過失がある場合，表意者の取消権の発生が障害され，表意者の意思表示の効力を否定することはできない。

　しかし，表意者の錯誤について相手方が悪意または重過失である場合や共通錯誤がある場合には，表意者の取消権が復活し，表意者の意思表示の効力を否定することができる。

4　錯誤取消しからの第三者の保護（95条4項）

　(1)　意 　　義

　平成 29 年改正前民法 96 条 3 項の「第三者」とは，詐欺による意思表示によって生じた法律関係に基づき，新たに利害関係を取得した者をいうが（最

192　〔中園〕

第2節　意思表示　　　　　　　　　　　　　　　錯誤の要件事実　Ⅱ

判昭49・9・26民集28巻6号1213頁)，改正法95条4項の「第三者」もこれと同様に解される。

(2)　法　律　要　件

(ア)　錯誤取消しの前に取消しの相手方から目的物を譲り受けた第三者（取消し前の第三者）には，本条項が適用され，取消し前の第三者は，対抗要件（所有権移転登記）を具備しなくても保護されるものと解される（詐欺に関する大判昭7・3・18民集11巻327頁，虚偽表示に関する大判昭10・5・31民集14巻1220頁，最判昭44・5・27民集23巻6号998頁参照）。これに対し，錯誤取消しの後に取消しの相手方から目的物を譲り受けた第三者（取消し後の第三者）には，本条項は適用されない。取消し後の第三者は，復帰的物権変動を受ける表意者との間で対抗関係になるから，対抗要件を具備しなければ保護されない。

(イ)　第三者保護のための主観的要件である善意・無過失について，第三者が自らの善意・無過失の主張立証責任を負うという見解が多数説と考えられるが，錯誤においては，表意者の帰責性が詐欺の場合よりも強いから，第三者が主張立証責任を負う事実は第三者の善意のみであり，表意者が第三者の有過失の主張立証責任を負うという見解もある（伊藤滋夫編著・新民法（債権関係）の要件事実Ⅰ──改正条文と関係条文の徹底解説〔2017〕43頁・49頁）。

　今回の民法改正においては主張立証責任の所在を念頭に置いて条文が設けられたと考えられるところ，「過失がある」（有過失）ではなく「過失がない」（無過失）という文言が選択された上，善意と無過失が並列されていて，条文の構造が多数説に親和的なものとなっており，また，規範的要件（司研編・要件事実(1)30頁）である過失の有無の判断は，評価根拠事実と評価障害事実の総合判断であり，主張立証責任がいずれに属するとしても，事案の具体的な事実関係を十分に斟酌し得るのであって，条文の構造にあえて異を唱える実益は乏しいから，多数説が妥当であろう。

(ウ)　したがって，取消し前の第三者は，本条項の適用を受けるために，

① 錯誤による意思表示に基づく法律行為と第三者の利害関係

② 第三者の善意・無過失

を主張することができる。

(3)　法　律　効　果

表意者は，錯誤による意思表示の取消しの効果を第三者に対抗することが

〔中園〕　193

錯誤の要件事実　Ⅲ　　　　　　　　　　　　第1編　第5章　法律行為

できない。

Ⅲ　要　件　事　実

1　表示の錯誤による意思表示の取消し

(1)　(ア)　表意者において，表示の錯誤を主張する場合には，意思の欠缺（表示上の錯誤，表示行為の意味の錯誤）があったことおよびこれを自身が知らなかったことを摘示する必要がある。

　また，意思表示の効力を否定するためには，表意者が取消権を行使した事実（取消しの意思表示〔123条〕）を摘示する必要がある。

　なお，前記のとおり，95条1項柱書の「その錯誤が法律行為の目的及び取引上の社会通念に照らして重要なもの」とは，主観的因果性および客観的重要性をいうが，これらについては，通常，錯誤の内容を摘示することによって自ずと表現されるから，その場合には，これらに係る要件事実を別個独立に摘示する必要はない。

　(イ)　表意者による表示の錯誤の主張に対し，相手方は表意者の錯誤が重過失によるものであることを主張することができる。

　重過失はいわゆる規範的要件であり，その主要事実は重過失という規範的評価そのものではなく，これを根拠付ける具体的事実（評価根拠事実）である。相手方による重過失の評価根拠事実の主張に対し，表意者は評価根拠事実と両立するが重過失という評価を妨げるような具体的事実（評価障害事実）を主張することができる（司研編・要件事実(1)30頁）。

　(ウ)　相手方による表意者の重過失の評価根拠事実の主張に対し，表意者は，

　　a　表意者の重過失の評価障害事実

　　b　相手方の悪意

　　c　相手方の重過失の評価根拠事実

　　d　相手方が表意者と同一の錯誤に陥っていたこと（共通錯誤）

の全部または一部を主張することができる。

　上記のbとcの関係について，両者は，別個独立の要件事実として整理すべきである。実際上，相手方の重過失の評価根拠事実（主要事実）は，同時に，相手方の悪意についての間接事実にもなることが多いが，当事者の主張

第2節　意思表示　　　　　　　　　　　　　　　　　　錯誤の要件事実　III

として摘示すべき要件事実は主要事実および重要な間接事実であることを意識して整理するのが望ましい。

　㈋　表意者による相手方の重過失の評価根拠事実の主張に対し，相手方は，相手方の重過失の評価障害事実を主張することができる。

　⑵　売主Xの買主Yに対する土地の売買契約に基づく代金支払請求訴訟において，Yに土地を取り違えるという表示行為の意味の錯誤があったという場合の要件事実は，以下のようなものになる。

　㈠　請求原因（売買契約）

　XとYは，令和6年6月1日，XがYに対し甲土地を代金3000万円で売り渡す旨の売買契約（本件売買契約）を締結した。

　㈡　抗弁（表示の錯誤による取消し）

　　①　Yは，「甲土地」という表示が乙土地を指すものと誤信していたため，本件売買契約において，真実は乙土地を買い受ける意思であったにもかかわらず，甲土地を買い受ける旨の意思表示をした。

　　　（※特定物である土地の取り違えについては，通常，主観的因果性および客観的重要性が認められるから，これらに係る要件事実を別個独立に摘示する必要はないであろう）

　　②　Yは，Xに対し，令和6年12月1日，本件売買契約に係るYの意思表示を取り消す旨の意思表示をした。

　㈢　再抗弁（表意者の重過失の評価根拠事実）

　　①　Yは，本件売買契約締結に先立ち，Xから，甲土地の登記記録および公図の交付を受けた。

　　②　Yは，本件売買契約締結に先立ち，仲介業者から，重要事項説明を受けた。

　㈣　再々抗弁（以下のa〜dの全部または一部）

　a　表意者の重過失の評価障害事実

　　①　甲土地と乙土地は，隣接する面積が同一の土地であり，いずれもXが所有していた。

　　②　Yは，本件売買契約締結当時，Xに対し，公図を指し示して，売買の目的物が乙土地であることを確認した。

　b　相手方の悪意

〔中園〕　195

Xは，本件売買契約締結当時，Yが上記(イ)①の錯誤に陥っていることを知っていた。

c　相手方の重過失の評価根拠事実

Xは，本件売買契約締結に先立つ現地調査において，Yを乙土地に案内した。

d　共通錯誤

Xも，本件売買契約締結当時，「甲土地」という表示が乙土地を指すものと誤信していた。

2　動機の錯誤による意思表示の取消し

(1)　(ア)　表意者において，動機の錯誤を主張する場合には，法律行為の基礎とした事情（理由・性状）について錯誤があったことおよびこれを自身が知らなかったことに加え，上記事情が法律行為の基礎とされていることが表示されていたことを摘示する必要がある。これが，表示の錯誤との相違点である。

動機の表示の有無・態様に争いがある場合には，表示が書面によるものか，口頭によるものか，表示が黙示のものであるときはその基礎付け事実を具体的に摘示すべきである（伊藤編著・前掲書45頁は，保証契約に基づく保証債務履行請求訴訟における動機の錯誤を理由とする取消しの抗弁に対する再抗弁として，「表意者Yによる動機の表示なし」〔動機の表示の存在についての評価障害事実〕を摘示するから，動機の表示を規範的要件と理解するようであるが，動機の表示は，黙示の意思表示〔司研編・要件事実(1)37頁〕と同様に，その成立を基礎付ける具体的事実〔基礎付け事実＝規範的要件における評価根拠事実に相当する事実〕のみが問題となり，その成立を妨げる具体的事実〔評価障害事実に相当する事実〕は問題にならないから，規範的要件ではないと解するのが一般的であろう〔村田＝山野目編100頁〔村田渉〕〕）。

(イ)　主観的因果性および客観的重要性に係る要件事実の摘示の要否，ならびに，表意者による取消権の行使（取消しの意思表示）の主張，相手方による表意者の重過失の評価根拠事実の主張，表意者による相手方の悪意，相手方の重過失の評価根拠事実および共通錯誤の各主張等については，表示の錯誤において述べたことが同様に当てはまる。

(2)　売主Xの買主Yに対する土地の売買契約に基づく代金支払請求訴訟において，Yの土地購入の動機に錯誤があったという場合の要件事実は，以

第2節　意思表示

錯誤の要件事実　III

下のようなものになる。

(ア)　請求原因（売買契約）

XとYは，令和6年6月1日，XがYに対し甲土地を代金3000万円で売り渡す旨の売買契約（本件売買契約）を締結した。

(イ)　抗弁（動機の錯誤による取消し）

①　Yが本件売買契約を締結したのは，当時，真実は甲土地の北方100メートルの地点に私鉄の駅（A駅）が設置される計画（本件計画）はなかったにもかかわらず，これがあるものと誤信していたからである。

②　Yは，本件売買契約締結当時，Xに対し，本件計画があるから甲土地を店舗用地として買い受ける旨述べた。

③　Yは，Xに対し，令和6年12月1日，本件売買契約に係るYの意思表示を取り消す旨の意思表示をした。

(ウ)　再抗弁（表意者の重過失の評価根拠事実）

本件売買契約締結に先立ち，A駅の設置場所が甲土地の北方2キロメートルの地点に移動された旨が公表された。

(エ)　再々抗弁（以下のa〜dの全部または一部）

a　表意者の重過失の評価障害事実

①　XとYの間で，本件売買契約締結に先立ち，本件計画が話題になった。

②　Yは，上記(ウ)の当時入院していたため，上記(ウ)を知らなかった。

b　相手方の悪意

Xは，本件売買契約締結当時，Yが上記(イ)①の錯誤に陥っていることを知っていた。

c　相手方の重過失の評価根拠事実

Xは，本件売買契約締結に先立ち，Yに対し，「ここでお店を開けば，商売繁盛間違いないです」と述べた。

d　共通錯誤

Xも，本件売買契約締結当時，本件計画があるものと誤信していた。

3　錯誤取消しからの第三者の保護

(1)　(ア)　錯誤の主張は，改正前後を問わず，請求原因に基づく権利の発生を障害する抗弁（権利障害の抗弁）として機能することが多いが（なお，大江

〔中園〕　197

錯誤の要件事実　Ⅲ

第1編　第5章　法律行為

381頁は，権利消滅の抗弁とする〔村田＝山野目編27頁〔山野目章夫〕参照〕），請求原因（不当利得返還請求訴訟において法律上の原因の不存在を基礎付ける場合）や再抗弁を構成することもある。

例えば，建物の元所有者であり売主である表意者が原告となり，買主から更に当該建物を買い受け引渡しを受けた転得者を被告として，所有権（もと所有）に基づく返還請求として当該建物の明渡しを求める訴訟において，被告が所有権喪失の抗弁として原告と買主の間の売買契約を主張するのに対し，原告が上記売買契約の効力を否定するために錯誤取消しを主張する場合には，この主張は再抗弁と位置付けられる。

この場合，表意者である原告による錯誤取消しの主張に対し，取消し前の第三者である被告は，表意者の錯誤について自らが善意・無過失であることを主張して，原告は上記取消しの効果を被告に対抗することができない旨を主張することができる（→Ⅱ4⑵）。

無過失も，重過失と同様，規範的要件（司研編・要件事実⑴30頁）であるから，被告は，自らの無過失の評価根拠事実を主張することができる。

これに対し，原告は，被告の無過失の評価障害事実を主張することができる。

（イ）　善意・無過失の第三者の主張の位置付けについては，争いがある（司研編・類型別88頁）。

善意・無過失の第三者が出現することによって，錯誤取消しによる意思表示の無効という再抗弁の効果が覆滅させられて，上記意思表示に係る法律行為が有効であったものと扱われ，これを前提に，第三者は，表意者の相手方（買主）から権利を承継取得するという見解（順次取得説）に立てば，上記主張は再々抗弁と位置付けられることになる。

これに対し，善意・無過失の第三者が出現することによって，錯誤取消しによる意思表示の無効という再抗弁の効果が覆滅させられて上記意思表示に係る法律行為が有効になるわけではなく，第三者は本条項の効果によって直接表意者から権利を承継取得し，表意者の所有権喪失原因になるという見解（法定承継取得説）に立てば，上記主張は予備的抗弁と位置付けられることになる。

（2）　売主Xの買主Zからの転得者Yに対する所有権に基づく建物の明渡請求訴訟において，Xの建物売却の動機に錯誤があったという場合の要件事

第2節　意思表示　　　　　　　　　　　　　　　　錯誤の要件事実　**III**

実は，以下のようなものになる。

(ア)　請求原因（所有権）

① 　Xは，令和6年6月1日，丙建物を所有していた。

② 　Yは，丙建物を占有している。

(イ)　抗弁（所有権喪失）

XとZは，令和6年6月1日，XがZに対し丙建物を代金1000万円で売り渡す旨の売買契約（第1売買契約）を締結した。

(ウ)　再抗弁（動機の錯誤による取消し）

① 　Xが第1売買契約を締結したのは，当時，真実は，丙建物の北方100メートルの地点に私鉄の駅が設置されるという従前からの計画（本件計画）は存続しており，立ち消えになったことはなかったにもかかわらず，本件計画が立ち消えになったと誤信していたからである。

② 　Xは，第1売買契約締結当時，Zに対し，本件計画が立ち消えになり，それまで丙建物で営んできた商店が存続できる見込みがなくなったので，丙建物を売却する旨述べた。

③ 　Xは，Zに対し，令和6年12月1日，第1売買契約に係るXの意思表示を取り消す旨の意思表示をした。

(エ)　再々抗弁〔順次取得説〕または予備的抗弁〔法定承継取得説〕（善意・無過失の第三者）

① 　ZとYは，令和6年9月1日，ZがYに対し丙建物を代金3000万円で売り渡す旨の売買契約（第2売買契約）を締結した。

② 　Yは，第2売買契約締結当時，Xが上記(ウ)①の錯誤に陥っていたことを知らなかった。

③ 　Yは，第2売買契約締結に先立ち，Zから，第1売買契約の代金額は，本件計画が存続していることを前提にした2700万円であると聞いていた（無過失の評価根拠事実）。

(オ)　再々々抗弁〔順次取得説〕または予備的再抗弁〔法定承継取得説〕（無過失の評価障害事実）

Yは，第2売買契約締結に先立ち，Xから，第1売買契約の代金額は1000万円であると聞いていた。

〔中園浩一郎〕

〔中園〕　　199

§96

第1編　第5章　法律行為

（詐欺又は強迫）

第96条①　詐欺又は強迫による意思表示は，取り消すことができる。

②　相手方に対する意思表示について第三者が詐欺を行った場合においては，相手方がその事実を知り，又は知ることができたときに限り，その意思表示を取り消すことができる。

③　前2項の規定による詐欺による意思表示の取消しは，善意でかつ過失がない第三者に対抗することができない。

〔対照〕　フ民1130・1131・1137〜1144，ド民123，オランダ民第3編44，ス債28〜30，ヨーロッパ契約法原則4：107〜109，4：111，DCFR II.-7：205〜208，共通欧州売買法（草案）49〜52，ユニドロワ国際商事契約原則（2016）3.2.5〜3.2.8

〔改正〕　②③＝平29法44改正

（詐欺又は強迫）

第96条①　（略）

②　相手方に対する意思表示について第三者が詐欺を行った場合においては，相手方がその事実を知っていたときに限り，その意思表示を取り消すことができる。

③　前2項の規定による詐欺による意思表示の取消しは，善意の第三者に対抗することができない。

細　目　次

I　総　説 ……………………………201
  1　自由な意思決定の侵害（瑕疵ある意思表示）………………………201
  2　適用範囲………………………204
   （1）意思表示・法律行為 …………204
   （2）家族法上の行為 ………………204
   （3）遺　言 …………………………205
   （4）株式の引受け等 ………………206
   （5）手形・小切手行為等 …………206
   （6）訴訟行為 ………………………206
   （7）準法律行為 ……………………207
   （8）私人の公法行為 ………………207
  3　詐欺・強迫の拡張理論…………207
II　詐欺の要件 ……………………208
  1　要　件 …………………………208
   （1）欺罔行為 ………………………208

   （2）欺罔行為が違法であること ………211
   （3）詐欺者の故意 …………………215
   （4）錯誤があること ………………218
   （5）錯誤によって意思表示をしたこと ………………………………219
  2　説明義務・情報提供義務…………219
  3　第三者による詐欺（96条2項）………220
   （1）相手方に対する意思表示 ………220
   （2）第三者 …………………………221
   （3）相手方がその事実を知り，または，知ることができたこと………225
   （4）適用範囲 ………………………226
III　強迫の要件 ……………………226
  1　要　件 …………………………226
   （1）強迫行為 ………………………226
   （2）強迫行為が違法であること ………229

第2節　意思表示　　　　　　　　　　　　　　　　　　　　　　　§*96*　I

（3）強迫者の故意 ……………………230
（4）恐怖心（畏怖）を生じたこと ……232
（5）恐怖心によって意思表示をしたこ
　　と ……………………………………232
2　「つけ込み」……………………………233
3　第三者による強迫…………………235
IV　効　果………………………………236
1　取消し…………………………………236
（1）取消権者（120条）……………237
（2）取消しの効果（121条）………238
（3）取消しの方法（123条）………243
（4）取消権の期間の制限（126条）……244
（5）抗弁権の永久性 ………………244
2　善意無過失の第三者（96条3項）…246
（1）第三者 …………………………246
（2）善意無過失 ……………………250
（3）対抗することができない ……251
（4）取消し後の第三者 ……………252
（5）適用範囲 ………………………253
（6）強迫の場合 ……………………253
V　ほかの救済手段との競合 ………254

1　錯　誤……………………………………255
2　意思決定の自由がまったく奪われた
　場合 ……………………………………256
3　保証に関する情報提供義務…………256
4　契約不適合責任（売主の担保責任）…257
5　不法行為………………………………257
（1）競合する場面 …………………257
（2）説明義務違反・情報提供義務違
　　反・配慮義務違反………………258
（3）評価矛盾の問題 ………………260
6　消費者契約法…………………………262
（1）誤認類型 ………………………262
（2）困惑類型 ………………………263
（3）過量契約 ………………………263
（4）効　果 …………………………264
（5）媒介受託者および代理人 ……265
（6）情報提供努力義務 ……………265
7　不当寄附勧誘防止法…………………266
8　保険契約における告知義務違反………266
9　そのほか………………………………267

I　総　説

1　自由な意思決定の侵害（瑕疵ある意思表示）

　従来は，錯誤による意思表示は意思の欠缺（不存在），詐欺・強迫による意思表示は瑕疵ある意思表示とされてきた。すなわち，錯誤による意思表示は，書き間違え（表示上の錯誤）の場合が典型的であるが，意思表示と内心的効果意思の不一致であり，表示に対応する意思が欠けているがゆえに無効である。それに対して詐欺・強迫による意思表示の場合には，騙されたり，脅されたりしているものの，表示に対応する意思は存在しており，その形成過程に瑕疵があるにすぎず，したがって，有効ではあるものの，取消可能であるとされてきた（我妻295頁・302・307頁，鳩山・法律行為162頁，梅謙次郎・民法要義　巻之一　総則篇〔初版，1896〕182頁・194頁以下）。

　このような理解は，その淵源をローマ法に持っている。ローマ法においては，詐欺・強迫による行為は，市民法上有効とされ，法務官によって与えられる訴権・抗弁・原状回復等により救済されていた（原田慶吉・ローマ法〔改訂，1955〕84頁以下，いわゆる『ローマ法大全』の学説彙纂第4巻第3章第1法文〔ウルピ

〔田中〕　　201

§96 Ⅰ
第1編　第5章　法律行為

アーヌス告示註解第 11 巻〕，同巻第 2 章第 1 法文〔ウルピアーヌス告示註解第 11 巻〕，同
章第 21 法文第 5 項・第 6 項〔パウルス告示註解第 11 巻〕等）。自然法学説の影響を
受けて表意者の意思が重視されるようになるものの，19 世紀のドイツ普通
法学において，詐欺の場合に問題となる動機の錯誤においては意思が存在し，
また，強迫の場合にも選択の自由が存在しているとして，詐欺・強迫による
法律行為は有効であるとされた。そして，有効な法律行為を前提にした救済
手段である訴権・抗弁・原状回復等をまとめ，無効と対比する形で「取消可
能」という概念が形成された。この「取消可能」は，ローマ法の詐欺や強迫
に関する訴権が不法行為的な性格のものであったこともあり，損害賠償請求
権による債権的な回復と理解されていたが，ドイツ民法典の編纂過程におい
て，意思への違法な影響がないことが有効要件とされ，債権的な回復にとど
まらない遡及効を伴う取消しへと変化している（田中教雄「19 世紀ドイツ普通法
における詐欺・強迫理論とドイツ民法典の編纂過程」石部雅亮編・ドイツ民法典の編纂と
法学〔1999〕250 頁以下，田中教雄「ドイツ民法典の編纂過程における取消概念の変遷」
香川法学 17 巻 4 号〔1998〕720 頁以下）。

　旧民法の改正として成立した現行の日本民法典は，このような 19 世紀の
ドイツ普通法学およびドイツ民法典と同じ理解を基礎にしていたと考えられ
る。旧民法によれば，詐欺は「承諾ヲ阻却セス又其瑕疵ヲ成サス」（旧財 312
条 1 項），「之ヲ行ヒタル者ニ対スル損害賠償ノ訴権ノミヲ」生ずる（同条 2
項）が，「当事者ノ一方カ詐欺ヲ行ヒ其詐欺カ他ノ一方ヲシテ合意ヲ為スコ
トニ決意セシメタルトキハ其一方ハ補償ノ名義ニテ合意ノ取消ヲ求メ」るこ
とができ（同条 3 項），強迫は「承諾ノ瑕疵ヲ成ス」とされていた（旧財 313 条
3 項）。しかし，旧民法の施行延期を受けて行われた改正作業において，詐欺
により発生した錯誤によって取消しが認められる以上，補償名義は不要とさ
れた。その結果，詐欺において残っていた不法行為的（損害賠償的）な要素が
なくなり（善意無過失の第三者との関係については後述する。→Ⅳ 2），詐欺・強迫
ともに，意思表示に瑕疵があること（「承諾ノ瑕疵」）を理由として取消しが認
められるようになった（田中教雄「日本民法 96 条（詐欺・強迫）の立法過程」香川
法学 13 巻 4 号〔1994〕525 頁以下，小野健太郎「詐欺・強迫規定の起草過程」国際関係
研究 34 巻 1 号〔2013〕1 頁以下）。

　平成 29 年改正により，以上のような意思の欠缺と瑕疵ある意思表示とを

第 2 節　意思表示　　　　　　　　　　　　　　　　　§96　I

対比して理解することはできなくなった。いわゆる「動機の錯誤」として論じられてきた，意思と表示が一致している場合も明文によって錯誤に位置付けられ（95条1項2号），また錯誤による意思表示の効果も取消しとされた。例えば特定物の売買において，売買目的物が一定の品質を持っていることを両当事者が前提とし，そのことを契約の内容としていたものの，売買目的物は実際にはそのような品質を持っていなかった場合には，売主，買主いずれにも表示と意思との間に不一致はなく，契約内容と事実が一致していないだけである。このような錯誤は意思の欠缺をもたらすのではなく，事実についての認識に誤りがあるにすぎない。しかも，これまで意思と表示の不一致とされてきた場合（表示上の錯誤，内容の錯誤）も含めて，錯誤による意思表示の効果は取消しになり，意思が欠缺するため無効，瑕疵はあるものの意思が存在するため取消可能にとどまるという説明はできなくなった（民法改正研究会・日本民法典改正案I〔2016〕428頁以下参照）。現に，120条2項は，錯誤・詐欺・強迫をまとめて「瑕疵ある意思表示」として取り扱い，101条1項は，意思の不存在と錯誤を区別している（部会第97回議事録10頁以下，一問一答29頁注1）。

　平成29年改正以前にも，錯誤，詐欺，強迫を「合意の瑕疵」として統一的に理解したうえで，意思が完全であるためには「明確な認識に基づく意思」と「自由な意思」が必要であり，事実の認識が正確であるか否かにより，強迫と，錯誤・詐欺とを区別する見解も存在していた（森田宏樹「『合意の瑕疵』の構造とその拡張理論(1)」NBL482号〔1991〕23頁）。

　いずれにしても，現行法によれば，詐欺または強迫による意思表示の取消しが認められる根拠は，自由な意思決定が不当な干渉によって妨げられたからであり，意思表示に対応する意思が存在している場合でも，取り消すことができる。

　意思決定は，様々な事柄に影響を受ける。何ものにも影響を受けない自由な意思決定というのは，おそらく考えることができない。意思決定をするには，様々な動機があり，相手方または第三者による影響についても，義理・人情，駆け引きなど様々なものが考えられるが（若者の消費者被害の心理的要因からの分析に係る検討会報告書〔2018〕参照），相手方または第三者による影響のうち，古くから，詐欺・強迫に該当する場合について，意思表示の取消しが

〔田中〕　203

§96 I　　　　　　　　　　　　　　第1編　第5章　法律行為

認められている（原田慶吉・日本民法典の史的素描〔1954〕52頁以下）。

2　適用範囲

(1)　意思表示・法律行為

　96条は，意思表示に適用され，意思表示が取り消されることによって，意思表示を不可欠の要素とする法律行為，すなわち単独行為（例えば取消し，解除，相殺等）や契約も取り消され，初めから無効であったものとみなされる（121条）。宗教団体等への寄付も，贈与その他の契約あるいは単独行為と理解されることから（なお，法人等による寄附の不当な勧誘の防止等に関する法律2条の「寄附」の定義参照），詐欺・強迫の対象となる。しかし，組合契約については667条の3（組合員の1人についての意思表示の無効等）があり，組合員の1人について詐欺・強迫があっても，他の組合員の間においては，組合契約の効力は妨げられない。社団法人の設立行為についても，複数の意思表示のうちの1つが取り消されても，取り消された意思表示を不可欠の構成要素としないから，依然として有効であるとされる（新版注民(3)479頁〔下森定〕）。

　また，代理人が相手方に対してした意思表示が，詐欺・強迫によるものである場合には，詐欺・強迫の有無は代理人を基準とする（101条1項）。ただし，本人が詐欺・強迫を受け，その指示に基づいて代理人が意思表示を行った場合には，代理人は使者と同様に考えられるとされる（中舎329頁。平野291頁も参照）。

(2)　家族法上の行為

　婚姻，協議離婚，養子縁組，協議離縁については，特別の規定がある（747条・764条・806条の2第2項・806条の3第2項・808条・812条）。取消しを家庭裁判所に請求しなければならないほか，取消権者（120条），取消しの効果（748条・121条），取消期間（126条）などに違いがある。例えば詐欺による養子縁組については，特別の規定がある以上，詐欺によって養子縁組をした養親または養子だけが取消請求権を有し，瑕疵ある意思表示をした者の承継人の取消しを認めた120条2項の適用は排除されるとする裁判例（養親の実子による取消しについて東京高判平19・7・25判タ1257号236頁）がある。

　これら以外の，身分関係に関する行為については，96条が適用されると解されるが，認知を取り消すことができないとする785条の理解をめぐって争いがある（詐欺による認知につき金沢地判昭26・1・31下民集2巻1号105頁〔96条

第2節　意思表示　　　　　　　　　　　　　　　　　§96　I

の適用肯定〕，名古屋地判昭40・2・26下民集16巻2号362頁〔否定〕。一第17巻§785，§786）。また，適用を認める場合でも，身分関係の設定・廃止については，相手方や第三者との関係で取消し等を認めない96条2項および3項を適用することについては疑問が出されている。当事者の自由な意思決定が特に尊重されるべき身分関係について，自由意思によらない身分関係の変動をもたらすことになるから，適用がないものと解すべきであるとされる（新版注民(3)498頁以下〔下森〕）。

　また，身分関係に伴う財産関係に関する法律行為，例えば財産分与（768条）の協議，相続の承認・放棄（915条・919条・938条），遺産の分割の協議（907条）等にも96条が適用される（詐欺による財産分与について新潟地長岡支判昭26・11・19下民集2巻11号1330頁，詐欺による相続放棄について東京高決昭27・7・22家月4巻8号95頁。なお919条4項参照）。なお，法定単純承認（921条）については，詐欺・強迫により熟慮期間が経過した場合が考えられる。法定単純承認は，法律上意思表示があったものとみなすものであることから，意思表示があったときと同様に取り扱うことが考えられる。例えば，詐欺・強迫の例ではないが，大審院明治41年3月9日判決（民録14輯241頁）は，相続人である未成年者が法定期間が経過した場合につき，親族会の同意がないことを理由に取り消すことができるとする。しかし，法定単純承認は，意思表示によるものではなく，法律が付与した効果であることから，取消しは認められないとして，反対する見解もある（新版注民(27)526頁・527頁以下〔川井健〕）。

(3)　遺　　　言

　遺言も法律行為（相手方のない単独行為）である。家族法上の行為に関係する事項については，先に述べたこと（一(2)）が妥当すると思われるが，それ以外の財産に関する法律行為については96条の適用がある。しかし，遺言者生存中については，遺言者は遺言をいつでも撤回できること（1022条。なお，撤回が詐欺・強迫により取り消された場合についての1025条〔撤回された遺言の効力〕も参照）から，96条を使用する必要性があるのは，遺言者が意思能力を失って撤回できない場合等に限られ，また，そもそも効力が発生していない時点（985条）で取消しが可能であるのかは問題である（これらの点について，千葉恵美子「錯誤，詐欺・強迫による遺言」名法227号〔2008〕267頁以下参照）。なお，詐欺・強迫によって被相続人に相続に関する遺言をさせ，撤回させ，取り消

〔田中〕　205

§*96* Ⅰ

させ，または変更させた者は相続人となることができない（891条4号）。いずれにしても遺言者死亡後は，詐欺・強拍による遺言はその包括承継人（120条2項）が取り消すことができる。

(4)　**株式の引受け等**

会社の募集株式の引受け等についても，会社の設立に影響がないように，詐欺・強迫を理由とする取消しを認めない特別の規定がある。設立時発行株式の引受けの取消しを制限する会社法51条2項，設立時募集株式の引受けの取消しを制限する同法102条6項，募集株式の引受けの取消しを制限する同法211条2項である。一般法人法等についても類似の規定がある（一般法人140条2項・165条）。

(5)　**手形・小切手行為等**

手形行為・小切手行為については，人的抗弁（手17条・77条，小22条）として主張しうるだけである（強迫について最判昭26・10・19民集5巻11号612頁。河村浩「瑕疵ある手形意思表示を規律する法的ルールに関する一考察」立命304号〔2005〕42頁以下参照）。ただし，強迫により意思決定の自由が奪われた場合について手形行為を無効（ないし不成立）とする裁判例（最判昭40・2・23裁判集民77号557頁，東京高判昭52・5・10判時865号87頁）がある。

電子記録債権については，意思表示の取消しの特則を定める電子記録債権法12条があり，取引の安全への配慮から，善意でかつ重大な過失がない第三者に取消しを対抗できない場合がある（→Ⅳ2(5)）。

(6)　**訴 訟 行 為**

訴訟行為については，行為者の意思の瑕疵がただちにその効力を左右するものではないのが原則であるが，詐欺・脅迫等明らかに刑事上罰すべき他人の行為により訴えの取下げがなされるにいたった場合について，再審事由について定めた平成8年改正前民事訴訟法420条1項5号（現行民訴338条1項5号）の法意に照らして，無効と解すべきであるとされる（最判昭46・6・25民集25巻4号640頁）。最高裁は，訴訟手続の安定に配慮したうえで，再審規定の法意に照らして無効としたものと思われるが，学説においては，訴えの取下げの性質は訴訟行為であっても，それは原告の意思表示でありそれによって訴訟係属が直接消滅するという訴訟上の効果を生じる行為であるから意思の瑕疵に関する民法規定の準用があるとする見解が有力となっているようで

第2節　意思表示　　　　　　　　　　　　　　　　　　§96　Ⅰ

ある（河野正憲・民事訴訟法〔2009〕321頁以下および283頁以下も参照）。

(7)　準法律行為

意思表示ではない意思の通知（例えば履行の請求）や観念の通知（例えば債権譲渡の通知）にも類推適用されるが（新版注民(3)499頁・509頁〔下森〕），観念の通知とされる払込金の保管証明（現行法では会社法64条が規定）について，会社の資本充実に対する第三者の信頼を保護するため，株金払込取扱銀行にその証明についての厳重な責任を課している等とし，観念の通知に法律効果を与えた規定の趣旨を根拠に，96条の類推適用を否定した裁判例（大阪高判昭32・2・11高民集10巻2号55頁）がある。

(8)　私人の公法行為

96条は，行政の権力的行為とされる行政行為には適用されないと考えられる。しかし，行政主体と私人の間での契約については，その特殊性に配慮する必要があるものの，原則として民法の適用があると考えられる。私人の公法行為（行政過程における私人の行為）についても，民法の適用があると考えられる。例えば，正規の用紙ではない書面による自衛隊員の退職の申出が強迫によるものであるとして取り消すことができるとする裁判例（東京地判昭57・12・22行集33巻12号2560頁）がある。しかし，特別の規定（例えば自治74条の3第2項）が存在したり，法定の制度との関係（例えば納税申告の誤りについては，法定の更正の請求の制度によらなければならない）を考慮したりする必要がある（塩野宏・行政法Ⅰ〔6版補訂版，2024〕178頁以下・405頁以下，石井昇「いわゆる私人の公法行為における錯誤および詐欺・強迫」甲南法学36巻1～4号〔1996〕31頁以下）。また，私人の公法行為の相手方である行政側の保護を考慮に入れる必要はなく，2項の適用はないとし，また，第三者の権利・利益が侵害されない場合があることを指摘する見解が主張されている（石井・前掲論文41頁以下。→Ⅱ3(4)，Ⅳ2(5)）。

3　詐欺・強迫の拡張理論

事業者等の不当勧誘行為による契約の締結は消費者問題の1つとして注目を集め，その一部は，特定商取引法，割賦販売法，消費者契約法等（→Ⅴ6・9）で対応がされているものの，民法の規定する既存の制度による対応可能性が検討されてきている（森田修・「債権法改正」の文脈〔2020〕153頁以下）。

その際に，詐欺・強迫の規定の活用も検討され，詐欺については，例えば

〔田中〕　207

§96 II 第1編 第5章 法律行為

フランス法における情報提供義務による拡張もその1つとされ，害意や積極的行為を伴わない「虚偽の言明」や「詐欺的黙秘」が欺罔行為にあたることが認められているようである（森田（宏）・前掲論文(2)NBL483号〔1991〕58頁以下，後藤巻則・消費者契約の法理論〔2002〕5頁以下，フ民1137条2項）。強迫についても，同じくフランス法において外的な状況によって自由意思を欠いた場合（「窮迫状態」）を強迫と同視することが認められている（森田（宏）・前掲論文(3・完)NBL484号〔1991〕57頁以下）。

前者の情報提供義務については，詐欺の要件において取り上げる「告知義務違反」（→II 1(2)(イ)および(3)(オ)）および「説明義務・情報提供義務」（→II 2）との関係で言及し，後者の窮迫状態については，強迫の要件において取り上げる「つけ込み」との関係で言及する（→III 2）。

II 詐欺の要件

1 要　件

詐欺の要件としては，一般に，「詐欺者の故意」「違法な欺罔行為」「錯誤があること」「錯誤によって意思表示をしたこと」が挙げられる（新版注民(3)471頁以下〔下森定〕。大判大6・9・6民録23輯1319頁も参照）。自由な意思決定に基づかない意思表示から表意者を解放することを目的としており，財産的損害の発生は要件ではない。刑法246条は詐欺について規定しているが，民法96条の詐欺とは，別個の概念であり，ある行為が各規定の要件に該当するかどうかはそれぞれ独立に判断される（第193回国会参議院法務委員会会議録第13号〔平成29年5月23日〕22頁）。

詐欺の要件のうち，欺罔行為であるかどうかは，故意の要件や違法性の要件と密接に関係しており，それらと区別して議論することが難しい。故意のない欺罔行為を観念できるのかは疑問であり，また，欺罔行為であれば通常は違法であると考えられる。以下では，説明の便宜のため「欺罔行為」「詐欺者の故意」「欺罔行為が違法であること」を区別し，欺罔行為から説明する。

(1) 欺 罔 行 為

欺罔行為とは，真実でない事実を真実だと表示する行為とされる（我妻

208　〔田中〕

第2節　意思表示　　　　　　　　　　　　　　　　　　　　　§96　II

308頁）。言葉によるものだけでなく，行為によるものも含まれる（ランドーほか・ヨーロッパ契約法原則Ⅰ・Ⅱ234頁では，傷みを隠すため壁を塗り直すという例が示されている）。96条の起源に関係すると考えられる事案は，漁師に頼んで自分の土地の前で漁をしてもらい，たくさんの魚が獲れるように見せかけ，また，そのように言って土地を売ったが，実際には，普段そこで漁をする者はいなかったというものである（田中教雄「詐欺取消しにおける『故意』と『違法性』の要件に関する一考察」法政70巻4号〔2004〕1184頁）。

　不特定の者を対象とした場合も含まれる。例えば大審院昭和6年10月19日判決（新聞3336号11頁）は，引受株式の価格暴落による損害賠償請求がされた事案について，資産状態を虚構して不法な利益配当を実施しながら，将来においても同様の利益配当ができる旨を誇張宣伝して新株式の引受けを募集したことを詐欺であるとした。また，最高裁平成29年1月24日判決（民集71巻1号1頁）は，「たとえば，事業者が，その記載内容全体から判断して消費者が当該事業者の商品等の内容や取引条件その他これらの取引に関する事項を具体的に認識し得るような新聞広告により不特定多数の消費者に向けて働きかけを行うときは，当該働きかけが個別の消費者の意思形成に直接影響を与えることもあり得る」として，事業者等が不特定多数の消費者に向けて働きかけを行う場合も，消費者契約法4条・12条にいう「勧誘」にあたりうるとする。この判決は，消費者契約法が規定する「勧誘」に関するものではあるが，新聞広告やチラシの配布が消費者（表意者）の意思形成に影響を与えることを認めている。

　第三者による欺罔行為も含まれるが，取消しが制限される場合がある（96条2項参照。→3）。

　(ア)　事実の隠ぺい・沈黙　　　虚偽の事実を積極的に表示する場合だけでなく，相手方が知らない不利益な事実を隠すことや不利益な事実について告知しないこと（沈黙），相手方が陥っている錯誤を正さないことも欺罔行為になることがある（新版注民(3)472頁以下〔下森〕）。

　一般には，取引に関する情報は，各当事者が収集すべきであると考えられるが，一定の場合には，相手方に情報を提供しないことが，欺罔行為となりうるとされる。この問題は，違法性の部分で言及する告知義務に密接に関係しており，信義則上告知義務があるにもかかわらず黙秘した場合には詐欺に

§96 Ⅱ 　　　　　　　　　　　　　　　　第1編　第5章　法律行為

なるとされる（大判昭 16・11・18 法学 11 巻 617 頁）。

　沈黙による詐欺については，平成 29 年改正に際して議論された（中間論点整理補足説明 229 頁）が，96 条の詐欺に関する規定が設けられていれば足りること，告知義務の生ずる要件や故意の内容について十分なコンセンサスがあるとは言えないことなどを理由として，条文化は見送られている（部会資料 29・1 頁以下，部会第 31 回議事録 44 頁以下参照）。

　虚偽の事実を表示するわけではないが，ある表示を行い，その表示が通常前提としている事柄が存在しないこと（不利益事実）について告知しない場合については，先行する表示それ自体が，作為による欺罔行為となる場合もあると考えられる。詐欺に関するものではないが，消費者契約法 4 条 2 項に関して，例えば A 社製の太陽光発電システムとオール電化光熱機器類の売買および工事請負契約において，長期的には得である旨の説明を受けたが，この説明が A 社製の太陽光発電システムとして標準的な価格に基づくものではないことの説明がなかった等（消費者委員会消費者契約法専門調査会第 8 回資料 2〔平成 27 年 4 月〕28 頁以下），利益となる旨の告知が具体的であり，不利益事実との関連性が強いため，不実告知といっても差支えがない場合として，「不実告知型」の不利益事実の不告知が議論されている（消費者委員会消費者契約法専門調査会「中間取りまとめ」〔平成 27 年 8 月〕12 頁）。

　なお，代金支払の意思がないにもかかわらず，それがあるかのように装って売買契約を締結させることは，刑事事件において，「商品買受の注文をする場合においては，特に反対の事情がある場合のほかは，その注文に代金を支払う旨の意思表示を包含しているものと解するのが通例であるから，注文者が，代金を支払える見込もその意思もないのに，単純に商品買受の注文をしたときは，その注文の行為自体を欺罔行為と解するのが相当である」とし，告知義務の有無を論じる必要がないとする判決（最決昭 43・6・6 刑集 22 巻 6 号 434 頁）があり，「挙動による欺罔行為」として議論されているが，売買契約の締結に際し売戻しの真意がなく，また代金支払の意思がないにもかかわらず，このような意思があるかのように装って契約を締結した場合について，心裡留保であり，意思がなかったというだけでは売主を錯誤させるものではなく，欺罔行為の存否を確定する必要があるとする裁判例（大判大 14・3・3 新聞 2383 号 20 頁）がある。ただし，この裁判例において前提とされている事

210　〔田中〕

第2節　意思表示　　　　　　　　　　　　　　　　　　§*96*　II

案は，売買契約の詐欺による取消しが認められないとしても，売戻し約款により買い戻すことができた事案である。

(イ)　**評価的意見**　　事実に関するものではなく，「得だ」「安い」「丈夫だ」などの単なる評価についても，違法であるかどうかは別にして，内心の評価と異なる評価を告げることは，欺罔行為にあたりうるとされる（新版注民(3)473頁〔下森〕，ランドーほか・ヨーロッパ契約法原則 I・II 234頁・237頁）。例えば，値段相当の価値がないと評価しているにもかかわらず，値段以上の価値があると表示するような場合である（なお，フ民 1137条参照）。

(ウ)　**将来の不確実な事項**　　将来の不確実な事項について述べることは，単なる予測であり，原則として欺罔行為にならない。しかし，断定的に述べたりすることは，欺罔行為になりうるとされる（高嶌英弘「民事上の詐欺の違法性に関する一考察」石田喜久夫古稀・民法学の課題と展望〔2000〕194頁。消費者契約法4条1項2号も参照）。

(2)　**欺罔行為が違法であること**

(ア)　**違法性**　　欺罔行為は違法なものでなければならない。故意による欺罔行為は，原則として違法であると考えられるが，違法な欺罔行為であるか否かは，社会通念によって判断される（大阪地判昭61・9・29判タ622号116頁参照）。セールストークであることが明らかな場合も一般に違法性がないとされるが（ランドーほか・ヨーロッパ契約法原則 I・II 234頁・237頁参照），法的に許容されるセールストークは非常に限定されたものであり，相手方の意思決定に実質的影響を与えうる虚偽ないし不正確な言明については，原則として違法と評価しうるとする見解が主張されている（高嶌・前掲論文194頁）。

違法性は個別具体的に決せられるが，①契約類型，②当事者の属性，③契約の内容・目的物（例えば新品か中古か）等によって異なりうる（新版注民(3)474頁〔下森〕）。

①契約類型については，一般的にみて，売買・賃貸借においては委任・組合におけるよりも正直さを要求される度合いが低いとされる（新版注民(3)474頁〔下森〕）。

②当事者の属性については，的屋・香具師のように，取引慣行上，真実の意見の発表を期待しえない者のなした意見の陳述は，違法性がないとされる（新版注民(3)474頁〔下森〕）。表意者の無知や経験のなさを利用することも違法

〔田中〕　211

§96 Ⅱ 　　　　　　　　　　　　第1編　第5章　法律行為

性を判断する際の考慮要素になると考えられる（なお，後述Ⅲ2も参照）。当事
者の属性は，後に述べる告知義務との関係でも問題になる（→(イ)）。

　③契約内容については，対価的均衡も考慮要素である（東京地判昭63・7・1
判時1311号80頁参照）。

　以上の①〜③のほかに，欺罔する目的や動機も問題になりうる。しかし，
たとえ目的が適法であっても，欺罔行為の違法性は否定されない。例えば弁
済期を過ぎた貸金を回収するためであっても，金銭を騙し取ることは許され
ない。欺罔行為の動機も同様である。サプリメントが嫌いな人に，その健康
を慮って，サプリメントではないと偽ってサプリメントを購入させた場合も，
違法な欺罔行為になる。自由な意思決定を妨げることそれ自体が許されない。

　通常は解雇事由として問題になるが，平成29年改正に際して，労働契約
について，採用時の沈黙との関係で，応募者のプライバシー，思想信条の自
由，経歴詐称等が議論されている（中間論点整理補足説明229頁以下参照）。例え
ば採用選考の面接において，採用に関係がなく，質問してはならないと考え
られる本籍地や信仰している宗教などについて，虚偽の回答をしても違法性
はない（ドイツの状況につき右近潤一「ドイツにおける詐欺取消しの違法性要件」京都
学園法学50号〔2006〕56頁以下参照）。思想・信条について虚偽の回答をした場
合については，思想・信条を理由とする雇入れを拒否することも，また，採
否決定にあたり，労働者から思想・信条に関連する事項についての申告を求
めることも違法ではないとした，いわゆる三菱樹脂採用拒否事件判決（最判
昭48・12・12民集27巻11号1536頁）との関係が問題になる。その原審は，第
一審被告が雇用契約を詐欺による意思表示として取り消すと主張した点につ
いて，「右秘匿し，虚偽の申告をしたと主張する事実が第一審原告の政治的
思想，信条に関係のある事実であることは明らかであるから，これを入社試
験の際秘匿することは許さるべきであり，従って，これを秘匿し，虚偽の申
告をしたからといって，詐欺にも該当しない」としていた。最高裁は思想・
信条に関連する事項について申告を求めることは違法でないと判示したが，
そのことから，労働者による虚偽の回答が直ちに違法な欺罔行為となるわけ
ではないと思われる。しかし，そのように判断される可能性は存在すること
になる。

　(イ)　告知義務違反　　ここでは，先に触れた（→(1)(ア)）事実の隠ぺいや沈

212　〔田中〕

第2節　意思表示　　　　　　　　　　　　　　　　　　　　§*96*　II

黙の違法性を判断する際に問題となる義務を，詐欺の拡張理論を論ずる際に問題となる説明義務・情報提供義務（→2）と区別して「告知義務」と呼ぶことにするが，一般に，黙秘した事実を自らが関与して作りだした場合には告知義務があり，そうでない場合（関与して作りだした者以外の者）には告知義務はないとされ（我妻310頁，新版注民(3)474頁〔下森〕），特に自己が関与する事実を黙秘して締結された契約の代金と，黙秘していなければ締結されたであろう契約の代金とを比較し，前者が後者よりも高い場合（損害が生じた場合）には告知義務があり，逆に後者が前者より高くなる場合（利益が得られなかった場合）には告知義務がないとされる（新版注民(3)475頁〔下森〕）。関与の有無や代金の比較だけで告知義務の有無が決定されるものではないと思われるが，先行行為が影響することは疑いない。例えば告知義務が認められる例として，共有地について20万円程度であれば交渉を開始してもよいとする買主が現れた際に，買主に直接売却したい旨を申し出た共有者（持分は2分の1）を，自分に持分を売却したうえで買主に売却することが至当であると説得して，10万円で持分を自分に売却する旨の予約をしたが，共有地を買主に37万円以上で売却したうえで，予約に基づく本契約を締結した場合についての裁判例（前掲大判昭16・11・18）が挙げられている。予約は本契約締結以前に20万円を超過する代金で買い受ける者が出現しないことを前提とするものであり，37万円以上での売却がされている以上，予約は拘束力を失い，この売却の事実を共有者に告知する義務があるにもかかわらず，それを黙秘して本契約を締結しており，詐欺による契約であるとされた。共有者を説得した点が重視されているようである。

　信義則上の告知義務の判断枠組みとしては，①相手方によって開示されなかった情報の内容，②情報獲得能力に関する当事者間の格差，さらに③当該取引においてどの程度の駆け引きが許容されるべきかに関する社会通念ないし一般的な価値判断が考慮に入れられるとされる（松尾・詐欺・強迫35頁以下）。

　先に違法性との関係で触れたが（→(ｱ)），契約類型によって，すなわち，売買・賃貸借と委任・組合とで，正直さを要求される度合いが異なるとされており，このことは告知義務の有無の判断にも影響すると考えられる。例えば，ある計画が決定されたため地価の高騰が予想される土地について，売主は計画決定の事実を知らず，買主は知っているという場合について，売買取引に

〔田中〕　　213

§96　II　　　　　　　　　　　　　　　　　第1編　第5章　法律行為

おいては当事者は利害相反する地位にあるため，自己に不利な事情を相手方に告知する義務はなく，各自がその知識・経験を利用して自己の利益を防護するのは当然であり，買主には売主に計画決定について告知する義務はないため，計画決定を知らせなくても，そもそも欺罔行為ではないという見解が主張されている（新版注民(3)473頁〔下森〕，大阪控判大7・10・14新聞1467号21頁参照）。

　また，情報獲得能力に関する当事者間の格差に関係するが，相手方の知識や専門性に信頼を置いている場合等には，告知義務があると考えられる。例えば中古車販売において，修復歴は告知しなければならない事項であろう（ランドーほか・ヨーロッパ契約法原則Ⅰ・Ⅱ238頁参照。ドイツにおける告知義務に関する議論状況については，ライポルト・ドイツ民法総論300頁以下も参照。これによれば，すでに存在する契約，特別の信頼関係，取引慣行を考慮した信義誠実の原則に基づいて認められるとされる）。専門性については，別荘地にする目的での土地の売買において，宅地建物取引業者である売主としては，別荘の建築につき法律による制限のある事実を告知する義務があるとした裁判例（東京地判昭53・10・16下民集29巻9〜12号310頁）がある。それに対して，商社間の取引において，売主が買主に対し，その仕入ルートを開示することは，通常ありえない等として，取引の実態である三角取引の事実を告知すべき信義則上の義務があるとまでいうことはできないとした裁判例（大阪地判昭60・1・24判時1170号116頁）がある。

　表意者の判断能力，世間一般に周知の事実であることなども判断の際に考慮されている。例えば，知的・判断能力が一般人に比して相当程度劣っていることを充分認識していた場合には，相当な代金につき告知する義務があるとした裁判例（東京地判平3・9・26判時1428号97頁），判断能力は一般の人に優ることはあっても劣ることはなく，変額保険に加入して資金を運用することには，リスクが伴うものであることは広く世間に知られていたことを理由にリスクの説明義務（告知義務）を否定した裁判例（東京地判平5・2・10判タ816号214頁）がある。

　なお，共通欧州売買法（草案）49条では，情報を開示する義務を判断する際の考慮要素として「(a)当事者が特別な専門性を有していたか否か，(b)当事者が当該情報を取得するのに要する費用，(c)相手方が他の手段によ

第2節　意思表示　　　　　　　　　　　　　　　　　　§96　Ⅱ

って当該情報を取得することが容易であったか否か，(d)当該情報の性質，(e)相手方にとっての当該情報の明白な重要性，および(f)関係領域での事業者間契約における善良な商慣行」が挙げられている（訳文は内田貴監訳・石川博康ほか訳・共通欧州売買法（草案）（別冊 NBL140 号）〔2012〕に依っている）。また，事業者の努力義務を定める消費者契約法3条1項2号は，「消費者契約の目的となるものの性質に応じ，事業者が知ることができた個々の消費者の年齢，心身の状態，知識及び経験」を総合的に考慮することを求めている（→Ⅴ6(6)）。

(3)　詐欺者の故意

相手方を欺罔して錯誤におとしいれようとする故意と，この錯誤によって意思表示をさせようとする故意の，二段（二重）の故意が必要とされる（新版注民(3)471 頁〔下森〕）。

詐欺による取消しの起源となったローマ法の悪意訴権（actio de dolo）・悪意の抗弁（exceptio doli）からも明らかなように歴史的にも（田中・前掲法政70巻4号1183頁以下），また，比較法的にも（ランドーほか・ヨーロッパ契約法原則Ⅰ・Ⅱ 237 頁以下），故意が必要とされている。相手方を欺罔して錯誤におとしいれようとする故意がなければ，そもそも欺罔行為とはいえないという指摘もある（新版注民(3)471 頁〔下森〕）。

(ｱ)　欺罔して錯誤におとしいれようとする故意　　欺罔して錯誤におとしいれようとする故意が認められるためには，自らの行為が欺罔行為であることの認識と，欺罔行為によって相手方を錯誤させようとする意図が必要である。したがって，真実を知らなかった場合，客観的には誤っているにもかかわらず真実であると考えていた場合には故意とはいえない。例えば加害者が自賠責保険に加入していなかったことから政府補償の請求手続を行い，政府補償を受けられることを前提に示談を成立させたが，政府補償を受けることが制度的に不可能であった場合について，政府補償を受けられる旨を述べていたことにつき，政府補償を受けられると考えていた加害者の弁護士等の故意を否定した裁判例（前橋地判平6・1・21 交民 27 巻 1 号 78 頁等）がある。しかし，真実であるかどうか不明であることを知っていたにもかかわらず確認せずに，真実であるとした場合は，真実でないことを知らなかったとしても故意があると理解されるべきである（ランドーほか・ヨーロッパ契約法原則Ⅰ・Ⅱ 233

〔田中〕　　215

§**96** Ⅱ 第1編 第5章 法律行為

頁，ライポルト・ドイツ民法総論299頁以下。この点に関して岩本尚禧・民事詐欺の違法
性と責任〔2019〕参照）。

　また，錯誤させようとする意図についても，錯誤するかもしれないことを
認識していれば十分であると考えられるが，錯誤に陥らないであろうと考え
ていた場合には，故意が否定される。例えば的屋（香具師）の口上のような，
すぐに嘘だと分かる誇張した表現には，違法性がないだけではなく，錯誤さ
せる意図がない（新版注民(3)471頁〔下森〕）。

　後に触れるように（一(4)），すでに錯誤に陥っている者が，欺罔行為によっ
てさらにその錯誤の程度が深められた場合も，欺罔行為による錯誤であると
理解される（我妻309頁）ことからすれば，欺罔行為によって錯誤が正されな
いようにする故意でも足りると考えられる。

　(イ)　錯誤によって意思表示をさせようとする故意　　錯誤によって意思表
示をさせようとする故意も必要である（反対：四宮＝能見267頁は因果関係の問題
とすればよいとする）。したがって，何らかの意思表示をさせようとする故意
がない場合，例えば名声を得るためだけに新聞記事や論文を捏造した場合は，
その記事等のために錯誤して意思表示をした者がいたとしても，詐欺になら
ない（松尾・詐欺・強迫6頁）。この点につき，保険契約の締結に際して被保険
者が既往症について虚偽の陳述をした場合について，契約を締結させようと
する意思が立証されない限りは，詐欺ではないとする裁判例がある（前掲大
判大6・9・6，大判大11・2・6民集1巻13頁）。

　詐欺者が意欲した意思表示と表意者によって実際に行われた意思表示が異
なる場合については，強迫の項目（一Ⅲ1(3)(イ)）参照。

　(ウ)　財産上の利益を得ようとする故意　　財産上の利益を得ようとする故
意，または，財産上の利益を第三者に得させようとする故意，表意者に財産
上の損害を与えようとする故意は必要ない（新版注民(3)471頁以下〔下森〕，ラ
ンドーほか・ヨーロッパ契約法原則Ⅰ・Ⅱ238頁参照）。

　(エ)　意思能力等　　故意の前提として意思能力が必要であるが，行為能力，
責任能力は必要ないとされている（新版注民(3)472頁〔下森〕）。これに対して，
意思表示の取消しが詐欺者に対するサンクションとしての意味も併せ持つと
の観点から，責任能力を要求する見解がある（松尾・詐欺・強迫5頁）。ここで
問題にされている故意の前提としての意思能力は，有効な法律行為を行う前

216　〔田中〕

第2節　意思表示　　　　　　　　　　　　　　　　　　　§96　Ⅱ

提としての意思能力（3条の2）ではないため，ここでいう意思能力と責任能力とが区別されるかどうかは，それ自体問題であるが，詐欺に故意を要求する以上，その前提となる理解力・判断力が必要であると思われる。

　(ｵ)　告知義務違反と故意　　告知義務違反，すなわち沈黙による詐欺の場合にも，作為による詐欺と同様に，故意が要件となる（フランスにおける議論状況につき後藤巻則・消費者契約の法理論〔2002〕50頁以下，山下純司「情報の収集と錯誤の利用(2)」法協123巻1号〔2006〕63頁以下，山城一真「沈黙による詐欺と情報収集義務(1)」早法91巻4号〔2016〕63頁以下，ドイツについては内山敏和「情報格差と詐欺の実相(6)」早稲田大学大学院法研論集117号〔2006〕33頁以下参照）。沈黙それ自体が欺罔行為であることからすれば，沈黙が欺罔行為であること，すなわち告知義務があるにもかかわらず黙秘していることの認識および沈黙によって錯誤させようとする意図，ならびに，その錯誤によって意思表示をさせようとする故意が必要となる。

　沈黙が欺罔行為となることを知らなかった場合，すなわち告知義務があるにもかかわらず，そのことを知らずに告知しなかったような場合には，故意が否定される。告知義務の存在を過失で知らないだけでは，不十分である。例えば別荘の建築につき法律による制限がある土地について，宅地建物取引業者である売主が，そのような制限を知らずに別荘を建築できると誤信して当該土地を購入しようとしていた買主に，制限について告知しないまま，買受けの意思表示をさせた場合，売主は，制限について沈黙することによって，買主の錯誤を正すことなく意思表示をさせている。宅地建物取引業者である売主に告知義務が肯定されるとしても（→1(2)(ｲ)），売主自身が建築についての法律による制限を知らなかった場合には，欺罔行為を行うことについて故意がない。ただし，確認すべきであるにもかかわらず，敢えて確認しなかったような場合には，故意が認められるであろう（→(ｱ)）。また，告知義務が認められるような場合に，建築についての法律による制限を知っていながら，それを告知しなければならないことを知らなかったということは，きわめて例外的な場合に限られると思われる（佐久間171頁以下参照）。

　過失のある売主に不法行為による責任が発生することは別の問題である（→Ⅴ5）。過失による告知義務違反が違法と評価できるのであれば，告知義務違反による損害賠償の1つのあり方として（それを「詐欺」に含めないとして

〔田中〕　　217

も）取消しを認めてもよいようにも思われるが，取消しについて故意要件を不要とするコンセンサスはまだ得られていないようである（詳解Ⅰ142頁以下。フ民1112-1条も参照）。

(4) 錯誤があること

欺罔行為の相手方，すなわち表意者が錯誤に陥ったことが必要である。通常人であれば錯誤に陥らないであろう場合や表意者が錯誤に陥るにつき重大な過失がある場合でも構わない（松尾・詐欺・強迫47頁，新版注民(3)477頁〔下森〕，東京地判昭58・6・28判時1112号87頁，山城・前掲論文(2・完)早法92巻1号〔2016〕161頁以下）。「詐欺による意思表示における表意者の過失は，相手方の不正行為によって生ぜしめられたものであることが通例であって，過失の原因を与えたものが，その過失により自己の不利益を免れる途を拓くことは妥当でないから」として，詐欺による取消しにつき，錯誤に関する表意者に重過失があったときの制限を類推適用できないとした裁判例（大阪高判昭40・3・30判時416号60頁）もある。

錯誤は，欺罔行為によって生ずることを要するが，すでに錯誤に陥っている者が，欺罔行為によってさらにその錯誤の程度を深められたのでもよいとされる（我妻309頁）。この点に関連して，すでに陥っている錯誤を利用しただけでは詐欺とはいえず，正してやる義務がある場合に初めて詐欺と評価されるとの指摘がある（部会第31回議事録48頁以下）。たしかに，錯誤に陥っているのを正さなかったというだけでは，詐欺とはいえないと思われるが，欺罔行為によって錯誤を正す機会を奪われた場合には，詐欺になるであろう。いずれにしても，欺罔行為が行われても錯誤に陥らなければ詐欺にはならない。

ここでいう錯誤とは，意思表示に対応する意思（内心的効果意思）を欠く場合のほか，表意者が法律行為の基礎とした事情についてのその認識が真実に反する場合（いわゆる動機〔縁由〕の錯誤）も含まれるが，95条2項とは異なって，後者（動機の錯誤）の場合であっても，その事情が相手方に表示されている必要はない（新版注民(3)477頁〔下森〕，札幌高判昭58・1・27判タ492号77頁参照）。例えば契約書ではなく覚書にすぎないと騙されて署名した場合，あるいは，ドルとポンドは同じ意味であると騙された場合には，仮に意思表示が存在するとしても，意思表示に対応する意思がない。それに対して，土地に

第 2 節　意思表示　　　　　　　　　　　　　　　　　　§*96*　II

ついて値上がりが予想される利用計画が決定されたと騙されて，土地の売買
契約を締結した場合には，意思表示に対応する意思があり，意思決定に際し
て不当な影響を受けているにすぎない。いずれの場合も，ここでいう錯誤で
ある。

(5)　**錯誤によって意思表示をしたこと**

錯誤がなければ当該意思表示をしなかったであろうことが必要である。

錯誤がなければ，そもそも意思表示をしなかったであろう場合だけでなく，
異なる条件で意思表示をしたであろう場合も，錯誤の結果として行われた意
思表示である以上，含まれ，条件の訂正や損害賠償の請求にとどまるもので
はないとされる（新版注民(3)478 頁〔下森〕，ランドーほか・ヨーロッパ契約法原則
Ⅰ・Ⅱ 236 頁以下）。かつては，意思表示の存立に関係のない軽微なものも取消
しの原因になるとした場合には取引の安全を害するとして反対する見解も存
在した（富井政章・民法原論第 1 巻〔3 版，1905〕377 頁以下）。後に触れる不法行
為との競合に関して，詐欺取消しの前提となる欺罔行為と意思表示との間の
因果関係を否定しながらも，欺罔行為とそれによる意思表示の結果生じた損
害との間の因果関係を肯定する裁判例が存在するが（→Ⅴ 5 (3)），この裁判例
は，かつての反対説と同様に，そもそも意思表示をしなかったであろう場合
と，異なる条件で意思表示をしたであろう場合との間に区別を認めることを
前提にしているのかもしれない（なお，山下・前掲論文 17 頁以下・67 頁以下参照）。

錯誤と意思表示との間の因果関係は，表意者の主観的なものでよく，通常
人も，その意思表示をしなかったであろうと認められるものであること（客
観的相当性）は必要ない（新版注民(3)478 頁〔下森〕）。

なお，民法 465 条の 6 以下によれば，事業に係る債務についての保証契約
は，その契約の締結に先立ち，公正証書で保証人になろうとする者が「保証
債務を履行する意思」を表示していなければならないが，このような場合で
あっても，保証契約に詐欺などの取消原因があれば，保証契約は取消可能で
ある（第 192 回国会衆議院法務委員会議録第 15 号〔平成 28 年 12 月 9 日〕7 頁）。

2　説明義務・情報提供義務

消費者保護のために詐欺の規定を活用する 1 つの方策として，説明義務・
情報提供義務による拡張が議論されている（→Ⅰ 3）。

契約締結に際しての説明や情報提供が誤っている場合，先に述べた要件を

〔田中〕　　219

満たすのであれば，詐欺になる。また，説明や情報提供をしなかった場合，告知義務（一1⑵⑷）が存在するのであれば，同様に，詐欺となる。

　説明義務・情報提供義務において問題なのは，告知義務の場合と同様に，どのような場合にこのような義務の存在が認められるかということと（詳解Ⅱ43頁以下，中間試案補足説明340頁以下），仮に義務の存在が認められ（その結果，違法な欺罔行為になるとされ）たとしても，先に述べた詐欺の要件，特に故意の要件を満たしていない場合の取扱いである。情報提供義務違反が，当該情報を表意者が保有していないことおよびその情報の相手方にとっての重要性を認識して行われたときには，詐欺の故意を推定してよいとする見解（新版注民(3)477頁〔下森〕）もあるが，過失によって誤った説明・情報提供をした場合，ならびに，過失によって説明義務・情報提供義務の存在を知らない場合が問題になる。このような場合でも，不法行為の要件を満たす可能性がある（一Ⅴ5）。また，契約締結前の契約交渉段階における義務であることから，いわゆる契約締結上の過失として議論されていることとの関係も問題になる（最判平23・4・22民集65巻3号1405頁は，契約締結前の信義則上の説明義務違反について，債務不履行責任ではなく不法行為責任とする）。

　なお，平成29年改正によって事業のために負担する債務を主たる債務とする保証等の委託に際しての主たる債務者の情報提供義務（465条の10）が規定された。保証契約は保証人と債権者との間で締結されるため，主たる債務者の詐欺は第三者による詐欺となるが，この規定により，詐欺にならない場合であっても，情報提供義務に違反した場合には，債権者がその違反を知っているか，知らないことについて過失がある場合には，保証契約の取消しが認められる。

3　第三者による詐欺（96条2項）

⑴　相手方に対する意思表示

　相手方に対する意思表示については，第三者が詐欺をしたときは，相手方がその事実を知り，または，知ることができたときに限って，その意思表示を取り消すことができる。相手方に対する意思表示には，例えば契約の申込みや承諾（522条）のように相手方が特定している場合と，例えば懸賞広告（529条）のように特定していない場合がある。

　相手方には，債務免除（519条）の場合の債務者のように，自己の何らの

第2節　意思表示　　　　　　　　　　　　　　　　　　　　§96　II

行為も介することなく，単に反射的に利益を得た者は含まれないと解する見解があるが，この見解でも，例えば債務が消滅したと信じ，他から借金をしたような場合は除かれている（石田（穣）692頁。(3)で言及するヨーロッパ契約法原則4：111条(2)（DCFR II.-7: 208(2)）参照）。

　96条2項は，善意無過失の相手方を保護する趣旨であるから，相手方のない意思表示については，何人の詐欺でも，常に取り消すことができるとされている（我妻311頁）。なお，相続の放棄（915条）は，相手方のない意思表示であるが，96条により相続放棄を取り消す（919条2項。東京高決昭27・7・22家月4巻8号95頁）ためには，家庭裁判所に申述しなければならない（同条4項）。

(2)　第　三　者

　(ア)　相手方の代理人・従業員等　　第三者とは，意思表示の相手方以外の者である。しかし，相手方が名義を貸しただけであって，独自の経済的な利害を有しない者であり，詐欺を行った者が実質的な相手方である場合（東京高判平14・12・12判タ1129号145頁参照）のほか，相手方の代理人が詐欺を行った場合には，96条2項は適用されない。大審院明治39年3月31日判決（民録12輯492頁）は，平成29年改正前民法101条を適用し，相手方が詐欺をした場合と同様であるとしたが，平成29年改正により，96条1項が適用されることが前提とされたうえで，101条1項は代理人が相手方に対してした意思表示にのみ適用されることが明確化された（部会第90回議事録23頁）。ただし，相手方の無権代理人によって「代理権がある」と欺かれて契約等をしたが，本人が追認した場合（116条）には，無権代理の問題について特別な効力確定ルールが用意されている以上，詐欺を理由に取り消すことはできないとされる（河上372頁）。

　代理人以外にも，相手方の代表者，取締役，支配人は相手方と同視されるほか，保険外務員についても，保険会社の詐欺と同視し，96条2項にいう第三者にあたらないとする判例（最判昭41・10・21裁判集民84号703頁，神戸地判昭26・2・21下民集2巻2号245頁）が存在しており，相手方の従業員についても同様であることが（東京地判平4・3・6判タ799号189頁等），明文化はされなかったものの，平成29年改正に際して前提とされている（中間試案補足説明27頁）。

〔田中〕　　221

§*96* II　　　　　　　　　　　　　　　　　　第1編　第5章　法律行為

　なお，「自らの」代理人によって欺罔された場合，すなわち，ある者が本人に対して詐欺を行い，本人に契約締結を決意させたうえで，自ら本人の代理人となって契約を締結した場合についても，相手方がこの事実を知っているときは第三者による詐欺として取消可能とする裁判例がある（東京高判昭46・7・20判タ269号271頁〔最判昭47・9・7民集26巻7号1327頁の原審（同1338頁）〕。四宮＝能見269頁以下）。欺罔されて代理権を授与した場合については，後述の善意無過失の第三者の項目（→IV 2(1)(ｱ)）参照。

　また，代理人に対してした意思表示について，第三者によって欺罔された場合，善意無過失は代理人を基準とすることになるが（101条2項。中間試案補足説明36頁），本人が欺罔した場合には，欺罔した本人は「第三者」に該当せず，96条2項の適用はないと考えられる（潮見340頁，同・民法(全)〔3版，2022〕76頁，佐久間261頁）。すなわち，表意者が本人によって欺罔された場合には，意思表示の「相手方」である代理人が善意無過失であっても，表意者は意思表示を取り消すことができる。

　(ｲ)　相手方からの媒介受託者　　相手方の代理人・従業員等以外の，例えば生命保険の代理店，携帯電話販売会社，旅行代理店，宅地建物取引業者などの相手方からの媒介の委託を受けた第三者（媒介受託者）（逐条解説消費者契約法133頁，逐条解説Web版5条106頁以下参照）についても，平成29年改正に際して明文化が議論されたが，相手方と同視しうる者の基準が明確ではなく，媒介受託者または代理人のみを掲げることは，かえって相手方の主観的事情にかかわらず取消しを認めるべき場合を限定することとなり，表意者の救済を狭めるおそれがあるとして，解釈に委ねられた（部会資料66A・4頁）。

　この点については，契約締結補助者は96条2項の「第三者」に該当しないとする見解が主張されており（金山直樹「契約締結補助者の理論」法研88巻7号〔2015〕1頁以下，同「契約締結補助者の理論——その二（ロイズ＝スルガ銀行事件に寄せて）」同法68巻7号〔2017〕2289頁以下。「補助者」が「第三者」から除外される根拠について検討するものとして，溝渕将章「契約締結過程における補助者の詐欺と民法96条2項の『第三者』(1)(2・完)」愛知大学法学部法経論集216号〔2018〕55頁以下，218号〔2019〕27頁以下も参照），消費者契約法5条は，媒介受託者について，消費者契約の申込みまたはその承諾の意思表示の取消しを認める。また，ヨーロッパ契約法原則等は，当事者の一方がその行為につき責任を負う第三者（被

222　〔田中〕

第 2 節　意思表示　　　　　　　　　　　　　　　　　　　§96　II

用者や代理人）のほか，当事者の一方の同意を得て契約の締結に関与した第三者が詐欺等を行った場合について，契約の取消しを認める（ヨーロッパ契約法原則 4：111 条（DCFR II.-7：208），フ民 1138 条参照）。

　なお，オンラインプラットフォーム利用者間の取引におけるプラットフォーム事業者の位置づけも問題になりうる。媒介することの委託を受けていたり，当事者と同視されるような場合を除けば，通常は，プラットフォーム事業者は利用者間の契約との関係では「第三者」であると思われる（消費者委員会オンラインプラットフォームにおける取引の在り方に関する専門調査会「オンラインプラットフォームにおける取引の在り方に関する専門調査会報告書」〔平成 31 年 4 月〕11 頁・36 頁参照）。

　(ウ)　第三者のためにする契約　　第三者のためにする契約においては，受益者や受益者以外の第三者が諾約者や要約者に対して詐欺を行った場合については，第三者の詐欺として取り扱い，もっぱら契約相手方，すなわち，それぞれ要約者あるいは諾約者の善意無過失を問題とすべきであり，受益者の善意無過失は問題にすべきではない（新版注民(13)〔補訂版〕785 頁〔中馬義直＝新堂明子〕。学説について新版注民(3)498 頁〔下森〕参照）。契約の相手方の保護の必要性をどのように判断するかが問題であるが，要約者や諾約者には第三者のためにする契約が維持されることに利益があることが考えられ，それに対して受益者は諾約者と要約者との間の契約に基づいて権利を取得しているにすぎない（539 条）。

　なお，要約者あるいは諾約者が詐欺を行い受益者が善意無過失である場合については，後述の善意無過失の第三者に関する項目（→IV 2(1)(ウ)）参照。

　(エ)　債務引受け　　ドイツでは，債務引受けにおいて，引受人となる者が債務者に騙されて，債権者と契約した場合には，第三者による詐欺となるが，それに対して，債務者と契約した場合については，相手方による詐欺として取り扱うのか，債権者との契約の場合と同様に第三者による詐欺として取り扱うのかについて議論がある（ライポルト・ドイツ民法総論 305 頁以下）。

　日本でも，債務の引受けについて，債権者と契約した場合と債務者と契約した場合の 2 つの場合が規定されたため（472 条 2 項 3 項），類似した問題が生ずる可能性がある。日本では，さらに，債務者と引受人となる者が契約した場合につき，債権者が 96 条 3 項の「第三者」になるのかも問題になるかも

〔田中〕　223

§*96* II　　　　　　　　　　　　　　　　　第1編　第5章　法律行為

しれない（潮見佳男・新債権総論Ⅱ〔2017〕517頁は「いわゆる第三者としての保護は問題にならない」とする）。

　この点については，債務者と引受人となる者が契約をした場合も，債権者の承諾が契約の成立要件だとすれば（中間試案補足説明268頁以下，部会資料67A・37頁以下），債権者は契約当事者であり，第三者による詐欺と同様に取り扱うことになりそうである。三者間の関係も，引受人となる者が債権者と契約した場合と債務者と契約した場合とで異ならないことからしても，この結論が支持される。

　(オ)　多角的法律関係　　複数の異なる当事者間の契約が結合された，いわゆる多角的法律関係においては，ある契約において行われた詐欺が，ほかの契約にどのように影響するかが問題となる。例えば，販売業者と買主との間の「販売契約」と，クレジット会社と買主との間の「立替払契約」が結合された三者型の個別信用購入あっせんにおいて，販売業者が買主に対して詐欺を行った場合，立替払契約についても詐欺になる可能性がある。このことが肯定された場合には，クレジット会社との関係では第三者による詐欺と考えられるが，例えばクレジット会社の加盟店である販売業者が立替払契約について勧誘等を行っているときは，販売業者をクレジット会社と同視できるかが問題になる（なお，消費者契約法5条では「媒介」の委託を受けていることが必要である。→(イ)。さらに，訪問販売業者等が個別クレジット契約の勧誘を行うに際して不実告知等を行った場合に契約の取消しを認める割賦販売法35条の3の13〜35条の3の16，ならびに，販売契約等の取消し等をクレジット会社に対抗することを認める同法30条の4・30条の5・35条の3の19も参照）。

　また，リース会社とユーザーとの間の「リース契約」と，サプライヤーとリース会社との間の「売買契約」が結合されたファイナンス・リースにおいて，サプライヤーがユーザーを騙した場合，リース契約については，第三者による詐欺となる（東京地判平22・2・10判タ1382号186頁）。しかし，提携リースにおいては，サプライヤーとリース会社の間に業務提携関係があることから，第三者による詐欺として取り扱うことには異論があり，サプライヤーの行為をリース会社の行為と同視すべきことが主張されている（日本弁護士連合会「提携リース取引を規制する法律の制定を求める意見書」〔2011〕5頁・21頁）。立法論として主張されているが，サプライヤーが「利用者に対する契約締結の勧

第2節　意思表示　　　　　　　　　　　　　　　　　　　　**§96　II**

誘，契約締結作業，リース物件の引渡や設置等などの一連の作業を代行し，リース契約の媒介あっせんを行っている」（同意見書21頁）のであれば，相手方（リース会社）と同視する余地もありうると思われる（鈴木尉久「提携リースに対する消費者保護法規の適用」現代消費者法34号〔2017〕89頁以下，特に97頁以下も参照）。

(3)　相手方がその事実を知り，または，知ることができたこと

「その事実」とは，意思表示について第三者が詐欺を行った事実であり，表意者の意思表示が詐欺による意思表示であることである。その事実を知ることができた場合も含まれている。平成29年改正前の裁判例（東京地判平21・12・24判タ1320号145頁）には，「相手方が当該詐欺の事実について知り得たというだけでは足りず，当該詐欺の事実について悪意であるか，それに準ずる重過失がある場合に限り認められる」とするものがあったが，表意者はだまされて意思表示をしたのであり，自ら虚偽の意思表示をした心裡留保の場合に比べてその帰責性は小さく，心裡留保の場合（平29改正前93条ただし書）と少なくとも同程度に保護する必要があるとして，相手方に過失がある場合にも認められることになった（部会資料66A・3頁。一問一答24頁は「知ることができた場合には，相手方の信頼は保護に値するとはいい難い」とする。ヨーロッパ契約法原則4：111条(2)（DCFR II.-7: 208(2)）も参照。ヨーロッパ契約法原則では，相手方が「取消時に契約を信頼して行動しなかったとき」にも取消しが認められる）。なお，相手方が悪意である場合には，表意者が陥っている錯誤を利用することが許されるかどうかも問題になりうる（一1(4)）。これが許されない場合には，第三者による詐欺ではなく，相手方による詐欺となる。

相手方の代理人がその事実を知り，または，知ることができた場合も含まれる（101条2項。佐久間261頁は，本人が善意無過失ではない場合には，代理人が善意無過失であることを主張できないとする）。

相手方が詐欺の事実を知っていたかどうかの基準時は，単独行為においては，意思表示の到達時（97条）ではなく，相手方が了知した時，契約においては，詐欺による申込みの場合には，相手方が承諾の意思表示を発した時，詐欺による承諾の場合には，相手方が了知した時とされる（新版注民(3)497頁〔下森〕）。平成29年改正により，契約の場合も，承諾の到達によって契約が成立することとなったが，相手方の信頼保護という観点からは，相手方が了

〔田中〕　　225

§*96* III　　　　　　　　　　　　　　　　　第1編　第5章　法律行為

知した時または承諾を発信した時が妥当だと思われる。相手方が知ることが
できたかどうかの基準時も同様である。

　相手方が複数で，意思表示の内容が不可分な場合には，相手方の1人が善
意無過失であれば，相手方の保護に優先性を認める本条2項の趣旨からみて，
取消しは許されないとされる（新版注民(3)497頁以下〔下森〕）。

　(4)　適　用　範　囲

　前述のように，特別の規定がある場合を除けば，家族法上の行為にも詐欺
の規定の適用があると考えられるが，身分関係の設定・廃止については，当
事者の自由な意思決定が尊重されるべきことから，2項の適用をすべきでは
ないとされる（→Ⅰ2(2)）。

　私人の公法行為についても96条の適用があると考えられるが，相手方
（行政側）の保護を考慮に入れる必要はなく，行政処分がされるまでは取消権
の行使が可能であり，2項の適用はないという見解が主張されている（→Ⅰ
2(8)）。

Ⅲ　強迫の要件

1　要　　　件

　強迫の要件としては，一般に，「強迫者の故意」「違法な強迫行為」「恐怖
心を生じたこと」「恐怖心によって意思表示をしたこと」が挙げられる（新
版注民(3)504頁以下〔下森定〕。大判昭11・11・21民集15巻2072頁も参照）。詐欺と
同じく，財産的損害の発生は要件ではない。刑法222条は脅迫，同223条は
強要，同249条は恐喝について定めるが，これらの概念は，民法96条の強
迫とは別の概念であり，それぞれ独立して判断される（第193回国会参議院法
務委員会会議録第13号〔平成29年5月23日〕22頁参照）。以下では詐欺の要件の
場合と同様の順番で説明する。

　(1)　強　迫　行　為

　強迫行為とは，将来害悪を生ずべきことを告知して相手方に恐怖心を生じ
させる行為であるとされる（新版注民(3)506頁〔下森〕）。

　(ｱ)　強迫の方法　　将来害悪を加える脅迫と，実際に害悪を加える暴行
（その結果，さらに暴行を加えられることを恐れることになる）の両者が含まれる。

第2節　意思表示　　　　　　　　　　　　　　　　　　　　§96　III

旧民法では強暴として暴行，脅迫，また強暴と同視するものとして災害が規
律されていたが，法典調査会民法主査会において，起草委員であった梅謙次
郎は「現ニどんどんどやし付ケル然ウスルト苦シイカラ夫レデハ承知ヲスル
ト云フ然ウ云フノハ間接ニハ脅スニナルカラ強テ脅スト云フ字ヲ使ハレヌコ
トモナイ，ケレドモ普通ノ意味カラ云フト脅スト云フテハ餘リ濫用ニナルケ
レドモ強ユルニハ相違ナイカラ其方ハ強ユルト云フ方ニ這入ル脅スト云フ字
ナレバ其方ガ這入ラヌカモ知レマセヌ現ニ刑法抔ニモアリマス夫レデ強暴ノ
強ノ字ト脅迫ノ迫ノ字ヲ取ツテ入レタノデアリマス」と答えている（法典調
査会主査会議事〔近代立法資料 13〕656 頁）。

　違法性が問題になるものの，沈黙や不作為も強迫行為となりうるとされて
いる（我妻 313 頁）。最高裁昭和 33 年 7 月 1 日判決（民集 12 巻 11 号 1601 頁）は，
第三者の暴行を制止して救済することをせず，むしろこれに勢いを得て事態
を売買目的の達成に進展させたことは，暴行の結果を維持利用する強迫行為
をなしたものであるとする。

　また，相手方が畏怖していることを知りながら，その畏怖に乗じて意思表
示をさせた場合でもよいとされるが，そのような場合は，後述の「つけ込
み」になると思われる（→2）。

　害悪の告知は，文書でも口頭でもよく，明示的でも黙示的でも（前掲最判
昭 33・7・1），人を介しての間接的なものでも構わない（手続を依頼した司法書
士および母を通じて害悪の告知を受けた場合について東京高判昭 51・10・28 判時 843 号
55 頁）。

　後述（→(5)）の因果関係と関係するが，強迫行為が，ある程度の時間継続
すること（数分程度であった場合につき，その場の状況や表意者の置かれた立場，年齢
等の事情を考慮して肯定するものとして広島高松江支判昭 48・10・26 高民集 26 巻 4 号
431 頁），暴行等の強迫行為が意思表示の際に行われていることも，必ずしも
必要とされない。前掲最高裁昭和 33 年 7 月 1 日判決は，暴行が行われたの
が 7 時間以上前であり，意思表示をした際には，警官数名が同行し，その場
の空気は外面的には一応の平静さがないではなく，また積極的に不穏な言動
に出るという程のこともなかった場合についても，強迫を認めている。意思
表示の約 2 年前，約 5 か月前，約 2 か月前の暴行による畏怖を認める裁判例
（東京高判昭 57・10・28 判タ 497 号 122 頁）もある。

〔田中〕　　227

§96 III 第1編 第5章 法律行為

(イ) 害悪の種類 害悪は，歴史的には生命・身体・自由に対するものに限られていたことがあるが，現在では，それらに限られず，財産，名誉・信用（東京地判昭51・6・23判タ346号275頁，大阪高判昭58・5・25判時1090号134頁）に対するものでも構わない（田中教雄「強迫における害悪の重大性と第三者効」西村重雄＝児玉寛編・日本民法典と西欧法伝統〔2000〕267頁，理由書152頁）。

取引停止等の経済的圧迫については，原則として取引行為の自由として違法性がないとする見解が主張されているが，例えば履行できるにもかかわらず，債務を履行しないと脅して意思表示をさせることは強迫になりうる（経済的強迫。松尾・詐欺・強迫109頁以下，ランドーほか・ヨーロッパ契約法原則Ⅰ・Ⅱ 240頁以下・243頁以下）。

後に触れるように違法性が問題になるものの（一(2)），告訴・告発や訴訟提起もここでいう害悪に含まれる（大判昭4・1・23新聞2945号14頁，前掲大判昭11・11・21，津地判平15・2・28判タ1124号188頁）。

害悪は，客観的に重大である必要はなく，軽微なものであっても，表意者に恐怖心を生じた以上は強迫行為にあたるとされる（前掲最判昭33・7・1，ランドーほか・ヨーロッパ契約法原則Ⅰ・Ⅱ 242頁以下）。強迫は抵抗できないほどのものである必要はなく（理由書152頁），表意者が選択の自由を失う必要もない（前掲最判昭33・7・1）。表意者が選択の自由を失った場合については，意思表示は当然無効である（一Ⅴ2）。

また，表意者に対するものだけでなく，近親者や友人などの第三者に対しての強迫行為も含まれ（理由書152頁，東京地判平元・6・13判時1347号58頁），さらには自殺すると告げることも強迫行為になるとされる（新版注民(3)506頁〔下森〕）。

天災・地変や神罰があると告げることも強迫行為になるとされる（我妻313頁）。ドイツでは，強迫者が影響を及ぼすことのできる（少なくとも強迫されている者にはそのように思われる）将来の災いを告知することが要求され，そうでない場合は，良俗違反となるようであるが（ライポルト・ドイツ民法総論307頁以下。2も参照），ドイツとは異なり，強迫者が害悪を加えること，あるいは，そのことに影響を与えうるように見える必要はない。すなわち，意思表示をしないと害悪が発生するという恐怖心を表意者に引き起こすものであればよく，説得との関係で違法性が問題になり，また，「つけ込み」（一2）

228 〔田中〕

第2節　意思表示　　　　　　　　　　　　　　　　§96　III

との区別が問題になるものの，例えば兄による退職の説得行為につき，兄が職を失うことになる，母が心を痛める等，あるいは，組合を結成した従業員に対する退職の要求につき，従業員の生活をおびやかす等，何らかの不利益な結果が生じることを告知することを，強迫行為を認定する際に考慮している裁判例がある（大阪高判昭37・1・31労民集13巻1号49頁，東京地判昭44・10・28判時590号87頁。大阪高判昭37・1・31では，思想・信条等を嫌ってなされた説得行為であることを理由に違法性が認められている）。これによれば，先祖の祟り等の告知も強迫行為にあたりうることになる。不法行為についてであるが，「先祖の因縁や霊界の話等をし，そのことによる害悪を告知するなどして殊更に相手方の不安をあおり，困惑に陥れるなどのような不相当な方法」による献金勧誘行為を違法と評価した裁判例（福岡地判平6・5・27判タ880号247頁）もある。

(2)　強迫行為が違法であること

強迫の手段と目的とを相関的に考察して，行為全体としての違法性の有無を判断すべきであるとされている（我妻315頁，東京高判昭49・1・30判タ310号166頁）。

(ア)　手段の適法性　　例えば訴訟の提起，告訴・告発，ストライキなど，正当な権利行使や社会上許容される行為は，通常は違法性を欠く（新版注民(3)506頁以下〔下森〕，大判明37・11・28民録10輯1529頁）。したがって，被害者が加害者に対して，訴えを提起するとして，損害賠償金の支払を約束させることは，違法ではない。同様にして，和解契約の締結を求めることも，原則として違法とはいえない。前掲大審院昭和4年1月23日判決では，収入役である子が背任的行為によって銀行から借り入れた金銭につき，銀行が村に対して請求すれば，村が身元保証人である父親に請求することを前提に，子の背任的行為につき刑事訴追をすると警告して，父親に準消費貸借契約を締結させた事案につき，違法性が否定されている。

しかし，告訴することそれ自体は正当なものであったとしても，告訴すると脅して不正な（法的に認められない）利益を得ることは，違法である（新版注民(3)507頁〔下森〕，大判大6・9・20民録23輯1360頁，前掲大阪高判昭58・5・25，東京地判昭61・6・19判タ640号146頁）。

同様に，懲戒解雇に相当する懲戒事由がある場合に，懲戒するとして退職

〔田中〕　　229

§96 III   第1編 第5章 法律行為

願を出させることは違法ではない。しかし，懲戒事由が懲戒解雇に値しない
ものである場合には，違法な強迫行為になる（福岡地判昭52・2・4判時880号
93頁）。

　実際に訴訟となった場合に，被害者が主張する権利が，その主張通りに認
められない可能性があったとしても，それだけでただちに違法になるもので
はない。しかし，「被害者」が，自らに権利が存在しないことを知っていた
場合には，違法である。過失によって権利が存在すると誤信して告訴した場
合についても，強迫となるとする裁判例（前掲大判明37・11・28）があるが，
権利が存在しないことを知っている必要はないとする趣旨であると理解すべ
きである。この裁判例で前提とされていた事案は，仮に誤信がなかったとし
ても，すなわち権利があり告訴それ自体が正当なものであったとしても，不
正な利益を得たものとして強迫の違法性が肯定される場合であったと考えら
れる（松尾・詐欺・強迫107頁）。

　被害者ではない者が告発することや不正を暴くことも，それ自体としては
違法ではない。しかし，それによって金銭を得ることは，違法である。

　(ｲ)　目的の適法性　　例えば貸金債務を回収するためなど，適法な目的の
ためであっても，暴行を加えたり，監禁したりすることは，当然違法である
（新版注民(3)507頁〔下森〕，福岡高判昭29・5・18下民集5巻5号720頁）。大審院大
正14年11月9日判決（民集4巻545頁）は，巡査部長が不法に警察署内に抑
留し，損害金を賠償しなければ，幾日も抑留し，また検事局に送致して重刑
に処すると強迫した場合について，仮に損害賠償債務を負担しているとして
も，準消費貸借契約を締結する義務はないとして，違法性を肯定している。

　懲戒解雇事由がある場合につき，未成年者に対し，親権者である父母と相
談する余裕も与えないで，上司たる立場にある者が一方的に叱責面罵し，懲
戒解雇に付するなどと不利益，不名誉な措置をとるべき旨を告げて退職願の
即時提出を要求することは，強迫行為であるとする裁判例（前掲広島高松江支
判昭48・10・26）もある。

　(3)　強迫者の故意

　相手方に恐怖心を生じさせ，この恐怖心によって意思表示をさせようとす
る二段（二重）の故意が必要であることは，詐欺の場合と同じである（新版注
民(3)504頁〔下森〕，大判昭12・12・21判決全集5輯3号4頁）。例えば大審院大正

230　〔田中〕

第2節　意思表示　　　　　　　　　　　　　　　　　　　　　　§96　III

5年5月8日判決（民録22輯931頁）では，強迫を目的とせずに告訴したが，検事の申出で和解契約が締結された場合について，第一段の故意（強迫する故意）が欠けるとする。

詐欺の場合と同じく（一II1(3)(ウ)），財産上の利得を得ようとする故意は不要である。また，故意の前提として意思能力が必要であるが，行為能力は必要ではないとされている（新版注民(3)505頁以下〔下森〕）。

(ア)　強迫して恐怖心を生じさせようとする故意　　自己の行為が相手方にとっての害悪の告知であることを知っており，かつ相手方がこれによって恐怖の念を起こすことが可能であることを認識していることとされる。相手方にとっての害悪の告知ではないと考えていた場合，あるいは，相手方が恐怖の念を起こすとは考えていなかった場合は，故意がない。例えば，第三者に暴行を加えると告知したために，それを恐れて相手方が意思表示をした場合でも，第三者に暴行を加えることが相手方にとっての害悪となることを知らなかった場合や，相手方が冗談だと分かるだろうと期待して，暴行を加えると告げた場合などには，故意がない（新版注民(3)504頁〔下森〕）。

(イ)　恐怖心によって意思表示をさせようとする故意　　意思表示をさせようとする目的がない場合や意思表示をすることを予見していない場合には強迫にならない。

意欲した（予見した）意思表示と，実際に行われた意思表示が異なる場合は問題である。例えば，自動車を脅し取ろうとしたら，金銭が振り込まれた場合や，金銭を脅し取ろうとしたら，防犯用品や護身用品を購入した場合である。強迫の結果行われた意思表示が強迫者の欲した（予見した）意思表示の範囲に属する場合でなければ，強迫による意思表示とはいえないとする裁判例（前掲大判昭11・11・21，その差戻し後の上告審である前掲大判昭12・12・21）がある。極端に考えた場合には，次の2つの立場がありうる。すなわち，およそ恐怖心によってなされた意思表示であれば，意欲した意思表示でなくても，例えば強迫者が想定していなかった第三者に対する意思表示が行われた場合であっても強迫になるとする立場と，意欲した意思表示と一致しない限り，強迫にはならないとする立場である。厳密にいえば，故意の内容と実際に行われた内容が一致しないかぎり，当該意思表示をさせようとする故意があるとはいえないが，当初の予定とは異なるものの，例えば強迫者に対して意思

〔田中〕　231

§96 III 第1編 第5章 法律行為

表示が行われた場合等，行われた意思表示を強迫者が認容した場合には，故意が認められるべきである。この問題の判断基準として大切な点は，強迫による意思表示と解して表意者に取消権という保護手段を与えるだけの必要があるかどうかであるとされ，第三者が強迫した場合について，表意者保護よりも取引の相手方保護を優位におくのが妥当であろうとされる（新版注民(3) 504頁以下〔下森〕）。

(4) 恐怖心（畏怖）を生じたこと

恐怖心を生じたかどうかは，性別，年齢，肉体的・精神的な強弱，知能の程度，当事者の関係などを考慮して決定される（理由書153頁，旧財317条）。浪人生活を余儀なくされることについての危惧の念を利用して大学入学の意思表示を強制したものとして96条の類推適用を求める主張に対し，このような危惧の念は大学受験生に共通するいわば通常の心理状態ともいえるものであり，強迫による意思表示の成立のために必要な畏怖またはこれに準ずる心理状態に該当するとはいえないとした裁判例（東京地判昭46・4・21判時642号42頁）がある。

恐怖心は強迫行為によって生じたものである必要がある（新版注民(3)508頁〔下森〕）。強迫行為がないにもかかわらず相手方が恐怖心を感じたとしても強迫にはならない。しかし，強迫によって恐怖心が生じたことは，主観的なもので足り，通常人であれば恐怖心を生じないような場合であっても，表意者が恐怖心を生じた事実があれば足りる（前掲最判昭33・7・1）。

すでに存在する恐怖心が強迫行為によって強められた場合でも構わない（新版注民(3)508頁〔下森〕）。

(5) 恐怖心によって意思表示をしたこと

恐怖心によって意思表示をしたことが必要である。本人が強迫されてやむなく申出に応じ，その交渉を代理人に一任し，代理人も本人が強迫によってやむなく申出に応じたものであることを知悉して契約を締結した場合について，代理行為の瑕疵を問題にする101条1項を適用するのではなく，代理人に対して強迫的な言動が加えられていないこと，契約が十分協議を重ねた上でしたものであること，契約内容が不利益でないことを考慮して，本人への強迫と意思表示との間の因果関係を否定した裁判例（東京地判昭33・3・20下民集9巻3号469頁）がある。

232 〔田中〕

第2節　意思表示　　　　　　　　　　　　　　　　　　　　　§96　III

　恐怖心によって意思表示をしたという関係が，主観的に存すれば足りる（前掲最判昭33・7・1）。強迫が意思表示をする唯一の理由である必要はないが，合理的な選択肢がある場合には，強迫による意思表示とはされないと考えられる（ヨーロッパ契約法原則4：108条〔DCFR II.-7: 206(2)〕，ランドーほか・ヨーロッパ契約法原則I・II 241頁以下）。

　詐欺の場合と同じく（→II 1(5)），意思表示をしなかったであろう場合だけでなく，異なる条件で意思表示をしたであろう場合も含まれることになるであろう。しかし，旧民法財産編316条2項は，「強暴力合意ノ決意ヲ為サシメタルニ非スシテ単ニ不利ナル条件ヲ承諾セシメタルトキハ其合意ハ銷除スルコトヲ得ス但賠償ノ要求ヲ妨ケス」とし，広中俊雄編著『民法修正案（前三編）の理由書』〔1987〕152頁以下は，この場合は強迫の要件を欠くとしていた。

　強迫行為と意思表示との間に時間的な間隔がある場合でも，恐怖心によって意思表示をしたと認められることがある（→(1)(ア)）。また，公正証書作成手続において公証人によって表意者の意思が確認されている場合でも，強迫状態から脱していなければ，取消しが認められる（東京地判平8・6・5判タ923号135頁，千葉地佐倉支判平22・7・28判タ1334号97頁）。事業に係る債務の保証契約に関する公正証書（465条の6以下）がある場合でも，保証契約に強迫があれば取消可能である（→II 1(5)）。

　手を取られて署名させられた場合には，そもそも意思表示が存在するのかさえ疑問であるが，当然に無効になる（内田87頁，ランドーほか・ヨーロッパ契約法原則I・II 240頁参照）。また，抵抗できない暴力・脅迫の場合には，表意者は暴行者の機械・手足となっただけであり，表示した意思は表意者の意思ではなく暴行者の意思であり，やはり当然に無効である（理由書151頁，旧財313条1項。仙台地判平21・2・26判タ1312号288頁）。いずれにしても，表意者がまったく意思の自由を奪われた場合には，当該意思表示は当然無効である（大判明39・12・13刑録12輯1360頁〔附帯私訴〕，→V 2）。

2　「つけ込み」

　信頼関係，困窮，無知，経験不足等を利用して過大な利益を得る，いわゆる「つけ込み」は，強迫の拡張理論との関係で問題になるが（→I 3），例えば災害を避けるために熟慮する余裕なしに意思表示がされた場合については，

〔田中〕　233

§96 III　　　　　　　　　　　　　　　　　第1編　第5章　法律行為

旧民法財産編313条2項は「当事者ノ一方カ不可抗力ニ出テタル急迫ノ災害ヲ避クル為メ熟慮スルノ暇ナクシテ過度ナル義務ヲ約シ又ハ無思慮ナル譲渡ヲ為シタルトキモ亦同シ」として強迫と同じ取扱いをしている。比較法的にも，窮迫の利用だけでなく，従属・経済的困窮・信頼関係・軽率・無知・経験が浅いこと・交渉技術に欠けていたことを利用した場合も含めて，過大な利益を得または著しく不公正に有利な地位を取得した場合には取消しが認められることがある（ヨーロッパ契約法原則4：109条(1)〔DCFR II.-7：207(1)〕，ランドーほか・ヨーロッパ契約法原則Ⅰ・Ⅱ248頁以下，共通欧州売買法（草案）51条，フ民1143条，ユニドロワ原則3.2.7）。

　窮迫の利用に関しては，急迫の災害は，人為的なものであったとしても，意思表示をさせようという目的で行われたものではなく（すなわち強迫行為ではなく）意思表示の契機になったにすぎないとされ，現行民法制定時に意図的に除外されたようである（理由書151頁。法典調査会民法議事〔近代立法資料5〕414頁も参照）。したがって，意思表示を目的とした将来の害悪の告知がない場合には，そもそも強迫行為がなく96条による取消しは認められないはずである。しかし，ドイツとは異なり，強迫者が害悪に影響を及ぼすことができることは要件とされないため，災害等も害悪に含められ（→1(1)(イ)），他人が加えた暴行の結果を維持利用するような場合（前掲最判昭33・7・1）や，すでに危害に陥っている者を救助しないことが危害の継続を告げる行為となる場合（我妻313頁，新版注民(3)506頁〔下森〕）にも，強迫行為が認められうるとされている。このことからすれば，違法性の要件が問題になるものの，窮迫が継続することを利用する場合は，強迫に含めることができる場合があるかもしれない。

　相手方の信頼・無知等を利用して意思表示をさせた場合には，告知義務との関係で詐欺になることがありうる（→Ⅱ1(2)(イ)）ほか，窮迫を利用した場合も含め，契約の内容等も考慮したうえで，暴利行為として無効（90条）となることがありうる（大判昭9・5・1民集13巻875頁，四宮＝能見277頁）。平成29年改正に際しての第193回国会衆議院法務委員会附帯決議（平成29年4月12日）において「他人の窮迫，軽率又は無経験を利用し，著しく過当な利益を獲得することを目的とする法律行為，いわゆる『暴利行為』は公序良俗に反し無効であると明示することについて，本法施行後の状況を勘案し，必要

第 2 節　意思表示　　　　　　　　　　　　　　　　　　　§96　III

に応じ対応を検討すること」とされている（同趣旨の第 193 回国会参議院法務委員会附帯決議〔平成 29 年 5 月 25 日〕も参照。暴利行為については，新版注民(3)105 頁以下〔森田修〕参照）。また，最高裁令和 6 年 7 月 11 日判決（LEX/DB 25573641）は，合理的に判断することが困難な状態にあることを利用して締結された，一方的に大きな不利益を与える不起訴合意は，公序良俗に反し，無効であるとする。

消費者契約については，平成 28 年の消費者契約法改正により，合理的な判断をすることができない事情にある消費者に対し，その事情につけ込んで，不必要な物を大量に購入させるといった場合（いわゆる過量契約）について，取消しが認められた（消費契約 4 条 4 項。逐条解説消費者契約法 104 頁以下，逐条解説 Web 版 4 条 81 頁以下。→ V 6 (3)）。

平成 30 年には，同法改正により（令和 4 年にも改正されている），消費者の経験の不足による不安をあおる告知（消費契約 4 条 3 項 5 号），消費者の経験不足による好意の感情の誤信に乗じた破綻の告知（同項 6 号），消費者の判断力の低下による不安をあおる告知（同項 7 号），霊感等による知見を用いた告知（同項 8 号）等によって困惑して締結された契約の取消しが認められた（逐条解説消費者契約法 68 頁以下，逐条解説 Web 版 4 条 52 頁以下。消費者契約に関する検討会「報告書」〔令和 3 年 9 月〕も参照）。

このような「つけ込み」によって締結された契約等の取消しを，消費者契約だけでなく，一般化することが今後の課題である（この問題に関連する消費者の脆弱性については，「消費者法の現状を検証し将来の在り方を考える有識者懇談会における議論の整理」〔令和 5 年 7 月〕参照）。

3　第三者による強迫

第三者が強迫を行った場合，詐欺とは異なり，相手方が善意無過失であっても意思表示を取り消すことができる。96 条 2 項には詐欺しか挙げられておらず，その反対解釈である（理由書 152 頁，旧財 315 条）。歴史的には，ローマにおける強迫訴権（actio quod metus causa）が，強迫者以外の者に対しても主張できる対物的なものであったことに由来する。この対物的な性質の根拠は，告知される害悪が生命，身体，自由に対するものに限定されるという害悪の客観的な重大性にあったようである。しかし，やがて害悪に財産や名誉に対するものが含まれるようになり，今日では害悪の重大性の要件が重視さ

〔田中〕　　235

§96 IV   第1編　第5章　法律行為

れなくなっている（田中教雄「強迫における害悪の重大性と第三者効」西村重雄＝児玉寛編・日本民法典と西欧法伝統〔2000〕247頁以下）。それとともに、詐欺との取扱いの違いは、強迫は、避けることができないのに対して、詐欺は、欺かれたとしても表意者の判断であり、表意者に何らかの落度があるとして、詐欺の場合より一層表意者を保護する必要がある等と説明されるようになるが、立法論としては疑問が持たれている（我妻315頁、羽田さゆり「『第三者による強迫』に関する一試論」札幌法学15巻2号〔2004〕1頁以下参照）。この問題については、法体系の間に著しい違いがあるとされ、イングランド法等では制限的にしか取消しが認められないのに対して、フランス法・ドイツ法等では取消しが認められるようである（ランドーほか・ヨーロッパ契約法原則Ⅰ・Ⅱ244頁・260頁、フ民1142条。また、ユニドロワ原則3.2.8参照）。

　販売契約と立替払契約が結合された三者型の個別信用購入あっせんのような多角的取引については、販売業者が買主に対して行った強迫が、買主とクレジット契約会社との間の立替払契約についても強迫となるかは、詐欺の場合と同様に問題になる（→Ⅱ3⑵㋑）。このことが肯定された場合には、詐欺の場合とは異なり、相手方が善意無過失であっても第三者による強迫として取り消すことが可能である（なお、販売契約等の取消し等をクレジット会社に対抗することを認める割賦販売法30条の4・35条の3の19参照）。

　なお、表意者は法律行為の取消しを主張できるが、表意者に過失があり、相手方が善意（無過失）であれば、契約締結上の過失等により、相手方に対して損害賠償責任を負うと解するのが妥当とする見解もある（石田（穣）704頁、ス債29条2項参照）。

IV　効　　果

1　取　消　し

　詐欺・強迫による意思表示は取り消すことができる。詐欺・強迫による意思表示、また、それを不可欠の要素とする法律行為は有効であり、取消しによってはじめて遡及的に無効になる（121条）。詐欺・強迫が違法な行為であったとしても、また、刑事上の詐欺・脅迫等であるとしても、それだけで当然に無効となるわけではない（大判明36・5・12刑録9輯849頁〔附帯私訴〕）。

236　〔田中〕

第2節　意思表示　　　　　　　　　　　　　　　　　　　　§96　IV

　法律行為の一部につき詐欺が行われた場合でも，その全部を取り消すことができる。例えば，350円の消費貸借の予約と抵当権が設定され，予約の履行として70円を貸し付けた後，残金の貸付けに際して，価値を偽って200円として借主に株券を交付した場合につき，70円が正当な貸付けであったとしても，200円分だけでなく，350円の消費貸借全部の取消しが認められる（大判大2・11・19刑録19輯1223頁〔附帯私訴〕）。また，主たる債務者の既存債務を告知しないで1500万円の根保証が行われた場合について，200万円については保証する意思があったとしても，仮に既存債務が多額にのぼっていることを知っていたとすれば，200万円の保証もしなかったと考えられるから，契約は，200万円を超える部分のみならず，その全体において，瑕疵があるというべきであり，取消しの意思表示により，その全部が無効になるとする裁判例もある（新潟地判平11・11・5判タ1019号150頁。東京高判平11・9・1判時1699号83頁およびランドーほか・ヨーロッパ契約法原則I・II 239頁も参照）。

　委任のように，解除の効力につき将来効しか認められていない（652条・620条）ため，委任事務完了後には解除ができない場合でも，委任の意思表示が詐欺によるときは，委任者は96条により取り消すことができる（大判大7・5・16民録24輯967頁）。

　なお，詐欺・強迫は故意による違法行為であるから，詐欺・強迫による取消権を排除あるいは制限することをあらかじめ約束することは，公序良俗（90条）に反し無効である（ヨーロッパ契約法原則4：118条〔DCFR II.-7: 215〕，共通欧州売買法（草案）56条参照）。

(1) 取消権者 (120条)

　瑕疵ある意思表示をした者またはその代理人もしくは承継人に限って，取り消すことができる（120条2項）。表意者本人，表意者の代理人（法定代理人，任意代理人），承継人である。承継人には，相続人のような包括承継人のほか，特定承継人も含まれるとされている。契約上の地位の承継人のほか，土地の所有者が詐欺されて地上権を設定した後に，その土地を所有者から譲り受けた者も承継人になるとされている（我妻395頁）。

　詐欺・強迫による取消権は債権者代位権の客体になるが（新版注民(10)II 739頁〔下森定〕），二重売買では，売主は，登記をしない方の売買の買主に対しては債務不履行責任を負えば足りるのであるから，売主が，登記のある売

〔田中〕　237

§96 IV

第1編 第5章 法律行為

買の買主に対し強迫による取消権を行使するかどうかは，売主の自由であり，登記のない第一買主が，第二の売買について売主に代位して強迫による取消権を行使することはできないとする裁判例（大阪地判昭50・7・11下民集26巻5〜8号604頁）がある。

　なお，第三者が詐欺・強迫を行った場合の相手方や96条3項の第三者あるいはそれに相当する者に，催告権（制限行為能力者の相手方の催告権についての20条参照）や取消権（無権代理人の相手方の取消権についての115条参照）を認める見解がある（石田(穣)697頁・704頁）。

(2) 取消しの効果（121条）

　(ｱ) 初めから無効　　取り消された行為は，初めから無効であったものとみなされる（121条）。契約であれば，未履行の債務は履行する必要がなくなり，取り消された契約に基づいて履行された給付は，原状に回復される（121条の2第1項）。

　取り消された契約に基づく所有権移転が，取消しによって遡及的に消滅し，移転しなかったことになるのか，取消しによって，移転しなかったのと同じ状態になるように権利を再度移転（復帰）させることになるのかについては，後述するように（→2(1)(ｴ)および(4)），争いがある。なお，金銭については，特別の事情がない限り特定性がなく，金銭給付の原因である法律行為が取り消されたからといって，給付した金銭の所有権が給付した者に復帰するものではなく，不当利得返還請求権を持つにすぎない（詐欺について最判昭47・12・19民集26巻10号1937頁）。

　(ｲ) 原状回復義務　　取り消された場合，債務の履行として給付を受けた者は，相手方を原状に復させる義務を負う（121条の2）。原物の返還が原則であるが，原物の返還が不能である場合には，価値の償還（賠償）をしなければならない（部会資料66A・36頁。→第15巻§703Ⅲ2・3）。

　有償行為に基づく債務の履行として給付を受けた場合には，詐欺・強迫を行った者のみならず，詐欺・強迫を受け，意思表示を取り消した者（被害者）も，現存利益にとどまらない原状回復義務を負う。その結果，例えば相当な価格で契約が締結されていた場合には，給付が費消されていれば給付の価値を返還することになり，契約を取り消した意味がなくなる（そのために取消しが躊躇される可能性もある）。安価な給付を高い価格で購入したような場合には，

第 2 節　意思表示　　　　　　　　　　　　　　　　　§96　IV

契約を取り消すことに意味があるものの，費消した給付の価値を返還することは，不要な給付を押し付けられたことになる。そこで，詐欺・強迫を受けた者の原状回復義務については，現存利益に制限することが議論された（部会第 1 分科会第 1 回議事録 17 頁以下）が，有償契約の対価的牽連性を理由に採用されていない（中間試案補足説明 52 頁以下・54 頁以下，部会第 76 回議事録 47 頁以下，部会資料 66A・36 頁以下。なお，消費者契約法 6 条の 2 は，121 条の 2 第 1 項の規定にかかわらず，消費者が，給付を受けた当時その意思表示が取り消すことができるものであることを知らなかったときは，当該消費者契約によって現に利益を受けている限度において，返還の義務を負うとする。→V 6⑷）。

　いずれにしても，原状回復義務に基づく返還請求については，不法原因給付の規定（708 条）が適用されることがある（部会第 90 回議事録 33 頁，第 192 回国会衆議院法務委員会議録第 13 号〔平成 28 年 12 月 6 日〕6 頁以下，一問一答 36 頁注 4，大判明 41・4・27 刑録 14 輯 453 頁〔附帯私訴〕。保険法 32 条 1 号も参照）。現存利益に限ることが議論されていたことからすれば，信義則等により，返還請求の範囲を限定することも考えられる（佐久間 219 頁。磯村保「法律行為の無効・取消しと原状回復義務」Law&Practice 12 号〔2018〕18 頁以下も参照）。

　また，詐欺（不法行為）に基づく損害賠償については，損益相殺ないし損益相殺的な調整も認められない。例えば，真実は，米国債の購入資金として騙取した金員で米国債を購入していないにもかかわらず，あたかもこれを購入して配当金を得たかのように装い，被害者に対し，仮装配当金を交付したという場合について，仮装配当金の交付は，専ら，被害者をして加害者が米国債を購入しているものと誤信させることにより，詐欺を実行し，その発覚を防ぐための手段にほかならず，仮装配当金の交付によって被害者が得た利益は，不法原因給付によって生じたものであり，損害賠償請求において，騙取金の額から仮装配当金の額を控除することは許されないとされている（最判平 20・6・24 判タ 1275 号 79 頁。→第 15 巻§708 Ⅶ(3)(イ)）。

　したがって，意思表示の相手方が詐欺・強迫を行った場合には，詐欺・強迫を受けた者は，相手方から受け取った原物やその価値を返還する必要はなく，また，その価値が，相手方に対する原状回復請求から控除されることもないことがありうる。また，第三者による詐欺・強迫の場合にも，詐欺・強迫を受けた者の意思表示の相手方（給付者）の給付が不法原因給付になるか

§96 IV   第1編　第5章　法律行為

どうかを判断する必要がある。この場合に，相手方の給付が不法原因給付に
ならず，費消した部分について意思表示の相手方に原状回復をした場合には，
詐欺・強迫を行った第三者に対して不法行為に基づいて損害賠償請求をする
ことが考えられる。

　なお，消費貸借契約において，貸主が貸付金を，貸主以外の者から強迫を
受けた借主の求めに応じ，第三者に給付した後，借主が強迫を理由に契約を
取り消した場合について，借主と第三者との間には事前に何らかの法律上ま
たは事実上の関係が存在するのが通常である等として，貸主からの不当利得
返還請求に関しては，借主は，特段の事情のない限り，貸主の第三者に対す
る給付により，その価額に相当する利益を受けたものとみるのが相当である
とする裁判例（最判平10・5・26民集52巻4号985頁）がある。ただし，具体的
事案では，借主と第三者との間に事前に何らの法律上または事実上の関係は
なく，特段の事情があった場合であるとされた（→第15巻§703 VI 4 (4)）。

　(ウ)　無償行為の場合の原状回復義務　　無償行為に基づく債務の履行とし
て給付を受けた場合は，給付を受けた当時その行為が取り消すことができる
ものであることを知らなかったときは，その行為によって現に利益を受けて
いる限度において，返還の義務を負う（121条の2第2項）。

　詐欺・強迫を受けた者の意思表示の相手方が給付受領者であり，その相手
方が詐欺・強迫を行った場合には，給付を受けた当時その行為が取り消すこ
とができるものであることを知っているため，この規定の適用はない。

　第三者による詐欺の場合も，意思表示の相手方（給付受領者）が悪意の場合
には，この規定の適用はない。第三者による詐欺で相手方が善意有過失であ
る場合および第三者による強迫の場合で相手方が善意である場合には，意思
表示の相手方（給付受領者）は，現存利益の限度で返還すればよいことになる。
そのことによって詐欺・強迫を受けた者に発生する損害（本来の原状回復との
差額）は詐欺・強迫を行った者に対して不法行為に基づいて請求することに
なる。

　無償行為において詐欺を受けた者が給付受領者である場合は想定しにくい
が，それを仮定すれば，不法原因給付となる場合を除けば，121条の2第2
項の適用がある。強迫を受けた者が給付受領者である場合は，強迫を受けた
者は取消可能であることを知っているため，適用できないと考えられる。無

240　〔田中〕

第 2 節　意思表示　　　　　　　　　　　　　　　　　　　§*96*　IV

償ではないが，第三者から強迫を受けて金銭を借り受けている例として前掲最高裁平成 10 年 5 月 26 日判決があり，最高裁では利得（利益）が否定されたが，原審では，強迫を理由に取消しの意思表示をするものであるから悪意の不当利得者とされている（部会第 76 回議事録 52 頁も参照）。しかし，消費貸借である場合には，借主は貸主から受領した給付を返還することが前提であり，詐欺である場合も含め，善意の受領者（借主）の信頼を保護する必要はない（→第 15 巻§703 Ⅲ 5 ⑶）。

　給付受領時点で善意であった者が後に悪意になる場合については，学説が一致していないとして解釈に委ねられているが（部会資料 66A・38 頁，部会第 76 回議事録 46 頁以下），「善意で不当利得をした者の返還義務の範囲が利益の存する限度に減縮されるのは，利得に法律上の原因があると信じて利益を失った者に不当利得がなかった場合以上の不利益を与えるべきでないとする趣旨に出たものであるから，利得者が利得に法律上の原因がないことを認識した後の利益の消滅は，返還義務の範囲を減少させる理由とはならない」とされており（最判平 3・11・19 民集 45 巻 8 号 1209 頁参照，→第 15 巻§704 Ⅱ 3），悪意となった後は現存利益に減縮されないであろう。

　㈑　利息・果実・使用利益　　原物あるいは原物の価値のみならず，それらに関する利息や果実についても，返還しなければならない。明文化は見送られたが，前提とされている（中間試案補足説明 51 頁以下，部会第 90 回議事録 31 頁。→第 15 巻§703 Ⅲ 4・7 ⑴）。解除の場合（545 条 2 項・3 項）と同様に取り扱うことになるであろう。しかし，詐欺・強迫を受けた者が受領時からの利息や果実を返還しなければならないかどうかは，解釈に委ねられている（部会資料 79-3・4 頁，部会第 90 回議事録 31 頁，部会第 76 回議事録 49 頁以下）。給付と同様に取り扱うとすれば（→㈑），不法原因給付が認められる場合には，利息・果実等についても返還する必要はないであろう。

　使用利益も返還すべきであると考えられる。使用利益については，サプライヤーの詐欺を理由にサプライヤーとリース会社の間の売買契約が取り消された場合に，リース会社とユーザーとの間のリース契約に基づいてリース会社がユーザーから受け取ったリース料は，目的物件の使用による利益というべきであり，545 条 1 項・2 項の類推適用により，売買契約の取消しに基づく利得返還義務（実質的には原状回復義務）の内容として，サプライヤーに対し

〔田中〕　241

§96 IV　　　　　　　　　　　　　　　　　　第1編　第5章　法律行為

返還する義務があるとする裁判例（東京地判昭61・10・30判タ648号198頁）がある。

　なお，詐欺による意思表示が取り消された場合の騙取金の返還につき，詐欺による意思表示は取消しにより法律上初めから無効であったとものとみなされることから，取消しの意思表示をした以上，不法行為による損害賠償の責任は不法行為の時から発生し，騙取の時から利息も発生するとして，不法行為時からの法定利率による遅延利息（遅延損害金）の支払を認めた裁判例（大判明41・3・12刑録14輯219頁〔附帯私訴〕）がある。

　(オ)　同時履行の抗弁・相殺等　　詐欺を理由として売買契約を取り消した場合の当事者双方の原状回復義務について，同時履行の抗弁の規定（533条）が類推適用され，同時履行の関係にあるとする裁判例（最判昭47・9・7民集26巻7号1327頁）があるが，前提とされている事案は第三者による詐欺の例である。

　それに対して，契約相手方の詐欺による売買契約の取消しについて，同時履行の抗弁を認めず，また，不法行為であることを理由に被害者の受けた利益を相殺することも認めない裁判例（大判大3・4・11刑録20輯525頁〔附帯私訴〕）がある。下級審においては，詐欺取消しにおいて不当利得返還請求権と不法行為による損害賠償請求権が競合する場合につき，原状回復義務については同時履行の抗弁を認めながらも，不法行為に基づく損害賠償請求権については，相殺が禁止されていることを考慮して同時履行の抗弁を認めず，民法704条との権衡上，契約取消し時点以降の遅延損害金の支払を認めた裁判例（福岡高宮崎支判昭59・11・28判タ549号205頁）がある。

　同時履行の抗弁と相殺が関連付けられて議論されてきたが，相殺については，平成29年改正により，「積極的に他人を害する意思」を意味する「悪意」概念が採用されている（509条。部会資料80-3・29頁。悪意の遺棄についての770条1項2号・814条1項1号も参照）。この悪意は，破産法253条1項2号と同趣旨とされ，故意と区別されている（部会資料69B・3頁，部会第79回議事録35頁以下，部会第92回議事録53頁以下）。すなわち，ここでいう悪意は「損害を与える意図」であって，違法な事実の発生を認識しながら，それを認容すること（→第15巻§709B Ⅴ 1 (2)(ア)）では足りない。例えば，破産法に関するものであるが，主たる債務者が債権者を欺罔していることを知りながら連帯保証

第 2 節　意思表示　　　　　　　　　　　　　　　　　　　　§*96*　IV

人となった場合について，「被告〔連帯保証人〕には，原告〔債権者〕を欺罔して金員を詐取して利益を得ようとする積極的な意思はなく，丙川〔主たる債務者〕からいわれるまま加担することになったが，本件連帯保証契約に基づく債務を弁済しなければならないと考えており，また，丙川の弁済にも期待しながらではあるが，自ら弁済する能力も全くなかったとはいえない。こうしたことからすると，被告の行為に害意があったとまで認めることはできないというべきであり，同行為は〔破産〕法 253 条 1 項 2 号にいう『悪意で加えられた不法行為』に当たるとはいえない」（括弧内，引用者）とする裁判例（神戸地明石支判平 18・6・28 判タ 1229 号 339 頁）がある。

　これによれば，詐欺・強迫が不法行為になるとしても，それだけでは相殺は禁止されないことになる。したがって，原状回復義務についても，詐欺・強迫による取消しは沿革的には不法行為的な性格を持つとしても，詐欺・強迫の要件としての故意に損害を与える意図が含まれていないこともあり，相殺が禁止されることにはならないと考えられる。この限りでは，詐欺・強迫を行った者や第三者が詐欺を行った場合の悪意あるいは有過失の相手方であっても，不法原因給付とならずに原状回復請求権が認められるのであれば，それを自働債権として相殺が認められ，また，同時履行の抗弁が認められる可能性がある（学説の対立については，第 15 巻§703 III 7 (4)(イ)参照）。

　なお，詐欺を原因とする取消しの意思表示によって無効となった契約の履行としてなされた給付の利得返還請求（実質的には原状回復請求）は，損害賠償請求権ではないから，過失相殺の規定は適用ないし類推適用されることはないとする裁判例（前掲東京地判昭 61・10・30）がある。

(3)　**取消しの方法（123 条）**

　相手方のある意思表示の多くがそうであるように，取り消すことができる行為の相手方が確定している場合には，取消しは，当該相手方に対する意思表示によってする（123 条）。第三者による詐欺の場合にも，取り消すことができる行為の相手方に対して行う（大判昭 5・10・15 評論 20 巻民 29 頁）。

　相手方がない意思表示，例えば遺言のような場合には，相続人が利害関係のある者に対して意思表示をすることになると思われる。なお，相続の承認・放棄の取消しについては家庭裁判所に申述しなければならない（919 条 4 項）。

§*96* IV　　　　　　　　　　　　　　　　　　第1編　第5章　法律行為

意思表示は明示的に行われなくてもよく，訴状に取消しの意思が表示され
ている場合のほか（大判明33・5・7民録6輯5巻15頁，大判昭7・8・9民集11巻
1879頁），訴えを提起して売買による登記の抹消を求めたことも取消しの意
思表示にあたるとする裁判例（前掲大判明36・5・12，大判明39・12・13刑録12輯
1360頁〔附帯私訴〕）や手形の決済等の拒絶の意思表示は振出行為の取消しの
意思表示として有効であるとする裁判例（東京高判昭54・12・24判時955号113
頁）がある（新版注民(4)523頁以下〔奥田昌道＝平田健治〕も参照）。

当事者が複数である場合や一個の契約の一部だけを取り消すことができる
かどうかなども問題になる。前述のように（一Ⅰ2(1)）組合契約については
特則（667条の3）がある。

なお，詐欺をなしたときは契約は無効とする旨の約定は，何らの意思表示
を要さず，契約時に遡ってその効力を失わしめる趣旨であり，民法上詐欺に
よる意思表示は取り消しうるとされているけれども，約定はその効力を強化
したもので，有効なものということができるとされている（高知地判昭61・
11・26判タ639号216頁）。

(4)　取消権の期間の制限（126条）

取消権は，追認をすることができる時から5年間行使しないときは，時効
によって消滅する。行為の時から20年を経過したときも，同様である（126
条）。ただし，相続の承認および放棄については，追認をすることができる
時から6か月，行為の時から10年とする特別の規定（919条3項）がある。

「時効によって消滅する」とされているが，取消権の行使は一方的な意思
表示であり，そもそも「消滅時効」であるかどうかは問題である。また，取
消権それ自体の消滅時効と，取消しによって発生する原状回復義務の消滅時
効との関係も問題になる。すなわち，取消しによって発生する原状回復義務
は，追認をすることができる時から5年，行為の時から20年で時効により
消滅するのか，それとも，取消権とは別に，権利を行使することができるこ
とを知った時から5年，権利を行使することができる時（「行為の時」とは一致
しない）から10年（166条）で消滅するのか等が問題になる。判例の立場は後
者のようである（新版注民(4)536頁以下〔奥田昌道（金山直樹補訂）〕参照）。

(5)　抗弁権の永久性

取消権が時効により消滅した（126条）後で，詐欺・強迫を行った相手方

244　〔田中〕

第 2 節　意思表示　　　　　　　　　　　　　　　　　　§*96*　Ⅳ

が履行を請求した場合について，ドイツ民法 853 条が「いずれかの者が，自
己の行った不法行為により，被害者に対する債権を取得したときは，被害者
は，債権の廃棄を求める請求権の消滅時効が完成しているときであっても，
債務の履行を拒絶することができる。」（訳文は，国立国会図書館調査及び立法考査
局・ドイツ民法Ⅱ（債務関係法）〔2015〕による）と規定していることもあり，取
消権を抗弁権として使用することを認めるべきかどうかが議論されている
（新版注民(3)500 頁〔下森定〕）。

　特に問題となるのは，詐欺・強迫による契約が履行請求されないままに取
消権が時効消滅（126 条）し，その後に，詐欺・強迫を行った者が被害者に
対して履行請求した場合である。平成 29 年改正により，債権の消滅時効の
期間が短くなり，権利を行使することができることを知った時から 5 年とな
ったが（166 条），弁済期の定めなどの関係で，取消権の方が先に時効消滅す
る可能性もある。平成 29 年改正に際しても，「抗弁権の永久性」として，取
消権を抗弁権として行使する場合には期間の制限なくいつまでも取消権を行
使できる旨の規定を設けることが議論されたが，一部の履行が行われている
場合の取扱いが問題となり，中間試案以降では取り上げられていない（部会
資料 29・51 頁以下，部会第 33 回議事録 6 頁以下，部会資料 53・27 頁）。

　詐欺者・強迫者から請求を受けなかったために，わざわざ取り消すことを
しなかったという場合も考えられることから，権利濫用等の法理により被害
者を救済すべきであろう。詐欺により手形が振り出され，その手形を詐欺者
から裏書譲渡された悪意の譲受人が振出人に手形金を請求した場合について，
「民法 96 条 1 項に規定されている詐欺による意思表示についての取消権は，
同法 126 条前段の規定により，追認をすることができるときから 5 年間の経
過により時効消滅すると解すべきであり，右解釈は，詐欺による意思表示の
取消が訴訟上被告の抗弁として主張される場合にも変わらないというべきで
あって，右取消権については消滅時効の適用がないとする被告の所論は，採
用できない」として，時効の再抗弁（取消権の時効消滅）を認めた裁判例（東京
地判昭 62・6・22 判時 1238 号 31 頁）があるが，具体的事案では，譲受人は詐欺
等について認識ないし推測し，手形上の権利の実現にはほとんど期待してい
なかったという事情等から，手形金請求は権利濫用であり，出捐した金銭お
よびこれに対する手形利息を超える部分の請求を認めなかった。

〔田中〕　　245

§96 Ⅳ　　　　　　　　　　　　　　　　第1編　第5章　法律行為

2　善意無過失の第三者（96条3項）

詐欺による意思表示の取消しは，善意でかつ過失がない第三者に対抗することができない（96条3項）。取消しの効果を「善意（無過失）の第三者」との関係において制限することにより，当該意思表示の有効なことを信頼して新たに利害関係を有するに至った者の地位を保護しようとする趣旨とされる（最判昭49・9・26民集28巻6号1213頁）。

このような，取消しの遡及効を前提とした通説・判例の理解に対し，詐欺は意思表示の瑕疵ではなく，「補償名義」による取消しを認めるにすぎない旧民法（旧財312条3項参照）に関する研究を基礎にして，取消しを債権的に理解する見解がある。すなわち，詐欺取消しは，もともと損害賠償の1つの方式であり，詐欺をした相手方との関係で，原状回復を求めるための手段として認められたものにすぎないことから，詐欺による意思表示が有効であることを前提にしたうえで，取消しを債権的に理解し，現行民法の96条3項を捉えなおそうとする見解（松尾弘「権利移転原因の失効と第三者の対抗要件」一橋102巻1号〔1989〕87頁以下，中舎寛樹「民法96条3項の意義」南山法学15巻3＝4号〔1992〕40頁以下，武川幸嗣「法律行為の取消における第三者保護の法律構成序説」法研69巻1号〔1996〕527頁・537頁以下）である。

しかし，旧民法から現行民法に修正される際に，錯誤が注目され，意思表示の瑕疵と理解されたことからすれば（→Ⅰ1），取消しは遡及的なものであることを前提に理解すべきものであろう（新版注民(3)482頁〔下森〕，山本242頁以下）。

(1)　第　三　者

第三者とは，詐欺による意思表示の当事者およびその包括承継人以外の者で，詐欺による意思表示によって生じた法律関係に対し，新たに別の法律原因にもとづいて，詐欺による意思表示の取消しを主張する者と矛盾する権利あるいは利害関係に立つに至った者とされている（川島300頁，新版注民(3)482頁〔下森〕）。

取消し「前」に利害関係を生じた者である（前掲大判明33・5・7，大判昭17・9・30民集21巻911頁）。

(ア)　第三者に該当する者　　第三者は，当該意思表示が有効なことを信頼して新たに利害関係を有するにいたった者である。利害関係の有無について

246　〔田中〕

第2節　意思表示　　　　　　　　　　　　　　　　　　　　§96　Ⅳ

は，94条2項と同様に理解すべきとされる（山本243頁。→§94Ⅲ）。

　詐欺による法律行為の目的物について物権を取得した者は，ここでいう第三者に該当する。例えば詐欺によって不動産売買契約が締結され，不動産が譲渡された場合，相手方からさらに当該不動産を譲り受けた者等である。農地法の定める許可を条件として所有権を取得しうる場合も含まれる（前掲最判昭49・9・26）。物権の取得について，第三者が対抗要件を備えていない場合については，後述する（→(エ)）。

　詐欺による取得者の債権者で当該目的物に対して差押えをした者，詐欺による取得者が破産した場合の破産管財人なども第三者に該当するとされる（新版注民(3)482頁〔下森〕）。差押えをしていない債権者であっても，例えば当該目的物を賃借した者のような，詐欺による法律行為の目的物を目的とする債権者は，第三者に含まれる（→(エ)）。

　詐欺による契約に基づいて発生した債権の譲受人も第三者に含まれる（潮見佳男・新債権総論Ⅱ〔2017〕434頁参照）。

　善意無過失の第三者からさらに転得した悪意または有過失の者については，相対的に考える可能性があるものの，法的安定性のため，善意無過失の者が介在した以上，表意者は確定的に権利を失い，さらなる転得者に対してはその善意・悪意を問わず無効を主張できないと考えるべきであるとされる（河上381頁）。

　詐欺によって代理権が授与され，その代理権に基づいて代理行為が行われた場合については，代理行為の相手方が第三者に該当するかどうかが問題になる。代理権授与行為に瑕疵がある場合については，96条3項を適用し，代理行為の相手方が，代理権授与行為の瑕疵について善意無過失である場合には，相手方との間の法律行為の効力は維持されるべきであろう（四宮＝能見348頁は，取消し前の相手方については109条，取消し後の相手方については112条の表見代理によって保護すべきであるとする。池田清治・基本事例で考える民法演習〔2013〕15頁以下は，96条3項によるべきとし，強迫の場合には，強迫者に譲渡させて転売した場合には第三者が保護されないこととのバランス等から，112条の表見代理の構成は難点があるとする。佐久間260頁は，96条3項を適用し，さらに，代理権授与の意思表示を取り消すことができない場合も，悪意・有過失の代理行為の相手方の履行請求は信義則に違反するとする。なお，自らの代理人に欺罔されて契約締結を決意した場合につい

〔田中〕　　247

§*96* IV   第1編　第5章　法律行為

ては，前述II 3⑵⑺参照）。

　代理人が本人の詐欺を理由に本人との間の契約（例えば委任）を取り消した
場合には，取り消された契約と代理権授与行為との関係が問題になるが，代
理権授与行為の法的性質はともかく，本人と相手方との間の契約等の法律関
係は有効のままであると考えられる（この点については代理人の行為能力の制限に
よって代理行為を取り消すことを認めない 102 条も参照。四宮＝能見 348 頁は，この場合
も，表見代理等で解決することができるとする）。

　⑷　第三者に該当しない者　　詐欺による法律行為の目的物を目的とする
ような債権者以外の，単なる債権者は，差押え等をしない限り，詐欺による
法律行為そのものについて利害関係に立つわけではないため，第三者に含ま
れない。

　また，詐欺によって先順位抵当権が消滅したため順位が上昇した後順位抵
当権者（前掲大判明 33・5・7。石田（穣）695 頁は，順位上昇の原則を前提とすれば，疑
問があるとする），連帯債務者の 1 人が詐欺によって代物弁済をしたことによ
って債務を免れた他の債務者（前掲大判昭 7・8・9）などは第三者ではない。
なぜなら，これらの者は，詐欺による法律行為によって，反射的に（自然に）
利益を得ているが，詐欺による法律行為が有効であることを信頼して新たに
利害関係を有するにいたった者とはいえないからである。

　売買契約の代金支払のため振り出された小切手を割引により取得した者は，
無因の小切手上の権利を取得するのであって，原因関係たる売買契約から発
生した法律関係そのものについて新たに利害関係を取得したものではないか
ら，売買契約の取消しについては第三者ではない（最判昭 38・6・18 裁判集民
66 号 547 頁。電子マネーについても無因であると考えられていることについて都筑満雄
〔判批〕現代消費者法 35 号〔2017〕80 頁参照）。

　なお，新債務者が債権者を騙し，新債務者と債権者との間で債務者交替に
よる更改契約が行われた場合について，判例は，債務が消滅した旧債務者は
第三者に該当するとする（大判大 4・6・30 民録 21 輯 1087 頁）。しかし，旧債務
者は，更改契約が有効であることを信頼して新たな取引等を行っておらず，
第三者には該当しないと思われる（松尾・詐欺・強迫 75 頁）。更改に関する 514
条等についての平成 29 年改正によっても事態は変わらない。

　⑼　第三者のためにする契約における受益者　　第三者のためにする契約

248　〔田中〕

第2節　意思表示　　　　　　　　　　　　　　　　　　　§96　IV

において，諾約者が要約者の詐欺によって意思表示をした場合に，受益者が第三者にあたるかどうかについては争いがある。多数説は，債務者の抗弁を第三者に対抗することを認める539条は96条3項の特則であり，諾約者は第三者のためにする契約に基づく抗弁として，受益者に対して詐欺による取消しを対抗しうるとする（新版注民(3)483頁〔下森〕）。受益者は，受益の意思表示をするものの，第三者のためにする契約とは異なる法律原因によって新たな利害関係を取得するわけではないから，96条3項の第三者ではなく，妥当な結論だと思われる。この考え方からすれば，要約者（例えば土地の売主）が諾約者の詐欺によって意思表示をした場合も，受益者（諾約者に対する代金請求権の取得者）は第三者にあたらないと考えられる。

　(エ)　第三者の権利保護要件　　第三者は，対抗要件を備える必要はない（新版注民(3)484頁以下〔下森〕参照）。大審院昭和7年3月18日判決（民集11巻327頁）は，動産の売買につき，取消し前に取得した第三者が，引渡しを受けていない場合であっても，善意であれば，96条3項の第三者に該当するとし，対抗要件を不要としている。前掲最高裁昭和49年9月26日判決も，農地の売買につき，「民法96条第1項，3項は，詐欺による意思表示をした者に対し，その意思表示の取消権を与えることによって詐欺被害者の救済をはかるとともに，他方その取消の効果を『善意の第三者』との関係において制限することにより，当該意思表示の有効なことを信頼して新たに利害関係を有するに至った者の地位を保護しようとする趣旨の規定であるから，右の第三者の範囲は，同条のかような立法趣旨に照らして合理的に画定されるべきであって，必ずしも，所有権その他の物権の転得者で，かつ，これにつき対抗要件を備えた者に限定しなければならない理由は，見出し難い」と述べている。しかし，農地法の定める許可を条件とする仮登記がされていた事案であったため，対抗要件を不要とした判例と理解することには異論がある。

　利害関係の有無については同様に取り扱うべきであるとされる94条2項についても，対抗要件を不要とするのが判例である（大判昭10・5・31民集14巻1220頁，最判昭44・5・27民集23巻6号998頁。→§94 III 2 (3)）。

　表意者から意思表示の相手方，意思表示の相手方から第三者という形で権利の移転が連続しており，表意者と相手方との間の取消しを第三者に対抗できないことからすれば，表意者と第三者との間は対抗関係ではなく，対抗要

〔田中〕　　249

§96 IV 第1編 第5章 法律行為

件は不要であると理解する余地がある。これに対して，取り消された行為が
初めから無効であったものとみなされる（121条）ことからすれば，意思表
示の相手方は無権利者であり，第三者が，無権利者からの取得であるにもか
かわらず特別に保護されるためには対抗要件も備えておくべきであると理解
する余地もある。また，取消しによって意思表示の相手方から表意者への復
帰的な権利変動が生じ，相手方を起点として表意者と第三者への二重譲渡類
似の関係（対抗関係）になるのであり，当然に対抗要件が必要であると理解
する余地もある。

　近時の学説は，表意者の静的安全の保護と第三者の動的安全の保護の調和
を図るためには，表意者側の帰責性に応じて第三者側が保護されるための主
観的要件・客観的要件の内容・程度を決定することが行われてよいだろうと
し，「こうした観点からは，第三者が物権取得者でない場合にも，その保護
を全然否定してしまうのではなく，対抗要件を備えた物権取得者と同程度に
高度の・確実な利害関係を取得していさえすれば，取消しの効果を制限して
もよいということになる」として，対抗要件のみならず，権利取得の態様，
占有状態，対価支払の有無をも勘案して総合的に判断することが望ましいと
する（鎌田薫〔判批〕民百選Ⅰ6版49頁。なお，平成29年改正によって明示された
「無過失」要件との関係で，登記の要否について検討したものとして，下田大介「改正民
法96条3項による第三者保護の要件としての登記等の要否」福岡大学法学論叢65巻2号
〔2020〕195頁以下参照）。

(2) 善意無過失

　詐欺による意思表示であることについて知らず（新版注民(3)482頁〔下森〕），
かつ，知らないことに過失がないことが必要である。平成29年改正前には，
善意しか規定されていなかったが，無過失が明示された。無過失を要求する
ことには，改正に際しても特段の異論はなかったようである（中間論点整理補
足説明231頁，部会資料29・5頁以下，部会第31回議事録57頁以下，部会第1分科会第
1回議事録2頁以下）。

　意思表示の無効・取消しの原因である行為能力の制限，意思能力の欠如，
公序良俗違反，心裡留保，通謀虚偽表示，錯誤，詐欺，強迫のいずれについ
ても第三者保護が問題になり，改正に際して，一貫した考え方に基づいて規
定される必要があるとされた。詐欺の場合には表意者は相手方に欺罔されて

250　〔田中〕

第 2 節　意思表示　　　　　　　　　　　　　　　　　　§96　IV

錯誤に陥ったのに対し，錯誤の場合には表意者が自ら錯誤に陥ったのであっ
て帰責性が大きいこと，錯誤においてはそれが重大なものである場合に限っ
て意思表示の効力が否定されるが，詐欺はそこまでに至らない軽微な錯誤で
あっても相手方がそこから利益を引き出すのは許さないという価値判断に基
づいて意思表示の効力を否定するものであることなどが指摘され（部会資料
29・6 頁以下），結局のところ，無過失を要求する理由としては，「詐欺による
意思表示をした者は不当な行為の被害者という面があり，真意と異なる意思
表示をしたことについて帰責性が小さいことから，第三者が保護されるため
には，その信頼が正当なものであること，すなわちその第三者が詐欺の事実
を知らなかっただけでなく，知らなかったことについて過失がないことを要
件とするのが相当であると考えられる」とされている（部会資料 66A・5 頁）。
「その結果，第三者が保護されるための要件は，心裡留保や通謀虚偽表示と
は異なることになるが，これらの類型では，表意者は真意と異なることを認
識しながら意思表示をしたのであるから，第三者保護要件が緩やかになるの
は合理的であると言える」とされている（部会資料 66A・5 頁，第 193 回国会参議
院法務委員会会議録第 13 号〔平成 29 年 5 月 23 日〕29 頁，一問一答 24 頁）。

　善意無過失の第三者保護については，外観に対する信頼保護（表見法理）
との関係も指摘されているが（新版注民(3)494 頁以下〔下森〕，詳解 I 139 頁以下・
146 頁以下，山本 243 頁以下），平成 29 年改正の議論においては理論的な根拠は
明確にはなっていない（部会第 1 分科会第 1 回議事録 6 頁以下）。

　善意無過失は，詐欺による意思表示の有効なことを信頼して新たに利害関
係を持った時点で判断される（松尾・詐欺・強迫 76 頁以下）。

　善意無過失であることの主張立証責任については，明確化されていない
（部会資料 29・6 頁，中間試案補足説明 29 頁）。なお，手形・小切手における人的
抗弁の切断に関する第三者の善意については，表意者側に第三者が悪意であ
ることを主張立証する責任がある（強迫による手形行為取消しの抗弁について最判
昭 26・10・19 民集 5 巻 11 号 612 頁）。

(3)　対抗することができない

　取り消された行為は，初めから無効であったものとみなされる（121 条）
が，無効になったことを，善意無過失の第三者に対しては主張できない。例
えば詐欺・強迫によって不動産売買契約が締結され，不動産が譲渡された場

〔田中〕　251

§*96* IV　　　　　　　　　　　　　　　　　第1編　第5章　法律行為

合，取消しによって初めから無効となるのであれば，表意者は権利者のまま
であり，相手方は無権利者となり，相手方からさらに当該不動産を譲り受け
た者も無権利者になるはずである。しかし，詐欺の場合には，取消しを善意
無過失の第三者に対抗することができない（96条3項）。先の例では，所有す
る不動産を欺罔されて売却した表意者は，相手方との間の売買契約を取り消
しても，相手方からさらに当該不動産を譲り受けた善意無過失の第三者に対
して，権利が変動しなかったことを主張して不動産の返還請求をすることが
できない。欺罔した相手方に対しては，取消しによって不動産の返還請求が
できるはずである（121条の2）が，第三者に転売されているため履行不能で
あり，不動産の返還に代わる価値の償還を請求することになる（→1(2)(イ)）。

　詐欺による意思表示が有効なことを信頼して新たに利害関係を有するにい
たった者を保護する規定であることから，第三者が，保護を享受せずに，取
消しがあったことを主張することも認められ，詐欺を受けた表意者に騙取さ
れた物件を返還することもできる（大判明37・2・19刑録10輯296頁〔附帯私訴〕。
取消し後，第三者が取消しの効果を甘受するまでの法律関係の理論的説明については，新
版注民(3)480頁以下〔下森〕参照）。

　なお，取消しの遡及効から善意無過失の第三者を保護するという理解に対
しては，取消しを債権的（相対的）に理解し，本来，第三者は取消しによっ
ても影響を受けず，悪意有過失の第三者の場合に，例外的に第三者の権利取
得が否定されるという趣旨であるとする異論がある（武川・前掲論文527頁以
下・537頁以下，松尾・前掲論文89頁以下）。

(4)　取消し後の第三者

　96条3項は，取消し「前」に利害関係を生じた第三者を保護する規定と
理解されており，取消し「後」に利害関係を生じた第三者については，かつ
ては，取消しによって最初から無効であったものとみなされる結果，取り消
した表意者は対抗要件なしに，第三者に対して取消しの効果を主張できると
されていた（強迫についての大判昭4・2・20民集8巻59頁参照）。しかし，その後，
取消しによる復帰的な物権変動であるとして，第三者の善意無過失を問題と
することなく，対抗要件の有無で判断されるようになっている（前掲大判昭
17・9・30，なお，国税滞納処分の取消し後の第三者について最判昭32・6・7民集11巻
6号999頁参照）。実質的な理由づけとしては，「取り消せば，いつでも登記を

第2節　意思表示　　　　　　　　　　　　　　　　　　　　　§96　Ⅳ

戻せるのに，それを怠った以上，権利を失ってもやむをえないと考えるためである」とされる（山本247頁）。しかし，取消し前には第三者に善意無過失が要求されるのに対して，取消し後は，対抗要件の有無だけで判断され，悪意でも保護されることとのバランス，取消しの前は遡及効の制限，取消し後は復帰的物権変動となり，取消しの前後で法的構成が違うことなどの点で批判され（新版注民(6)〔補訂版〕572頁以下〔原島重義＝児玉寛〕），取消しの前後ともに遡及効を認め，取消し前の第三者は96条3項で，取消し後の第三者は94条2項の類推によって保護すべきであるとする見解が存在している（内田83頁以下。→§94Ⅴ5）。

(5)　適用範囲

電子記録債権法には意思表示の取消しに関する特則（同法12条）があり，同法12条2項の場合を除き，96条1項もしくは2項の規定による取消しは，善意で重大な過失がない第三者には取消しを対抗できない。

身分関係の設定・廃止については，当事者の自由な意思決定が尊重されるべきことから，96条1項の適用がある場合でも，2項と同じく，3項についても適用すべきではないとされる（→Ⅰ2(2)）。

私人の公法行為についても，その一部について，第三者の権利・利益が侵害されない場合があり，取引安全のための規定である3項の適用はないという見解が主張されている（石井昇「いわゆる私人の公法行為における錯誤および詐欺・強迫」甲南法学36巻1～4号〔1996〕43頁以下）。

(6)　強迫の場合

(ア)　取消し前の第三者　　強迫については，第三者を保護する規定がないため，原則に戻り，強迫を受けた者の意思表示は取消しによって初めから無効となり，相手方は無権利者となるため，強迫を受けた者が行った法律行為が有効であることを前提として利害関係を有するにいたった，取消し「前」の第三者は，善意・悪意に関係なく，権利を取得できない（3項の反対解釈）。したがって，取消しによって物権を回復した表意者は，対抗要件を備えていなくても，物権の回復を第三者に対抗できる（前掲大判明39・12・13）。ただし，動産の場合には即時取得（192条）によって保護される可能性がある。

このような詐欺との違いについては，第三者による強迫の場合と同じように（→Ⅲ3），ローマ法に遡るものであるが，今日では，表意者の帰責性の違

〔田中〕　　253

いにその根拠があるとされ，制限行為能力，意思無能力等と同様に扱うべきであることも指摘されている（詳解Ⅰ 147頁・148頁，山本241頁，部会第1分科会第1回議事録3頁，部会資料29・6頁）。しかし，巧妙な詐欺の場合など，表意者の帰責性の違いが存在するのか不明であり，また，生命・身体・自由に対する強迫のような，重大な害悪に限定されていた時代には，一定の合理性があったかもしれないが，今日では財産や名誉に対する強迫も認められており（田中教雄「強迫における害悪の重大性と第三者効」西村重雄＝児玉寛編・日本民法典と西欧法伝統〔2000〕247頁以下），詐欺と強迫の異なる取扱いの妥当性は疑問なしとしない（我妻315頁）。

　なお，表意者に過失があり，第三者が善意であれば，契約締結上の過失等により，第三者に対して損害賠償責任を負うと解するのが妥当とする見解がある（石田（穣）704頁）。

　(イ)　取消し後の第三者　　取消し「後」の第三者についても，対抗要件なしに，取消しの効果を主張できるとする裁判例（前掲大判昭4・2・20）がある。しかし，当該裁判例は，取消し「前」の第三者から権利を譲り受けた事例であり，無権利者からの取得者とも考えられることから，取消し「後」の第三者についての先例といえるかどうかには疑問がある（松尾・詐欺・強迫153頁）。詐欺の場合と同様に，取消し「後」の第三者については，対抗要件の有無で判断されるべきであろう（我妻316頁）。94条2項の類推適用によって保護しようとする見解もある（内田88頁。→§94Ⅴ5）。

　電子記録債権法に特則（12条）があり，同法12条2項の場合を除き，善意で重大な過失がない，取消し後の第三者には取消しを対抗できない。

Ⅴ　ほかの救済手段との競合

　詐欺は，表意者が錯誤に陥ったことを要件としており，錯誤の要件を満たすこと，また，欺罔行為・強迫行為は違法行為であることから，不法行為の要件を満たすことが考えられる。さらに，消費者契約法等の特別法が存在する場合もある。以下では，これらの，詐欺・強迫による取消しと競合する救済手段について取り上げたい。

　なお，競合するわけではないが，裁判において詐欺・強迫による取消しと

第2節 意思表示 　§96 V

ともに，契約の不成立，公序良俗違反，虚偽表示等が主張されることが多い（例えば最判昭55・10・23民集34巻5号747頁の第一審における原告は，虚偽表示，心裡留保，錯誤，詐欺を主張している）。3筆の土地の売却の斡旋を依頼されただけであるにもかかわらず，6筆の土地の売却であると買主に伝達して，当事者間に売買契約が締結された場合について，他人の詐欺により当事者の意思が相手方に正当に伝達されなかった結果，意思と表示とが一致せず，法律行為が有効に成立しなかったとする裁判例（大判大12・4・26民集2巻272頁）もある。

1 錯　　誤

　詐欺によって引き起こされた表意者の錯誤が95条の要件も満たす場合には，錯誤による取消しを主張することが可能である（→§95）。要素の錯誤（平29改正前95条）を肯定する際に，その錯誤が欺罔によるものであることを前提としている裁判例も少なくない（大判大11・3・22民集1巻115頁等）。

　詐欺は錯誤があることを要件とするが，詐欺の場合には，法律行為の基礎とされていることが表示されていることや客観的重要性は必要ではなく，他方，錯誤の場合には，詐欺者の故意や違法な欺罔行為が必要ないなど，それぞれの要件が異なっている。そのため常に競合するとはいえないものの，いずれも表意者保護の制度であり，いずれかを選択して主張することができ，詐欺の要件が満たされれば，詐欺による取消し，錯誤の要件が満たされれば，錯誤による取消しが認められる（新版注民(3)495頁〔下森定〕，内田80頁，大判大5・1・26刑録22輯39頁〔附帯私訴〕）。要素の錯誤でない場合にのみ取消しができるかのように読める裁判例（大判大5・7・5民録22輯1325頁，大判大6・7・21民録23輯1168頁）があるが，詐欺によって要素の錯誤が引き起こされた場合でも詐欺による取消しが認められる（大判明32・6・1刑録5輯6巻6頁〔附帯私訴〕は，96条は詐欺の結果として生じた錯誤の軽重を問題にしていないとする）。当初錯誤の主張をし，それが動機の錯誤として顧慮されなかった場合（札幌高判昭58・1・27判タ492号77頁）だけでなく，表意者に重大な過失があるために錯誤の主張が認められない場合に，詐欺の主張をすることも許されるとする裁判例（東京地判昭58・6・28判時1112号87頁）がある。

　詐欺の主張をした場合には，96条2項，3項が適用される。詐欺によって要素の錯誤が引き起こされた場合にも96条3項を適用する裁判例（前掲大判

〔田中〕　255

明 32・6・1，東京地判平 9・12・8 判タ 976 号 177 頁）がある。それに対して，錯誤の主張をした場合には，これらの規定の類推適用につき争いがあり（96 条 3 項について山本 245 頁以下），類推適用を否定する裁判例（東京高判平 19・12・13 判時 1992 号 65 頁）も存在していた。平成 29 年改正により，善意無過失の第三者については，錯誤と詐欺との間の取扱いに差がなくなった（95 条 4 項）が，錯誤につき表意者の重過失がある場合について，意思表示の相手方に軽過失があるだけの場合には，錯誤では 95 条 3 項 1 号が適用されず，意思表示の取消しをすることができないが，表意者の重過失が問題にならないとされる詐欺では 96 条 2 項で取消可能になる（→Ⅱ 1 ⑷）。また，同じく錯誤につき表意者の重過失がある場合には，第三者が悪意または有過失であっても，錯誤では 95 条 3 項でそもそも意思表示の取消しをすることができないが，詐欺では取消可能であり，96 条 3 項で取消しを第三者に対抗することができる。したがって，詐欺と錯誤のいずれを主張するかで違いが生じる場合がある。詐欺と錯誤の選択につき，平成 29 年改正前のものではあるが，個別論点について表意者に最も有利な規定が両規範群の中から適用されるべきであるとする見解があった（四宮和夫＝能見善久・民法総則〔8 版，2010〕239 頁以下）。

2　意思決定の自由がまったく奪われた場合

強迫においては，恐怖心によって意思表示をしたことが要件となっているが，強迫の結果，意思決定の自由がまったく奪われた場合には，当該意思表示は当然無効である（最判昭 33・7・1 民集 12 巻 11 号 1601 頁，大判明 39・12・13 刑録 12 輯 1360 頁〔附帯私訴〕。Ⅲ 1 ⑸および I 2 ⑸の手形行為を無効とした裁判例も参照）。

前掲最高裁昭和 33 年 7 月 1 日判決は，意思決定の自由がまったく奪われた場合には 96 条の適用の余地はないとするが，疑問であり，選択的主張を認めるべきである。また，強迫の場合には，表意者に表示に対応する意思が存在していることが前提とされているが（→I 1），強迫の結果，心裡留保（93 条）が行われ，相手方が真意ではないことを知り，または知ることができたときは，同様に選択的主張を認めるべきであろう（なお，強迫と心裡留保については村田彰「強迫と心裡留保」志林 98 巻 2 号〔2001〕243 頁以下参照）。

3　保証に関する情報提供義務

すでに述べたように（→Ⅱ 2），平成 29 年改正により主たる債務者の情報

第 2 節　意思表示　　　　　　　　　　　　　　　　§96　Ⅴ

提供義務（465 条の 10）が規定されたが，主たる債務者が故意にこの義務に違反した場合には，第三者による詐欺となり，情報提供義務違反による取消しと詐欺による取消しが競合する可能性がある（部会資料 70A・11 頁以下，部会第80 回議事録 17 頁以下）。

　なお，平成 29 年改正に際して，保証人保護の方策の拡充の 1 つとして，事業者である債権者が個人を保証人とする契約を締結しようとする場合に，保証人に対し，保証の意義，主たる債務の内容，信用状況等について，情報を提供する義務を債権者に課し，それを怠ったときは，保証人が保証契約を取り消すことができるものとすることが検討されたが（中間試案補足説明 229頁），債権者が主たる債務者の資力を十分に把握できないことも多いことなどを考慮し，主たる債務者が委託する際の主たる債務者の保証人に対する情報提供義務に変更された（部会資料 70A・11 頁以下，同 76A・9 頁以下）。

4　契約不適合責任（売主の担保責任）

　例えば売買目的物の品質につき，契約内容との不適合が，すでに契約締結前に存在しており，そのことを売主が意図的に告げずに契約が締結された場合には，詐欺と売主の契約不適合責任（売主の担保責任）（562 条以下）とが競合すると考えられる（新版注民(3)499 頁〔下森〕，山本 234 頁。東京地判平 9・7・7 判時 1605 号 71 頁は，瑕疵担保責任に基づく損害賠償請求を認めたが，欺罔の事実がないとして詐欺は認めなかった）。

　売主の契約不適合責任は，平成 29 年改正により，債務不履行の一種と位置づけられたことから（562 条・564 条。部会資料 83-2・42 頁，潮見・概要 257 頁，一問一答 276 頁・280 頁），契約を取り消さずに，売主の契約不適合責任を追及することは当然可能である。それとともに，詐欺の要件を満たせば，売主の契約不適合責任を追及せずに，詐欺を理由として契約を取り消すことも可能であると考えられる（平野 205 頁）。

5　不 法 行 為

(1)　競合する場面

　詐欺・強迫は故意による違法な行為であり，違法な行為によって損害が発生した場合には，不法行為の要件を満たすことがありうる（理由書 150 頁。一第 15 巻 §709B Ⅳ 2 (5)(イ)）。取消権を行使するか，不法行為による損害賠償を請求するかは，表意者が自由に選択できる（東京控判大元・9・17 新聞 838 号 21 頁

〔田中〕　　257

§*96* Ⅴ   第1編　第5章　法律行為

参照)。

　詐欺・強迫により契約を締結したものの，被害者が負担している債務を履
行する前であれば，契約を取り消せば，通常は，損害はなくなってしまう。
しかし，有利な申出を断った場合や強迫による精神的苦痛など，取り消して
も損害が残るような場合には，取り消したうえで，損害の賠償を請求するこ
とができる（新版注民(3)499頁〔下森〕，東京地判昭57・12・22行集33巻12号2560
頁。神戸地判昭62・7・7判タ665号172頁も，連帯債務などの合意が取り消されたとし
たうえで，精神的苦痛につき慰謝料を認めている）。

　追認（122条・125条）により取り消すことができなくなった場合でも，詐
欺・強迫のために不利になった部分を損害として賠償を請求することができ
る。期間制限（126条）により取り消すことができなくなった場合も考えら
れるが，不法行為による損害賠償請求権は，損害および加害者を知った時か
ら3年，不法行為の時から20年行使しないときに時効によって消滅する
（724条）。

　取消可能である場合でも，取り消すことなしに，現実に受けた損害のみの
賠償を請求することができる（前掲大判大5・1・26）。例えば，詐欺・強迫に
より契約を締結したものの，期待した内容とは異なっていたという場合に，
契約を取り消さずに期待した内容とは異なっている部分を損害（通常は代金の
差額となるであろう）として請求することも考えられる（東京地判昭63・10・28
判タ699号228頁参照）。

　第三者による詐欺において意思表示を取り消せない場合には，詐欺を行っ
た第三者に対して不法行為責任を追及することになる。

　遅延利息（遅延損害金）は，取消しの日からではなく，不法行為の日から請
求できるが，遅延利息についての約定があっても取消しの意思表示をした以
上，法定利率（404条）によることになる（大判明41・3・12刑録14輯219頁〔附
帯私訴〕。前掲東京地判昭57・12・22も参照）。

　なお，不法行為による損害賠償については，過失相殺が認められることが
多い。

（2）　説明義務違反・情報提供義務違反・配慮義務違反

　先に述べたように（→Ⅱ2），説明義務違反や情報提供義務違反が詐欺とな
り，他方で不法行為になることがありうる。しかし，詐欺にならない場合で

258　〔田中〕

第2節　意思表示　　　　　　　　　　　　　　　　　　　§*96*　Ⅴ

あっても，説明義務違反や情報提供義務違反によって損害賠償請求が認められる場合がある（詳解Ⅰ138頁・142頁，宮下修一・消費者保護と私法理論〔2006〕187頁以下，→第15巻§709D Ⅵ 2⑵(イ)）。例えば，団地の建替事業において交わされた覚書の優先購入条項による分譲住宅の譲渡契約締結に際して，未分譲住宅の一般公募を直ちにする意思がないことを説明せず，分譲住宅の価格の適否について十分に検討した上で譲渡契約を締結するか否かを決定する機会を奪ったものというべきであって，当該説明をしなかったことは信義誠実の原則に著しく違反するものと言わざるを得ず，慰謝料請求権の発生を肯認しうる違法行為と評価することが相当であるとする裁判例（最判平16・11・18民集58巻8号2225頁）がある。

　説明義務・情報提供義務がどのような場合に認められるのか，また，その根拠が何であるかは，特に契約締結前の行為が問題になる場合には，義務の根拠を後で締結された契約に求めることが難しく（最判平23・4・22民集65巻3号1405頁），沈黙による詐欺の場合と同様に問題である。平成29年改正に際しても，契約締結過程における情報提供義務を規定することについて，「契約を締結するかどうかの判断の基礎となる情報は，各当事者がそれぞれの責任で収集すべきであり，ある情報を知らずに契約を締結したことによって損害を受けたとしても，相手方は，そのことによって何ら責任を負わないのが原則である」ことを前提としたうえで，例外的に損害賠償を請求できる場合が検討されている（中間試案補足説明340頁以下）。しかし，このような規定を設けることについて意見が分かれていることから取り上げないこととされた（部会資料75B・1頁以下，第84回部会議事録63頁以下，部会資料81-3・30頁）。

　説明義務については，金融サービスの提供及び利用環境の整備等に関する法律4条に重要事項についての説明義務が規定されており，説明をしなかった場合には，金融商品販売業者等には損害賠償責任が発生する（金融サービス6条。金融サービス7条により損害額の推定もされる。また，民法の適用もある〔金融サービス8条〕）。そのほかにも，消費者契約法3条，保険業法294条，銀行法12条の2，旅行業法12条の4，宅建業法35条1項・2項等が説明義務・情報提供義務を定めている。しかし，いずれも努力義務であったり（逐条解説消費者契約法23頁以下，逐条解説Web版3条18頁以下），取締法規であったりするため，この規定の違反を根拠として損害賠償を求めることはできない（光岡

〔田中〕　　259

弘志「説明義務違反をめぐる裁判例と問題点」判タ 1317 号〔2010〕33 頁参照）。電気通信事業法 26 条も，電気通信役務の提供に関する契約を締結する際の提供条件の説明義務を定めているが，やはり取締法規であることから（電気通信事業法の消費者保護ルールに関するガイドライン〔令和 6 年 4 月最終改正〕44 頁参照），この規定の違反だけを根拠として損害賠償を請求することはできないであろう。

判例は，信義則を根拠にして，説明義務・情報提供義務を認めている（前掲最判平 23・4・22 等）。その際に，説明等を受ける側の専門的知識の有無をこれらの義務を認めるための 1 つの要素として重視する裁判例がある（最判平 21・12・18 判タ 1318 号 90 頁参照）。また，金融取引における説明義務違反・情報提供義務違反は，適合性原則とともに主張されることが多いようである（最判平 17・7・14 民集 59 巻 6 号 1323 頁参照。適合性原則と説明義務との関係に関する諸見解については潮見佳男・契約法理の現代化〔2004〕80 頁以下および（財）比較法研究センター＝潮見佳男編・諸外国の消費者法における情報提供・不招請勧誘・適合性の原則（別冊 NBL121 号）〔2008〕参照）。

また，「旧統一教会」問題を契機として，配慮義務違反も問題になっている。法人等による寄附の不当な勧誘の防止等に関する法律は，寄附の勧誘について，個人の自由な意思を抑圧し，寄附をするか否かについて適切な判断をすることが困難な状態に陥ることがないようにすることや，寄附される財産の使途について誤認させるおそれがないようにすること等の配慮義務を規定する（不当寄附勧誘 3 条）。これらの配慮義務違反は，強迫や詐欺と重複することがあり，また，不法行為責任を肯定する際の考慮要素の 1 つになると思われるが（不当寄附勧誘防止法逐条解説 5 頁以下。最判令 6・7・11 LEX/DB 25573641），違反それ自体についての民事的な効果は規定されていない。

(3) 評価矛盾の問題

詐欺・強迫による取消しと不法行為の競合については，評価矛盾の問題がある。すなわち，契約を有効としつつ，その勧誘行為を不法行為であるとし，損害賠償によって経済的に原状回復的な救済を認めることは，矛盾ではないかという問題である（新版注民(3)502 頁以下〔下森〕，内山敏和「意思形成過程における損害賠償法の役割についての一考察」早法 84 巻 3 号〔2009〕285 頁以下。→第 15 巻§709D Ⅵ 2 (2)(ウ)(d)）。

不法行為の要件を充足する欺罔的な行為や強迫的な行為が常に詐欺・強迫

第 2 節　意思表示　　　　　　　　　　　　　　　　　§96　V

となるわけではない。そのため，相手方の行為が欺罔行為に該当しないが説明義務違反である場合や，故意を欠いているため詐欺・強迫にはならないが，過失があるため不法行為となる場合が存在する（東京地判平 5・6・30 判タ 859号 239 頁は，欺罔の意思がないとして欺罔行為を否定しつつ，変額保険の特殊性や危険性について十分な説明をしなかったことなどから不法行為を認めている）。

　契約を有効としつつ，不法行為による原状回復を認めることそれ自体については，このような矛盾をそもそも解消する必要があるのか疑問である。イギリス法におけるコモン・ローとエクイティのような法の二元的な理解を前提にすることになるが，詐欺・強迫による取消しは，歴史的には，ローマ法における市民法と法務官法の二元性を背景に，法務官によって認められた不法行為的な性格を持つ訴権による原状回復等を起源として発達してきたものである（→Ⅰ 1。なお，この考え方を前提にすれば，過失による説明義務違反に対する原状回復の方法として取消しを認めることも考えられる。→Ⅱ 1⑶㋑）。

　今日における評価矛盾の問題は，有効な法律行為に対する救済手段として並存する意思表示の取消しと不法行為による損害賠償請求のうち，一方が否定され，他方が肯定される点にある。特に問題になるのは，表意者自身の判断も加わって意思表示がされているために，欺罔行為による意思表示とは言いにくいものの，表意者の判断が欺罔行為によって影響されていることは否定しがたいという場合であろう。例えば，先物取引受託契約の締結につき，表意者は自分なりに損失の危惧を抱いていたこと等から，詐欺にもとづくものとは考えられず，詐欺にもとづく意思表示の取消しを理由とする委託証拠金返還請求は理由がないとしつつ，不法行為については，外務員は，その義務を怠り，しつような勧誘をなした結果，表意者の判断を誤らせて契約を締結させ，損害を与えた（過失相殺 50％）とする裁判例（大阪地判昭 47・9・12 判時689 号 104 頁。長崎地判昭 61・3・17 判タ 608 号 83 頁も参照）がある。要するに，詐欺取消しの前提となる欺罔行為と意思表示との間の因果関係を否定しつつ，欺罔行為とそれによる意思表示の結果生じた損害との間の因果関係を肯定できるかという問題である。理論的な説明は今後の課題であるが，後者の判断は過失相殺を予定しており，取消しの際の有効か無効かという二者択一的判断における因果関係の判断と，損害賠償における割合的な判断をする際の因果関係の判断との間に違いがあってもよいように思われるものの（→Ⅱ 1⑸），

〔田中〕　261

§*96* Ⅴ　　　　　　　　　　　　　　　　　　　　第 1 編　第 5 章　法律行為

いずれも欺罔行為との間の因果関係であり，過失相殺の前に因果関係の有無
が判断されることからすれば，それを使い分けることができるのかは問題で
ある。

6　消費者契約法

消費者契約法は，詐欺・強迫に密接に関係するものとして，消費者の誤認
による取消し（消費契約 4 条 1 項・2 項），困惑による取消し（同条 3 項），事業
者の情報提供義務（消費契約 3 条 1 項）を規定している。詐欺・強迫の要件を
緩和したものとされるが，消費者契約法が適用される場合であっても，96
条の適用は妨げられない（消費契約 6 条）。

(1)　誤認類型

不実告知（消費契約 4 条 1 項 1 号），断定的判断の提供（同項 2 号），不利益事
実の不告知（同条 2 項）による誤認を理由とする取消しが認められている（ヨ
ーロッパ契約法原則 4：106 条〔DCFR Ⅱ-7：204〕参照）。消費者と事業者との間の情
報の格差が消費者契約のトラブルの背景になっていることが少なくないこと
を前提として，民法の詐欺が成立するための厳格な要件を緩和するとともに，
抽象的な要件を具体化・明確化したものとされる（逐条解説消費者契約法 63 頁
以下，逐条解説 Web 版 4 条 49 頁以下）。民法の詐欺の要件のうち「二重の故意」
「詐欺の違法性」が不要とされ，「欺罔行為」の要件につき，事業者の行為を
3 つ（消費契約 4 条 1 項 1 号 2 号・2 項）に限定しているとされる。すなわち，事
業者の一定の行為により，一定の誤認をし，それによって消費者契約の申込
みまたはその承諾の意思表示をしたことで足りる。

なお，平成 29 年民法改正に際して不実表示に関する規定を民法に規定す
ることも議論されている（中間論点整理補足説明 231 頁以下，部会資料 29・7 頁以下，
部会第 32 回議事録 1 頁以下）。当初は「意思表示に関する規定の拡充」として議
論されたが，途中で錯誤の一類型とされ（部会資料 53・7 頁以下，部会第 64 回議
事録 18 頁以下，中間試案補足説明 13 頁以下），一致が見られなかったため，見送
られている（部会第 88 回議事録 31 頁以下，部会資料 83-2・3 頁）が，「相手方が事
実と異なった表示をした等，相手方の行動によって錯誤が惹起された場合に
は，黙示の表示があった等の認定などの事実認定のところで，それが適切な
場合には取り消しの対象になり得る」ことが確認されている（第 192 回国会衆
議院法務委員会議録第 16 号〔平成 28 年 12 月 13 日〕6 頁）。

262　〔田中〕

第 2 節　意思表示　　　　　　　　　　　　　　　　　§*96*　V

(2)　困　惑　類　型

　一定の「事業者の行為」（消費契約 4 条 3 項 1 号～10 号）による困惑を理由と
する取消しが認められている。詐欺の場合と同様に，民法の強迫が成立する
ための厳格な要件を緩和するとともに，抽象的な要件を具体化・明確化した
ものとされる（逐条解説消費者契約法 102 頁以下，逐条解説 Web 版 4 条 80 頁以下）。
民法の強迫の要件のうち「二重の故意」「強迫行為」「強迫の違法性」が不要
とされ，「強迫行為」がなくても，困惑類型に当てはまる事業者の行為があ
ればよいとされる。すなわち，事業者の一定の行為により困惑し，それよっ
て消費者契約の申込みまたはその承諾の意思表示をしたことで足りる。

　対象となる「事業者の行為」としては，消費者契約法制定当初から存在す
る「不退去」「退去妨害」に加え，平成 30 年および令和 4 年の改正により，
「消費者を任意に退去困難な場所に同行し勧誘」「契約締結の相談を行うため
の連絡を威迫する言動を交えて妨害」「経験の不足による不安をあおる告知」
「経験の不足による好意の感情の誤信に乗じた破綻の告知」（デート商法等）
「判断力の低下による不安をあおる告知」「霊感等による知見を用いた告知」
（霊感商法等）「契約前の義務実施・契約目的物の現状変更」「契約前活動の損
失補償請求」が定められている（逐条解説消費者契約法 68 頁以下，逐条解説 Web
版 4 条 52 頁以下）。これらは前に述べた「つけ込み」に該当するものである
（一 III 2）。

　「事業者の行為」による困惑類型のうち，「社会生活上の経験が乏しいこと
から」という文言が規定されているものがあるが，国会の審議において，契
約の目的となるものや勧誘の態様との関係で，積み重ねてきた社会生活上の
経験による対応が困難な事案では，若年者に限らず高齢者等も含まれうるこ
とが確認されている（第 196 回国会衆議院会議録第 25 号〔平成 30 年 5 月 11 日〕，参
議院会議録第 22 号〔平成 30 年 5 月 25 日〕ならびに衆議院消費者問題に関する特別委員
会附帯決議〔平成 30 年 5 月 23 日〕，参議院消費者問題に関する特別委員会附帯決議〔平
成 30 年 6 月 6 日〕参照。なお，消費者委員会「消費者契約法の一部を改正する法律案に
対する意見」〔平成 30 年 3 月 8 日〕参照）。

(3)　過　量　契　約

　平成 28 年消費者契約法改正により，従来，公序良俗（90 条）や不法行為
（709 条）等の一般的な規定に委ねられていた，合理的な判断をすることがで

〔田中〕　263

§96 Ⅴ   第1編　第5章　法律行為

きない事情を利用して契約を締結させる類型について，事業者が，消費者に
対して，過量契約にあたることおよび消費者に過量契約の締結を必要とする
特別の事情がないことを知りながら勧誘して，契約を締結させたような場合
に，取消しを認める規定（消費契約4条4項）が設けられた（消費者契約法専門調
査会・平成27年報告書5頁以下）。先に触れた「つけ込み」（一Ⅲ2）の一部を過
量契約に注目して明文化したものである。

　(4)　効　　果

　上記の誤認・困惑類型，過量契約に該当する場合に認められる効果は意思
表示の取消しである（消費契約4条）。その行使方法，効果等は，別段の定め
がない限り，「取消し」に関する民法の規定によるとされている（消費契約11
条1項。逐条解説消費者契約法63頁，逐条解説Web版4条48頁）。

　民法96条3項と同様に，善意無過失の第三者に対抗できない（消費契約4
条6項）。第三者の取扱いについては，民法と同様のものとするとされている
（逐条解説消費者契約法126頁，逐条解説Web版4条100頁）。平成29年民法改正時
に「過失がない」という要件が明記された。

　強迫の要件を緩和している困惑についても，善意無過失の第三者に対抗で
きない。取消しという効果を導く要件を民法よりも緩和していることにかん
がみ，困惑した場合についても，善意無過失の第三者に対抗することはでき
ないものとされている（逐条解説消費者契約法126頁，逐条解説Web版4条100頁）。

　平成28年消費者契約法改正により，消費者が，給付を受けた当時，その
意思表示が取り消すことができるものであることを知らなかったときは，消
費者の返還義務の範囲を現存利益に限定する旨の規定が設けられた（6条の
2）。これは，平成29年改正により民法121条の2が規定される前であれば，
「民法第703条が適用され，給付の時に取消原因があることを知らなかった
場合には，消費者は現存利益の範囲で返還義務を負うことになると考えられ
る。これに対し，新民法〔平成29年改正民法〕121条の2の下では，消費者契
約法の規定により意思表示が取り消された場合，双方の当事者が原則として
原状回復義務を負うことになる。しかしながら，消費者が原状回復義務を負
うとすると，例えば消費者が受領した商品を費消してしまった場合，事業者
の不当勧誘行為を理由に意思表示を取り消したにもかかわらず，費消した分
の客観的価値を返還しなければならないことになり，その分の代金を支払っ

264　〔田中〕

第2節 意思表示 §96 V

たのと同じ結果になってしまう。これでは，不当勧誘行為による『給付の押付け』や『やり得』を認めることにもなりかねない」ことを考慮し，改正前の規律を維持したものである（消費者契約法専門調査会・平成27年報告書7頁，逐条解説消費者契約法142頁以下，逐条解説Web版6条の2・115頁以下）。取消権の行使期間は，民法の場合（126条）に比べて短く規定されている（逐条解説消費者契約法146頁以下，逐条解説Web版7条118頁）。

(5) 媒介受託者および代理人

事業者が第三者に対し，当該事業者と消費者との間の消費者契約の締結について媒介をすることを委託し，媒介の委託を受けた第三者（媒介受託者）が誤認類型・困惑類型・過量契約に該当する行為をした場合について，取消しが認められている（消費契約5条1項）。また，消費者の代理人，事業者の代理人および受託者等の代理人は，それぞれ消費者，事業者および受託者等とみなされる（同条2項）。

平成28年の消費者契約法改正に際しては，複数の業者や人物が関与する，いわゆる劇場型勧誘など，契約相手方である事業者と第三者との間の委託関係の立証が困難なケースがあることが指摘されたが，引き続き，裁判例や消費生活相談事例を収集・分析して，検討を行うべきであるとされた（消費者契約法専門調査会・平成27年報告書13頁）。

(6) 情報提供努力義務

消費者契約法3条1項は，契約条項の明確化（同項1号），定型約款の表示請求権に関する情報提供（同項3号），消費者の解除権行使に関する情報提供（同項4号）とともに，「消費者契約の締結について勧誘をするに際しては，消費者の理解を深めるために，物品，権利，役務その他の消費者契約の目的となるものの性質に応じ，事業者が知ることができた個々の消費者の年齢，心身の状態，知識及び経験を総合的に考慮した上で，消費者の権利義務その他の消費者契約の内容についての必要な情報を提供すること。」（同項2号）を事業者の努力義務として定めている（逐条解説消費者契約法22頁以下，逐条解説Web版3条17頁以下）。当然のことながら，詐欺・強迫あるいは不法行為を基礎づける情報提供義務を負わないという趣旨ではなく，むしろ，「消費者と事業者との間の情報の質及び量並びに交渉力の格差」（消費契約1条）からすれば，違法性を根拠づける情報提供義務が認められる場合も少なくないと

〔田中〕 265

§96　V　　　　　　　　　　　　　　　　　第1編　第5章　法律行為

思われる（山本232頁参照）。

7　不当寄附勧誘防止法

　法人等による寄附の不当な勧誘の防止等に関する法律は，個人が法人等に対し無償で財産に関する権利を移転することを内容とする契約等の「寄附」（不当寄附勧誘2条）について，不退去，退去妨害，任意に退去困難な場所に同行し勧誘，相談を行うための連絡を威迫する言動を交えて妨害，経験の不足による好意の感情の誤信に乗じた破綻の告知，霊感等による知見を用いた告知の6つの困惑をさせる勧誘行為を禁止し（不当寄附勧誘4条），当該禁止行為による寄附の意思表示の取消しを認めている（不当寄附勧誘8条1項）。民法の規定する強迫の要件を緩和したものと理解できるが，自分が困惑しているかどうか判断できない状態にある，いわゆるマインドコントロールについても，その状態から脱した後での取消しが可能とされている（不当寄附勧誘防止法逐条解説18頁）。

　不当寄附勧誘防止法による取消しは，善意でかつ過失がない第三者には対抗できないが（不当寄附勧誘8条2項），媒介の委託を受けた第三者または代理人が介在している場合にも適用がある（同条3項・4項）。取消権の行使期間は，霊感等による告知を除き，追認できるときから1年，寄附の意思表示をした時から5年である。霊感等による告知については，それぞれ3年・10年である（不当寄附勧誘9条）。

　また，家族らの被害救済のために，扶養義務等に係る定期金債権を保全するための債権者代位権の行使に関する特例が定められている（不当寄附勧誘10条。不当寄附勧誘防止法逐条解説21頁以下）。

8　保険契約における告知義務違反

　争いがあるが，判例によれば，保険契約において，告知義務違反が問題になりうる場合（保険28条・55条・84条）であっても，告知義務違反が保険契約者または被保険者の詐欺となるときは，保険者は詐欺を理由として契約を取り消すことができる（新版注民(3)499頁〔下森〕，大連判大6・12・14民録23輯2112頁，大判大6・12・17民録23輯2142頁，山下友信・保険法(上)〔2018〕445頁以下，伊藤雄司「保険契約における告知義務と詐欺・錯誤との関係について」専修大学法学研究所所報46号〔2013〕48頁以下）。告知義務違反解除についての期間制限が詐欺による取消しにも及ぶかは問題になる（新版注民(3)496頁〔下森〕）。

266　〔田中〕

第 2 節　意思表示　　　　　　　　　　　　　　　　　　　　　§*96*　V

9　そ の ほ か

　契約の締結過程については，クーリング・オフを規定する特定商取引法 9
条，24 条および割賦販売法 35 条の 3 の 10，過量契約の申込みの撤回・契約
の解除を規定する特定商取引法 9 条の 2，24 条の 2 および割賦販売法 35 条
の 3 の 12，不実告知等による取消しを認めた特定商取引法 9 条の 3，24 条
の 3 および割賦販売法 35 条の 3 の 13〜35 条の 3 の 16 など，民事ルールを
定める法律も多く存在し，それらの法律による救済と民法上の詐欺・強迫に
よる救済が競合する場合が考えられる。

〔田中教雄〕

詐欺・強迫の要件事実　Ⅰ　　　　　　　第1編　第5章　法律行為

詐欺・強迫の要件事実

細　目　次

Ⅰ　改正の趣旨 …………………………268
Ⅱ　意義，法律要件および法律効果 ………269
　1　詐欺による意思表示の取消し（96条
　　1項）…………………………………269
　　(1)　意　義 …………………………269
　　(2)　法律要件 ………………………269
　　(3)　法律効果 ………………………269
　2　第三者詐欺による意思表示の取消し
　　（96条2項）…………………………269
　　(1)　意　義 …………………………269
　　(2)　法律要件 ………………………269
　　(3)　法律効果 ………………………270
　3　詐欺取消しからの第三者の保護（96
　　条3項）………………………………270
　　(1)　意　義 …………………………270
　　(2)　法律要件 ………………………270
　　(3)　法律効果 ………………………270

　4　強迫による意思表示の取消し（96条
　　1項）…………………………………270
　　(1)　意　義 …………………………270
　　(2)　法律要件 ………………………271
　　(3)　法律効果 ………………………271
　5　第三者強迫による意思表示の取消し…271
　　(1)　意　義 …………………………271
　　(2)　法律要件 ………………………271
　　(3)　法律効果 ………………………272
　6　強迫取消しからの第三者の保護………272
Ⅲ　要件事実 ……………………………272
　1　詐欺による意思表示の取消し…………272
　2　第三者詐欺による意思表示の取消し…273
　3　詐欺取消しからの第三者の保護………274
　4　強迫による意思表示の取消し…………276
　5　第三者強迫による意思表示の取消し…277
　6　強迫取消しからの第三者の保護………278

Ⅰ　改正の趣旨

　(1)　表意者が第三者の詐欺による意思表示を取り消すことができる場合について，平成29年改正前は，相手方が悪意であるときに限定されていたが，改正法96条2項は，これを相手方に過失があるときにも拡張した。第三者詐欺により誤信をして意思表示をした表意者の利益と相手方の利益とを衡量して表意者の保護要件を考えるに当たり，第三者詐欺の場合に，表意者の帰責性が大きい心裡留保の場合よりも重い要件を課するのは均衡を失するからである（潮見・概要11頁）。

　(2)　詐欺による意思表示が取り消された場合における第三者の保護要件について，平成29年改正前は善意のみであったが，改正法96条3項は，被欺罔者の帰責性の小ささを考慮して，善意・無過失であることを要件とした。改正前の通説を明文の規定で明らかにしたものである（潮見・概要12頁）。

268　〔中園〕

第2節　意思表示　　　　　　　　　　　　　　　　詐欺・強迫の要件事実　**II**

II　意義，法律要件および法律効果

1　詐欺による意思表示の取消し（96条1項）

⑴　意　　義

詐欺とは，相手方を欺罔して錯誤に陥らせ，それによって意思表示をさせる行為である（山本228頁）。

⑵　法　律　要　件

詐欺の事実の主張立証責任は，表意者にある（大判昭3・4・18民集7巻283頁）。

詐欺による意思表示について表意者に取消権が発生するための要件は，

　①　表意者の相手方による欺罔行為

　②　表意者の錯誤

　③　表意者による意思表示

　④　①と②の間および②と③の間の各因果関係

　⑤　④についての相手方の悪意（二重の故意）

　⑥　①の違法性

であり，これを前提として，意思表示の効力を否定するためには，

　⑦　詐欺による意思表示を取り消す旨の表意者の意思表示

が必要である。

⑶　法　律　効　果

詐欺による表意者の意思表示が遡及的に無効になる（121条）。

2　第三者詐欺による意思表示の取消し（96条2項）

⑴　意　　義

96条1項は，表意者の相手方が表意者を欺罔する場合について規定するものであるが，同条2項は，表意者の相手方以外の第三者が表意者を欺罔して錯誤に陥らせこれによって相手方に対する意思表示をさせるという第三者詐欺について規定するものである。

⑵　法　律　要　件

第三者詐欺による表意者の意思表示の効力を否定するための要件としては，上記1⑵の各要件のうち，①が，

　①′-1　第三者による欺罔行為

〔中園〕　　269

詐欺・強迫の要件事実　Ⅱ　　　　　　　第1編　第5章　法律行為

　　①′−2　第三者詐欺についての意思表示の相手方の悪意または過失
に，また，⑤が
　　⑤′　④についての第三者（欺罔行為者）の悪意（二重の故意）
にそれぞれ代わることになる。

（3）法律効果

　上記1（3）と同様である。

3　詐欺取消しからの第三者の保護（96条3項）

（1）意　義

　平成29年改正前民法96条3項の「第三者」とは，詐欺による意思表示に
よって生じた法律関係に基づき，新たに利害関係を取得した者をいうが（最
判昭49・9・26民集28巻6号1213頁，我妻312頁），改正法においてもこの点に変
更はない。

（2）法律要件

　(ｱ)　詐欺取消しの前に取消しの相手方から目的物を譲り受けた第三者（取
消し前の第三者）には，本条項が適用され，取消し前の第三者は，対抗要件
（所有権移転登記）を具備しなくても保護されるものと解される（詐欺に関する大
判昭7・3・18民集11巻327頁，虚偽表示に関する大判昭10・5・31民集14巻1220頁，
最判昭44・5・27民集23巻6号998頁参照）。これに対し，詐欺取消しの後に取消
しの相手方から目的物を譲り受けた第三者（取消し後の第三者）には，本条項
は適用されない。取消し後の第三者は，復帰的物権変動を受ける表意者との
間で対抗関係になるから，対抗要件を具備しなければ保護されない。

　(ｲ)　したがって，取消し前の第三者は，本条項の適用を受けるために，

　　①　詐欺による意思表示に基づく法律行為と第三者の利害関係
　　②　第三者の善意・無過失

を主張することができる。

（3）法律効果

　表意者は，詐欺による意思表示の取消しの効果を第三者に対抗することが
できない。

4　強迫による意思表示の取消し（96条1項）

（1）意　義

　強迫とは，相手方に害悪を示して畏怖を生じさせ，それによって意思表示

270　〔中園〕

第2節　意思表示　　　　　　　　　　　　　　詐欺・強迫の要件事実　**II**

をさせる行為である（山本235頁）。

(2)　法 律 要 件

強迫の事実の主張立証責任は，表意者にある。

強迫による意思表示について表意者に取消権が発生するための要件は，

① 　表意者の相手方による強迫

② 　表意者の畏怖

③ 　表意者による意思表示

④ 　①と②の間および②と③の間の各因果関係

⑤ 　④についての相手方の悪意（二重の故意）

⑥ 　①の違法性

であり，これを前提として，意思表示の効力を否定するためには，

⑦ 　強迫による意思表示を取り消す旨の表意者の意思表示

が必要である。

(3)　法 律 効 果

強迫による表意者の意思表示が遡及的に無効になる（121条）。

5　第三者強迫による意思表示の取消し

(1)　意　　義

96条1項は，表意者の相手方が表意者を強迫する場合について規定するものであるが，表意者の相手方以外の第三者が表意者を強迫して畏怖させこれによって相手方に対する意思表示をさせる第三者強迫という類型も存在する。

(2)　法 律 要 件

第三者強迫による表意者の意思表示の効力を否定するための要件としては，上記4(2)の各要件のうち，①が，

①′ 第三者による強迫

に，また，⑤が，

⑤′ ④についての第三者（強迫者）の悪意（二重の故意）

にそれぞれ代わることになる。

第三者詐欺の場合に要件とされる意思表示の相手方の悪意または過失は必要ではない。詐欺の場合と異なり，強迫による意思表示をした表意者を保護すべき要請が強いからである。

〔中園〕　271

詐欺・強迫の要件事実　Ⅲ　　　　　　　第1編　第5章　法律行為

(3)　法　律　効　果

上記4(3)と同様である。

6　強迫取消しからの第三者の保護

　強迫による意思表示によって生じた法律関係に基づき新たに利害関係を取得した第三者が存在し，同人が善意・無過失であったとしても，同人は保護されない。詐欺の場合と異なり，強迫による意思表示をした表意者を保護すべき要請が強いからである。

Ⅲ　要　件　事　実

1　詐欺による意思表示の取消し

(1)　表意者において，相手方の詐欺による意思表示の取消しを主張する場合には，前記のとおり，

　　① 　表意者の相手方による欺罔行為

　　② 　表意者の錯誤

　　③ 　表意者による意思表示

　　④ 　①と②の間および②と③の間の各因果関係

　　⑤ 　④についての相手方の悪意

　　⑥ 　①の違法性

　　⑦ 　詐欺による意思表示を取り消す旨の表意者の意思表示

を主張する必要がある。

　もっとも，上記⑤および⑥に係る要件事実は，通常，上記①～④に係る要件事実を摘示することによって自ずと表現されるから，その場合にはこれらを別個独立に摘示する必要はない。

(2)　売主Xの買主Yに対する土地の売買契約に基づく代金支払請求訴訟において，YがXの欺罔行為によって錯誤に陥り契約を締結したという場合の要件事実は，以下のようなものになる。

(ア)　請求原因（売買契約）

　XとYは，令和6年6月1日，XがYに対し甲土地を代金3000万円で売り渡す旨の売買契約（本件売買契約）を締結した。

272　〔中園〕

第2節　意思表示　　　　　　　　　　　**詐欺・強迫の要件事実　III**

(イ)　抗弁（詐欺取消し）

① 　Yが本件売買契約を締結したのは，当時，真実は甲土地の北方100 メートルの地点に私鉄の駅が設置される計画（本件計画）はなかったにもかかわらず，Xが，Yに対し，本件計画があると告げて欺罔し，そのように誤信させたからである。

② 　Yは，Xに対し，令和6年12月1日，本件売買契約に係るYの意思表示を取り消す旨の意思表示をした。

2　第三者詐欺による意思表示の取消し

(1)　(ア)　表意者において，第三者詐欺による意思表示の取消しを主張する場合には，前記のとおり，

①′-1　第三者による欺罔行為

①′-2　第三者詐欺についての意思表示の相手方の悪意または過失

②　表意者の錯誤

③　表意者による意思表示

④　①′-1と②の間および②と③の間の各因果関係

⑤′　④についての第三者（欺罔行為者）の悪意

⑥　①′-1の違法性

⑦　詐欺による意思表示を取り消す旨の表意者の意思表示

を主張する必要がある。

(イ)　上記①′-2について，表意者は，

a　第三者詐欺についての意思表示の相手方の悪意

b　第三者詐欺についての意思表示の相手方の過失

の全部または一部を主張することができる。

上記bの過失はいわゆる規範的要件であり，その主要事実は，過失という規範的評価そのものではなく，これを根拠付ける具体的事実（評価根拠事実）である。過失の評価根拠事実の主張に対し，相手方は，評価根拠事実と両立しつつ過失という評価を妨げるような具体的事実（評価障害事実）を主張することができる（司研編・要件事実(1)30頁）。

上記のaとbの関係について，両者は，別個独立の要件事実として整理すべきである。実際上，相手方の過失の評価根拠事実（主要事実）は，同時に，相手方の悪意についての間接事実にもなることが多いが，当事者の主張

〔中園〕　　273

詐欺・強迫の要件事実　III　　　　　　　　第1編　第5章　法律行為

として摘示すべき要件事実は主要事実および重要な間接事実であることを意
識して整理するのが望ましい。

　なお，上記⑤′および⑥に係る要件事実について，通常はこれらを別個独
立に摘示する必要がないことは，前記1(1)と同様である。

　(2)　売主Xの買主Yに対する土地の売買契約に基づく代金支払請求訴訟
において，Yが第三者Zの欺罔行為によって錯誤に陥り契約を締結したと
いう場合の要件事実は，以下のようなものになる。

　(ア)　請求原因（売買契約）

　XとYは，令和6年6月1日，XがYに対し甲土地を代金3000万円で売
り渡す旨の売買契約（本件売買契約）を締結した。

　(イ)　抗弁（詐欺取消し）

　　①　Yが本件売買契約を締結したのは，当時，真実は甲土地の北方100
　　　メートルの地点に私鉄の駅が設置される計画（本件計画）はなかった
　　　にもかかわらず，Zが，Yに対し，本件計画があると告げて欺罔し，
　　　そのように誤信させたからである。

　　②-a　Xは，本件売買契約締結当時，上記①の事実を知っていた（相手
　　　方の悪意）。

　　②-b　Xは，本件売買契約締結に先立ち，Zに対し，Yに本件計画が
　　　あると説明するよう依頼した（相手方の過失の評価根拠事実）。

　　③　Yは，Xに対し，令和6年12月1日，本件売買契約に係るYの意
　　　思表示を取り消す旨の意思表示をした。

　(ウ)　再抗弁（相手方の過失の評価障害事実）

　Xは，本件売買契約締結当時，Yから，本件計画がないことは知っている
と聞いた。

3　詐欺取消しからの第三者の保護

　(1)　(ア)　詐欺取消しや強迫取消しの主張は，改正前後を問わず，請求原因
に基づく権利の発生を障害する抗弁（権利障害の抗弁）として機能することが
多いが，請求原因（不当利得返還請求訴訟において法律上の原因の不存在を基礎付け
る場合）や再抗弁を構成することもある。

　例えば，建物の元所有者であり売主である表意者が原告となり，買主から
更に当該建物を買い受け引渡しを受けた転得者を被告として，所有権（もと

274　〔中園〕

第2節　意思表示　　　　　　　　　　　　　**詐欺・強迫の要件事実　III**

所有）に基づく返還請求として当該建物の明渡しを求める訴訟において，被告が所有権喪失の抗弁として原告と買主の間の売買契約を主張するのに対し，原告が上記売買契約の効力を否定するために詐欺取消しを主張する場合には，この主張は再抗弁と位置付けられる。

この場合，表意者である原告による詐欺取消しの主張に対し，取消し前の第三者である被告は，表意者の錯誤について自らが善意・無過失であることを主張して，原告は上記取消しの効果を被告に対抗することができない旨を主張することができる。

無過失も，重過失と同様，規範的要件（司研編・要件事実(1)30頁）であるから，被告は，自らの無過失の評価根拠事実を主張することができる。

これに対し，原告は，被告の無過失の評価障害事実を主張することができる。

(イ)　善意・無過失の第三者の主張の位置付けについては，争いがある（司研編・類型別88頁）。

善意・無過失の第三者が出現することによって，詐欺取消しによる意思表示の無効という再抗弁の効果が覆滅させられて，上記意思表示に係る法律行為が有効であったものと扱われ，これを前提に，第三者は，表意者の相手方（買主）から権利を承継取得するという見解（順次取得説）に立てば，上記主張は再々抗弁と位置付けられることになる。

これに対し，善意・無過失の第三者が出現することによって，詐欺取消しによる意思表示の無効という再抗弁の効果が覆滅させられて上記意思表示に係る法律行為が有効になるわけではなく，第三者は本条項の効果によって直接表意者から権利を承継取得し，表意者の所有権喪失原因になるという見解（法定承継取得説）に立てば，上記主張は予備的抗弁と位置付けられることになる。

(2)　売主Xの買主Zからの転得者Yに対する所有権に基づく建物の明渡請求訴訟において，XがZの欺罔行為によって錯誤に陥り契約を締結したという場合の要件事実は，以下のようなものになる。

(ア)　請求原因（所有権）

①　Xは，令和6年6月1日，乙建物を所有していた。

②　Yは，乙建物を占有している。

〔中園〕　　275

詐欺・強迫の要件事実　III　　　　　　　第1編　第5章　法律行為

(イ)　抗弁（所有権喪失）

　XとZは，令和6年6月1日，XがZに対し乙建物を代金1000万円で売り渡す旨の売買契約（第1売買契約）を締結した。

(ウ)　再抗弁（詐欺取消し）

　　①　Xが第1売買契約を締結したのは，当時，真実は，乙建物の北方100メートルの地点に私鉄の駅が設置されるという従前からの計画（本件計画）は存続しており，立ち消えになったことはなかったにもかかわらず，Zが，Xに対し，本件計画が立ち消えになったと告げて欺罔し，そのように誤信させたからである。

　　②　Xは，Zに対し，令和6年12月1日，第1売買契約に係るXの意思表示を取り消す旨の意思表示をした。

(エ)　再々抗弁〔順次取得説〕または予備的抗弁〔法定承継取得説〕（善意・無過失の第三者）

　　①　ZとYは，令和6年9月1日，ZがYに対し乙建物を代金3000万円で売り渡す旨の売買契約（第2売買契約）を締結した。

　　②　Yは，第2売買契約締結当時，Xが上記(ウ)①の錯誤に陥っていたことを知らなかった。

　　③　Yは，第2売買契約締結に先立ち，Zから，第1売買契約の代金額は，本件計画が存続していることを前提にした2700万円であると聞いていた（無過失の評価根拠事実）。

(オ)　再々々抗弁〔順次取得説〕または予備的再抗弁〔法定承継取得説〕（無過失の評価障害事実）

　Yは，第2売買契約締結に先立ち，Xから，第1売買契約の代金額は1000万円であると聞いていた。

4　強迫による意思表示の取消し

(1)　表意者において，相手方の強迫による意思表示の取消しを主張する場合には，前記のとおり，

　　①　表意者の相手方による強迫

　　②　表意者の畏怖

　　③　表意者による意思表示

　　④　①と②の間および②と③の間の各因果関係

第2節　意思表示　　　　　　　　　　　**詐欺・強迫の要件事実　III**

　⑤　④についての相手方の悪意

　⑥　①の違法性

　⑦　強迫による意思表示を取り消す旨の表意者の意思表示

を主張する必要がある。

　上記⑤および⑥に係る要件事実について，通常はこれらを別個独立に摘示する必要がないことは，詐欺の場合と同様である。

　(2)　売主Xの買主Yに対する土地の売買契約に基づく代金支払請求訴訟において，YがXの強迫によって畏怖し契約を締結したという場合の要件事実は，以下のようなものになる。

　(ア)　請求原因（売買契約）

　XとYは，令和6年6月1日，XがYに対し丙土地を代金5000万円で売り渡す旨の売買契約（本件売買契約）を締結した。

　(イ)　抗弁（強迫取消し）

　　①　Yが本件売買契約を締結したのは，当時，Xが，Yに対し，本件売買契約を締結しなければ殺す旨を告げて強迫し，畏怖させたからである。

　　②　Yは，Xに対し，令和6年12月1日，本件売買契約に係るYの意思表示を取り消す旨の意思表示をした。

5　第三者強迫による意思表示の取消し

　(1)　表意者において，第三者強迫による意思表示の取消しを主張する場合には，前記のとおり，

　　①′　第三者による強迫

　　②　表意者の畏怖

　　③　表意者による意思表示

　　④　①′と②の間および②と③の間の各因果関係

　　⑤′　④についての第三者（強迫者）の悪意

　　⑥　①′の違法性

　　⑦　強迫による意思表示を取り消す旨の表意者の意思表示

を主張する必要がある。

　上記⑤′および⑥に係る要件事実について，通常はこれらを別個独立に摘示する必要がないことは，前記4(1)と同様である。

〔中園〕　277

詐欺・強迫の要件事実　III　　　　　　　第1編　第5章　法律行為

(2)　売主Xの買主Yに対する土地の売買契約に基づく代金支払請求訴訟において，Yが第三者Zの強迫によって畏怖し契約を締結したという場合の要件事実は，以下のようなものになる。

(ア)　請求原因（売買契約）

XとYは，令和6年6月1日，XがYに対し丙土地を代金5000万円で売り渡す旨の売買契約（本件売買契約）を締結した。

(イ)　抗弁（強迫取消し）

①　Yが本件売買契約を締結したのは，当時，Zが，Yに対し，本件売買契約を締結しなければ殺す旨を告げて強迫し，畏怖させたからである。

②　Yは，Xに対し，令和6年12月1日，本件売買契約に係るYの意思表示を取り消す旨の意思表示をした。

6　強迫取消しからの第三者の保護

表意者による強迫取消しの主張に対し，取消し前の第三者は，表意者の畏怖について自らが善意・無過失であることを主張して，表意者は上記取消しの効果を第三者に対抗できない旨の主張をすることはできない。

詐欺の場合と異なり，そのような規範はないから，上記主張はそれ自体失当である。

〔中園浩一郎〕

第2節　意思表示　　　　　　　　　　　　　　　　　　　　　§97

（意思表示の効力発生時期等）

第97条①　意思表示は，その通知が相手方に到達した時からその効力を生ずる。

②　相手方が正当な理由なく意思表示の通知が到達することを妨げたときは，その通知は，通常到達すべきであった時に到達したものとみなす。

③　意思表示は，表意者が通知を発した後に死亡し，意思能力を喪失し，又は行為能力の制限を受けたときであっても，そのためにその効力を妨げられない。

〔対照〕　ド民 130 Ⅰ・Ⅱ，フ民 1115・1118・1121，オーストリア民法 862，オランダ民法 3：37・6：222，ヨーロッパ契約法原則 1：303，国際物品売買契約に関する国際連合条約 18 Ⅱ・24・27，1996 年の電子商取引に関する国際連合国際商取引委員会モデル法 15，2005 年 11 月 23 日にニューヨークで作成された国際的な契約における電子的な通信の利用に関する国際連合条約 10，ユニドロワ国際商事契約原則（2016）1.10

〔改正〕　①＝平 29 法 44 改正　②＝平 29 法 44 新設　③＝平 29 法 44 改正移動（②→③）

（隔地者に対する意思表示）

第97条①　隔地者に対する意思表示は，その通知が相手方に到達した時からその効力を生ずる。

（第 2 項は新設）

②　隔地者に対する意思表示は，表意者が通知を発した後に死亡し，又は行為能力を喪失したときであっても，そのためにその効力を妨げられない。（改正後の③）

細　目　次

Ⅰ　総　論 ……………………………………280
　1　規定の趣旨…………………………………280
　　(1)　概　観………………………………280
　　(2)　立法論としての到達主義の合理性
　　　………………………………………281
　2　規定の機能分担とその後の変遷………282
　　(1)　民法制定時の議論………………282
　　(2)　情報通信分野における技術革新と
　　　意思伝達手段 ……………………284
　　(3)　国際取引ルールにおける到達主義
　　　の一般化 ……………………………285

　3　平成 29 年改正 ……………………………286
　　(1)　「隔地者」と「対話者」の境界線
　　　の撤廃 ………………………………286
　　(2)　「到達」基準明示の見送り………287
　　(3)　深められずに終わった連絡先選択
　　　問題の検討 …………………………287
　　(4)　到達妨害ルールの明文化………287
Ⅱ　適用範囲…………………………………288
　1　総　説………………………………………288
　2　私法上の通知………………………………289
　　(1)　相手方のある意思表示 ……………289

〔角田〕　279

§97 I   第1編　第5章　法律行為

　　(2)　準法律行為 ……………………290
　　(3)　特別の定め ……………………290
　3　公法における通知・告知………………291
　　(1)　相手方のある行政行為（行政処
　　　　分）………………………………291
　　(2)　私人の行政庁に対してなす公法上
　　　　の行為 ……………………………292
　　(3)　特別の定め ……………………293
Ⅲ　「到達」………………………………294
　1　総　論…………………………………294
　　(1)　概念規定 ……………………294
　　(2)　「隔地者」・「対話者」概念………295
　　(3)　到達リスクの実質への着目——意
　　　　思表示の「書面」化と「口頭」表示
　　　　………………………………………297
　　(4)　到達妨害ルールの新設 …………299

　2　各論——到達の具体的判断基準………299
　　(1)　書面化された意思表示 …………299
　　(2)　口頭での意思表示 …………305
　　(3)　電子的通信手段を用いた意思表示
　　　　………………………………………308
　　(4)　到達妨害ルールに結実した判例法
　　　　理 ……………………………………310
　　(5)　みなし到達条項と本条の任意法規
　　　　性 ……………………………………313
　　(6)　意思表示の撤回 …………………314
Ⅳ　表意者の死亡，意思能力の欠如または
　行為能力の制限 …………………………315
　1　規定の趣旨……………………………315
　2　平成29年改正………………………316
　3　各　論…………………………………316

I　総　論

1　規定の趣旨

(1)　概　観

　一般論として，意思表示は，表意者がその効果意思を書面に認める，ある
いは電子メールを作成するなどの「表白」，これを投函する，あるいは電子
メールを送信するといった「発信」，次いで，その通知の相手方の郵便受け
やメールボックスへの「到達」，相手方がこれを開封して「了知」するに至
る，というプロセスをたどるとされている（我妻316頁，幾代288頁，佐久間63
頁，山本127頁ほか。川島213頁，注民(3)244頁〔高津幸一〕，新版注民(3)511頁〔須永
醇〕も参照）。本条は，意思表示の総則として，「効力を生ず」るのは「その
通知が相手方に到達した時」と定めて，到達主義の立場を採用することを明
らかにしたものである（1項）。この規定は，民法典制定当初から「隔地者間
の意思表示」を対象としていたが，平成29年改正で「隔地者に対する」と
いう限定が外されたことで，ひろく相手方すなわち名宛人のある意思表示全
般を対象とすることとなっている。このシンプルで広範な規定の方式は，オ
ランダ民法典（1992年）があるくらいで他に例をみない。他方で，当然のこ
とながら，従来の判例学説は「隔地者間の意思表示」を対象とする規定を前
提に展開されてきていることから，それが隔地者間以外すなわち「対話者間

280　〔角田〕

第2節　意思表示　　　　　　　　　　　　　　　　　　　§97　Ⅰ

の意思表示」を含むことになった場合の解釈指針もまた，検討に値するテーマとなる。

　到達主義の採用に続く2項では，相手方が「正当な理由なく……到達……を妨げた」（到達妨害）と評価される場合には，「到達したものとみなす」場合があることを明らかにしている（到達擬制）。元来，通知の「到達」は，利益衡量を経て結論が導かれるものであり，一方当事者の行為態様に対する規範的評価が一定の役割を果たすことも少なくない。「到達主義とは例外の穴だらけのルールにほかならない」と称されるのもそのためである（Schlesinger, Formation of Contracts, 1968, 157）。実際，2項はこれまでの判例法理を基礎にしたものであるが，条文化するにあたり，「到達」を認めていた判例法理を，「到達」と認められないものの一定の事由があれば到達を擬制するという規定の仕方となっている。背景には，これまでよりも「到達」概念の外縁を明確化・客観化すべきであるとの問題意識があることは後に述べるとおりである。

　意思表示の効力発生時期は，古くは，意思表示の完成・成立と明確に分けられることなく論じられてきたこともあり（鳩山・法律行為206頁，柚木・判総上174頁ほか），表意者が通知を発した後に死亡したり，意思能力の喪失，行為能力の制限を受けるといった意思表示の有効要件を欠く事態に立ち至った場合，意思表示として完成するのか疑義が生じる可能性もあった。この疑義を払拭して，「その効力を妨げられない」としたのが，3項である。

(2)　立法論としての到達主義の合理性

　意思表示の効力発生時期は，原理的に決まるというよりは，むしろ，法的生活の実際上の便宜に資することを第一義に決めなければならないとの理解は，すでに民法典編纂過程に見出すことができるし，以来，変わることなく，今日でも確固たる地位を占めている。関係する当事者の利益衡量の観点からすれば，例えば，意思が表示された「表白」をもって効力が発生するという表白主義をとれば，相手方に意思を伝えるインセンティブが削がれかねないため（手紙を投函しない），立法論として望ましい方策とはいいがたい。

　ところで，立法論としての到達主義の採用は，具体的には次のような帰結をもたらす。①意思表示の不着・延着は表意者の不利益に帰する。②意思表示の「到達」前，若しくは同時に，その意思表示を撤回する旨の意思表示が

〔角田〕　　281

§*97* I　　　　　　　　　　　　　　　第1編　第5章　法律行為

相手方に「到達」したときには，その意思表示は撤回されたこととなる。③意思表示が一旦相手方に「到達」すると，相手方の「了知」前においても，表意者はその意思表示を撤回することができない（石田(文)342頁以下，穂積・改訂315頁，我妻319頁，四宮＝能見288頁以下，山本127頁以下，佐久間65頁ほか）。

　この帰結は，次のように正当化されている。まず，表意者は意思表示の手段を選択できるので，その不着・延着のリスクを負担させても構わない。適切な手段を選択することでリスクを回避できるからである。他方，一旦，意思表示が相手方の支配領域内に入り，了知可能となれば，あとは，その内容を正確に理解するか否かは同人の問題として，相手方が内容を誤解するリスクは負担するべきであり，この意味において，到達主義は，両当事者を平等に扱いつつ，私的領域の自由や責任にも配慮したルールであるということができる。さらには，いずれの当事者も義務を負っておらず，ただ，一定の行為を懈怠したときに不利益を負担するに過ぎないという意味でも，関係者への負担の少ない公平・妥当なルールということができる。また，相手方が了知することで初めて効力が発生するという「了知主義」はコミュニケーションの本質に最も近いとはいえる一方，表意者に相手方の認識の証明まで要求することになってしまうという困難を伴うことから，実務上の妥当性という面でも到達主義の方が優れている。こういった理由から，今日では，比較法的にみても，立法論としては到達主義が圧倒的多数を占めている（"Triumph of Receipt Theory": Jan Peter Schmidt, in: Jansen/Zimmermann（ed.），Commentaries on European Contract Laws, Oxford University Press, 2018, Art 1: 303〔以下「Schmidt」〕, Rz. 20ほか）。

　他方，例えば株主総会の通知のように多数の者に同一の通知をすることが必要な場合には，1人への不到達で全部の通知の効力が左右されるべきではないとの判断から，発信主義が採用されることとなる（会社299条1項）。これらの例外については，適用範囲（→II2(3)・3(3)）で詳述する。

2　規定の機能分担とその後の変遷

(1)　民法制定時の議論

　本条の起草過程では起草者の間で激論が交わされ，紆余曲折があったことが知られている（星野英一「編纂過程からみた民法拾遺——民法92条・法例2条論，民法97条・526条・521条論」同・民法論集(1)〔1970〕184頁以下）。法典調査会主査

第2節　意思表示　　　　　　　　　　　　　　　　　　　　　§97　I

会における当初案（第21回主査会・明治27年3月2日）は，梅謙次郎の発案により発信主義を採用することを原案としていたところ，到達主義を採用すべきとする富井政章の修正案が出されてこちらが採択され，総会には到達主義が原案として提出されたところ，再び削除案や修正案が出されるなど議論が紛糾した末に辛くも採択されるに至ったものである。

　民法典の起草過程において念頭に置かれていたのは，「遠隔地ニ在ル人」（法典調査会主査会議事6巻146丁裏，旧民法財産編308条では「遠隔ノ地ニ於テ」）との間で手紙を介して意思表示をするような，表白，発信から到達，了知まで日数を要するケースで，この間に意思表示を撤回することの可能性や，この間の法的拘束力の有無，この間に生じた価格変動などによって損失を蒙るリスク負担の問題などが論じられた。言い換えれば，表白から了知まで時間的ギャップがあること，そして意思表示の通知が到達しないリスクに問題の根源をみていたということができる。

　本条が到達主義を採用する一方で，「隔地者間の契約の成立」に関する平成29年改正前民法526条1項が発信主義を採用したのは，それぞれ適用が想定されている場面を異にする，いわば，「機能分担」が措定されたためとみることができる。すなわち，本条は解除・取消し・相殺の意思表示などの単独行為，契約の申込みを念頭に置いているが，平成29年改正前民法526条1項は数の上では圧倒的多数を占める契約の承諾の意思表示に関する規定として置かれたもので，両者の関係を原則と例外と捉えるのは正確とはいい難いように思われる（星野206頁，梅245頁参照）。

　「隔地者間の契約の成立」で発信主義が採用されたのは，敏活な取引の需要に応ずるためであるが，それを支えた利益衡量は以下のとおりである。まず，①契約の成立に向けて承諾者を動かしたのは他ならぬ申込者であるから，承諾が到達するまでに生じたリスクは申込者が負担するべきである。②仮に到達主義をとった場合には，承諾者は承諾の通知が申込者に到達したか否かを確かめないと契約の履行を開始できず，その間に履行期が到来すれば履行遅滞の責任を負うリスクに晒される。逆に，発信主義をとった場合，申込者は承諾の通知が到達しない場合に承諾の発信の有無を確かめる必要があり，この間に時価の変動があれば損失を蒙るリスクを負担するが，このリスクは，申込者が申込みに承諾期間を定めることで自ら防ぐこともできる。こうして

〔角田〕　　283

§97 Ⅰ   第1編　第5章　法律行為

前者のリスクからの保護を実現する立法が正当化されたのである（星野217
頁，我妻318頁ほか）。

　なお，表白から了知までのプロセスが一瞬で起きる「対話者間」の意思表
示については，民法典に先立つ明治23年の旧商法293条（ロエスレル草案338
条）に迅速性が尊ばれる商取引について「契約ノ提供ハ即時ニ……承諾ヲ述
ヘサルトキハ之ヲ拒絶シタルモノト看做ス」との規定があり（同規定は明治32
年の商法旧269条に継承され，さらに昭和13年の改正で507条に移動），民法にも同
趣旨の規定を置くべきかが検討されたが，例外も多く存在するためにあえて
規定を置く必要はない，との理由で見送られた（北居功＝高田晴仁編著・民法と
つながる商法総則・商行為法〔2版，2018〕203頁・214頁〔加藤雅之〕）。その結果，
民法典は対話者間の意思表示に関する規定を欠く状況が平成29年まで続い
たが，平成29年改正でこの規定は民法に移されることとなった（525条2
項・3項）。解説は「契約の成立」に関する箇所に譲り（→第11巻Ⅰ§521～
§532），ここでは取り扱うことはしない。

(2)　情報通信分野における技術革新と意思伝達手段

　しかしながら，民法制定以降の郵便事情の著しい向上，さらには，情報通
信技術の目覚ましい発展により，問題の根源とされた時間的ギャップが極小
化すると，起草時の政策判断が今日でもなお妥当するのか，改めて検証する
必要性が認識されるに至った（内田42頁以下，同・民法Ⅲ〔3版，2005〕34頁以下，
四宮＝能見291頁以下，詳解Ⅱ73頁以下ほか）。

　情報通信技術という面からいえば，すでに民法制定時に存在していた「電
話」が，「隔地者」概念にもたらしたインプリケーションを振り返っておく
意味はあろう。もともと「隔地者」概念は，「遠隔地に在る」という物理的
に隔てられた地に居る点に着目していたところ，「電話」という情報通信技
術によって，①物理的に互いに隔てられた場所に居る者同士でも，②意思の
表白→発信→到達→了知が瞬時に可能となり，③当事者間で直接的な意思疎
通が可能な事態が出現することとなった（穂積陳重「電話と法律の関係」新報14
巻4号〔1904〕1頁，15巻6号〔1905〕1頁以下）。このような事態に対して，法学
は，「電話」のために「隔地者」間でも「対話者」間でもない第三のカテゴ
リーを創設するのではなく，「隔地者」と反対概念である「対話者」の境界
線を，字義に忠実な①から②にシフトさせ，電話の通話を「対話」として捉

284　〔角田〕

第 2 節　意思表示　　　　　　　　　　　　　　　§97　I

えるという「事の本質」を捉えた法概念の解釈によって「適応」を遂げたのである（角田美穂子「意思表示の効力発生時期規定の現代化——リーガルイノベーション序説」中田裕康古稀・民法学の継承と展開〔2021〕211頁以下・224頁）。ところが，電話ではあるが③の要素を欠く留守番電話というサービスが登場し，手紙を電子化して送信するファクシミリ，電子メールといったサービスが登場してくると，③こそないものの，②に近い状況を実現できるようになり，事態は複雑な様相を呈することとなる。この問題については，後に「到達」概念を検討する際に詳述することとしたい（→Ⅲ 1 ⑵）。

⑶　国際取引ルールにおける到達主義の一般化

このようななか，国際取引ルールの平準化に向けた議論においては，国際物品売買契約に関する国連条約（1980年ウィーン売買条約〔以下「CISG」〕），UN-CITRAL電子商取引に関するモデル法（1996年），国際的な契約における電子的な通信の利用に関する国際連合条約（2005年），UNIDROIT国際商事契約原則（2010年）において到達主義を採用する立法例が相次ぎ，立法論としての到達主義は確固たる地位を占めることとなった。

ここで注目しておきたいのは，これらの国際ルールでは，「発信主義との機能分担」という考え方ではなく，到達主義を一般原則として採用していることである。契約の成立の場面に限らず単独行為もふくむあらゆる意思の伝達を含む「通知」に関するものとして定義規定を置くUNIDROIT国際商事契約原則第1.10条がその例である。そして，到達主義の一般化に伴い，表意者が意思表示をなすにあたって用いる意思伝達手段と，連絡に用いることができる複数のメールアドレスの中から適切な選択が求められることが強く意識されるようになっていることにも留意しておきたい。到達主義は意思表示の不着・延着による不利益の負担を表意者に求めるルールであることから，表意者に意識を促す方向に作用することはいうまでもない。

なお，平成13年には，隔地者間の契約ではあっても，電子計算機，ファクシミリ装置，テレックス，電話機などコンピュータ・ネットワークを用いた契約の「電子承諾通知」について，平成29年改正前民法526条1項の発信主義の適用を排除する特例法が制定されたのに続き（電子消費者契約及び電子承諾通知に関する民法の特例に関する法律4条），平成29年の民法改正で「契約の成立」に関しても到達主義を及ぼすこととなった（平29改正前526条1項・

〔角田〕　285

§*97* I　　　　　　　　　　　　　　　　　　第1編　第5章　法律行為

527条が削除され，同条の特例が不要となったために電子承諾通知に関する民法の特例を定めていた電子消費者契約法4条も整備法において削除されるに至っている。なお，同整備法で，法令名が「電子消費者契約に関する民法の特例に関する法律」に改正されている。詳細は第11巻I§521〜§532の箇所に譲る）。

3　平成29年改正

(1)　「隔地者」と「対話者」の境界線の撤廃

　この情報伝達手段の発展は，「隔地者」という概念自体がはらむわかりにくさを改めて露呈させた。本条1項で「隔地者に対する」という限定が外され，意思表示全般について到達主義が採用されるに至ったのは，旧法制定以来，情報伝達手段が目覚ましい発展を遂げた今日，「隔地者間」を「対話者間」と区別して規定することに「合理的理由はなく，区別の実益にも乏しい」（一問一答25頁）との判断による。例えば，電話は当事者同士で時間的ギャップをおかずに意思疎通ができるので「対話者」，電子メールは電子化された手紙として「隔地者」であるとされているが，ビデオ電話はおそらく「対話者」，チャットは文字情報という面では電子メールのやり取りのようでもあるが，リアルタイムのやり取りという面では対話者のようでもあるなど，難しい問題が生じてくることが指摘された（部会第9回議事録40頁〔鹿野菜穂子幹事〕参照）。この概念整理と課題については，「到達」概念の外縁にも関わることから，III 2(3)において若干の検討を加える。

　この関連では，平成29年改正を経て，「対話者」間でなされた契約の申込みに関する規定が商法から民法へ編入され（商行為法の一般法化という「民法の商化」をもう一歩進めたとする，北居＝高田編著・前掲書217頁〔加藤〕参照），民法典に初めて「対話者」概念が導入されていることも意識しておくに値する。改正525条2項・3項がそれで，承諾の期間を定めない対話者間の申込みは「対話が継続中であれば申込みの撤回によって相手方が害されるおそれもない」（一問一答217頁）ので，「いつでも撤回することができ」（2項），また，「対話が継続している間に申込者が承諾の通知を受けなかったときは，その申込みは，効力を失う」（3項）というものである。後者は，「対話継続中に相手方が何らかの準備をすることも考えにく」いというだけではなく，「対話者間では相手の反応を察知して新たな内容の提案をすることも許されるべき」（中間試案補足説明351頁）との考慮から，同趣旨の判示をしていた古い判

第2節　意思表示　§97 I

例（大判明39・11・2民録12輯1413頁）に依拠してのものである（詳細は第11巻
Ⅰ§521〜§532に譲る）。

(2) 「到達」基準明示の見送り

近時の諸外国の立法例に倣って，どのような場合に「到達」が生じたといえるのか，郵便物が住所，常居所，法人所在地の郵便受けに投函されたことなど，確定した理解を条文において例示列挙し，その基準を明らかにすることも模索された。電子メールなどの新たな情報通信技術が出現すると「到達」の仕方も変わっていくと考えられることから，具体的例示列挙よりはむしろ解釈に委ねるべきだとして反対に遭い（部会第32回議事録22頁〔中井康之委員・岡正晶委員〕），例示列挙は見送られることとなった。

(3) 深められずに終わった連絡先選択問題の検討

審議過程においては，電子メールのアドレスが複数あり，もはや使われていないアドレスへの着信をもって「到達」を認めてよいのかという問題提起もなされた（部会第10回議事録59頁〔奈須野太関係官発言〕，中間論点整理補足説明235頁）。これは，相手方の通知認知リスクの問題であり，従来，発信と到達の時間的ギャップ，そして，通知の不着・延着リスクに集中してきた「到達」問題に，新たな局面を拓く絶好の機会であったところ，残念ながら，この問題が審議過程において深められることはなかった。国際取引に関するルールではこの問題に対する規定を置く例も見られることは前述したとおりである。

(4) 到達妨害ルールの明文化

本条2項は，相手方が「正当な理由なく」意思表示の到達を「妨げた」ときは「通常到達すべきであった時に到達したものとみなす」として，到達擬制のルールが新設されている。到達擬制のルールは，昭和13年改正によって創設された97条ノ2（平成16年改正後は98条）の公示による意思表示に既にみられたものではある（98条3項）。公示による意思表示は，効力発生を否定していた判例を受け，これを肯定するために創設されたものであるが（→§98 I 1），今回制定された97条2項は「到達」を肯定していた判例を内容的に承継するものである。論理的前提としては「到達」を否定しながらも，これを擬制により肯定する例外則として再整理した意味をもつ。旧法下でもかねてから「到達」の解釈は，画一的な判断ではなく，個別の事案の事実関

〔角田〕　287

§97 Ⅱ 第1編 第5章 法律行為

係に即して判断される一種の規範的な概念であるうえ，相手方の行為態様などをも考慮することで到達を認める裁判例も見られたところであり，改正法は「到達」概念の明確化・客観化を志向して，一定の類型を「到達」概念の外縁を超えるものとして切り出したものである（中間試案補足説明31頁以下）。とはいえ，その外縁ラインについてコンセンサスが形成されていたとは言い難く，今後の解釈に委ねられているところが大きい。Ⅲは，一つの試論にとどまる。

Ⅱ　適　用　範　囲

1　総　　説

本条は，「その通知が相手方に到達した時からその効力を生ずる」との文言から明らかなとおり，「相手方のある意思表示」を対象としている。相手方のある意思表示とは，解除（540条），取消しまたは追認（123条）・相殺（506条）の意思表示など相手方のある単独行為，契約の成立に向けた申込みと承諾の意思表示（522条1項）などが典型である。その意思表示が隔地者間であるか対話者間であるかは問わないことは先に述べたとおりである。

債権譲渡の通知（467条）などの効果意思を欠く「準法律行為」にも本条の適用が及ぶかは，一応，解釈問題となり得るが，明治45年に大審院が本条の準用を認めて以来（大判明45・3・13民録18輯193頁），一貫して，これを肯定する理解が確立している（通説。注民(3)243頁〔高津幸一〕，新版注民(3)514頁〔須永醇〕）。

なお，本条にいう「相手方」は特定されていることが前提であり，不特定多数に向けられた意思表示（広告）は対象外である（懸賞広告については529条以下参照）。また「相手方のない意思表示」，例えば，単独行為である遺言（985条），相続の承認や放棄（921条・924条・938条）については，他に定められた効力発生要件が備わった時点で直ちに効力が生ずるのが原則と解されている（鳩山・法律行為209頁，川島218頁，我妻317頁，基本法コメ155頁〔丸山英気〕ほか）。

本条は，意思表示の効力発生時期に関する一般民事ルールとして，私人間の法律関係はもとより商事関係，雇用・労働関係にくわえ，私人が「官公庁

288　〔角田〕

第 2 節　意思表示　　　　　　　　　　　　　　　　　　　§*97*　II

に対しておこなう意思表示」にも適用が及ぶと解されている（ド民 130 条 3 項
は明文で規定している）。さらには，行政庁が特定の相手方に対しておこなう行
政行為（行政処分）についても，その効力の発生には相手方への到達が必要
であると解されており，本条には「意思表示の一般的法理」として原則規定
としての位置づけが与えられている（美濃部達吉・日本行政法第 1 巻〔1909〕161
頁，塩野宏・行政法 I 行政法総論〔6 版補訂版，2024〕186 頁，宇賀克也・行政法〔3 版，
2023〕198 頁，大浜啓吉・行政法総論〔4 版，2019〕283 頁，芝池義一・行政法総論講義
〔4 版補訂版，2006〕143 頁，詳細な検討として，土井翼「名宛人なき行政行為の法的構造
(1)」国家 131 巻 9 = 10 号〔2018〕751 頁・780 頁以下。最判昭 29・8・24 刑集 8 巻 8 号
1372 頁，最判平 11・7・15 判タ 1015 号 106 頁，最判平 11・10・22 民集 53 巻 7 号 1270
頁）。

2　私法上の通知

(1)　相手方のある意思表示

　特定された相手方に向けられた意思表示の典型は，解除の意思表示（540
条）である。これまでに現れた判例をみる限り，借地契約の滞納賃料の催告
と同時に催告期間内に支払がないことを停止条件とする解除の意思表示の例
が大部を占める（大判昭 11・2・14 民集 15 巻 158 頁，東京地判昭 29・3・31 下民集 5
巻 3 号 439 頁，東京地判昭 31・7・19 下民集 7 巻 7 号 1967 頁，最判昭 36・4・20 民集 15
巻 4 号 774 頁，東京高判昭 39・10・27 高民集 17 巻 6 号 463 頁，大阪高判昭 53・11・7 判
タ 375 号 90 頁）。そのほかの解除の意思表示の「到達」の有無が争われた裁判
例には，売買契約（東京地判昭 31・6・6 下民集 7 巻 6 号 1486 頁），養老保険契約
（東京地判大 4・10・28 評論 4 巻商 378 頁），電話加入契約（最判昭 43・12・17 民集 22
巻 13 号 2998 頁）に関するものなどがある。労働契約分野では，法人の被用者
の依願免職の効力が争われた事案（東京地判昭 31・6・28 ジュリ 115 号 72 頁）が
ある。

　判例の大部を占める不動産取引に関する意思表示としては，不動産の買戻
し特約付売買の買戻しの意思表示（579 条，仙台地石巻支判大 12・10・15 新聞
2191 号 18 頁），代物弁済予約権者の予約完結の意思表示（556 条 1 項，最判昭
42・7・20 民集 21 巻 6 号 1583 頁），借地料値上げ請求（東京控判大 2・10・4 評論 2
巻民 559 頁），旧罹災都市借地借家臨時処理法に基づく賃借の申出（同法 2 条，
東京地判昭 25・5・4 下民集 1 巻 5 号 657 頁）の効力発生が争われている。

〔角田〕　289

§97 II

その他には，保険金受取人変更の意思表示（大判昭 15・12・13 民集 19 巻 2381 頁）をめぐる判例などがある。

(2) 準法律行為

特定の相手方に対する通知が効果意思を欠く準法律行為であっても，本条の準用が認められてきたことは先に述べた。これまでの判例では，債権譲渡の通知（467 条）に関する事例が多い（前掲大判明 45・3・13，大阪控判大 4・2・5 新聞 1002 号 23 頁，大阪地判大 4・4・1 新聞 1008 号 22 頁，大判昭 6・2・14 評論 20 巻民 317 頁，大判昭 9・10・24 新聞 3773 号 17 頁）。そのほかの例として，親族会召集決定の通知（大判昭 13・4・23 民集 17 巻 817 頁），失権予告付株金払込みの催告（昭和 13 年法 72 による改正前商法 152 条 2 項，会社 36 条 1 項・2 項，東京控判大 2・5・5 評論 2 巻商 109 頁，大判大 10・11・4 民録 27 輯 1898 頁）がある。

なお，この理は，これらの私法上の行為の相手方が官公庁である場合にも及ぶ。判例として，大阪市整理公債への質権設定の大阪市宛ての通知（364 条・467 条，前掲大阪地判大 4・4・1）がある。

(3) 特別の定め

到達主義の例外として発信主義を採用する場合には，「○○を発しないときは」「○○を発すれば足りる」等の定めが置かれる。制限行為能力者の相手方の催告権（20 条）や，担保仮登記後に担保目的物に抵当権等の権利を取得した者に対する通知（仮登記担保権の私的実行への対抗手段を講ずる機会の保障。仮登記担保 5 条 3 項）にその例がみられる。

会社法において株主に対する通知または催告も原則は到達主義であるが（会社 126 条 1 項・2 項），株主総会の招集の通知は，発信主義がとられている（株主総会の日の 2 週間「前までに，株主に対してその通知を発しなければならない」と規定する，会社 299 条 1 項）。民法起草時，発信主義を主張した梅が指摘したように，株主の一人に到達がなかったことで総会が開催できない事態を回避するためである。他方，取締役会の召集通知については，原則として取締役会の日の 1 週間前までに，各取締役に対して「その通知を発しなければならない」（会社 368 条 1 項）と規定されているものの，株主への通知のように「発すれば足りる」（会社 126 条 1 項）と規定していないこと，各取締役の出席の機会を保障する必要性から，原則に戻って到達主義によると解されている（上柳克郎ほか編・新版注釈会社法(6)〔1987〕96 頁〔堀口亘〕，東京高判平 29・11・15 金

第 2 節　意思表示　　　　　　　　　　　　　　　　　　　§*97*　II

判 1535 号 63 頁)。

　割賦販売・訪問販売等で認められている「撤回権」(クーリングオフ)は,撤回の意思表示を「発信」した時点で撤回の効力が生ずるとされている(割賦 35 条の 3 の 10 第 2 項・35 条の 3 の 11 第 4 項, 特定商取引 9 条 2 項など)。クーリングオフの権利を行使した顧客に, 意思表示不到達のリスクを負担させるべきではないとの判断によるものである。

　また, 婚姻, 協議離婚, 養子縁組のような身分行為については, 従来から, 本条の適用はなく, 届出が成立要件と解されてきたが(大判大 6・12・20 民録 23 輯 2178 頁, 大判昭 10・4・8 民集 14 巻 511 頁, 大判昭 7・2・16 新報 285 号 10 頁), 本人の意思に基づいて作成された婚姻届の受理時に完全に昏睡状態に陥り, 意識を失っていたとしても「受理前に死亡した場合と異なり, 届出書受理以前に翻意するなど婚姻の意思を失う特段の事情のないかぎり」受理により婚姻は有効に成立するとした最高裁判決がある(最判昭 44・4・3 民集 23 巻 4 号 709 頁。実質的な判例変更との説明もなされている。小倉顕〔判解〕最判解昭 44 年上 264 頁。本条の適用ないし類推適用を認め, 届書の作成によって身分行為が成立し, 届出によってその効力が発生すると解すべきとする, 加藤一郎「身分行為と届出」穂積重遠追悼・家族法の諸問題〔1952〕531 頁以下も参照)。

3　公法における通知・告知

(1)　相手方のある行政行為 (行政処分)

　行政庁が主体となって特定の相手方に対して公権力の行使として行う行政行為(行政処分)も, 特別の規定がない限り,「意思表示の一般的法理」に従い, それが告知により相手方が現実に了知し, またはその意思表示が相手方に了知し得べき状態に置かれた時に, その効力を生ずると解されており(最判昭 29・8・24 刑集 8 巻 8 号 1372 頁, 最判昭 57・7・15 民集 36 巻 6 号 1146 頁, 最判平 11・10・22 民集 53 巻 7 号 1270 頁), 本条の規範は行政行為に関する一般的法理としての位置づけも付与されている(田中二郎・新版行政法上巻〔全訂 2 版, 1974〕132 頁, 塩野・前掲書 186 頁, 宇賀・行政 I 410 頁, 芝池・前掲書 144 頁)。

　特定の相手方に対してなす行政処分の例としては, 自作農創設特別措置法 9 条に基づく農地買収命令(最判昭 30・3・29 民集 9 巻 3 号 401 頁)や, 国家公務員法 61 条, 人事院規則に基づく検察官や判事の免官発令処分(最判昭 29・8・24 刑集 8 巻 8 号 1372 頁, 最判昭 30・4・12 刑集 9 巻 4 号 838 頁)がある。他方で

〔角田〕　291

§*97* II　　　　　　　　　　　　　　　　　　　　　　　第1編　第5章　法律行為

このことは，行政処分（懲戒免職処分）の相手方が出奔して所在不明となった
場合，「特別の規定」がない限り，その通知を到達させないと当該処分の効
力を発生させられないことを意味する。そのような場合について「公示送
達」や「官報への掲載」といった特別の方法を定める例（国家公務員について
人事院規則 12-0「職員の懲戒」5 条 2 項，税通 14 条 1 項・2 項，農地 9 条 2 項，旅券 19
条の 2 など）もあるが，地方公務員についてはそのような特別の規定はない
ため，本条の「到達」解釈により決することとなる（妻への人事異動通知書等の
交付と「公報」の自宅への送達をもって本条の「到達」を認めた，最判平 11・7・15 判タ
1015 号 106 頁）。

　そのほか，例えば，薬事法（現医薬品，医療機器等の品質，有効性及び安全性の
確保等に関する法律）に基づく医薬品の製造・輸入承認は，医薬品の有効性・
安全性を公認するにとどまらず，申請者に対して製造業等の許可を受け得る
地位を与える行政処分に当たるとして，その効力発生には，申請者への告知
の到達が必要とされている（最判平 11・10・22 民集 53 巻 7 号 1270 頁）。

(2)　私人の行政庁に対してなす公法上の行為

　行政法の領域において，私人が行政庁による処分を求めてなす申請（行手
2 条 3 号）など，私人の行為の相手方が官公庁である場合についても，本条
の規範は参照されている。公法における私人の行為は行政行為よりもむしろ
私法行為に近似し，私人の行為として両者の間に本質的な区別は存しないか
らである（田中二郎「私人の公法行為の観念に就て —— その性質と適用原理」同・行政
行為論〔1954〕317 頁，新井隆一・行政法における私人の行為の理論〔2 版，1980〕11 頁
以下・113 頁以下，南博方「私人の公法行為の観念と適用原理 —— 判例の研究を中心とし
て」民商 42 巻 4 号〔1960〕486 頁）。判例としては，商標登録出願を放棄する旨
の意思表示（東京高判昭 53・6・21 無体集 10 巻 1 号 280 頁，ただし，商標法施行規則
22 条，特許法施行規則 1 条により，その意思表示は書面でしなければならない），所得
税額の審査請求（東京高判昭 33・3・31 高民集 11 巻 3 号 197 頁，ただし，文書取扱規
程上の文書受理の権限が与えられている特定の部課・係以外の職員に手渡された場合でも
到達ありとした）などがある。

　到達主義を採る点では本条に服するものの，「到達」順によりもたらす法
的効果の重大性にかんがみ，順位を確実に決定できるよう厳格な「方式」を
規定している例もある。独占禁止法違反行為に対する課徴金減免制度を利用

第2節　意思表示　　　　　　　　　　　　　　　　　　　　　§*97*　II

する旨の意思表示（独占禁止法違反行為の事実の報告および資料の提出）がそれに
当たり，規定の様式に必要事項を記載の上，課徴金減免管理官に対して持参，
書留郵便等による送付，ファクシミリ・電子メールによる送信による方法に
より提出しなければならないとされている（独禁7条の4，課徴金の減免に係る
事実の報告及び資料の提出に関する規則9条）。

　なお，電子情報処理組織による申請や行政行為の通知については，情報通
信技術を活用した行政の推進等に関する法律により，申請・通知を受ける者
の使用に係る電子計算機に備えられたファイルへの記録がされた時に「到達
したものとみなす」（情報通信活用行政6条3項・7条3項）。

(3)　特別の定め

　行政行為の発効の時期についての特別の定めとして，帰化があり，法務大
臣の帰化の許可を官報に告示した日に効力を生ずる（国籍10条2項）。重要文
化財・国宝の指定も官報での告示で発効するが，当該文化財の所有者へは通
知が到達したときから指定の効力を生ずる（文化財27条・28条1項・2項）。森
林法の保安林の指定・解除についても告示によって効力を生ずる（森林33条
2項，宇賀・行政I 411頁）。

　納税者が税務官庁に対してなす行為についても到達主義が原則とされてい
るが，国税通則法22条は，郵便または信書便により提出された納税申告書
については，発信主義が適用され，通信日付印により表示された日を提出日
とみなす発信主義を採る。納税者と税務官庁との地理的間隔の差異に基づく
不公平を是正し，納税者利便の向上と円滑な申請ができるような環境を整備
するとの目的によるものとされている（「ゆうメール」は「郵便」「信書便」に該当
しないため到達主義となる。国税不服審判所裁決平25・7・26裁決事例集92集1頁）。
特許出願についても同様の発信主義が規定されている（特許19条）。

　これらの明文規定がある場合のほか，「法律全体の趣旨」から解釈される
こともある（税理士に対する懲戒処分の確定時期は処分確定時，最判昭50・6・27民集
29巻6号867頁）。

〔角田〕　　293

§97 III   第1編　第5章　法律行為

III　「到　達」

1　総　論
(1)　概念規定

　本条は「意思表示は，その通知が相手方に到達した時からその効力を生ず
る」と規定するのみで，「到達」が認められるのはどのような場合かについ
ては何も語っていない。その判断枠組みの定立は，解釈論に委ねられるとこ
ろとなっている。

　出発点として，ここで想定されている意思表示は特定の相手方に向けられ
ており，その目的は当該相手方の現実の了知によって全うされるのであるか
ら，相手方の「現実の了知」があれば「到達」があったものとして効力を発
生させることに疑問の余地はない。

　ただし，常に「現実の了知」がなければ意思表示の効力が発生しないとい
う了知主義は立法論として採り得ないことから，「到達」に着目する立法論
を採っていることは先に述べた。その要諦は，表意者に相手方の「現実の了
知」という主観の立証を求めることの不当性もさることながら，表意者とし
てなすべきことを尽くした以上は，あとは意思表示の内容を正確に理解する
か否かは相手方の問題として了知リスクの移転が正当化され得る，との判断
にあった。その意味で，本条の立法者にあたる富井が，「到達」を「通常の
場合に於て相手方が意思表示を了知することを得べき状態に置かれた」時だ
としたのは（富井469頁），到達主義の本質を捉えた定式化であったといえる。
以来，この定式は，「相手方の支配し得る実力の範囲内」に入るという客観
的指標（鳩山・法律行為198頁）を得たことで，汎用性と実用性を兼ね備えた
ものとなっており，学説上も広く受け入れられるとともに（通説），裁判実務
においても確立した地位を占めている（到達を「了知可能の状態におかれたことを
意味するものと解すべく，換言すれば意思表示の書面がそれらの者のいわゆる勢力範囲
（支配圏）内におかれることを以て足る」と判示した最判昭36・4・20民集15巻4号774
頁，最判昭43・12・17民集22巻13号2998頁。了知可能性のリーディングケースとして，
大判昭6・2・14評論20巻民317頁参照）。平成29年改正においては，この定式
を「到達」の定義として条文化することが探られていたことも（中間試案第3
の4(2)），一定の重みをもち得よう。結果として条文化は見送られたが，そ

294　〔角田〕

第2節　意思表示　　　　　　　　　　　　　　　　　　§97　III

れは，新たな情報通信技術の出現により「到達」の理解が変化する可能性を考慮したためであったこと（部会資料66A・7頁）は，改めて指摘しておくに値するであろう。

　なお，以上にいう「了知」は，意思表示があったという存在の認識と，その内容の正確な理解・認識を含んでいる。了知期待可能という際には後者も含んでいることは，従来，意思表示の内容が書面化されている場面を主に想定してきたためか，あまり争点として意識されてこなかったように思われるが，口頭表示，対話者間の場合にはクルーシャルな問題となり得ると考えられる。この点は，次に検討する。

(2)　「隔地者」・「対話者」概念

　ところで，平成29年改正により本条の適用範囲が，「隔地者」間の意思表示に限らず「相手方のある意思表示」全般となり，それによって「対話者」間の意思表示も含まれることになった。このことが，学説において争われてきた「隔地者」と「対話者」概念の境界画定をめぐる議論に与える影響について整理しておくことにしたい。議論の実質的な争点は，①新たな情報通信技術の出現に対する法概念の対応，②そもそも，この境界画定議論の実益と意義をどう見たらよいかに集約できるように思われる。

　㋐　新たな情報通信技術　　かつて「電話」が「隔地者」か「対話者」かの論争を引き起こし，その後，留守番電話というサービスが出現したことで，再び，両概念の境界線が動揺したことを紹介した。

　今日の視点から明治時代の電話論議を振り返って戸惑いとともに興味を引くのは，電話を「対話者」と解する立場への批判の内容である。そこでは，相手方の本人確認方法の不完備性，あるいは，相手方の様子や挙動の観察を含め，全感覚を駆使しての意思疎通が実現できないといった（穂積陳重「電話と法律の関係」新報15巻6号〔1905〕12頁以下），今日であれば「非対面取引」の問題が「対話者」「隔地者」概念の平面で語られているからである。これらの問題がシステムのセキュリティという別のカテゴリーに分化していった背景には，なりすましという異質な問題の出現があったと推測されるが，詳細な検討は他日を期したい。

　注目すべきはむしろ，電話を「対話者」と位置付けるに際し，「表意と受意との間に時間の経過」なしに（穂積・前掲論文9頁）当事者間の直接的な意

〔角田〕　　295

§97 III

第1編　第5章　法律行為

思疎通が可能となる点と並んで,「意思表示の通達方法」が「非独立媒介」に依っていること,すなわち,意思表示が相手方に到達するに至るまで「表意者の自由管理の範囲内」に在る点に着目されていたことである（穂積・前掲論文 15 頁以下）。「隔地者」概念をタイムラグ問題に集約して理解してきたわが国の通説は前者に重きを置くあまり,後者にはあまり意を払ってこなかったが,後者の当事者間のダイレクトな意思疎通を実現する点をもって「対話者間とみなす」規定を置くことで IT 化対応を図る例もある（ド民 147 条 1 項 2 文。北居功「意思表示の再生可能性 —— 意思表示の効力発生時期をめぐって」内池慶四郎追悼・私権の創設とその展開〔2013〕275 頁以下）。

　留守番電話をめぐる問題は,留守番の担い手が人から電話機になったことで生起した問題と捉えることができる（詳細につき小林・意思表示 26 頁以下・44 頁）。前提問題である「人」の場合についていえば,留守番をしていて対応した人が当事者間の意思疎通に介在することになるが,その介在者が意思表示の名宛人の代理人であれば受領代理人との「対話者」間の意思表示となるが,使者であれば「隔地者」になるとして,介在者の権限問題が分水嶺だと解されてきた（富井ほか通説）。次に,電話機というモノが留守番役を担えるようになったのは,いうまでもなく,メッセージを「保存」し,後に名宛人がそれを再生することで意思表示の内容を了知することが可能になったからである。ここに,「保存」により相手方が意思表示の存在と内容を「了知可能な状態」に置いたとして,メッセージを再生するか否かは相手方の問題とする —— 隔地者間の意思表示とし,かつ,録音をもって「到達」とする理解が見いだされることになる（小林・意思表示 14 頁以下）。しかし問題は,意思内容の「保存」が表白と同時になされる手紙などと異なり,表意者ではなく相手方の勢力範囲（支配圏）内で行われることから,例えば,留守番電話の録音に失敗したような場合のリスクをどうするかであった。同様のことは,ファクシミリについても起こる（紙が足りなかったなど）。このように,介在者の「権限問題」,意思表示の「保存」というメルクマールの有用性が指摘されたが,これらと了知可能性,支配圏との関係は必ずしも明らかになっていたわけではない。

　(イ)　議論の実益　　これらのリスクを重視する立場は,「対話者」間の意思表示に改正前 97 条（到達主義）ではなく,「了知主義」を主張しているの

第2節　意思表示　　　　　　　　　　　　　　　　　　　　§*97*　III

だといえよう。もっとも，論者の概念規定には注意が必要である。論者は意思表示は再生可能な形で「保存」されれば「隔地者間の意思表示」とするので対面での書面交付も「隔地者」だといい，了知主義とはいえ「表意者が相手方において意思表示を了知したと信ずるにつき正当な理由」があれば効力発生を認めてよいという（小林・意思表示25頁以下）。同旨を意思表示が伝達されるプロセスに「到達」を観念できないものが「対話者」間と定式化する見解もある（新版注民(3)521頁〔須永醇〕）。しかし，対面での書面交付になぜ「相手の反応を察知して新たな内容の提案をすることも許されるべき」との考慮（中間試案補足説明351頁，民法525条の対話者間での期限の定めのない契約の申込みにつき）が働く余地がないのか。また，論者のいう，了知主義の例外則（下線部分）は，「到達」について，客観的かつ規範的評価を含むかたちで判断される了知可能状態と定義する判例・通説とどこが異なるのか，疑問なしとしない（同旨，石田（穣）715頁）。結局，この立場に対しては，対話者間で会話がなされている場合にも，自己にとって都合の悪いことには耳を塞いでしまうと効力発生を妨害できてしまうのは不当であるとの批判がなされ，支持を得るには至らなかった。この批判は明らかに「到達妨害」事案であるが，この批判は平成29年改正を支えた通説の立場である。ここでは，本条2項に結実した到達擬制ルールが，改正前の「隔地者」間の意思表示の判例のみならず，通説の「対話者」間の事例も想定していることを確認しておきたい。

　民法制定時の議論が，「隔地者」間の意思表示の表白から了知に至るまでの時間的ギャップと，意思表示の通知が到達しないリスクに問題の根源をみていたことは先に確認した。このような理解を前提とする限り，表白から了知までのプロセスが一瞬で起きる「対話者」間の意思表示には，特別の問題は生じないこととなろう（通説。川島218頁，鳩山・法律行為208頁，穂積・改訂316頁，我妻318頁。かつての異説として，川名177頁，中島554頁）。ただ，少数説が指摘していた問題提起にも見るべきものがあり，それは，次に述べるように，「口頭」表示の問題として受け止めるべきだと考える。

(3)　到達リスクの実質への着目——意思表示の「書面」化と「口頭」表示

　筆者としては，これまで「対話者」「隔地者」概念の境界画定をめぐって展開されてきた議論のなかで明らかにされてきた問題意識を「到達」概念の解釈論のなかで活かす方向を探るべきであると考える。具体的には，むしろ，

〔角田〕　297

§97 III　　　　　　　　　　　　　　　　第1編　第5章　法律行為

「到達」リスクの実質に即して検討するのが合理的ではなかろうか。この観点からは，意思表示が書面化されているか口頭表示か，すなわち「通知」の形態に着目するべきであると考える（北居・前掲論文289頁以下。薬師寺志光「隔地者及対話者の意義の目的論的決定」志林38巻7号〔1936〕5頁，小林・意思表示98頁参照。なお，この問題は，意思伝達手段と「方式」の問題が渾然一体となっている〔Schmidt, Rz. 15〕）。意思表示の通知の「到達」の有無をめぐって問われているのはリスク分担のあり方にほかならず，そのリスクの実質は，①通知の不着・延着という伝達リスクと②意思表示の通知があったこと（存在）およびその内容の正しい認識という了知リスクに大別することができるであろう。

　意思表示の通知が「書面」である場合，「到達」リスクは，ほぼ①伝達リスクに集約されるといってよいと思われる。通知内容は，「書面」化により持続的に記録され，事後的な確認可能性が保障されることで了知リスクは最小化しており，表意者は通知が相手方の支配圏内に入れば「了知を期待することが可能な状態」といえるからである。対面で書面を一瞬だけ提示し，直ぐに持ち帰ったような場合には，内容を認識する機会の確保が問われようが，そのような場面は稀であろう（ドイツBAG 4. 11. 2004, NJW 2005, 1533 Rz. 20で「到達」が否定される可能性に言及している）。

　これに対して，「口頭」あるいは「信号」による通知は，①伝達リスクに②了知リスクが加わる。とりわけ，②了知リスクについていえば，「口頭」「信号」による通知は「保存」されず，「再生」ができないために，事後的確認により現実に了知する機会は保障されない。ここでは，意思表示が明らかに相手方に認識されておらず，あるいは，内容の認識を誤っている徴候があれば，表意者は状況確認に努めるべきであり，さもなければ了知リスクを負担すべきというべきであろう（Schmidt, Rz. 29，石田（穣）714頁）。

　国際取引ルールをめぐる議論において，近時，表意者が意思表示をなすにあたって用いる意思伝達手段などの選択の適切性という問題が大きな意味を獲得してきている背景には，このような意思表示の通知が「書面」か「口頭」か（信号もこれに準ずる）で「到達」リスクの構造の差異があると考えられているからである（「意思表示が相手方に対して口頭で行われた時」をその他と区別して規定するCISG24条，UNIDROIT国際商事契約原則（2016年）1. 10条参照）。なお，CISG27条は，「状況に応じて適切な方法により，通知，要求その他の通信

第2節　意思表示　　　　　　　　　　　　　　　　　§97　Ⅲ

を行った場合には，当該通信の伝達において遅延若しくは誤りが生じ，又は当該通信が到達しなかったときでも，当該当事者は，当該通信を行ったことを援用する権利を奪われない」との効果まで規定している。

(4)　到達妨害ルールの新設

平成29年改正では，相手方が「正当な理由なく」意思表示の通知の到達を「妨げた」ときは，「通常到達すべきであった時に到達したものとみなす」とのルールが創設されている（本条2項）。意思表示が相手方の支配圏内に入るという客観的状態が生じていなくとも，相手方の行為態様を考慮に入れて，到達を擬制するもので（部会資料66A・9頁，部会資料12-2・65頁以下，基本方針36頁，川島216頁，鳩山・法律行為201頁，岡松参太郎「意思表示の妨害」法曹記事18巻3号〔1908〕），このルールは「到達」概念の客観化とセットで理解されるべきことは先に指摘した（一Ⅰ1⑴。実際，規定のもとになった最判平10・6・11民集52巻4号1034頁の原審〔東京高判平8・12・25民集52巻4号1082頁〕は客観的状態を重視して「到達」を否定していた）。

相手方が「正当な理由なく」意思表示の通知の到着を「妨げた」，つまり故意に準ずる行為があったことが必要で，「正当な理由なく」の要件の中には，「意思表示の内容を了知せしむべく表意者の側として常識上為すべきこと」を為し終えた時点で「以後の推移と運命は……相手方の危険に移」る（大判昭11・2・14民集15巻158頁）との基本的考え方が反映されている。意思表示の効力発生の主張を信義則で制限するという見解もあったところ，信義則の具体化と位置付けることも可能であろう（山野目228頁）。

なお，この到達妨害ルールの新設は，「隔地者」間の意思表示に関する裁判例を内容的に継承するとともに，「対話者」間で故意に耳を塞ぐことで意思表示の内容の了知を妨害しても了知可能性はあったとして「到達」をもって効力の発生を認めるべきとの通説を採用したことを意味する。その意味で，この到達妨害論は，「隔地者」「対話者」概念の境界線を跨いで展開された議論がスムーズに学界に受け入れられ，境界線を撤廃する立法の先導的役割を担った興味深い先例ということもできるであろう。

2　各論——到達の具体的判断基準

(1)　書面化された意思表示

当事者の効果意思が書面に「表白」され，意思表示の通知が「書面」とな

〔角田〕　299

§97 III　　　　　　　　　　　　　　　　第1編　第5章　法律行為

っている場合，対面で筆談をするような例外もあるが，原則として「隔地者」間の意思表示に当たるであろう（対面での筆談は「対話者」に当たるので口頭表示に準じた検討が必要であろう。→(2)）。もっとも，ここにいう「書面」とは，「紙」に認められた有体物としての「通知」を想定しており，電子メールのようなテキストデータのデジタル通信などは含まない。表意者の視点からみれば，電子メールも，作成文書を紙に印刷して「書面」化して送付するか，デジタルデータのまま送信するかのみの違いであるようにもみえるが，①システム障害による不着・延着という「伝達リスク」，②職場異動等で使わなくなって長期間が経過しているメールアドレスへの送付，出張先から個人アドレスを用いて送付された商用メールがスパムメールと誤判定されて自動的に「迷惑メール」フォルダなどに入れられたために，その存在が認識されないまま時間が経過してしまう，あるいは，メッセージが文字化けして内容を正しく認識できないといった「了知リスク」など，電磁的通信手段特有の問題があると思われる。また，管見の限りでは，わが国では電磁的通信手段による通知の「到達」を扱った裁判例は現時点では未だ1件しか存在しない。そこで，後者は別個に検討を加えてみることとしたい（→(3)）。

　いうまでもなく，「隔地者間の意思表示」を対象としてきた本条の「到達」の解釈論は，主に，この「書面」化された意思表示の通知をめぐって生成・発展してきたものである。そして，この分野では「到達」の有無に関する判断枠組みは確立しているといってよい。それは，《意思表示の書面化された通知が，相手方（本人または意思表示の通知を受領する権限ある者）の住所，常居所，営業所，事務所，指定された場所に配達されること》で意思表示は「到達」する，というものである（中間試案第3の4(2)参照）。

　ここにいう「配達」は，(ア)郵便を用いる場合もあれば，(イ)書面を託された「使者」が相手方の住所を来訪し，相手方に交付する場合もある（この使者が「代理人」であれば「対話者」問題とつながり，その境界をめぐる詳細は，石田(文)339頁，石田(穣)711頁参照）。

　(ア)　郵便による通知書面の配達　　(ア)類型でもっとも典型的に争われるケースは，意思表示の内容を書面化した通知が郵便物として相手方の住所等の勢力範囲（支配圏）内に「配達」されることで了知可能な状態，すなわち「到達」と認められるかどうかにかかわるものである。

300　〔角田〕

第2節　意思表示　　　　　　　　　　　　　　　　　　　§97　III

（a）　客観的に判断される「了知可能状態」　　ここにいう了知可能性は，前述のとおり「一般社会の通念」を基準とする客観的な法概念であるから，相手方が配達された時点において病気のため手術を受けて重体である（東京地判昭 13・7・21 新報 516 号 21 頁，受領能力を欠く場合は別途問題となり得る），あるいは行方不明であるといった個人的事情によって現実的な了知可能性がないとしても考慮されないのが原則である（「失踪し，当分帰来の見込がなかった点の証拠」があれば別，東京地判昭 29・3・31 下民集 5 巻 3 号 439 頁。ただし，解除権濫用として効力否定事案）。

限界事例は，被疑者として勾留中の賃借人の住所に宛てた滞納賃料の催告と到達後 5 日間に支払がない場合の解除の意思表示の効力が争われた事案（東京高判昭 39・10・27 高民集 17 巻 6 号 463 頁）であろう。「催告等を控訴人の住所である肩書地にあてて発送したのは，やむを得ないところであり，右催告等の内容証明郵便が……配達された以上……一身上の理由により郵便物の配送の当時直ちにその内容を了知することができなかったとしても，催告書が到達しなかったと見ることができない」。しかし，5 日間の進行につき「当時……勾留処分中であることを知っていた」として，「催告としてその効力を生じたものとみるべきであるが，催告に付した 5 日の期間がそのまま有効に進行すると解することは……信義則に照らして相当でない」として，拘留処分が終わった日から進行するとされている。

なお，了知可能状態に置かれた時点の「客観的」理解をめぐっては，①通知書面が物理的に支配圏内に入ることで足りるのか，②通常の状況下で取引通念を考慮した相手方の了知期待可能性をいうのかで立場が分かれる。②はドイツの伝統的判例・通説の立場であり，例えば大晦日の午後 4 時前に法人宛ての通知を管理会社の郵便受けに投函した場合，大晦日の午後は営業時間外であることが取引通念になっていることから，到達は翌年 1 月 2 日となるが（ドイツ BGH NJW 2008, 843），郵便事業の民営化や配達時間が多様化した現代，「取引通念」を客観的に確定できるかが疑問視され，①の意味での客観化が強く志向されている（国際取引ルールと平仄を合わせたもので，むしろ表意者による意思伝達ツールの適切な選択を問題とする〔Schmidt, Rz. 25f〕。支配圏という概念の明確化を図るべく，「物的受領設備」への配達・投入，あるいは再生可能なものとして「保存」されるに至った点に着目する学説など詳細につき，臼井豊「書面表示の『到達』

〔角田〕　　301

§97 Ⅲ

第1編　第5章　法律行為

を判断する際に相手方の事情を考慮に入れるべきか」立命347号〔2013〕244頁）。

なお，到達の客観的判断の外縁にかかわるものとして，届出住所宛てに郵便が発送され，表意者のもとに返送されていないときは反証のない限り受信者に到達したと推定されるとの判例（東京控判大2・5・5評論2巻商109頁，失権予告付き株金払込みの催告）もある一方，届出住所宛てに3度にわたり発送された普通郵便がいずれも会社に返送されていないものの，名宛人の人的属性や取引上の経緯，住所（マンション）の構造から到達を否定した判例もあり（東京地判平17・1・14判タ1230号272頁，生命保険契約が集団扱から個人扱へ変更される旨の通知），注意を要する。

他方では，例外的に，名宛人側の事情による郵便物の配達遅延の不利益を課するのは相当ではないとの判断から，発信者との関係では郵便が客観的に相手方の支配圏に入った時点ではなく通常到達すべき時点で到達したと解釈されることもある。名宛人がたまたま勤務時間外の受付事務をしない裁判所（いわゆる宿日直廃止庁）で，通常であれば休日にも配達される速達書留郵便も郵便官署との事実上の取り決めによって配達されずに郵便官署に留め置きになっていたような場合，「原審への配達を担当する郵便官署に留め置きの取扱になった時点，ないしは右時点から原審に配達するのに通常必要とされる時間が経過した時点で，原審が了知できる状態になった」とした例がある（福岡高判平8・4・15判タ923号252頁）。

　（b）　通知の宛先　　意思表示の通知が相手方に「到達」するためには，相手方の了知可能性が客観的に存在する勢力範囲（支配圏）——具体的には住所，常居所，営業所，事務所または相手方が指定した場所に配達される必要がある。

したがって，ここにいう「住所」は原則として相手方の現住所を指す。もっとも，相手方の旧住所（現在では第三者の住所）に配達されて第三者が受領した場合でも，当該第三者がかつての同居人で「相手方が時々来訪し，2，3の通知につき同所宛てのものが現実に受領され到達している事情」があれば，了知できる場所であったとして到達が肯定されることもある（大判昭9・11・26新聞3790号11頁，土地賃貸借契約解除の書面。大判昭9・10・24新聞3773号17頁も同様）。

相手方が船員で，住所・常居所のような客観的な支配圏の確定が難しい場

第2節　意思表示　　　　　　　　　　　　　　　　　　　　§*97*　III

合については，郵便物受領場所への配達をもって到達があったとされた例が
ある（東京高判昭27・7・31下民集3巻7号1055頁，解除の意思表示）。また，相手
方である法人が無断で事務所を変更していたために書状が返戻されてきた，
すなわち「配達」ができない場合，相手方法人の「代表者の居所」として議
員会館受付係宛てに配達して受領されれば，遅くとも同人が議員として登院
した最初の日までに相手方に通知が「到達」したものと認められる（東京地
判昭31・6・6下民集7巻6号1486頁，住所としての取り扱いを委託した場所への親族会
召集の決定書送達をもって到達を認めた大判昭13・4・23民集17巻817頁も参照）。

　勢力範囲（支配圏）という概念は，以上の人的側面（相手方の現在の活動拠点
との関係や人的構成の変化，人的関係の濃度など）のみならず，契約の特性（契約利
益の属人性が低い，当事者の変更を予定しているかなど）の考慮を介して，人的関係
が擬制に近い形にまで客観化することもある。例えば，加入電話加入契約と
市外通話専用契約の解除の意思表示を記載した書面が契約者の届出住所に送
付された場合，手続をしていた者はそこに居住しておらず，その意思表示の
存在と内容を了知していなかったとしても，設置された電話機を使用させて
もらっている第三者が受領すれば，「いわゆる支配圏内におかれた」と解し
て妨げない（最判昭43・12・17民集22巻13号2998頁）。名宛人による電話機設
置と第三者による電話機使用承認とが相まって，その場所が同人の支配権の
及ぶ場所と解され，そこに居住する者が意思表示の記載された書面を受領し
ているからである（宇野栄一郎〔判解〕最判解昭43年下1372頁）。

　　（c）意思表示の「相手方」　　意思表示の通知の名宛人は，相手方本人
または相手方のために意思表示を受領する権限を有する者である。ただし，
例えば，解除の意思表示については不可分性が規定されており，「その全員
に対してのみ」することができるので（544条），契約上の地位を共同相続し
た夫婦のうち夫のみに対する解除通知では妻が了知可能でも効力が生じない
（東京地判大4・10・28評論4巻商378頁，養老保険解除の意思表示）。

　意思表示の受領権限は，法律行為をおこなう代理権限とは別の問題である。
たとえば，クレジット契約において，立替払契約の申込みの意思表示の撤回
の意思表示を受領する権限は，クレジット業務を代行し，対顧客との関係で
窓口の役割を果たした販売会社にも認められる（撤回の意思表示を販売会社がク
レジット会社に伝達しなかったことは撤回の意思表示の効果を左右しない。沼津簡判平

〔角田〕　　303

§97 Ⅲ

第1編　第5章　法律行為

10・9・11判タ1001号177頁)。

　信義則を根拠に，意思表示の受領権限が差押債権者に認められることもある。到達妨害の亜種のような事案であるが，有限会社Aの唯一の取締役Bを被保険者，保険契約者をA社とする生命保険契約で，保険会社はBの既往症につき告知義務違反があったことを理由に生命保険契約を解除しようとしたものの（解除原因を知って1か月で時効消滅する)，B死亡（保険金債権発生）後にA社が後任取締役を選任しなかったためにA社に意思表示受領権限を有する者がおらず，解除権を行使できないのかが問題となった。最高裁は，信義則を根拠に，生命保険契約解除の意思表示の受領権限を保険金債権につき差押転付命令を得た債権者に認め，同人に解除の効果を主張することができるとした（最判平9・6・17民集51巻5号2154頁)。解除の意思表示の受領権限を，差押転付命令を得た債権者に認めたのは「全くの新しいアイデア」（野山宏〔判解〕最判解平9年中715頁）であるが，保険会社が解除の意思表示をするために取るべき方法について非常に苦慮しながらもそれなりの努力を尽くしてきたこと，A社が法人の基本的な責務ともいうべき取締役の選任を怠るなど専ら保険会社の解除の意思表示の到達を妨害するに帰する行為に終始した結果となっていることを踏まえ，A社が取締役を欠く状態にあったことを原因の一端とする解除権の消滅による不利益を一方的に保険会社に帰せしめることは，著しく不当な結果をもたらす点が考慮されてのものである（野山・前掲判解715頁以下)。

　(イ)　使者による通知書面の配達　　(イ)類型は初期判例にやや多く，相手方住所への「配達」が争われたリーディングケースでは，相手方本人ではなく同居親族への手交も「一般取引上の観念に従ひ相手方の為めに其書面を受領するの機関となるべき者の手裡に帰した」とこれを肯定し（大判明45・3・13民録18輯193頁)，他方，書面が親族（弟）に交付されたが，「配達」の場所が相手方の現住所ではなく旧住所であったケースでは「其の書面が一般取引上の通念に従ひ相手方が之を了知することを得る状態に置かれた」とはいえないとして否定されている（大判昭6・2・14評論20巻民317頁。かつての同居人に配達した場合でも到達ありとした前掲大判昭9・10・24も参照)。

　この昭和6年判決は「到達とは了知可能状態をいう」と定式化したリーディングケースとしても知られているが，この理は，「意思表示の書面がそれ

第2節　意思表示　　　　　　　　　　　　　　　　§97　Ⅲ

らの者のいわゆる勢力範囲（支配圏）内に置かれることを以て足る」（最判昭
36・4・20民集15巻4号774頁）とした最高裁に受け継がれることで，判例にお
ける「到達」判断基準として完成をみることとなった。書類を託された使者
が相手方住所において相手方（法人）の関係者と信頼し得る者に交付すれば
「配達」となり，同人の権限（法人との雇用関係，その代表者からの委託等）や事
後対応（書面を机の抽斗にしまって何も告げずに立ち去った）により現実には了知
可能性が著しく低かったこと等は決め手にはならないと，「到達」概念の客
観化を一層進めたものとなっている（倉田卓次〔判解〕最判解昭36年125頁）。

(2)　口頭での意思表示

意思表示が「口頭」でなされる場合には，「対話者」間，「隔地者」間の意
思表示のいずれの場合も含まれている。表意者が相手方に直接に告げた場合
はもちろん「対話者」であるが，意思表示の名宛人が不在等で，第三者に口
頭で告げ，その後，その第三者が名宛人に伝え，内容を「了知」するに至る
といった「第三者介在事案」として論じられてきた類型も存在するからであ
る。後者のうち「隔地者」に当たるのは，介在した第三者が「使者」である
ためなのか，「到達」を観念し得るからなのかは諸説あるが，判例・通説を
前提とする限り，いずれの場合も当該介在者への「到達」をもって意思表示
の効力が発生する（中間試案補足説明30頁）。

本条は平成29年改正まで「隔地者間の意思表示」を対象としてきたこと
もあり，本条の解釈をめぐって争われた「口頭」表示のリーディングケース
も第三者介在事案であった。事案は，手付金を交付して不動産売買が成立し，
残代金の支払は所有権移転登記と同日とされていたが，履行期直前に売主Y
が残代金受領を拒絶する態度を示したことから，履行期直前に買主XはY
に電話し，電話で応待したY同居の娘（39歳）に対して，残代金支払の用意
ができたことの通知と受領の催告をしたところ，Y娘に拒絶されたため，履
行期に残代金を口頭で提供のうえ弁済供託をし，所有権移転登記手続を請求
したというものである。これに対してYは，履行期に手付金の倍額を提供
して契約の解除を主張したため，この履行期前の娘の電話応待は催告として
「履行に着手」（557条1項ただし書）となるかが問われた。最高裁は，通知と
催告が「<u>売主の家族で通常人の理解能力を有する者に対して口頭でされた場</u>
<u>合には，売主本人がその内容を了知しうる状態に置かれたというべきである</u>

〔角田〕　305

§97 III 　　　　　　　　　　　　　第1編　第5章　法律行為

から，右通知，催告は本人に到達したものと解するのが相当」だとして，これをもって履行の着手ありとし（Yの解除は無効），Xの請求を認容した原審の判断を維持した（最判昭50・6・27判時784号65頁）。この判決は，書面通知を使者が相手方の住所等を来訪し，同居家族に手交した事案（(1)(イ)）とパラレルに論じて構わないと解する通説（川島215頁，注民(3)247頁〔高津幸一〕ほか）の立場を採ったものと理解されている。口頭の催告につき，本人不在中に同居の妻になされた催告の了知を待たずに「到達」を肯定した広島高裁昭和32年2月4日判決（判時103号24頁）もこれと同じ立場に立つ。

　先に，到達リスクには，大きく分けて①伝達リスクと②了知リスクがあること，そして，意思表示が「書面」化されている場合には，到達リスクはほぼ①伝達リスクに集約されると述べた（一1(3)）。これに対して，「口頭」表示では大いに趣を異にすることは学説上つとに指摘されてきたところである（鳩山・法律行為202頁以下，小林・意思表示18頁以下，新版注民(3)522頁以下〔須永〕，北居功「意思表示の再生可能性——意思表示の効力発生時期をめぐって」内池慶四郎追悼・私権の創設とその展開〔2013〕288頁以下）。その相違点については，口頭表示では「有形」のものが何も残らない，通知内容が「保存」されて相手方が事後的にそれを「再生」して了知する可能性が保障されていない等，着眼点は諸説あるが，相手方が意思表示の存在に注意を払う機会が1回限りであること，かつ，後から意思表示の内容について照合する可能性が自己の記憶以外にない点が重要である。そして，とくに第三者介在事案では，介在した仲介者がその記憶を外在化しない限り，相手方には，意思表示の存在を認識する機会すら与えられないこととなる。この点はまさに，「其家族の突然の死亡，疾病，忘却等に因り相手方自身の了知せざるべき危険は頗る大」きいことから書面と同列に論じることは不当と指摘されていたとおりである（相手方に対して其仲介者が意思表示を伝達したるときに於て始めて到達したるものと解すべきと主張していた，鳩山・法律行為202頁以下）。

　ここで今一度，②了知リスクに目を向けると，その内容は，㋐意思表示の存在が認識されないリスク，㋑意思表示の内容が正確に理解・認識されないリスクとから構成される。そして，「書面」による意思表示における②了知リスクとして考えられるものも一瞥しておけば，「甚しく不明にして到底読むに堪へざる」字体で書かれた書面，一般に使用されておらず相手方が理解

第2節　意思表示　　　　　　　　　　　　　　　　　　§97　III

できない外国語が使用され（鳩山・法律行為202頁），あるいは対面で書面を一瞬だけ提示して直ちに持ち帰った場合など，客観的に了知可能性が欠けていたというべき特段の事情があった場合に限られるが，いずれも④内容の理解・認識に関するものである（小林・意思表示20頁以下）。

　他方，「口頭」表示の第三者介在事案で指摘されていたのは，それ以前の⑦意思表示の存在すら了知できないリスクである。もちろん，「口頭」表示における了知リスクがそれに尽きるものでなく，通知内容が有形化されず，再照合の可能性が存在しないために，④内容が正しく理解・認識されないリスクも増大する。この問題に対して，民法典は，意思無能力者や未成年者のような意思表示の受領能力を欠く者の保護（98条の2）を提供しているものの，例えば，聴覚障がい者に対して口頭表示をしたような場合のように，受領能力を欠くとまでは言えない一方で意思伝達手段との組み合わせいかんによっては同列に論じられるべき場合があることもまた，否定できないであろう（Schmidt, Rz. 29）。意思伝達手段の選択の適切性が問題とされ，相手方が明らかに意思表示を認識していない場合，あるいは，内容を誤解している徴候がある場合，表意者に状況を確認する義務が論じられているのは，このような文脈において理解される。

　繰り返しになるが，「口頭」表示における②了知リスクへの着目は，口頭表示による意思表示の効力発生時期について「了知主義」を採用すべきとの主張とは直結しない。了知リスクに関する先駆的研究（小林・意思表示20頁以下，新版注民(3)521頁〔須永〕，薬師寺・前掲論文）が，この問題と「対話者」「隔地者」概念の境界線画定の問題とを連結させて議論を展開したために問題点の抽出を難しくしているように思われる。改めて「到達主義とは例外の穴だらけのルールにほかならない」ことを想起すべきであり，例外の穴に引き込まれて「隔地者」「対話者」概念の境界線画定問題として決するのは妥当ではないというべきである。

　なお，「口頭」表示にいう「口頭」は，一般的には「書面」化された意思表示の通知の対概念として理解されていると思われる。想定されているのは，言語による音声を介した意思疎通がメインであるが，広義（同列に論じられるという意味）では，手話，ジェスチャー，信号（光，音，記号等）による通信も含めてよいであろう（石田(文)339頁ほか，Schmidt, Rz. 29）。

〔角田〕　307

§97 III

第1編 第5章 法律行為

(3) 電子的通信手段を用いた意思表示

電子的通信手段を用いた意思表示の到達をめぐる議論は，少なくともこれまでのところ，主として電子メールによる通知を軸に展開されてきたということができる。その意味するところは，主として「隔地者」を想定して展開されてきた「書面化された意思表示」の到達の解釈を電子化された場合に準用するというものである。

もっとも，①通知の「宛先」となる電子メールアドレスは，名宛人の住所，居所，事務所所在地のように同人の生活実態・活動実態から客観的に確定することはできない。このため，名宛人による指定（明示的なものに限らず，通常使用している等の客観的事情から黙示の指定を推断できる場合も含む）があれば同アドレスへの着信（情報通信機器への記録）をもって直ちに「了知可能な状態」といえようが，そうでなければ，付加的な事情が加わってはじめて「了知可能な状態」に置いたといえる。すなわち，「宛先とした情報通信機器に記録されただけでは足りず，<u>相手方がその情報通信機器から情報を引き出して</u>（内容を了知する必要はない。）はじめて到達の効果が生じる」と解されよう（経済産業省・電子商取引及び情報財取引等に関する準則〔令和2年8月〕〔以下「準則」〕10頁）。宛先の指定がない場合については，下線部を施した部分にあるように，了知リスクのうち⑦意思表示の存在が認識されないリスクがない場合に限り——言い換えれば「送信されたことの了知」がある場合に（国際的な契約における電子的な通信の利用に関する国際連合条約10条2項）——「了知可能な状態」といえる——すなわち「到達」との判断である（口頭表示への歩み寄り）。使用しなくなった電子メールアドレスを常時チェックすることは期待できないこと，企業においては電子メールアドレスが個人単位で割り当てられることも多く，同人が電子メールを開かない限り，同僚はその存在に気づきさえしないことが考慮されてのものである（詳解Ⅰ167頁，山本豊「電子契約と民法法理」法教341号〔2009〕98頁，山本132頁）。

深夜に翌朝開催の取締役会招集通知を社内で割り当てられているメールアドレスにあてて電子メールで送信した事案で，メールが「メールサーバに記録されたことをもって……了知可能な状態に置かれた（支配圏内に置かれた）ということはできない」と判示されたのは，まさにこの文脈に位置付けることができる（東京地判平29・4・13金判1535号56頁，控訴審の東京高判平29・

第2節　意思表示　　　　　　　　　　　　　　　　　　§97　III

11・15 金判 1535 号 63 頁も同旨。取締役会召集手続に法令違反の瑕疵があったが決議の
効力に影響を及ぼさない特段の事情があったとして決議は有効とした）。名宛人が 93
歳の取締役で自らパソコンを操作することがなく，社内のパソコンは秘書室
において管理されていたこと，同メールアドレスの利用実績も秘書室での受
信状況確認もなされていなかったため，当該アドレスに取締役会の招集通知
が送信されることを予期し得たというべき事情がうかがわれないことを踏ま
えての判断である。

　なお，指定アドレス宛ての電子メールが情報通信機器への記録をもって了
知可能な状態といえるためには，「読み取り可能な状態」である必要がある。
これは，電子メールが文字化けにより解読できなかった場合には到達が否定
されることを意味するが，これも個別の事例ごとの総合的判断による。例え
ば，文字コードの選択の設定を行えば複号が可能など「当該取引で合理的に
期待されている……リテラシー」を備えているとの信頼は保護されるであろ
う（到達肯定，準則 10 頁）。

　電子的通信手段を用いた意思表示に限らず一般論として「通知が必要とさ
れるときには，通知は，状況に応じ適切ないかなる方法によっても行うこと
ができる」（UNIDROIT 国際商事契約原則（2016 年）1.10 条(1)，ヨーロッパ契約法原
則 1：303 条(1)）。「状況に応じ適切な方法」といえるかは，伝達手段の利用可
能性と信頼性，伝達されるべきメッセージの重要性・緊急性によって判断さ
れる。電子的通信手段の利用が「状況に応じ適切」であるためには，発信人
による電子通知を，実際に送信された通知方法（電子通信の種類，形式，アドレ
ス等）によって受け取ることを，名宛人が明示または黙示に同意している必
要がある。名宛人の同意は，同人の言明もしくは行為から，あるいは，当事
者間で確立した慣行から，または適用される慣習から推測することもできる
（内田貴ほか・UNIDROIT 国際商事契約原則 2010〔2013〕20 頁，国際物品売買契約に関
する国際連合条約 27 条参照）。

　海外事案であるが，複数ファイルを添付した電子メールが指定アドレスの
情報通信機器に記録はされたもののスパム・フィルターにかかったため，名
宛人スタッフがアクセスできない状況にあっても「到達あり」とされたのは
（外部 IT コンサルタントが後に発見），メッセージの重要性もさることながら，迅
速性の要請が高く電子メール利用が一般化している仲裁手続における意思表

〔角田〕　　309

§97 Ⅲ

第1編　第5章　法律行為

示であったことが大きいように思われる（Bauen Constructions Pty Ltd v Sky General Services Pty Ltd & Anor［2012］NSWSC 1123（18 September 2012）［77］）。

　電子的通信手段のなかでも電子メールによる意思表示の通知は，物理的に隔てられた者の間でなされる書面化された意思表示に近いが，発信から到達までのタイムラグは大幅に短縮して「対話者」に接近している一方，通知の宛先が電子的アドレスでメッセージが電磁的通信設備を介して伝達されるために郵便配達や使者による手交とは異なるリスクが確認された。インターネット通販等でウェブ画面上を通じてなされる意思表示についても基本的に同様に考えることができ，相手方が意思表示を読み取り可能な状態で受信者の支配領域に入った時点，具体的には相手方のモニター画面上に通知内容が表示された時点で到達があったとすることが考えられている（準則11頁）。ウェブ画面上の表示は「テキスト」であるが，これが仮に相手方が視覚障がい者で音声再生機能を利用してパソコンを使用していた場合，あるいはスマートスピーカーを介した意思表示であった場合などは，より一層，「口頭」表示に接近し，口頭表示にみられたリスクが顕在化してくることが考えられる。

(4)　到達妨害ルールに結実した判例法理

　相手方が「正当な理由なく」意思表示の通知の到達することを「妨げた」ときは，その通知は，「通常到達すべきであった時に到達したものとみなす」とのルールが平成29年改正で新設されており（本条2項），それは従来の判例法理を内容的に継承しつつ，到達擬制のルールに組み替えたものであることは既に述べた（→Ⅰ3(4)・Ⅲ1(4)）。

　(ア)　正当化根拠は公平の見地　　相手方が意思表示の通知の到達を「正当な理由なく」「妨げ」，客観的にみれば意思表示の通知が相手方の勢力範囲（支配圏）内に置かれていないにもかかわらず到達を擬制できるとしたのは，表意者と相手方の公平の見地による（一問一答25頁）。リーディングケースとされているのは，家主の延滞賃料支払請求の内容証明郵便の到達が争われた事案（大判昭11・2・14民集15巻158頁）で，借地人の内縁の妻が，本人は不在でいつ帰宅するか分からないと称して受領を拒んだが，実は，遠方まで出かけ帰宅時期が分からないのではなく，本人は当時刑事訴追を受けて無罪を証明するための書類を探し歩いて昼間は不在がちで「少くとも夜間は多く自宅に帰り」，「故意に」当該通知を受領しなかったものに他ならないとして，受

第2節　意思表示　　　　　　　　　　　　　　　　　　　§*97*　III

領拒絶時に到達があったと判示したものである。

　この事案では，表意者は意思表示を相手方に伝えようと，電報，内容証明郵便，執達吏による送達と様々な方策で通知を試みたものの，相手方と同居する内縁の妻が一貫して受領を拒み続けていた。「意思表示の内容を了知せしむべく表意者の側として常識上為すべきこと」を為し終えた時点で「以降の推移と運命は……相手方の危険に移す」ことが正当化できるということであろう。このような場合には，相手方は，敢えて相当の手配をも講じなかった，いわば「故意に当該通知を受領せざりし」というに他ならないとして，到達を擬制することができることとなる（前掲大判昭11・2・14，意思表示の効力を否定した原審を破棄して到達を認めた事案。注解判例393頁〔北秀昭〕）。事前に口頭で予告したうえで書留内容証明郵便で送られた支払催告書を，名宛人のかねての指示にしたがって同居の通常人としての理解能力のある母が「後に郵便局まで受取りに行く」といってその場での受領を拒絶し，名宛人が受け取りにいかず返送されたために「到達」があったかが争われた事案で到達があったとされたのも，これを踏襲したものである（大阪高判昭53・11・7判タ375号90頁）。

　(イ)　通知到達を「正当な理由なく」「妨げた」　　要件にいう，通知の到達を「正当な理由なく」「妨げた」とは，この昭和11年判決のような通知の受領を拒絶した場合に限らず，了知可能状態に置かれることを相手方が妨害したことも含む（部会資料83-2・3頁）。例えば，書留郵便で内容証明郵便が発送されたが，相手方が不在のため配達されず，不在配達通知書により内容証明郵便が送付されたことは知ったが，仕事が多忙であるとして受領に赴かず，そのまま留置期間が経過したことで返送された場合でも，これに当たる（最判平10・6・11民集52巻4号1034頁）。判決では，意思表示の内容を推知することができたこと，長期間の不在，その他郵便物を受領し得ない客観的状況にあったとはいえないこと，「仕事が多忙」であったとしても，受領の意思があれば，受け取り方法指定などによって，さしたる労力，困難を伴うことなく内容証明郵便を受領することができたことが考慮されている（事前に賃料支払催告書面を受け取っていた事実と敵対的な態度にかんがみて「あえて右内容証明郵便の受領に赴かなかったとみられる」とした東京地判平5・5・21判タ859号195頁も参照）。

　「妨げた」は故意またはそれに準ずる行為が想定されているものの，この

§97 III

第1編 第5章 法律行為

要件は基本的に相手方が通知を受け取らない客観的な行為自体を問題としており，その行為の評価は「正当な理由」を欠くか否かで判断される。「故意に……妨げた」（130条参照）ではなく，また，「故意に正当な理由なく」でもなく「正当な理由なく」とされたのは，民事訴訟法の差置送達が認められる要件の規定（民訴106条3項）に合わせたものである（部会資料79-3・1頁）。書留内容証明郵便の配達人に対応した名宛人の同居親族が「かねての指示により故意に受領せず，後日郵便局まで受取りに出向く旨配達員に申出」れば（前掲大阪高判昭53・11・7），「正当な理由なく」妨げたといえる。他方，郵便配達員が名宛人法人の住所に赴いたものの，名宛人の姿が見当たらず犬が3匹繋がれているだけで他に見るべき機械設備等が残されていなかったことから直ちに「転居先不明で配達できません」と停止条件付賃貸借契約解除の意思表示を内容とする郵便が返送された事案では，確かに，客観的には通知が受け取られていないが，後から延滞賃料の送金があったりすれば，名宛人が債権者から追及を受けるのを避けるために一時身を隠していたとしても「正当な理由なく」とはならないであろう（浦和地判昭57・5・28判タ477号145頁，到達否定）。

　98条との境界線に位置する行政訴訟の事案であるが，出奔して所在不明となった地方公務員に対する懲戒免職処分の効力発生が争われた事案でも，本人への現実の告知が必要とされている原則の例外が認められたのは，「自らの意思により出奔して無断欠勤を続けた」こと，および，当該地方自治体で，所在不明となった職員に対する懲戒免職処分の手続について「従前から」講じられてきた方法があることが記録上認められたことが大きい（最判平11・7・15判タ1015号106頁）。

　(ウ)　「通常到達すべきであった時」　到達が擬制される時点は「通常到達すべきであった時」とされている。これは，通知の到達が妨げられなければ相手方の支配圏内に置かれたであろう時点を意味し，同居人等による受領拒絶があった場合はその時点（すなわち最初の配達日），不在配達通知書が残された事案では，その後受領に必要と認められる相当の時間が経過した時点と解される（部会資料12-2・64頁以下，部会資料29・19頁以下）。この点は，従来の到達妨害事案における「到達」時点の解釈にばらつきがあったことを踏まえ，ルール化にあたって明確化がなされている。言い換えれば，事案によっては

312　〔角田〕

第2節　意思表示　　　　　　　　　　　　　　　　　　　　§97　III

「到達」時点につき判例と異なる解釈がなされる可能性があるということで、注意が必要であろう。

　すなわち、受領拒絶事案でも、リーディングケースである昭和11年判決では受領拒絶時に到達があったとされたが、翌日とする裁判例（前掲大阪高判昭53・11・7、同居親族が名宛人の「かねての指示により故意に受領せず、後日郵便局まで受取りに出向く旨配達員に申出」た事案）、再配達された日（大判昭9・10・24新聞3773号17頁、債権譲渡通知の内容証明郵便を、債務者である名宛人の妻が、本人は旅行中で本人の印章もないので再配達してくださいと断った事案）とするものもあったところである。不在配達通知書が残された事案では、「遅くとも留置期間が満了した時点」（前掲最判平10・6・11、遺留分減殺請求の意思表示）もあるが、「特段の事情がない限り、留置期間の満了により名宛人に到達したと解するのが相当」（前掲東京地判平5・5・21、事前に賃料支払催告書面を受け取っていた事実と敵対的な態度にかんがみて「あえて内容証明郵便の受領に赴かなかったとみられる」事案）との判断もあったところである。

　なお、時効中断事由である催告について、普通郵便による督促状も配達証明付きの催告書も返送され、または受領拒絶されたために「到達」は認定できないが時効制度の趣旨および公平の理念に照らして被告の「事務所に郵便局員が内容証明郵便を配達し、同事務所の事務員がその受領を拒絶した」時点で催告の効果を認める裁判例（東京地判平10・12・25判タ1067号206頁、東京地判昭61・5・26判時1234号94頁も参照）があるが、このような場合は本条2項で到達が擬制されれば結論は同じこととなろう。

　また、出奔して所在不明になった地方公務員に対する懲戒免職処分については、通知書を配偶者に交付し、公報に掲載の上、同公報を最後の住所に郵送するという告知の方法をとったことを踏まえ、出奔から約2か月後に発効したと判断されている（前掲最判平11・7・15）。

(5)　みなし到達条項と本条の任意法規性

　銀行取引約定書などの約款では、取引当事者間で代表者や住所等の届け出事項に変更があった場合には直ちに届け出ることとしたうえで、届出を懈怠したために通知が延着し、または到達しなかった場合でも、一定の手続に従って通知をした場合には「通常到達すべき時に到達したものとみなす」旨の特約（みなし到達条項）が置かれていることが少なくない。一般論として、本

〔角田〕　313

§97　III　　　　　　　　　　　　　　　　　　　第1編　第5章　法律行為

条は任意法規であることから，契約当事者間でそのような合意することは妨げられないと解されている（新版注民(3)515頁〔須永〕，四宮＝能見294頁，部会資料29・15頁以下参照）。みなし到達条項の効力を認めたものとして，東京高裁昭和60年8月28日判決（東高民時報36巻8＝9号158頁。信用金庫取引約定書のみなし到達条項），東京地裁平成23年12月1日判決（LEX/DB25490157。自動車リースの解除の意思表示の書面発信後3日経過後に到達を擬制する条項）などがある。

　もっとも，その効力を第三者に対抗できるかについては，否定的な見解も多く（鈴木禄弥ほか編・注釈銀行取引約定書，当座勘定規定〔1979〕89頁〔中馬義直〕，池田真朗〔判批〕ジュリ803号〔1983〕93頁，四宮＝能見294頁，石田剛〔判批〕金法2073号〔2017〕22頁），別途の検討が必要である。裁判例においても，例えば，「債務者の認識を根幹とする」債権譲渡の対抗要件について，「通知が到達していないにもかかわらず，到達したものとすることは……債務者の認識を通じて債権の取引の安全を確保しようとする民法の趣旨を没却することになる」として，その効力を否定した東京高裁平成27年3月24日判決（判時2298号47頁），受働債権を差し押さえた債権者（第三者）との関係でみなし到達条項の効力を否定した東京高裁昭和58年1月25日判決（判タ492号62頁〔ただし傍論〕）がある。

　なお，本条が任意法規であるということの意味は，当事者間の合意によって意思表示の通知の到達リスクの分配を，到達主義から発信主義へと変更する合意が原則として許容されることを意味する。想定されているのは解除等の法律行為であるが，法律行為ではない意思表示についてまで到達主義を排除することは意思表示は相手方とのコミュニケーションであるとの本質に矛盾することとなろうし，場面に即した検討が必要である（部会第32回議事録23頁以下〔沖野眞已幹事，高須順一幹事，松本恒雄委員，内田貴委員，能見善久委員発言〕）。

(6)　意思表示の撤回

　意思表示の効力発生時期は，その通知が相手方に到達した時とする到達主義が採用されていることから，到達までは撤回が自由である（→Ⅰ 1(2)・2(1)。鳩山・法律行為205頁，我妻319頁，川島217頁，星野206頁，注民(3)249-250頁〔高津幸一〕，四宮＝能見292頁，山本129頁。ド民130条1項後段参照）。例えば，金銭消費貸借契約証書に連帯保証人として署名捺印をしたものの，帰宅してから

314　〔角田〕

第2節　意思表示　　　　　　　　　　　　　　　　　　　§97　IV

考え直して翻意し，貸主に契約証書が交付される前に本店貸付係に架電して撤回する旨を伝えた場合，連帯保証契約の申込みは撤回されたこととなる（名古屋高判昭59・3・29金法1076号34頁）。

　公法上も同様であり，私人の申請，申込み等を受けて行政行為がなされる場面における行政行為がなされる前の申請，申込み等の撤回は自由である。例えば，退職願の提出者に対して免職辞令の交付があり，免職処分が提出者に対する関係で有効に成立した後は退職願を撤回する余地はないが，その前であれば退職願自体は独立の法的意義を有する行為ではないので撤回は原則として自由にすることができる（最判昭34・6・26民集13巻6号846頁，宇賀・行政I 92頁）。

IV　表意者の死亡，意思能力の欠如または行為能力の制限

1　規定の趣旨

　表意者が意思表示を発信した直後に死亡したような場合，相手方に到着した時点では死亡している表意者の意思表示の効力を生じさせてよいのか。97条3項は，意思表示の発信後の表意者の死亡，意思能力の喪失，行為能力の制限を受けたときであっても，「そのためにその効力を妨げられない」と規定している。起草者によれば，仮に効力が否定されることとなれば，相手方は意思表示を有効と考えて履行の準備などに着手した後，これらの事実が発見されて不測の損害を被ることがあり得るため，便宜上，設けられた規定とされる（理由書154頁）。理論的には，発信をもって意思表示としては既に完成しているためとも説明される（通説。鳩山・法律行為205頁，我妻319頁，注民(3)251頁〔高津幸一〕ほか。「立法者も発信主義の利を認めた」とする梅247頁も参照）。

　なお，契約の申込みの意思表示については，例外則が置かれている（526条）。すなわち，申込者が申込みの通知を発した後に死亡し，「意思能力を有しない常況にある者となり」（要件が絞られている），または行為能力の制限を受けた場合には，以下の要件のもとで，申込みは効力を有しない。すなわち，申込者がその事実が生じたとすれば申込みは効力を有しない旨の意思を表示していたとき，または，相手方が承諾の通知を発するまでにその事実が生じたことを知ったときである（詳細は，第11巻I §526に譲る）。

〔角田〕　　315

§*97* IV　　　　　　　　　　　　　　　　　第1編　第5章　法律行為

2　平成 29 年改正

平成 29 年改正では，改正前まで「行為能力の喪失」とされていた文言を
⑦「行為能力の制限」に改めるとともに，④発信後に表意者が「意思能力を
喪失」した場合が追加されている。⑦は，平成 11 年改正と不整合を来して
いたことへの対応であると同時に，「行為能力の喪失」というと被後見人の
みに限定されるかのような誤解を避け，被後見人のみならず被保佐人・被補
助人もここに含まれることを明らかにすることを目的とするものである（部
会資料 66A・9 頁以下）。④は，従来から学説上は本条の類推適用が肯定されて
きたところであるが（注民（3）251 頁〔高津〕，石田（喜）編 126 頁〔磯村保〕，石田（穣）
717 頁ほか），意思能力に関する規定が新設されること（3 条の 2）を踏まえ，
条文化されたものである（一問一答 17 頁）。

本条 3 項の適用範囲は，1 項・2 項と同様に「隔地者に対する意思表示」
から「相手方のある意思表示」になったとされている。改正以前より，学説
のなかには，懸賞広告を依頼する手続をした後に懸賞広告者が死亡した例を
挙げ，この規定を意思表示一般に適用すべきとの見解もあったが（新版注民
（3）543 頁〔須永醇〕，川島 213 頁，幾代 289 頁，部会資料 29・21 頁），支持を得る
には至らなかった。

3　各　論

3 項にいう「通知の発信」とは，表意者の意思に基づき通知書が名宛人に
到達するに至るべく進行を開始することをいう。発信前に表意者が死亡した
場合には，他人が発送して到達させても，その意思表示は表意者本人の通知
とは言えない（東京地判昭 2・2・12 評論 16 巻民 622 頁）。

本項の規定は，委任契約のように意思表示の内容が一身専属的な法律効果
にかかわるときには適用されず，当該意思表示の効果は発生しないことにな
る（訴訟代理委任の意思表示で，受任者の受任の意思表示時点で委任者が死亡していた事
案につき，東京控判明 39・7・6 新聞 375 号 6 頁，注解判例 398 頁〔北秀昭〕）。また，
身分行為は伝統的に届出が成立要件と解されてきたために，発信により意思
表示は成立していることを前提とする本条とは出発点を異にしているが，本
条の適用ないし類推適用を肯定する見解によれば婚姻届が戸籍係に受理され
た時点で昏睡状態に陥り判断力を失っていたとしても受理は有効と解されよ
う（→Ⅱ 2 (3)，最判昭 44・4・3 民集 23 巻 4 号 709 頁の一審である盛岡地判昭 41・4・19

316　〔角田〕

第 2 節　意思表示　　　　　　　　　　　　　　　　　　　　　§98

民集 23 巻 4 号 723 頁参照)。

〔角田美穂子〕

（公示による意思表示）

第 98 条① 　意思表示は，表意者が相手方を知ることができず，又はその所在を知ることができないときは，公示の方法によってすることができる。

② 　前項の公示は，公示送達に関する民事訴訟法（平成 8 年法律第 109 号）の規定に従い，裁判所の掲示場に掲示し，かつ，その掲示があったことを官報に少なくとも 1 回掲載して行う。ただし，裁判所は，相当と認めるときは，官報への掲載に代えて，市役所，区役所，町村役場又はこれらに準ずる施設の掲示場に掲示すべきことを命ずることができる。

③ 　公示による意思表示は，最後に官報に掲載した日又はその掲載に代わる掲示を始めた日から 2 週間を経過した時に，相手方に到達したものとみなす。ただし，表意者が相手方を知らないこと又はその所在を知らないことについて過失があったときは，到達の効力を生じない。

④ 　公示に関する手続は，相手方を知ることができない場合には表意者の住所地の，相手方の所在を知ることができない場合には相手方の最後の住所地の簡易裁判所の管轄に属する。

⑤ 　裁判所は，表意者に，公示に関する費用を予納させなければならない。

　　　〔対照〕　ド民 132 条 2 項，韓国民法 113 条，中華民国民法 97 条
　　　〔改正〕　本条＝昭 13 法 18 新設，平 16 法 147 移動（97 条ノ 2 → 98 条）　②＝平
　　　　　　　 16 法 147 改正　④＝昭 22 法 222 改正

┌──┐
＊令和 5 年法律 53 号（令和 10 年 6 月 13 日までに施行）による改正後
　（公示による意思表示）
第 98 条① 　（略）
② 　前項の公示は，公示送達に関する民事訴訟法（平成 8 年法律第 109 号）の規定に従い，次の各号に掲げる区分に応じ，それぞれ当該各号
└──┘

〔角田〕　　317

§*98* I 第1編　第5章　法律行為

に定める事項を不特定多数の者が閲覧することができる状態に置くとともに，当該事項が記載された書面を裁判所の掲示場に掲示し，又は当該事項を裁判所に設置した電子計算機（入出力装置を含む。以下この項において同じ。）の映像面に表示したものの閲覧をすることができる状態に置く措置をとり，かつ，その措置がとられたことを官報に少なくとも1回掲載して行う。ただし，裁判所は，相当と認めるときは，官報への掲載に代えて，市役所，区役所，町村役場又はこれらに準ずる施設の掲示場に掲示すべきことを命ずることができる。

一　書類の公示による意思表示　裁判所書記官が意思表示を記載した書類を保管し，いつでも相手方に交付すべきこと。（改正により追加）

二　電磁的記録（電子的方式，磁気的方式その他人の知覚によっては認識することができない方式で作られる記録であって，電子計算機による情報処理の用に供されるものをいう。以下同じ。）の公示による意思表示　裁判所書記官が，裁判所の使用に係る電子計算機に備えられたファイルに記録された電磁的記録に記録されている意思表示に係る事項につき，いつでも相手方にその事項を出力することにより作成した書面を交付し，又は閲覧若しくは記録をすることができる措置をとるとともに，相手方に対し，裁判所の使用に係る電子計算機と相手方の使用に係る電子計算機とを電気通信回線で接続した電子情報処理組織を使用して当該措置がとられた旨の通知を発すべきこと。（改正により追加）

③—⑤　（略）

I　規定の沿革

1　1938（昭和13）年改正

　本条は，ある裁判で明らかになった法の欠缺を補充する目的で，1938年の民法改正により導入されたものである（「民法の不備」と指摘していた，穂積・改訂314頁）。その裁判では，親権を行う母が親族会の同意を得なかった法律行為（株式交換）について取り消そうとしたが，相手方の所在が不明であったために，民事訴訟法が定める公示送達の方法で行ったところ，公示送達の方法で行った取消しの意思表示の効力が争われた。大審院は，このような場合に取消しができない事態に至ることを認めつつ，「公示送達は民事訴訟法が裁判上の送達に付規定したるに過ぎず，特別の規定を欠く現行法の下に於

318　〔角田〕

第 2 節　意思表示　　　　　　　　　　　　　　　　　§98　I

ては裁判外の意思表示の送達に付之を応用するを得ず」と判示したのである（大判昭 7・12・21 民集 11 巻 2480 頁）。こうして，相手方のある意思表示を行おうにも，その相手方が誰なのかを知ることができない，あるいは，誰かは知っていてもその所在が明らかでないという，そもそも意思表示を行うこと自体に障害がある場合（表示障害）について，特別の規定を創設することで，意思表示をする途が拓かれることとなった（立法に際して参照されたのはドイツ民法 132 条 2 項で，その後，韓国や台湾にも同様の規定がみられる）。

　立法過程においては，本条 2 項にいう公示が，「公示送達に関する民事訴訟法の規定に従」う範囲が議論となった。法案提出時には，公示手続すべてが民事訴訟法の規定によるとの見解がとられていたが，第 73 回帝国議会貴族院日満司法事務共助法案特別委員会における議論を経て，「意思表示の公示に関する手続は事柄の性質上非訟事件手続である」ことから，民事訴訟法は公示方法（条文でいう「裁判所の掲示場に掲示し……官報に……掲載して行う」，旧民訴 179 条，現民訴 111 条，民訴規 46 条 2 項）についてに限られ，それ以外の点（申立て，審理方法，不服申立て等）は非訟事件手続法の規定に従うことが確認された（小林・意思表示 163 頁以下・186 頁以下，新版注民(3)545 頁以下〔須永醇〕，詳解 I 175 頁）。一般論ではあるが，この理解は最高裁によっても是認されている（直接的には，訴訟係属がなければ公示による意思表示をなし得ないものではない旨を判示した最判昭 37・4・26 民集 16 巻 4 号 992 頁はその旨判示した原審を支持。ただし，民訴法の公示送達に関する規定を根拠に，公示許可決定に対して不服申立ては許されないとした東京地決昭 25・5・19 判タ 6 号 42 頁，福岡高決昭 30・3・23 下民集 6 巻 3 号 536 頁もある）。

2　民事訴訟法改正と公示送達制度

　その後，公示送達制度は，民事訴訟法の 1996（平成 8）年改正を経て，1938 年改正時に貴族院特別委員会審議で強調されていた「非常に厳重に審査」（第 73 回帝国議会貴族院日満司法事務共助法案特別委員会議事速記録 4 号 3 頁〔昭和 13 年 2 月 14 日〕，小林・意思表示 169 頁）してなされる裁判長の許可は不要となり，受訴裁判所の裁判所書記官の処分事項となったほか（民訴 100 条・110 条），所在不明の相手方に対する私法上の意思表示を記載した訴訟書類の公示送達により当該意思表示の到達を認める旨の特則（民訴 113 条）も置かれ，裁判所書記官の処分には異議申立てが認められることになったことで（民訴

〔角田〕　　319

§*98* Ⅰ
第1編　第5章　法律行為

121条），非訟事件手続法との相違は小さくなっている（小林・意思表示166頁，詳解Ⅰ175頁）。とはいえ，公示の申立て等の手続につき代理人となることができるのは，民事訴訟法上は弁護士でなければならないのに対し，非訟事件手続法では訴訟能力者であれば足りるといった差異は残り，後者の妥当性もまた指摘されているところである（小林・意思表示166頁，新版注民(3)548頁〔須永〕，詳解Ⅰ176頁）。

3　2004（平成16）年改正

1938年改正時，公示方法を定める本条（旧97条ノ2）2項は，裁判所の掲示場に掲示し，かつ，その掲示があることを「官報及ヒ新聞紙」に少なくとも1回掲載する必要があるとしていた。それが，1942（昭和17）年制定・施行の戦時民事特別法3条で，裁判所の公告は官報のみによってすべきこととされていたところ，これが1945（昭和20）年に廃止されたものの（戦時民事特別法廃止法律），新聞紙への掲載不要の措置は「当分ノ内仍其ノ効力ヲ有ス」こととされたのち（同法附則2項），その状態が長い間，継続していた。

このような状況で，2004年の民法現代語化に際して，新聞紙への掲載を要求する新たな立法措置が講じられる可能性は実際上はないとして，公告の方法としては「官報」への掲載のみとして，新聞紙にかかる文言は削除された（吉田徹＝筒井健夫編著・改正民法［保証制度・現代語化］の解説（2005）123頁，詳解Ⅰ175頁注2）。同改正では，本条の条数が変更され，97条ノ2から98条になったものの，そのほかの内容的な変更はなかった。

4　2023（令和5）年改正

令和5年法律53号による改正によって，本条1項の公示は，公示送達に関する民事訴訟法の規定に従い，必要な事項を不特定多数の者が閲覧することができる状態に置くとともに，当該事項が記載された書面を裁判所の掲示場に掲示し，または当該事項を裁判所に設置した電子計算機の映像面に表示したものの閲覧をすることができる状態に置く措置をとり，かつ，その措置がとられたことを官報に少なくとも1回掲載して行うこととされた（98条2項）。

第2節　意思表示　　　　　　　　　　　　　　　　　　　　　§98　II

II　適 用 範 囲

1　相手方のある意思表示

　本条は，規定の沿革から明らかな通り，裁判外の特定の相手方に対する意思表示で，相手方を知ることができず，または相手方の所在が明らかでないために意思表示が行えない場合を対象とするものである。97条同様，準法律行為への準用が問題となるところ，肯定説（東京地判平16・8・24金法1734号69頁〔債権譲渡通知〕，勝野鴻志郎＝上田正俊・民事訴訟関係書類の送達実務の研究〔改訂，1986〕414頁）もあるが，否定する見解もある（山崎正彦＝土田林太郎・民事訴訟関係書類の送達実務の研究〔新訂，2006〕178頁，石田剛〔判批〕金法2073号〔2017〕22頁以下）。

　行政行為については，公示送達についての特別の規定がない場合について，97条同様，本条の趣旨に基づき，民事訴訟法110条・111条に基づく公示送達が可能と解すべきとされている（宇賀・行政I 412頁）。

2　別段の定め

　所在不明の者に対する行政処分の告知方法について，例えば，国税通則法14条では，行政機関が掲示場に掲示し，または電子計算機の映像面に表示したものを閲覧することができる状態に置く措置を始めた日から起算して7日を経過した日に書類の送達があったものとみなすとしている（土地区画整理法133条では公告があった日から10日）。旅券法19条の2も，旅券返納命令について相手方の住所が不明等の場合，官報掲載で返納命令の通知に代えることができ，かつ，官報掲載の日から起算して20日を経過した日に通知が到達したとみなすと定める。

　また，国家公務員に対する懲戒処分は，相手方への文書の交付によって行うのが原則とされているところ，その所在を知ることができない場合には「その内容を官報に掲載することをもつてこれに替えることができるものとし，掲載された日から2週間を経過したときに文書の交付があつたものとみなす」とされている（人事院規則12-0（職員の懲戒）5条2項）。

〔角田〕　　321

§*98* Ⅲ 第1編　第5章　法律行為

Ⅲ　要件・手続

1　実体的要件

(1)　「表意者が相手方を知ることができないとき」

公示の方法による意思表示が可能となるのは，第1に，相手方のある意思表示の「表意者が相手方を知ることができないとき」である（本条1項）。当初の相手方が死亡して相続人が知れない場合，白紙委任状の交付のように不特定人に対してなされた行為の取消しの意思表示をしようとする場合などがそれに当たる（我妻320頁，我妻・判コメ167頁参照，我妻＝有泉・コメ219頁，幾代295頁，新版注民(3)548-549頁〔須永醇〕）。

(2)　「相手方の所在を知ることができないとき」

第2が，相手方はわかっているが，その所在がわからないときである（本条1項）。これは，単に相手方の住所や居所が不明というだけではなく，勤務先や立寄り先もふくめて不明であることを要する。失踪している必要はない。旅行中であることはわかっているが，移動中で所在を確認できない場合，災害で転居したが所在が明らかではない場合（我妻＝有泉・コメ219頁，新版注民(3)549頁〔須永〕）などもあてはまる。

相手方の所在は不明でも，親権者・後見人・不在者の財産管理人がいる場合，後者に意思表示をすることができることから，公示の方法によることは許されない（新版注民(3)549頁〔須永〕）。

行政処分の事案ではあるが，公示送達を行う前に，行政庁は，商業登記の登記簿ないしその謄本の調査をしなければならないとする判決もある（最判昭56・3・27民集35巻2号417頁，商標法77条5項により準用される特許法191条の規定に基づく公示送達）。

2　手　　続

公示は，公示送達に関する民事訴訟法（民訴110条ないし113条）の規定に従い，裁判所の掲示場に掲示し，または，裁判所に設置した電子計算機の映像面に表示したものの閲覧をすることができる状態に置く措置をとり，かつ，その掲示があったことを官報に少なくとも1回掲載して行う。ただし，裁判所は，相当と認めるときは，官報への掲載に代えて，市役所，区役所，町村役場またはこれらに準ずる施設の掲示場に掲示すべきことを命ずることがで

322　〔角田〕

第 2 節　意思表示

§*98*　IV，§*98 の 2*

きる（本条 2 項）。

　公示に関する手続は，相手方を知ることができない場合については表意者
の住所地の，相手方の所在を知ることができない場合については相手方の最
後の住所地の簡易裁判所の管轄に属する（本条 4 項）。

　また，裁判所は，表意者に，公示に関する費用を予納させなければならな
い（本条 5 項）。

　公示送達を許可する決定に対しては，不服申立てができないとされている
（東京地決昭 25・5・19 判タ 6 号 42 頁，福岡高決昭 30・3・23 下民集 6 巻 3 号 536 頁，注
解判例 399 頁〔北秀昭〕）。

IV　効　果

　本条は，規定の沿革で述べたとおり表示障害に対応する立法的な措置であ
ることから，その要諦は，到達の擬制を認める点にある。そして，その効果
は，「最後に官報に掲載した日」またはそれに代わる「掲示を始めた日」か
ら 2 週間を経過した時に「相手方に到達したものとみなす」と規定されてい
る（本条 3 項本文）。

　もっとも，表意者が相手方を知らないことまたはその所在を知らないこと
について過失があったときは，この効果は認められない（本条 3 項ただし書）。
「表意者が相手方を知らないこと又はその所在を知らないことについて過失
があった」の過失の主張立証責任は，公示による意思表示の到達の無効を主
張する者にある（最判昭 37・4・26 民集 16 巻 4 号 992 頁）。公示の方法で賃料の
催告をした事案で，公示送達のなされたのが訴訟追行中で，本人尋問の申請
がなされて裁判所への出頭も予想された状況の中では，相手方の所在を確知
することは難事ではなく，相手方の所在を知らないことに過失ありとした例
（大阪地判昭 29・8・9 下民集 5 巻 8 号 1297 頁）などがある。

〔角田美穂子〕

（意思表示の受領能力）

　第 98 条の 2　意思表示の相手方がその意思表示を受けた時に意思能力

〔角田〕　　323

§98の2　I　　　　　　　　　　　　　　第1編　第5章　法律行為

を有しなかったとき又は未成年者若しくは成年被後見人であったときは，その意思表示をもってその相手方に対抗することができない。ただし，次に掲げる者がその意思表示を知った後は，この限りでない。

一　相手方の法定代理人

二　意思能力を回復し，又は行為能力者となった相手方

〔対照〕　ド民131条，韓国民法112条，中華民国民法96条

〔改正〕　本条＝平11法149改正，平16法147移動（98条→98条の2），平29法44改正

（意思表示の受領能力）

第98条の2　意思表示の相手方がその意思表示を受けた時に未成年者又は成年被後見人であったときは，その意思表示をもってその相手方に対抗することができない。ただし，その法定代理人がその意思表示を知った後は，この限りでない。

（第1号・第2号は新設）

I　総　　論

1　規定の趣旨

　本条は，相手方のある意思表示の「受領」に特化した特別の能力制度を定めるものである。ここで意思表示の「受領」とは，「到達」を相手方側から観察した観念である（我妻321頁）。すなわち，意思表示の通知が相手方に「到達」して客観的・抽象的には了知可能な状態に置かれたとしても，その相手方が意思無能力，未成年者または成年被後見人であったときは，「その意思表示をもってその相手方に対抗することができない」（本条本文）。これは，相手方の人的属性に着目すれば，おおよそ了知を期待し得ない者を規定し，該当する者には意思表示が到達しても効力発生に対する抗弁を認めるという形で同人の保護を図るものである。

　意思表示を行う際の保護は「人」の章の規定で保護されているが，意思表示を受ける際にも一定の場合には保護が必要であるとの判断による（理由書155頁以下，鳩山・法律行為211頁，石田（文）344頁ほか）。

324　〔角田〕

第2節　意思表示　　　　　　　　　　　　　　　§98の2　II

2　適用範囲

　本条において民法典制定時以来，意思表示に「隔地者に対する」（平成29年改正前97条参照）といった限定が付されていないのは，上述した受領無能力者の保護は隔地者・対話者を問わずに妥当すべきとの判断に基づくものである（起草過程で97条にまとめる修正案は一蹴されている。法典調査会主査会議事6巻200丁〔法典調査会主査会議事〔近代立法資料13〕695頁以下〕，鳩山・法律行為213頁，新版注民(3)563頁〔須永醇〕）。平成29年改正を経て，この明文上の差異は解消されたことになる。

　本条が準法律行為にも準用されることは，97条と同様である。判例としては，未成年者株主への株金払込みの通知に関するものがあるほか（大判明40・9・27民録13輯911頁），時効の更新の効果を生じさせる承認（152条）のような観念の通知が挙げられている（新版注民(3)563頁〔須永〕）。

　学説では，「単に利益を与えるだけの行為」については，受領無能力者に不利益が及ぶ余地はないことから，受領能力が認められても差し支えないことが指摘されている。未成年者に関する5条1項ただし書は，未成年者が法律行為をなす場合についての規定であるが，意思表示の受領についても準用されるべきで，同様の趣旨は成年被後見人にも妥当するとする（新版注民(3)563頁〔須永〕，石田(穣)720頁，佐久間68頁。ド民131条2項2文参照）。

II　人的適用範囲——意思表示の受領能力を欠く者

1　未成年者または成年被後見人

　この受領能力制度により保護する人的範囲は，民法典制定当初は，未成年者と「禁治産者」と規定されていたところ，平成11年改正を経て後者は「成年被後見人」とされている。

　それ以外の制限行為能力者である，被保佐人（当時は「準禁治産者」）は，民法典制定当初から要保護性ある範疇には含められていない。意思表示の「受領」は受動的な行為であって，自らが積極的に行為することよりも低い精神能力で足りるとの判断に基づく（新版注民(3)562頁〔須永醇〕，我妻322頁，幾代296頁）。平成11年改正で創設された被補助人は，より能力減退の程度が低く，本制度の範疇に含まれないことはいうまでもない（新版注民(3)562頁〔須

〔角田〕　325

永〕)。

また，未成年者が営業を許されている場合（6条），法定代理人が目的を定めて処分を許した財産の処分に関する範囲内（5条3項）であれば，受領無能力は問題とならない（通説）。

2　意思無能力者

平成29年改正までは意思能力に関する規定を欠いていたため，意思無能力者に意思表示の受領能力があるかについての規定は存在しない状況にあった。同改正では，意思能力に関する規定（3条の2）が導入されたことを受け，本条で規定を欠くことはすなわち意思能力を欠いても受領無能力の抗弁を認めないことを意味するといった反対解釈がなされる危険もあるため，対抗の可否を明確にするために規定が置かれることとなった（部会資料66A・11頁）。

従来から学説においては，一時的意思無能力者には受領能力を認めつつ，恒常的な意思無能力者の受領能力を否定する見解（ド民104条・131条と同旨。川島219頁，基本法コメ157頁〔丸山英気〕，石田（喜）編126頁〔磯村保〕），一時的か恒常的かを問わずに意思無能力者の受領能力を否定する見解（石田（穣）720頁）とで対立があった。この点，本条は，意思表示を受領した時点を基準時としつつ，その意思無能力が一時的か恒常的かは受領能力の要件ではなく，受領無能力の治癒の要件の問題として整理している（→Ⅲ2）。一時的な意思無能力には，飲酒や薬物等による場合だけでなく，知的判断能力の状態が不安定な場合も含まれ，意思無能力状態が一時的かどうかで一律に区別するのは適切でないとの判断による（詳解Ⅰ173頁）。

制度設計上の課題は，意思無能力者には，制限行為能力者とは異なり法定代理人の存在を前提とすることができないこと，また，精神能力を欠くことが表意者には認識できないこと，そして，能力を欠く状態が恒常的とは限らないことである（部会第32回議事録30頁〔佐藤則夫関係官〕）。そもそも，表意者のような利害関係者には後見開始の審判への申立権もない（7条）。このため，意思無能力者に対し意思表示をなそうとする者は，事実上，検察官を促して後見開始の審判の申立てをなさしめ得ることを考慮に入れるべき（石田（喜）編126頁〔磯村〕），あるいは，配偶者や親族をこれに含め，正当な理由なく応じない場合に不法行為損害賠償責任を負う（石田（穣）721頁）との指摘もなされてきたところである。

第2節　意思表示　　　　　　　　　　　　　　　§98の2　Ⅲ

　この領域における公表裁判例は，わずかに，肺結核のため安静度3度の状態で医師から読み書きを禁じられていたことをもって意思表示の受領能力を欠いていたとすることはできないとされた例（東京地判昭33・3・20下民集9巻3号462頁〔一時的な意思無能力の状態とさえいい難いケースで当然との指摘もある。注解判例400頁〔北秀昭〕〕）があるくらいで，ほとんど例を見出し得ない。

Ⅲ　効　　果

1　受領無能力の抗弁

　受領無能力の法的効果は，意思表示を絶対的に無効（3条の2）とするのではなく，無能力者に対して有効を「対抗することができない」と規定されている（本条本文）。具体的には，意思表示が相手方に到達していたとしても，相手方が被後見人等であれば，これらの者は保護されなければならない以上，表意者はそれにもとづく効力を主張しても，その主張は認められないことになる。受領無能力者に抗弁を付与することで保護する制度であることから，受領無能力者側からの有効の主張は妨げられない（通説。新版注民(3)566頁〔須永醇〕，注解判例400頁〔北秀昭〕）。

　他方，表意者の方から意思表示の不到達を主張することは，条文上は，妨げられない。もっとも，相手方が受領能力を欠くことを知ってした場合は，その主張を認める必要はない（石田(穣)719頁）。

2　受領無能力の治癒

　もっとも，①受領無能力者の法定代理人が「その意思表示を知った」場合，または，②到達時には受領無能力であった者が意思能力を回復し，または行為能力者となって後に「その意思表示を知った」場合には，これに対して適切に対応することが可能となっている。このような場合，受領能力を欠くことによる要保護性が治癒されることから，抗弁の援用は認められず，意思表示は効力を有することとなる。本条ただし書はその旨を定めるものである。①相手方の法定代理人には，意思表示の到達時点で意思無能力であった者も含む（部会資料66A・11頁）。

(1)　相手方の法定代理人が意思表示を知った

　相手方の法定代理人が意思表示を「知った後は，この限りでない」（本条た

〔角田〕　　327

§98の2 III　　　　　　　　　　　第1編　第5章　法律行為

だし書）とは，法定代理人が知った時から，表意者はその効力を相手方に主張できるようになることを意味する。意思表示の効力発生が受領無能力者への到達時に遡るものではない（通説。鳩山・法律行為213頁，川島220頁，幾代296頁。判例として，新潟地判大11・4・22評論11巻民648頁。学説上は遡及効も選択可能とする見解もあった。新版注民(3)567頁〔須永〕）。

　法定代理人が知ったことの立証責任は，表意者が負うと解されている（川島220頁）。もっとも，判例では，未成年株主に宛てて発送された催告は法定代理人によって受領されたものとみなして有効とされている（大判昭12・7・16新聞4172号7頁）。

(2)　意思能力の回復，行為能力者となった相手方が知った

　未成年者であった相手方が成年に達し，または成年被後見人であった者の判断能力が回復して後見開始の審判が取り消された状況下で意思表示の内容を知った場合には，抗弁を認めて保護する必要性はない（通説）。平成29年改正では，この解釈が明文化された（一問一答26頁）。

　相手方が一時的に意思能力を失っていたに過ぎず，その後意思能力を回復してその意思表示を知ったときも，相手方は，その後は，その意思表示に対して自ら適切に対応することができる。また，このため，意思能力を回復して意思表示を知った場合も，行為能力者となったときと同様に，表意者は意思表示を相手方に対抗できるとされた（部会資料66A・11頁，石田（穣）721頁）。

〔角田美穂子〕

328　〔角田〕

事 項 索 引

あ 行

悪意訴権 ……………………………215
悪意の抗弁 …………………………215
言い間違い …………………………134
意思決定の自由がまったく奪われた場合 …256
意思主義 ………………………4, 60, 66
意思責任 ……………………74, 84, 91, 93
意思責任原理…………………………82
意思的関与………39, 42, 78, 79, 87, 89, 90
意思伝達機関…………………………53
意思能力の欠如 ……………………315
意思の欠缺（不存在）………110, 190, 201
意思の不合致 ………………………140
意思表示 ……………………………280
　　―― の相手方 …………………303
　　―― の効力発生時期 …………279
　　―― の受領能力 ………………323
　　―― の撤回 ……………………314
　　相手方のある ―― …………288, 289, 295
　　隔地者間の ―― ………………280
　　公示による ―― ………………317
　　書面化された ―― ………298, 299
意思無能力者 ………………………326
一元説 ………………………………109
畏　怖 ………………………………232
入会権…………………………………52
隠匿行為………………………………36
裏契約…………………………………54
裏契約説………………………………96

か 行

外観適格性……………………………42
外形行為…36, 38, 39, 40, 45, 46, 47, 48, 49, 51, 54,
　　55, 56, 60, 64
回復的秘匿行為………………………45
書き間違い …………………………134
隔地者 ………………………286, 295, 305
隔地者間の意思表示 ………………280
瑕疵ある意思表示 …………………201
仮装行為………………………………36

過量契約 ……………………………263, 267
官　報 ………………………………320
基礎事情
　　―― の錯誤 ……………………133
　　―― の内容化 …………………170
　　―― の表示 ……………………151
規範的要件……………………………76, 105
欺罔行為 ……………………………208
　　挙動による ―― ………………210
客観的重要性 …119, 126, 128, 131, 142, 189, 191
窮迫の利用 …………………………234
行政行為（行政処分）…………………9
　　相手方のある ―― ……………291
共通錯誤 ……………………124, 180, 190, 192
共通の動機……………………………54
共同申請主義…………………………66
強　迫 ………………………200, 270, 276
　　―― の要件 ……………………226
　　経済的 ―― ……………………228
虚偽表示 ……………………………32, 33
　　―― の追認………………………65
　　―― の撤回 ……………………64, 65
虚偽表示確認の訴え ………………34, 38
クーリング・オフ …………………267, 291
経済的強迫……………………………228
形式主義………………………………66
形式的審査主義………………………66
契約解釈 ……………………………47, 48, 50
契約締結上の過失 …………………220
契約内容の誤解 ……………………136
契約不適合責任 ……………………187, 257
劇場型勧誘 …………………………265
原始的不能 …………………………186
権利外観規定…………………………84
権利外観法理 ………………………85, 92, 103
権利外観保護……………39, 84, 85, 86, 88
権利外観保護規定 …………………39, 58
権利外観保護法理………42, 72, 84, 85, 86, 87, 90
権利保護要件…………………………59
故意責任………………………………58, 79, 90
故意責任原理 ………………………40, 82

329

事 項 索 引

行為基礎論 ……………………………111
合意主義的錯誤論 ………………………110
行為能力の制限 …………………315, 316
合意の瑕疵 ………………………………203
公益的無効 …………………………19, 65
効果意思 ………………39, 48, 49, 54, 77
効果意思欠缺説……………………………96
効果不発生合意 ……………………………54
効果不発生合意説 …………………………96
公示送達 …………………………319, 322
公示による意思表示 ……………………317
公信原則 ……………………………………68
公信問題 ……………………………………88
公信力………37, 60, 67, 68, 69, 91, 92, 103
口 頭 ……………………………298, 305
合同行為 ……………………………………8, 51
抗弁権の永久性 …………………………244
告知義務 …………………………212, 217
　保険契約における ―― ………………266
誤認類型 …………………………………262
困惑類型 …………………………………263

さ 行

債権者代位権 ……………………………185
債権譲渡 ………………………………………9
　取立委任の ―― …………………………14
債務引受け ………………………………223
債務不履行責任 …………………………187
詐 欺 …………………………200, 269, 272
　―― と売主の契約不適合責任 …………257
　―― に基づく損害賠償 …………………239
　―― によって引き起こされた表意者の錯誤
　　　…………………………………………255
　―― による代理権の授与 ………………247
　―― の要件 ………………………………208
　第三者による ―― ………………………220
　沈黙による ―― ………………………210, 217
詐欺・強迫 …………………………200, 201
　―― の拡張 ………………………………207
　―― の効果 ………………………………236
　―― を受けた者の原状回復義務 ………239
錯 誤 …………………………………106, 255
　―― と不合意 ……………………………140
　―― の効果 …………………………116, 184

　―― の主張権者 …………………………113
　―― の要件 ………………………………133
　意思の不存在の ―― ……………………133
　価格に関する ―― ………………………139
　基礎事情の ―― …………………………133
　計算の ―― ………………………………139
　事実の ―― ……………114, 133, 136, 151
　性状の ―― ……………137, 149, 160, 191
　同一性の ―― ………………………136, 148
　動機の ―― 　→動機の錯誤
　内容の ―― ………………………………136
　人に関する ―― …………………………145
　表示 ―― ………………114, 133, 190, 194
　表示機関の ―― …………………………135
　表示行為の意味に関する ―― …136, 190, 191
　表示上の ―― ……………………134, 190, 191
　法律の ―― ………………………………137
　保証人等の ―― …………………………165
　物に関する ―― …………………………148
　要素の ―― ………………………………131
差押債権者 ……………………………57, 78
私益的無効………………………………………19
ジェスチャー ……………………………307
自己責任原理 …………………………74, 77
自己矛盾行為 …………………………47, 55
使 者 ………………………………………304
執行免脱 ………34, 35, 37, 38, 54, 56
実質的審査主義 ……………………………66
重過失 ………113, 115, 124, 132, 176, 192
住 所 ………………………………………302
重大な過失 　→重過失
主観的因果性 …119, 126, 128, 131, 141, 189, 191
受領無能力 ………………………………327
手 話 ………………………………………307
順次取得説 ………………………198, 275
順次承継説 ………………………………100
準法律行為………9, 51, 207, 288, 290, 321, 325
消極的秘匿行為 ……………………………45
譲渡担保 ………………………………45, 48
情報提供義務 …………………………219, 258
　保証に関する ―― ………………………257
情報提供努力義務 ………………………265
諸般の事情 …………………………………12
処分授権………………………………………52

330

事 項 索 引

書面化された意思表示 ……………………299
信　号 ……………………………298, 307
信託的行為 ………………………10, 14, 47, 48
人的編成主義………………………………66
心裡留保 …………………………………1
　　── の効果 …………………………18
　　── の要件 …………………………10
　　── の類型化…………………………29
　　狭義の ── ……………5, 15, 17, 24, 30
制限行為能力………………………………47
成年被後見人……………………………325
成立要件主義………………………………66
積極的秘匿行為……………………………45
絶対的構成…………………………………63
説明義務……………………………219, 258
善　意………………18, 27, 58, 78, 99, 102
善意の第三者………26, 29, 43, 60, 64, 78, 99, 101
善意無過失…………………………186, 250
善意無過失の第三者 ………………186, 246
前提とされた事実についての誤った認識 …136
相　殺……………………………………242
相対的公信主義……………………………67
相対的構成…………………………………63
相対無効…………………………………116
遡及的追認…………………………………65
遡及的物権変動……………………………91

た　行

対抗要件主義………………………………66
第三者 …18, 27, 29, 56, 62, 64, 78, 83, 88, 90, 99,
　101, 192, 197, 221, 246, 270, 272, 278
第三者による強迫 …………………235, 271, 277
第三者による詐欺 …………………220, 269, 273
第三者のためにする契約 …………………223, 248
第三者保護規定……17, 20, 41, 117, 124, 133, 190
退職願……………………………………15
代理権の濫用 ………………………………7
対話者………………………………286, 295, 305
多角的法律関係 …………………………224
団体的行為 …………………………………8
単独行為……………………………………51
単独申請主義………………………………66
沈黙による詐欺 …………………210, 217
追　認 ……………………………………20, 65

通知の発信 ………………………………316
通　謀……………………………………53
通謀虚偽表示 ………………………………6
通用理論 ……………………………………3
つけ込み …………………………………233
撤　回 …………………………………64, 65
撤回権……………………………………291
デート商法………………………………263
電子承諾通知……………………………285
電子消費者契約特例法 …………………182
電子メール……………285, 287, 300, 308
伝達の誤り ………………………………135
転得者 …………………………………62, 102
電　話……………………………284, 295
登記回復義務……………………………89, 92
動機の錯誤……112, 113, 121, 125, 126, 131, 191,
　196
動機表示構成……………………………109
動機表示重視説…………………………190
当事者の態様……………………………172
同時履行の抗弁…………………………242
到　達……………………………280, 287, 294
到達擬制 …………281, 287, 297, 299, 310, 323
到達主義 …………………………280, 281, 293
到達妨害 …………281, 287, 297, 299, 310
取消し……………………………………184
取消し後の第三者 …………193, 252, 254, 270
取消し的無効……………………………116
取消し前の第三者 ………193, 253, 270, 275, 278
取立委任の債権譲渡……………………14
努力義務 …………………………………259

な　行

内容化重視説 ……………………………153, 190
二元説……………………………………120, 133
二段（二重）の故意 ……………………215, 230
認識可能性説……………………………109
認　容……………………………………89

は　行

媒介受託者 ………………………………222, 265
配慮義務…………………………………258
発　信……………………………………280
発信主義 …………………………282, 290, 293

331

事 項 索 引

反対証書……………………33, 34, 35, 36, 38, 58, 60
非顕名代理……………………………………52
非真意表示………………………5, 15, 17, 24
筆　談……………………………………300
秘匿契約……………………………………34
秘匿行為…36, 38, 39, 40, 45, 46, 47, 48, 49, 52, 54,
　55, 56, 60
人に関する錯誤 ……………………………145
表意者の過失による損害賠償責任 …………183
表意者の死亡 ………………………………315
評価根拠事実…………………………………83
評価障害事実…………………………………76
評価矛盾………………………………………260
表見所有権理論………………………………87
表見法理……………40, 41, 42, 58, 99, 103, 251
表示意思……………………………………13, 49
表示意識………………………………………49
表示重視説……………………………………153
表示主義 ………………………………………4
表示障害 ……………………………………319
表　白……………………………………280
表白主義 ……………………………………281
表明保証 ……………………………………119, 173
ファクシミリ ………………………………285, 296
不実表示 ………………118, 123, 126, 172, 174
物的編成主義…………………………………66
不当寄付勧誘…………………………………266
不動産登記……………………………………35
不法原因給付…………………………………46, 56
不法行為 ……………………………………257
不利益事実の不告知 ………………………118, 210
法　意………………………………71, 72, 81
法定効果説 …………43, 60, 61, 62, 63, 83, 100
法定承継取得説 ……………………………198, 275

法律行為
　——の基礎 …………………………………130
　——の内容化 ……………………122, 126, 127
　——の要素 ………………………………111, 115
法律の錯誤 …………………………………137
保証に関する情報提供義務 …………………256
保証人等の錯誤 ……………………………165

ま 行

未成年者 ……………………………………325
みなし到達条項 ……………………………313
無効主張否認説 …43, 60, 61, 62, 63, 83, 100
無効の取消化 ………………………………19
名義貸し ……………………………………14
名義借り ……………………………………52
名義借用行為 ………………………………52
物に関する錯誤 ……………………………148

や 行

郵　便……………………………………300
要素の錯誤 …………………………………131
要物契約 ……………………………………51, 98

ら 行

理由の錯誤 …………………………………191
了　知………………………………280, 295
了知主義 ……………………………………282, 296
留守番電話 …………………………285, 295, 296
霊感商法 ……………………………………263

わ 行

わら人形……………………………………57
　——の行為…………………………………52

判 例 索 引

明 治

大判明 32・6・1 刑録 5 輯 6 巻 6 頁…………255
大判明 32・10・10 民録 5 輯 9 巻 62 頁 ……166
大判明 33・5・7 民録 6 輯 5 巻 15 頁
　　　　　　　　　　　……………244, 246, 248
大判明 33・6・22 民録 6 輯 6 巻 125 頁 ……150
大判明 36・5・12 刑録 9 輯 849 頁 ……236, 244
大判明 36・6・19 民録 9 輯 759 頁…………52
大判明 37・2・19 刑録 10 輯 296 頁………252
大判明 37・11・28 民録 10 輯 1529 頁…229, 230
大判明 38・3・2 民録 11 輯 316 頁…………14
大判明 38・12・19 民録 11 輯 1786 頁………112
大判明 39・1・29 民録 12 輯 81 頁…………95
大判明 39・3・31 民録 12 輯 492 頁…………221
東京控判明 39・7・6 新聞 375 号 6 頁………316
大判明 39・11・2 民録 12 輯 1413 頁………287
大判明 39・12・13 刑録 12 輯 1360 頁
　　　　　　　　　　…………233, 244, 253, 256
大判明 40・2・25 民録 13 輯 167 頁…………145
大判明 40・9・27 民録 13 輯 911 頁…………325
大判明 41・3・9 民録 14 輯 241 頁 …………205
大判明 41・3・12 刑録 14 輯 219 頁……242, 258
大判明 41・4・27 刑録 14 輯 453 頁…………239
大判明 41・12・7 民録 14 輯 1268 頁………48
大判明 42・2・27 民録 15 輯 171 頁 …………45
大阪控判明 42・7・8 新聞 592 号 13 頁……8, 10
大判明 42・12・24 民録 15 輯 1008 頁………167
大判明 44・6・6 民録 17 輯 362 頁…………52
大判明 45・3・13 民録 18 輯 193 頁
　　　　　　　　　　　……………288, 290, 304
大判明 45・7・8 民録 18 輯 691 頁…………48

大 正

東京控判年月日不明新聞 829 号 19 頁 ………46
東京控判大元・9・17 新聞 838 号 21 頁……257
東京控判大 2・5・5 評論 2 巻商 109 頁
　　　　　　　　　　　　　………290, 302
東京控判大 2・10・4 評論 2 巻民 559 頁……289
大判大 2・11・19 刑録 19 輯 1223 頁 ………237
大判大 3・3・16 民録 20 輯 210 頁 ………53, 57
大阪地判大 3・4・8 新聞 943 号 26 頁 ………46

大判大 3・4・11 刑録 20 輯 525 頁 …………242
大判大 3・11・20 民録 20 輯 963 頁 …………46
大判大 3・12・15 民録 20 輯 1101 頁
　　　　　　　　　　…………112, 141, 143, 189
大阪控判大 4・2・5 新聞 1002 号 23 頁 ……290
大阪地判大 4・4・1 新聞 1008 号 22 頁 ……290
大判大 4・6・30 民録 21 輯 1087 頁…………248
大判大 4・7・10 民録 21 輯 1111 頁 …………46
東京地判大 4・10・28 評論 4 巻商 378 頁
　　　　　　　　　　　　　………289, 303
大判大 5・1・26 刑録 22 輯 39 頁………255, 258
大判大 5・5・8 民録 22 輯 931 頁…………230
大判大 5・5・18 民録 22 輯 994 頁…………14
大判大 5・7・5 民録 22 輯 1325 頁……111, 255
大判大 5・7・12 民録 22 輯 1374 頁…………48
大判大 5・10・10 新聞 1182 号 30 頁…………48
大判大 5・11・17 民録 22 輯 2089 頁
　　　　　　　　　　　……………27, 56, 101
大判大 6・2・24 民録 23 輯 284 頁
　　　　　　　　　　…………112, 138, 160, 190
大判大 6・7・21 民録 23 輯 1168 頁…………255
大判大 6・9・6 民録 23 輯 1319 頁 ……208, 216
大判大 6・9・20 民録 23 輯 1360 頁…………229
大判大 6・11・8 民録 23 輯 1758 頁
　　　　　　　　　　　……………113, 176, 177
大連判大 6・12・14 民録 23 輯 2112 頁 ……266
大判大 6・12・17 民録 23 輯 2142 頁…………266
大判大 6・12・20 民録 23 輯 2178 頁…………291
大判大 7・3・27 民録 24 輯 599 頁 …………146
大判大 7・5・16 民録 24 輯 967 頁…………237
大判大 7・7・3 民録 24 輯 1338 頁……146, 167
大判大 7・10・3 民録 24 輯 1852 頁
　　　　　　　　　　…………112, 141, 151, 190
大阪控判大 7・10・14 新聞 1467 号 21 頁 …214
大判大 7・12・3 民録 24 輯 2284 頁…………113, 192
大判大 8・6・19 民録 25 輯 1063 頁 …………64
大判大 8・12・16 民録 25 輯 2316 頁…………112
大判大 9・7・23 民録 26 輯 1151 頁…………59
大判大 9・7・23 民録 26 輯 1171 頁……56, 101
大判大 10・6・7 民録 27 輯 1074 頁…………179
大判大 10・10・22 民録 27 輯 1818 頁………191

判 例 索 引

大判大 10・11・4 民録 27 輯 1898 頁 ………290
大判大 10・12・15 民録 27 輯 2160 頁………138
大判大 11・2・6 民集 1 巻 13 頁 …………216
大判大 11・2・25 民集 1 巻 69 頁 …………52
大判大 11・3・22 民集 1 巻 115 頁 …………255
新潟地判大 11・4・22 評論 11 巻民 648 頁…328
大判大 11・7・13 新聞 2032 号 19 頁 ………150
大判大 12・4・26 民集 2 巻 272 頁 …………255
仙台地石巻支判大 12・10・15 新聞 2191 号
　18 頁 …………………………………………289
大判大 14・3・3 新聞 2383 号 20 頁………210
大判大 14・3・26 新聞 2407 号 17 頁………46
大判大 14・11・9 民集 4 巻 545 頁 …………230
大決大 15・9・4 新聞 2613 号 16 頁………51, 98
大判大 15・9・17 新聞 2627 号 9 頁 …………46

昭和元〜21 年

東京地判昭 2・2・12 評論 16 巻民 622 頁 …316
大判昭 2・3・15 新聞 2688 号 9 頁……136, 148
大判昭 3・4・18 民集 7 巻 283 頁……………269
大判昭 3・7・11 民集 7 巻 559 頁……………146
大判昭 4・1・23 新聞 2945 号 14 頁……228, 229
大判昭 4・2・20 民集 8 巻 59 頁 ………252, 254
大判昭 5・10・15 評論 20 巻民 29 頁 ………243
大判昭 6・2・14 評論 20 巻民 317 頁
　……………………………………290, 294, 304
大判昭 6・6・9 民集 10 巻 470 頁……46, 51, 98
大判昭 6・10・19 新聞 3336 号 11 頁………209
大判昭 6・10・24 新聞 3334 号 4 頁………57, 63
大判昭 7・2・16 新報 285 号 10 頁 …………291
大判昭 7・3・18 民集 11 巻 327 頁
　……………………………………193, 249, 270
大判昭 7・4・19 民集 11 巻 837 頁 ……8, 10, 51
大判昭 7・8・9 民集 11 巻 1879 頁 ……244, 248
大判昭 7・11・10 新聞 3495 号 18 頁………98
大判昭 7・12・21 民集 11 巻 2480 頁 ………319
大判昭 8・6・16 民集 12 巻 1506 頁 …………57
大決昭 8・9・18 民集 12 巻 2437 頁 …………51
大判昭 8・12・19 民集 12 巻 2882 頁 …………57
大判昭 9・5・1 民集 13 巻 875 頁……………234
大判昭 9・5・4 民集 13 巻 633 頁…135, 147, 166
大判昭 9・5・25 民集 13 巻 829 頁 ………46, 51
大判昭 9・8・7 裁判例 8 巻民法 193 頁 ……166
大判昭 9・10・24 新聞 3773 号 17 頁

　……………………………………290, 302, 304, 313
大判昭 9・11・26 新聞 3790 号 11 頁 ………302
大判昭 9・12・26 裁判例 8 巻民法 322 頁 …150
大判昭 10・2・4 裁判例 9 巻民法 15 頁 ……151
大判昭 10・3・2 裁判例 9 巻民法 47 頁 ……166
大判昭 10・4・8 民集 14 巻 511 頁 …………291
大判昭 10・4・11 法学 4 巻 1454 頁 …………166
大判昭 10・5・31 民集 14 巻 1220 頁
　……………46, 59, 63, 102, 193, 249, 270
大判昭 10・12・11 新聞 3928 号 10 頁………146
大判昭 10・12・13 裁判例 9 巻民法 321 頁…147
大判昭 11・2・14 民集 15 巻 158 頁
　……………………………289, 299, 310, 311
大判昭 11・11・21 民集 15 巻 2072 頁
　……………………………………226, 228, 231
大判昭 12・2・9 判決全集 4 輯 4 号 4 頁 ……57
大判昭 12・4・17 判決全集 4 輯 8 号 3 頁 …146
大判昭 12・7・16 新聞 4172 号 7 頁 ………328
大判昭 12・8・10 新聞 4181 号 9 頁…27, 58, 102
大判昭 12・12・21 判決全集 5 輯 3 号 4 頁…230
大判昭 12・12・28 民集 16 巻 2082 頁 ………48
大判昭 12・12・28 判決全集 5 輯 2 号 3 頁…169
大判昭 13・2・21 民集 17 巻 232 頁…137, 178
大判昭 13・3・8 民集 17 巻 367 頁…………64
大判昭 13・3・18 新聞 4258 号 16 頁………146
大判昭 13・4・7 判決全集 5 輯 9 号 26 頁 …150
大判昭 13・4・23 民集 17 巻 817 頁…290, 303
大判昭 13・5・3 新聞 4276 号 11 頁 …………47
東京地判昭 13・7・21 新報 516 号 21 頁……301
東京地判昭 13・10・11 新聞 4336 号 17 頁 …45
大判昭 13・11・7 判決全集 5 輯 22 号 4 頁…146
大判昭 13・11・11 判決全集 5 輯 22 号 5 頁
　……………………………………………………150
大判昭 13・12・17 民集 17 巻 2651 頁 ………57
大判昭 14・9・22 新聞 4481 号 7 頁 ………6, 28
大判昭 14・12・6 民集 18 巻 1490 頁………7, 53
大判昭 15・12・13 民集 19 巻 2381 頁 ………290
大判昭 15・12・24 法学 10 巻 542 頁 ………178
大判昭 16・3・11 民集 20 巻 176 頁……………9
大判昭 16・8・30 新聞 4747 号 15 頁 ………46
大判昭 16・11・18 法学 11 巻 617 頁 …210, 213
大判昭 17・9・8 新聞 4799 号 10 頁 …………99
大判昭 17・9・30 民集 21 巻 911 頁
　……………………………………59, 246, 252

判 例 索 引

大判昭 19・6・28 民集 23 巻 387 頁…………140
大判昭 20・5・21 民集 24 巻 9 頁………148, 168

昭和 22〜30 年

最判昭 23・12・23 民集 2 巻 14 号 493 頁 ……8
東京地判昭 25・5・4 下民集 1 巻 5 号 657 頁
　…………………………………………………289
東京地決昭 25・5・19 判タ 6 号 42 頁…319, 323
東京地判昭 25・7・14 下民集 1 巻 7 号 1103
　頁……………………………………………………45
金沢地判昭 26・1・31 下民集 2 巻 1 号 105 頁
　…………………………………………………204
神戸地判昭 26・2・21 下民集 2 巻 2 号 245 頁
　…………………………………………………221
東京地判昭 26・3・3 下民集 2 巻 3 号 333 頁
　……………………………………………………45
最判昭 26・10・19 民集 5 巻 11 号 612 頁
　…………………………………………………206, 251
新潟地長岡支判昭 26・11・19 下民集 2 巻 11
　号 1330 頁…………………………………………205
最判昭 27・3・18 民集 6 巻 3 号 325 頁………56
東京高判昭 27・5・24 判タ 27 号 57 頁………14
東京高決昭 27・7・22 家月 4 巻 8 号 95 頁
　…………………………………………………205, 221
東京高判昭 27・7・31 下民集 3 巻 7 号 1055
　頁…………………………………………………303
最判昭 28・6・12 民集 7 巻 6 号 649 頁………46
最判昭 28・10・1 民集 7 巻 10 号 1019 頁
　………………………………………………………45, 57
最判昭 29・2・2 民集 8 巻 2 号 350 頁 ………46
最判昭 29・2・12 民集 8 巻 2 号 465 頁 ……145
東京地判昭 29・3・31 下民集 5 巻 3 号 439 頁
　…………………………………………………289, 301
福岡高判昭 29・5・18 下民集 5 巻 5 号 720 頁
　…………………………………………………230
大阪地判昭 29・8・9 下民集 5 巻 8 号 1297 頁
　…………………………………………………323
最判昭 29・8・20 民集 8 巻 8 号 1505 頁 ……69
最判昭 29・8・24 刑集 8 巻 8 号 1372 頁
　…………………………………………………289, 291
最判昭 29・11・26 民集 8 巻 11 号 2087 頁
　………………………………………112, 151, 190
福岡高決昭 30・3・23 下民集 6 巻 3 号 536 頁
　…………………………………………………319, 323

最判昭 30・3・29 民集 9 巻 3 号 401 頁 ……291
最判昭 30・4・12 刑集 9 巻 4 号 838 頁 ……291
最判昭 30・9・30 民集 9 巻 10 号 1491 頁 …137

昭和 31〜40 年

東京地判昭 31・6・6 下民集 7 巻 6 号 1486 頁
　…………………………………………………289, 303
東京地判昭 31・6・28 ジュリ 115 号 72 頁…289
東京地判昭 31・7・19 下民集 7 巻 7 号 1967
　頁…………………………………………………289
最判昭 31・12・28 民集 10 巻 12 号 1613 頁
　……………………………………………………51, 52
広島高判昭 32・2・4 判時 103 号 24 頁 ……306
大阪高判昭 32・2・11 高民集 10 巻 2 号 55 頁
　…………………………………………………207
東京高判昭 32・2・20 東高民時報 8 巻 2 号
　47 頁 ……………………………………………48
最判昭 32・6・7 民集 11 巻 6 号 999 頁 ……252
東京高判昭 32・7・18 高民集 10 巻 5 号 320
　頁……………………………………………………64
最判昭 32・12・19 民集 11 巻 13 号 2299 頁
　…………………………………………………168
東京地判昭 33・3・20 下民集 9 巻 3 号 462 頁
　…………………………………………………327
東京地判昭 33・3・20 下民集 9 巻 3 号 469 頁
　…………………………………………………232
東京高判昭 33・3・31 高民集 11 巻 3 号 197
　頁…………………………………………………292
最判昭 33・6・14 民集 12 巻 9 号 1492 頁
　………………………………………138, 163, 164
最判昭 33・7・1 民集 12 巻 11 号 1601 頁
　…………………227, 228, 232, 233, 234, 256
最判昭 34・6・26 民集 13 巻 6 号 846 頁……315
最判昭 35・2・2 民集 14 巻 1 号 36 頁
　…………………………………………46, 58, 99
東京高判昭 35・3・18 東高民時報 11 巻 3 号
　101 頁 ……………………………………………9
最判昭 36・4・20 民集 15 巻 4 号 774 頁
　…………………………………………289, 294, 305
大阪高判昭 37・1・31 労民集 13 巻 1 号 49 頁
　…………………………………………………229
最判昭 37・4・26 民集 16 巻 4 号 992 頁
　…………………………………………………319, 323
最判昭 37・6・12 民集 16 巻 7 号 1305 頁

判 例 索 引

‥‥‥‥‥‥‥‥‥‥‥‥‥‥‥‥‥‥45, 56
最判昭 37・9・14 民集 16 巻 9 号 1935 頁‥‥‥71
最判昭 37・12・25 訟月 9 巻 1 号 38 頁 ‥‥‥121
最判昭 38・2・1 判タ 141 号 53 頁 ‥‥‥‥‥168
最判昭 38・6・18 裁判集民 66 号 547 頁‥‥‥248
東京地判昭 39・4・21 判タ 161 号 151 頁 ‥‥147
東京高判昭 39・10・27 高民集 17 巻 6 号 463
　頁 ‥‥‥‥‥‥‥‥‥‥‥‥‥‥‥‥289, 301
最判昭 39・12・11 民集 18 巻 10 号 2127 頁‥‥45
最判昭 40・2・23 裁判集民 77 号 557 頁‥‥‥206
名古屋地判昭 40・2・26 下民集 16 巻 2 号
　362 頁 ‥‥‥‥‥‥‥‥‥‥‥‥‥‥‥‥‥205
大阪高判昭 40・3・30 判時 416 号 60 頁‥‥‥218
東京地判昭 40・3・30 判タ 175 号 135 頁‥‥‥45
最判昭 40・6・25 裁判集民 79 号 519 頁‥‥‥164
東京高判昭 40・8・4 東高民時報 16 巻 7 = 8
　号 139 頁 ‥‥‥‥‥‥‥‥‥‥‥‥‥‥‥182
最判昭 40・9・10 民集 19 巻 6 号 1512 頁
‥‥‥‥‥‥‥‥‥‥‥‥‥‥113, 125, 189
最判昭 40・10・8 民集 19 巻 7 号 1731 頁 ‥‥146

昭和 41～50 年

最判昭 41・3・18 民集 20 巻 3 号 451 頁‥‥71, 76
大阪高判昭 41・4・8 高民集 19 巻 3 号 226 頁
‥‥‥‥‥‥‥‥‥‥‥‥‥‥‥‥‥‥‥‥‥15
盛岡地判昭 41・4・19 民集 23 巻 4 号 723 頁
‥‥‥‥‥‥‥‥‥‥‥‥‥‥‥‥‥‥‥‥316
最判昭 41・7・28 民集 20 巻 6 号 1265 頁‥‥‥56
最判昭 41・10・21 裁判集民 84 号 703 頁 ‥‥221
名古屋地判昭 41・11・24 下民集 17 巻
　11 = 12 号 1148 頁 ‥‥‥‥‥‥‥‥‥‥‥182
最判昭 41・12・22 民集 20 巻 10 号 2168 頁
‥‥‥‥‥‥‥‥‥‥‥‥‥‥27, 45, 58, 99
東京地判昭 42・3・23 判時 489 号 64 頁‥‥‥149
最判昭 42・4・20 民集 21 巻 3 号 697 頁‥‥‥‥7
最判昭 42・6・22 民集 21 巻 6 号 1479 頁‥‥‥51
東京高判昭 42・6・27 訟月 13 巻 9 号 1133 頁
‥‥‥‥‥‥‥‥‥‥‥‥‥‥‥‥‥‥‥‥‥45
最判昭 42・6・29 判時 491 号 52 頁‥58, 99, 101
最判昭 42・7・20 民集 21 巻 6 号 1583 頁 ‥‥289
最判昭 42・10・31 民集 21 巻 8 号 2232 頁
‥‥‥‥‥‥‥‥‥‥‥‥‥‥‥45, 61, 101
名古屋高決昭 43・1・30 家月 20 巻 8 号 47 頁
‥‥‥‥‥‥‥‥‥‥‥‥‥‥‥‥‥‥‥‥‥52

最決昭 43・6・6 刑集 22 巻 6 号 434 頁 ‥‥‥210
最判昭 43・10・17 民集 22 巻 10 号 2188 頁‥72
最判昭 43・11・15 判タ 232 号 100 頁 ‥‥‥‥52
最判昭 43・12・17 民集 22 巻 13 号 2998 頁
‥‥‥‥‥‥‥‥‥‥‥‥‥‥289, 294, 303
最判昭 44・4・3 民集 23 巻 4 号 709 頁
‥‥‥‥‥‥‥‥‥‥‥‥‥‥‥‥‥291, 316
最判昭 44・5・27 民集 23 巻 6 号 998 頁
‥‥‥‥‥‥‥‥‥‥59, 71, 193, 249, 270
東京地判昭 44・6・13 判時 561 号 79 頁 ‥‥‥15
最判昭 44・9・18 民集 23 巻 9 号 1675 頁 ‥‥178
東京地判昭 44・10・28 判時 590 号 87 頁 ‥‥229
最判昭 44・11・14 民集 23 巻 11 号 2023 頁
‥‥‥‥‥‥‥‥‥‥‥‥‥‥‥‥21, 26, 77
大阪高判昭 44・11・25 判タ 241 号 92 頁
‥‥‥‥‥‥‥‥‥‥‥‥‥‥‥‥‥136, 148
最判昭 45・3・26 民集 24 巻 3 号 151 頁
‥‥‥‥‥‥‥‥‥‥‥‥‥‥113, 162, 185
最判昭 45・4・16 民集 24 巻 4 号 266 頁‥73, 76
最判昭 45・5・29 判時 598 号 55 頁‥‥150, 151
最判昭 45・6・2 民集 24 巻 6 号 465 頁‥‥‥‥72
最判昭 45・7・24 民集 24 巻 7 号 1116 頁
‥‥‥‥‥‥‥‥‥‥‥27, 63, 71, 72, 77
東京地判昭 45・9・2 判時 619 号 66 頁‥‥‥‥52
最判昭 45・9・22 民集 24 巻 10 号 1424 頁 ‥‥73
最判昭 45・11・19 民集 24 巻 12 号 1916 頁
‥‥‥‥‥‥‥‥‥‥‥‥‥‥‥‥‥‥73, 76
東京地判昭 46・4・21 判時 642 号 42 頁‥‥‥232
東京地判昭 46・5・20 判時 643 号 53 頁‥‥‥181
最判昭 46・6・25 民集 25 巻 4 号 640 頁‥‥‥206
東京高判昭 46・7・20 判タ 269 号 271 頁 ‥‥222
最判昭 47・2・17 金法 643 号 32 頁 ‥‥‥‥‥71
最判昭 47・9・7 民集 26 巻 7 号 1327 頁
‥‥‥‥‥‥‥‥‥‥‥‥‥‥‥‥‥222, 242
大阪地判昭 47・9・12 判時 689 号 104 頁 ‥‥261
最判昭 47・11・28 民集 26 巻 9 号 1715 頁 ‥‥46
最判昭 47・12・19 民集 26 巻 10 号 1937 頁
‥‥‥‥‥‥‥‥‥‥‥‥‥‥‥‥‥‥‥238
最判昭 48・6・28 民集 27 巻 6 号 724 頁
‥‥‥‥‥‥‥‥‥‥‥‥‥‥‥‥57, 73, 76
広島高松江支判昭 48・10・26 高民集 26 巻 4
　号 431 頁 ‥‥‥‥‥‥‥‥‥‥‥‥‥227, 230
最判昭 48・12・12 民集 27 巻 11 号 1536 頁
‥‥‥‥‥‥‥‥‥‥‥‥‥‥‥‥‥‥‥212

判 例 索 引

東京高判昭 49・1・30 判タ 310 号 166 頁 …229
最判昭 49・9・26 民集 28 巻 6 号 1213 頁
　　　　　　…192, 246, 247, 249, 270
最判昭 50・4・25 判時 781 号 67 頁…71, 76, 102
最判昭 50・6・27 民集 29 巻 6 号 867 頁……293
最判昭 50・6・27 判時 784 号 65 頁……306
大阪地判昭 50・7・11 下民集 26 巻 5～8 号
　　604 頁 …………………………………238
東京高判昭 50・10・6 判タ 336 号 228 頁……46
最判昭 50・11・14 判時 804 号 31 頁 ………177

昭和 51～60 年
東京地判昭 51・1・21 判時 826 号 65 頁…148
東京地判昭 51・6・23 判タ 346 号 275 頁 …228
東京高判昭 51・10・28 判時 843 号 55 頁 …227
福岡地判昭 52・2・4 判時 880 号 93 頁 ……230
東京高判昭 52・5・10 判時 865 号 87 頁……206
最判昭 52・8・9 民集 31 巻 4 号 742 頁………53
東京地判昭 53・6・21 無体集 10 巻 1 号 280
　　頁 …………………………………………292
東京地判昭 53・10・16 下民集 29 巻 9～12 号
　　310 頁 ………………………………214
大阪高判昭 53・11・7 判タ 375 号 90 頁
　　…………………289, 311, 312, 313
東京地判昭 54・7・18 判時 952 号 77 頁……147
最判昭 54・9・6 民集 33 巻 5 号 630 頁 ……134
東京高判昭 54・12・24 判時 955 号 113 頁…244
最判昭 55・9・11 民集 34 巻 5 号 683 頁
　　………………………………27, 57, 58, 102
最判昭 55・10・23 民集 34 巻 5 号 747 頁 …255
最判昭 56・3・27 民集 35 巻 2 号 417 頁……322
東京地判昭 56・3・31 判タ 448 号 115 頁……79
最判昭 56・4・28 民集 35 巻 3 号 696 頁 ……51
浦和地判昭 57・5・28 判タ 477 号 145 頁……312
最判昭 57・6・8 判タ 475 号 66 頁……………57
最判昭 57・7・1 民集 36 巻 6 号 891 頁………52
最判昭 57・7・15 民集 36 巻 6 号 1146 頁 …291
東京高判昭 57・10・28 判タ 497 号 122 頁…227
東京地判昭 57・12・22 行集 33 巻 12 号 2560
　　頁 ………………………………207, 258
東京高判昭 58・1・25 判タ 492 号 62 頁……314
札幌高判昭 58・1・27 判タ 492 号 77 頁
　　……………………………………218, 255
大阪高判昭 58・5・25 判時 1090 号 134 頁

　　…………………………………228, 229
東京地判昭 58・6・28 判時 1112 号 87 頁
　　……………………………………218, 255
名古屋高判昭 59・3・29 金法 1076 号 34 頁
　　…………………………………………315
福岡高宮崎支判昭 59・11・28 判タ 549 号
　　205 頁 ……………………………………242
大阪地判昭 60・1・24 判時 1170 号 116 頁…214
大阪地判昭 60・1・29 判タ 550 号 146 頁……79
東京高判昭 60・4・24 東高民時報 36 巻 4 = 5
　　号 77 頁 ……………………………………79
東京高判昭 60・8・28 東高民時報 36 巻 8 = 9
　　号 158 頁 …………………………………314
名古屋高判昭 60・9・26 判タ 568 号 70 頁…180

昭和 61～64 年
長崎地判昭 61・3・17 判タ 608 号 83 頁……261
東京地判昭 61・5・26 判時 1234 号 94 頁 …313
東京地判昭 61・6・19 判タ 640 号 146 頁 …229
大阪地判昭 61・9・29 判タ 622 号 116 頁 …211
東京高判昭 61・10・30 判タ 648 号 198 頁
　　……………………………………242, 243
高知地判昭 61・11・26 判タ 639 号 216 頁…244
最判昭 62・1・20 訟月 33 巻 9 号 2234 頁
　　……………………………………………73, 79
東京地判昭 62・6・22 判時 1238 号 31 頁 …245
神戸地判昭 62・7・7 判タ 665 号 172 頁……258
大阪地判昭 62・8・7 判タ 669 号 164 頁……179
高松高判昭 63・3・31 判時 1282 号 125 頁 …79
東京地判昭 63・7・1 判時 1311 号 80 頁……212
東京高判昭 63・10・28 判タ 699 号 228 頁…258

平成元～10 年
東京地判平・6・13 判時 1347 号 58 頁 …228
最判平元・9・14 家月 41 巻 11 号 75 頁
　　…………………113, 137, 151, 155, 171, 190
福岡高判平元・11・9 判タ 719 号 164 頁 ……15
東京地判平 3・9・26 判時 1428 号 97 頁……214
横浜地判平 3・9・27 判時 1429 号 101 頁 …173
東京地判平 3・10・9 判時 1445 号 158 頁……79
最判平 3・11・19 民集 45 巻 8 号 1209 頁 …241
東京地判平 4・3・6 判タ 799 号 189 頁 ……221
東京地判平 5・2・10 判タ 816 号 214 頁……214
東京地判平 5・5・21 判タ 859 号 195 頁

337

判 例 索 引

··311, 313
東京地判平 5・6・30 判タ 859 号 239 頁······261
前橋地判平 6・1・21 交民 27 巻 1 号 78 頁···215
福岡地判平 6・5・27 判タ 880 号 247 頁······229
最判平 7・7・7 金法 1436 号 31 頁··············15
福岡高判平 8・4・15 判タ 923 号 252 頁······302
東京地判平 8・6・5 判タ 923 号 135 頁 ······233
東京地判平 8・9・9 判時 1610 号 87 頁 ······139
東京高判平 8・12・25 民集 52 巻 4 号 1082 頁
··299
最判平 9・6・17 民集 51 巻 5 号 2154 頁······304
東京高判平 9・7・7 判時 1605 号 71 頁 ······257
東京地判平 9・12・8 判タ 976 号 177 頁 ······256
最判平 9・12・18 訟月 45 巻 3 号 693 頁······102
最判平 10・5・26 民集 52 巻 4 号 985 頁
··240, 241
最判平 10・6・11 民集 52 巻 4 号 1034 頁
··································299, 311, 313
沼津簡判平 10・9・11 判タ 1001 号 177 頁···303
東京地判平 10・12・25 判タ 1067 号 206 頁
··313

平成 11～20 年
最判平 11・7・15 判タ 1015 号 106 頁
··································289, 292, 312, 313
東京高判平 11・9・1 判時 1699 号 83 頁······237
最判平 11・10・22 民集 53 巻 7 号 1270 頁
··································289, 291, 292
新潟地判平 11・11・5 判タ 1019 号 150 頁···237
東京地判平 14・3・8 判時 1800 号 64 頁······180
最判平 14・7・11 判タ 1109 号 129 頁
··································137, 150, 168
東京高判平 14・12・12 判タ 1129 号 145 頁
··221
東京地判平 15・2・21 判タ 1175 号 229 頁···177
津地判平 15・2・28 判タ 1124 号 188 頁······228
最判平 15・6・13 判タ 1128 号 370 頁 ··········75
最判平 16・7・8 判タ 1166 号 126 頁 ···140, 165
東京地判平 16・8・24 金法 1734 号 69 頁 ···321
最判平 16・11・18 民集 58 巻 8 号 2225 頁···259
東京地判平 17・1・14 判タ 1230 号 272 頁···302
大阪高判平 17・4・28 判時 1907 号 57 頁 ···182
最判平 17・7・14 民集 59 巻 6 号 1323 頁 ···260
最判平 18・2・23 民集 60 巻 2 号 546 頁

··74, 81, 91
神戸地明石支判平 18・6・28 判タ 1229 号
339 頁 ··243
東京地判平 18・9・5 判タ 1248 号 230 頁 ···163
東京高判平 19・7・25 判タ 1257 号 236 頁···204
東京高判平 19・12・13 判時 1992 号 65 頁···256
最判平 20・6・24 判タ 1275 号 79 頁 ·········239
東京地判平 20・12・19 判タ 1319 号 138 頁
··162

平成 21～31 年
仙台地判平 21・2・26 判タ 1312 号 288 頁···233
最判平 21・12・18 判タ 1318 号 90 頁·········260
東京地判平 21・12・24 判タ 1320 号 145 頁
··225
東京地判平 22・2・10 判タ 1382 号 186 頁···224
大阪地判平 22・3・30 金判 1358 号 41 頁 ···173
札幌地判平 22・4・22 判時 2083 号 96 頁 ···163
千葉地佐倉支判平 22・7・28 判タ 1334 号 97
頁··233
最判平 23・4・22 民集 65 巻 3 号 1405 頁
··································220, 259, 260
東京地立川支判平 23・4・25 判タ 1357 号
147 頁··141
東京地判平 23・6・28 判時 2130 号 17 頁······45
東京地判平 23・12・1 LEX/DB25490157 ···314
東京地判平 24・1・31 判タ 1379 号 182 頁···173
東京地判平 24・5・30 判タ 1406 号 290 頁···163
東京地判平 24・10・31 判タ 1408 号 336 頁
··177
さいたま地判平 25・4・25 金法 1985 号 164
頁··45
大阪高判平 26・4・18 税資 264 号順号 12455
··104
東京高判平 27・3・24 判時 2298 号 47 頁 ···314
最判平 28・1・12 民集 70 巻 1 号 1 頁
··································113, 148, 151, 156, 169
最判平 28・12・19 判タ 1434 号 52 頁·········170
最判平 29・1・24 民集 71 巻 1 号 1 頁·········209
東京地判平 29・4・13 金判 1535 号 56 頁 ···308
大阪高判平 29・4・27 判タ 1443 号 74 頁 ···181
東京高判平 29・9・27 判時 2386 号 55 頁······45
東京高判平 29・11・15 金判 1535 号 63 頁
··································290, 308

判 例 索 引

令和元～6年

東京地判令元・10・7 金判 1596 号 28 頁 ……45

東京地判令 2・9・30 金法 2162 号 90 頁 ……76
最判令 6・7・11 LEX/DB25573641 ……235, 260

新注釈民法(2)Ⅱ　総　則(2)
New Commentary on the Civil Code of Japan Vol. 2 Ⅱ

令和 6 年 11 月 30 日　初版第 1 刷発行

編　　者	山　本　敬　三
発　行　者	江　草　貞　治

発　行　所　　株式会社　有　斐　閣
　　　　　　　東京都千代田区神田神保町 2-17
　　　　　　　郵便番号 101-0051
　　　　　　　https://www.yuhikaku.co.jp/

　　　　印　刷　株式会社　精　興　社
　　　　製　本　牧製本印刷株式会社

Ⓒ 2024, Keizo YAMAMOTO　Printed in Japan
落丁・乱丁本はお取替えいたします。
★定価はケースに表示してあります。
ISBN 978-4-641-01774-0

JCOPY　本書の無断複写(コピー)は,著作権法上での例外を除き,禁じられています。複写される場合は,そのつど事前に,(一社)出版者著作権管理機構(電話03-5244-5088, FAX03-5244-5089, e-mail：info@jcopy.or.jp)の許諾を得てください。

有斐閣コンメンタール

◎＝既刊　＊＝近刊

新 注 釈 民 法 全20巻

編集代表　大村敦志　道垣内弘人　山本敬三

◎　第 1 巻　総 則 1　1条〜89条　　　　　　　　　　　山野目章夫編
　　　　　　　　　　　　通則・人・法人・物

　　第 2 巻 I 総 則 2　90条〜92条　　　　　　　　　　　山 本 敬 三編
　　　　　　　　　　　　法律行為(1)／法律行為総則

◎　第 2 巻 II 総 則 2　93条〜98条の 2　　　　　　　　　山 本 敬 三編
　　　　　　　　　　　　法律行為(1)／意思表示

＊　第 3 巻　総 則 3　99条〜174条　　　　　　　　　　　佐 久 間　毅編
　　　　　　　　　　　　法律行為(2)・期間の計算・時効

　　第 4 巻　物 権 1　175条〜179条　　　　　　　　　　　松 岡 久 和編
　　　　　　　　　　　　物権総則

◎　第 5 巻　物 権 2　180条〜294条　　　　　　　　　　　小 粥 太 郎編
　　　　　　　　　　　　占有権・所有権・用益物権

◎　第 6 巻　物 権 3　295条〜372条　　留置権・先取特権　道垣内弘人編
　　　　　　　　　　　　・質権・抵当権(1)

◎　第 7 巻　物 権 4　373条〜398条の 22　　　　　　　　森 田　修編
　　　　　　　　　　　　抵当権(2)・非典型担保

◎　第 8 巻　債 権 1　399条〜422条の 2　　　　　　　　　磯 村　保編
　　　　　　　　　　　　債権の目的・債権の効力(1)

　　第 9 巻　債 権 2　423条〜465条の 10　　債権の効力　沖 野 眞 已編
　　　　　　　　　　　　(2)・多数当事者の債権及び債務

◎　第 10 巻　債 権 3　466条〜520条の 20　　債権の譲渡　山 田 誠 一編
　　　　　　　　　　　　・債務の引受け・債権の消滅・他

　　第 11 巻 I 債 権 4　521条〜532条　　　　　　　　　　渡 辺 達 徳編
　　　　　　　　　　　　契約総則／契約の成立

◎　第 11 巻 II 債 権 4　533条〜548条の 4　　契約総則／契　渡 辺 達 徳編
　　　　　　　　　　　　約の効力・契約の解除・定型約款・他

　　第 12 巻　債 権 5　549条〜586条　　　　　　　　　　池 田 清 治編
　　　　　　　　　　　　贈与・売買・交換

◎　第 13 巻 I 債 権 6　587条〜622条の 2　　　　　　　　森 田 宏 樹編
　　　　　　　　　　　　消費貸借・使用貸借・賃貸借

　　第 13 巻 II 債 権 6　借地借家法　　　　　　　　　　　森 田 宏 樹編

◎ 第 14 巻　債 権 7　623 条〜696 条　雇用・請負・委任・　山 本　　豊編
　　　　　　　　　　　　寄託・組合・終身定期金・和解

◎ 第 15 巻　債 権 8　697 条〜711 条　事務管理・不当利　窪 田 充 見編
　　　　　　　　　　　　得・不法行為(1)

◎ 第 16 巻　債 権 9　712 条〜724 条の 2　　　　　　　大 塚　　直編
　　　　　　　　　　　　不法行為(2)

◎ 第 17 巻　親 族 1　725 条〜791 条　　　　　　　　　二 宮 周 平編
　　　　　　　　　　　　総則・婚姻・親子(1)

　　第 18 巻　親 族 2　792 条〜881 条　親子(2)・親権・　大 村 敦 志編
　　　　　　　　　　　　後見・保佐及び補助・扶養

◎ 第 19 巻　相 続 1　882 条〜959 条　　　　　　　　　潮 見 佳 男編
　〔第 2 版〕　　　　　総則・相続人・相続の効力・他

　　第 20 巻　相 続 2　960 条〜1050 条　遺言・配偶者の　水 野 紀 子編
　　　　　　　　　　　　居住の権利・遺留分・特別の寄与